新編諸子集成

莊子集釋

上

〔清〕郭慶藩　撰

王孝魚　點校

中華書局

莊子集釋目録

雜　篇

莊子集釋序

郭君子瀞爲莊子集釋成，以授先謙讀之，而其年適有東夷之亂，作而歎曰：莊子其有不得已於中乎！夫其遭世否塞，拯之末由，神彷徨乎馮閎，驗小大之無垠，究天地之終始，懼然而爲是言也。

騶衍曰：「儒者所謂中國，於天下乃八十一分居其一分耳。赤縣神州外自有九州，裨海環之，大瀛海環其外。」惠施曰：「我知天下之中央，燕之北，越之南是也。」而莊子稱之，亦言儵與忽鑿混沌死，其説若豫睹將來而推厥終極，亦異人矣哉！子貢爲挈水之槔，而漢陰丈人笑之。今之機械機事，倍於槔者相萬也。使莊子見之，奈何？蠻觸氏争地於蝸角，伏尸數萬，逐北旬日。今之蠻觸氏不知其幾也，而莊子奈何？

是故以黄帝爲君而有蚩尤，以堯爲君而有叢枝、宗、膾、胥敖。黄帝、堯非好事也，然而欲虚其國，刑其人，其不能以虚静治，決矣。彼莊子者，求其術而不得，將遂獨立於寥闊之野，以幸全其身而樂其生，烏足及天下！

且其書嘗暴著於後矣。晉演爲玄學，無解於胡羯之氛；唐尊爲真經，無救於安史之禍。徒以藥世主淫侈，澹末俗利欲，庶有一二之助焉。而其文又絶奇，郭君愛翫之不已，因有集釋之作，附之以文，益之以博。使莊子見之，得毋曰「此猶吾之糟粕」乎？雖然，無迹奚以測履，無糟粕奚以觀於古美矣！郭君於是書爲副墨之子，將羣天下爲洛誦之孫已夫！

光緒二十年歲次甲午冬十二月，長沙愚弟王先謙謹撰。

莊子序

河南郭象子玄撰

夫莊子者，可謂知本矣，故未始藏其狂言，言雖無會而獨應者也。夫應而非會，則雖當無用；言非物事，則雖高不行；與夫寂然不動，不得已而後起者，固有間矣，斯可謂知無心者也。夫心無爲，則隨感而應，應隨其時，言唯謹爾。故與化爲體，流萬代而冥物，豈曾設對獨遣而游談乎方外哉！此其所以不經而爲百家之冠也。

然莊生雖未體之，言則至矣。通天地之統，序萬物之性，達死生之變，而明内聖外王之道，上知造物無物，下知有物之自造也。其言宏綽，其旨玄妙。至至之道，融微旨雅；泰然遺放，放而不敖。故曰不知義之所適，猖狂妄行而蹈其大方；含哺而熙乎澹泊，鼓腹而游乎混芒①。至（人）〔仁〕②極乎無親，孝慈終於兼忘，禮樂復乎已能，忠信發乎天光。用其光則其朴自成，是以神器獨化於玄冥之境而源流深長③也。

故其長波之所蕩，高風之所扇，暢乎物宜，適乎民願。弘其鄙，解其懸，灑落之功未加，而矜夸所以散。故觀其書，超然自以爲已當，經崐崙，涉太虛，而游惚怳之庭矣。雖復貪婪之人，進躁之士，暫而攬其餘芳，味其溢流，彷彿其音影，猶足曠然有忘形自得之懷，況探其遠情而玩永年者乎！遂綿邈清遐，去離塵埃而返冥極者也。

〔校〕①芒字宋趙諫議本作茫。②仁字依古逸叢書覆宋本改。③源流深長趙諫議本作源深流長。

經典釋文序録

唐陸德明撰

莊子

莊子者，姓莊，名周，（太史公云：字子休。）梁國蒙縣人也。六國時，爲漆園吏，與魏惠王、齊宣王、楚威王同時，（李頤云：與齊愍王同時。）齊楚嘗聘以爲相，不應。時人皆尚遊説，莊生獨高尚其事，優遊自得，依老氏之旨，著書十餘萬言，以逍遥自然無爲齊物而已；大抵皆寓言，歸之於理，不可案文責也。

然莊生弘才命世，辭趣華深，正言若反，故莫能暢其弘致；後人增足，漸失其真。故郭子玄云：「一曲之才，妄竄奇説，若閼弈、意脩之首，危言、游鳧、子胥之篇，凡諸巧雜，十分有三。」漢書藝文志「莊子五十二篇」，即司馬彪、孟氏所注是也。言多詭誕，或似山海經，或類占夢書，故注者以意去取。其内篇衆家並同，自餘或有外而無雜。惟子玄所注，特會莊生之旨，故爲世所貴。徐仙民、李弘範作音，皆依郭本。今以郭爲主。

崔譔注十卷，二十七篇。（清河人，晉議郎。内篇七，外篇二十。）
向秀注二十卷，二十六篇。（一作二十七篇，一作二十八篇，亦無雜篇。爲音三卷。）
司馬彪注二十一卷，五十二篇。（字紹統，河内人，晉祕書監。内篇七，外篇二十八，雜篇十四，解説三。爲音三卷。）
郭象注三十三卷，三十三篇。（字子玄，河内人，晉太傅主簿。内篇七，外篇十五，雜篇十一。爲音三卷。）
李頤集解三十卷，三十篇。（字景真，潁川襄城人，晉丞相參軍，自號玄道子。一作三十五篇。爲音一卷。）
孟氏注十八卷，五十二篇。（不詳何人。）
王叔之義疏三卷。（字穆□，琅邪人，宋處士。亦作注。）
李軌音一卷。
徐邈音三卷。

莊子序

唐西華法師成玄英撰

夫莊子者，所以申道德之深根，述重玄之妙旨，暢无爲之恬淡，明獨化之窅冥，鉗揵九流，括囊百氏，諒區中之至教，實象外之微言者也。

其人姓莊，名周，字子休，生宋國睢陽蒙縣，師長桑公子，受號南華仙人。當戰國之初，降（襄）〔哀〕周之末，歎蒼生之業薄，傷道德之陵夷，乃慷慨發憤，爰著斯論。其言大而博，其旨深而遠，非下士之所聞，豈淺識之能究！

所言子者，是有德之嘉號，古人稱師曰子。亦言子是書名，非但三篇之總名，亦是百家之通題。所言内篇者，内以待外立名，篇以編簡爲義。古者殺青爲簡，以韋爲編；編簡成篇，猶今連紙成卷也。故元愷云：「大事書之於策，小事簡牘而已。」内則談於理本，外則語其事迹。事雖彰著，非理不通；理既幽微，非事莫顯；欲先明妙理，故前標内篇。内篇理深，故每於文外别立篇目，郭象仍於題下即注解之，逍遥、齊物之類是也。自外篇以去，則取篇首二字爲其題目，駢拇、馬蹄之類是也。

所言逍遥遊者，古今解釋不同。今汎舉紘綱，略爲三釋。所言三者：

第一，顧桐柏云：「逍者，銷也；遥者，遠也。銷盡有爲累，遠見無爲理。以斯而遊，故曰逍遥。」

第二，支道林云：「物物而不物於物，故逍然不我待；玄感不疾而速，故遥然靡所不爲。以斯而遊天下，故曰逍遥遊。」

第三，穆夜云：「逍遥者，蓋是放狂自得之名也。至德内充，无時不適；忘懷應物，何往不通！以斯而遊天下，故曰逍遥遊。」

内篇明於理本，外篇語其事迹，雜篇雜明於理事。内篇雖明理本，不无事迹；外篇雖明事迹，甚有妙理；但立教分篇，據多論耳。

所以逍遥建初者，言達道之士，智德明敏，所造皆適，遇物逍遥，故以逍遥命物。夫無待聖人，照機若鏡，既明權實之二智，故能大齊於萬境，故以齊物次之。既指馬（蹄）①天地，混同庶物，心靈凝澹，可以攝衛養生，故以養生主次之。既善惡兩忘，境智俱妙，隨變任化，可以處涉人間，故以人間世次之。内德圓滿，故能支離其德，外以接物，既而隨物昇降，内外冥契，故以德充符次之。止水流鑑，接物无心，忘德忘形，契外會内之極，可以匠成庶品，故以大宗師次之。古之真聖，知天知人，與造化同功，即寂即應，既而驅馭羣品，故以應帝王次之。駢拇以下，皆以篇首二字爲題，既無别義，今不復次篇也。

而自古高士，晉漢逸人，皆莫不躭翫，爲之義訓；雖注述無可間然，並有美辭，咸能索隱。玄英不揆庸昧，少而習焉，研精覃思三十矣。依子玄所注三十篇，輒爲疏解，總三十卷。雖復詞情疏拙，亦頗有心跡指歸；不敢貽厥後人，聊自記其遺忘耳。

〔校〕①蹄字覆宋本亦誤衍，依齊物論篇「天地一指也，萬物一馬也」義删。

莊子集釋卷一上

内篇〔一〕逍遥遊第一〔二〕

〔一〕【釋文】〔「内篇①」〕内者，對外立名。説文：篇，書也。字從竹；從艸者草名耳，非也。

〔二〕【注】夫小大雖殊，而放於自得之場，則物任其性，事稱其能，各②當其分，逍遥一也，豈容勝負於其間哉！○慶藩案劉義慶世説新語文學類云：莊子逍遥篇，舊是難處；諸名賢所可鑽味，而不能拔理於郭向之外。支道林在白馬寺中，將馮太常共語，因及逍遥。支卓然標新理於二家之表，立異義於衆賢之外，皆是諸名賢尋味之所不得，後遂用支理。劉孝標注云：向子期、郭子玄逍遥義曰：「夫大鵬之上九萬，尺鷃之起榆枋，小大雖差，各任其性，苟當其分，逍遥一也。然物之芸芸，同資有待，得其所待，然後逍遥耳。唯聖人與物冥而循大變，爲能無待而常通。豈獨自通而已！又從有待者不失其所待，不失則同於大通矣。」支氏逍遥論曰：「夫逍遥者，明至人之心也。莊生建言大道，而寄指鵬鷃。鵬以營生之路曠，故失適於體外；鷃以在近而笑遠，有矜伐於心内。至人乘天正而高興，遊無窮於放浪。物物而不物於物，則遥然不我得；玄感不爲，不疾而速，則逍然靡不適。此所以爲逍遥也。若夫有欲當其所足，足於所足，快然有似天真，猶饑者一飽，渴者一盈，豈忘烝嘗於糗糧，絶觴爵於醪醴哉！苟非至足，豈所以逍遥乎！」此向郭之注所未盡。【釋文】「逍」音銷，亦作消。「遥」如字，亦作摇。○慶藩案逍遥二字，説文不收，作消摇者是也。禮檀弓消摇於門，漢書司馬相如傳消摇乎襄羊，京山引太玄翕首雖欲消摇，天不之兹，漢開母石闕則文燿以消摇，文選宋玉九辯聊消摇以相羊，後漢東平憲王蒼傳消摇相羊，字並從水作消，從手作摇。唐釋湛然止觀輔行傳弘決引王瞀夜云：消摇者，調暢逸豫之意。夫至理内足，無時不適；止懷應物，何往不通。以斯而遊天下，故曰消摇。又曰：理無幽隱，消然而當，形無鉅細，摇然而通，故曰消摇。解消摇義，視諸儒爲長。「遊」如字。亦作游。逍遥遊者，篇名，義取閒放不拘，怡適自得。○慶藩案家世父侍郎公曰：天下篇莊子自言其道術充實不可以已，上與造物者遊。首篇曰逍遥遊者，莊子用其無端崖之詞以自喻也。注謂小大雖殊，逍遥一也，似失莊子之恉。○又案文選潘安仁秋興賦注引司馬彪云：言逍遥無爲者能遊大道也。釋文闕。「夫小大」音符。「之塲」直良反。「事稱」尺證反。「各當」丁浪反。「其分」符問反。

〔校〕①依通志堂本經典釋文補。②各字宋趙諫議本作名。

北冥有魚，其名爲鯤。鯤之大，不知其幾千里也〔一〕。化而爲鳥，其名爲鵬〔二〕。鵬之背，不知其幾千里也；怒而飛，其翼若垂天之雲〔三〕。是鳥也，海運則將徙於南冥。南冥者，天池也〔四〕。

〔一〕【疏】溟，猶海也，取其溟漠無涯，故（爲）〔謂〕①之溟。東方朔十洲記云：溟海無風而洪波百丈。巨海之内，有此大魚，欲明物性自然，故標爲章首。玄中記云：東方有大魚焉，行者一日過魚頭，七日過魚尾；産三日，碧海爲之變紅。故知大物生於大處，豈獨北溟而已。【釋文】「北冥」本亦作溟，覓經反，北海也。嵇康云：取其溟漠無涯也。梁簡文帝云：窅冥無極，故謂之冥。東方朔十洲記云：水黑色謂之冥海，無風洪波百丈。○慶藩案慧琳一切經音義三十一大乘入楞伽經卷二引司馬云：溟，謂南北極也。去日月遠，故以溟爲名也。釋文闕。「鯤」徐音昆，李侯温反。大魚名也。崔譔云：鯤當爲鯨，簡文同。○慶藩案方以智曰：鯤本小魚之名，莊子用爲大魚之名。其説是也。爾雅釋魚：鯤，魚子。凡魚之子名鯤。魯語魚禁鯤鮞，韋昭注：鯤，魚子也。張衡（東）〔西〕②京賦摷鯤鮞，薛綜注：鯤，魚子也。説文無鯤篆。段玉裁曰：魚子未生者曰鯤。鯤即卵字，許慎作丱，古音讀如關，亦讀如昆。禮内則濡魚卵醬，鄭讀卵若鯤。凡未出者曰卵，已出者曰子。鯤即魚卵，故叔重以丱字包之。莊子謂絶大之魚爲鯤，此則齊物之寓言，所謂汪洋自恣以適己者也。釋文引李頤云鯤，大魚名也，崔譔、簡文並云鯤當爲鯨，皆失之。「其幾」居豈反。下同。

〔二〕【注】鵬鯤之實，吾所未詳也。夫莊子之大意，在乎逍遥遊放，無爲而自得，故極小大之致以明性分之適。達觀之士，宜要其會歸而遺其所寄，不足事事曲與生説。自不害其弘旨，皆可略之耳。【疏】夫四序風馳，三光電卷，是以負山岳而捨故，揚舟壑以趨新。故化魚爲鳥，欲明變化之大理也。【釋文】「鵬」步登反。徐音朋。郭甫登反。崔音鳳，云：鵬即古鳳字，非來儀之鳳也。説文云：朋及鵬，皆古文鳳字也。朋鳥象形。鳳飛，羣鳥從以萬數，故以朋爲朋黨字。字林云：鵬，朋黨也，古以爲鳳字。○盧文弨曰：以朋舊作以鵬，今案文義（政）〔改〕正。○慶藩案廣川書跋寶龢鍾銘、通雅四十五並引司馬云：鵬者鳳也。釋文闕。「夫莊」音符。發句之端皆同。「性分」符問反。下皆同。「達觀」古亂反。「宜要」一遥反。

〔三〕【疏】魚論其大，以表頭尾難知；鳥言其背，亦示修短叵測。故下文云未有知其修者也。鼓怒翅翼，奮迅毛衣，既欲摶風，方將擊水。遂乃斷絶雲氣，背負青天，騫翥翱翔，淩摩霄漢，垂陰布影，若天涯之降行雲也。【釋文】「垂天之雲」司馬彪云：若雲垂天旁。崔云：垂，猶邊也，其大如天一面雲也。

〔四〕【注】非冥海不足以運其身，非九萬里不足以負其翼。此豈好奇哉？直以大物必自生於大處，大處亦必自生此大物，理固自然，不患其失，又何厝心於其間哉。【疏】運，轉也。是，指斥也，即此。鵬鳥其形重大，若不海中運轉，無以自致高昇，皆不得不然，非樂然也。且形既遷革，情亦隨變。昔日爲魚，涵泳北海；今時作鳥，騰翥南溟；雖復昇沈性殊，逍遥一也。亦猶死生聚散，所遇斯適，千變萬化，未始非吾。所以化魚爲鳥，自北徂南者，鳥是淩虚之物，南即啓明之方；魚乃滯溺之蟲，北蓋幽冥之地；欲表向明背暗，捨滯求進，故舉南北鳥魚以示爲道之逕耳。而大海洪川，原夫造化，非人所作，故曰天池也。【釋文】「海運」司馬云：運，轉也。向秀云：非海不行，故曰海運。簡文云：運，徙也。○慶藩案玉篇：運，行也。渾天儀云：天運如車轂，謂天之行不息也。此運字亦當訓行。莊子言鵬之運行不息於海，則將徙天池而休息矣。（說文：徙，迻也。段注：乍行乍止而竟止，則迻其所矣。）下文引齊諧六月息之言可證。郭氏謂非冥海不足以運其身，釋文引司馬向秀之說，皆失之。「豈好」呼報反。下皆同。「大處」昌慮反。下同。「何厝」七故反。本又作措。○盧文弨曰：案說文：厝，厲石也；措，置也；俗多通用。今莊子注作措，與說文合。

〔校〕①爲謂古多混用，今以義別。後不複出。②依文選改。

齊諧者，志怪者也。諧之言曰：「鵬之徙於南冥也，水擊三千里，摶扶搖而上者九萬里〔一〕，去以六月息者也。〔二〕」野馬也，塵埃也，生物之以息相吹也〔三〕。天之蒼蒼，其正色邪？其遠而無所至極邪？其視下也，亦①若是則②已矣〔四〕。

〔一〕【注】夫翼大則難舉，故摶扶搖而後能上，九萬里乃足自③勝耳。既有斯翼，豈得決然而起，數仞而下哉！此皆不得不然，非樂然也。【疏】姓齊，名諧，人姓名也。亦言書名也，齊國有此〔徘〕〔俳〕諧之書也。誌，記也。擊，打也。摶，鬬也，扶搖，旋風也。齊諧所著之書，多記怪異之事，莊子引以爲證，明己所說不虛。大鵬既將適南溟，不可決然而起，所以舉擊兩翅，動蕩三千，踉蹌而行，方能離水。然後繚戾宛轉，鼓怒徘徊，風氣相扶，搖動而上。塗經九萬，時隔半年，從容志滿，方言憩止。適足而已，豈措情乎哉！【釋文】「齊諧」户皆反。司馬及崔並云人姓名。簡文云書。○俞樾曰：按下文諧之言曰，則當作人名爲允。若是書名，不得但稱諧。「志怪」志，記也。怪，異也。「水擊」崔云：將飛舉翼，擊水踉蹌也。踉，音亮。蹌，音七亮反。「摶」徒端反。司馬云：摶飛而上也。一音博。崔云：拊翼徘徊而上也。○盧文弨曰：當云本一作搏，音博，陸氏於考工記之搏（搷）〔埴〕④，亦云劉音博，不分別字體，非。○慶藩案慧琳一切經音義七十二引司馬云：擊，猶動也。釋文闕。又文選江文通雜體詩注引司馬云：摶，圜也。扶摇，上行風也，圜飛而上行者若扶摇也。范彦龍古意贈王中書詩注引司馬曰：摶，圜也。圜飛而上若扶摇也。張景陽七命注、御覽九及九百二十七、初學記一竝引司馬曰：扶摇，上行風也。諸書所引，互有異同，與釋文亦小異。○又案說文：摶，以手圜之也。古借作專。漢書天文志騎氣卑而布卒氣摶，如淳注：摶，專也。集韻：摶，擅也，（擅亦有專義。）又曰：聚也。摶扶摇而上，言專聚風力而高舉也。釋文所引，未得摶字之義。「扶摇」徐音遥，風名也。司馬云：上行風謂之扶摇。爾雅云：扶摇謂之飆。郭璞云：暴風從下上也。○盧文弨曰：從下上倒，今據爾雅注改正。「而上」時掌反。注同。「自勝」音升。下同。「決然」喜缺反。下同。「數仞」色主反。下同。「非樂」音嶽，又五孝反。

〔二〕【注】夫大鳥一去半歲，至天池而息；小鳥一飛半朝，搶榆枋而止。此比所能則有閒矣，其於適性一也。【釋文】「搶」七羊反。「枋」音方。○家世父曰：去以六月息，猶言乘長風也，與下時則不至而控於地對文。莊文多不能專於字句求之。⑤

〔三〕【注】此皆鵬之所馮以飛者耳。野馬者，游氣也。【疏】爾雅云：邑外曰郊，郊外曰牧，牧外曰野。此言青春之時，陽氣發動，遥望藪澤之中，猶如奔馬，故謂之野馬也。揚土曰塵，塵之細者曰埃。天地之間，生物氣息更相吹動以舉於鵬者也。夫四生雜沓，萬物參差，形性不同，資待宜異。故鵬鼓垂天之翼，託風氣以逍遥；蜩張決起之翅，搶榆枋而自得。斯皆率性而動，稟之造化，非有情於遐邇，豈措意於驕矜！體斯趣者，於何而語夸企乎！【釋文】「野馬」司馬云：春月澤中游氣也。崔云：天地間氣如野馬馳也。「塵埃」音哀。崔云：天地間氣蓊鬱似塵埃揚也。「相吹」如字。崔本作炊。○慶藩案吹炊二字古通用。集韻：炊，累動而升也。荀子仲尼篇可炊而境也，本書在宥篇從容無爲而萬物炊累焉，注並云：炊與吹同。○又案莊生既言鵬之飛與息各適其性，又申言野馬塵埃皆生物之以息相吹，蓋喻鵬之純任自然，亦猶野馬塵埃之累動而升，無成心也。郭氏謂鵬之所馮以飛者，疑誤。「所馮」皮冰反。本亦作憑。○盧文弨曰：今注作憑，改正。

〔四〕【注】今觀天之蒼蒼，竟未知便是天之正色邪，天之爲遠而無極邪。鵬之自上以視地，亦若人之自（此）〔地〕⑥視天。則止而圖南矣⑦，言鵬不知道里之遠近，趣足以自勝而逝。【疏】仰視圓穹，甚爲迢遞，碧空高遠，算數無窮，蒼蒼茫昧，豈天正色！然鵬處中天，人居下地，而鵬之俯視，不異人之仰觀。人既不辨天之正色，鵬亦詎知地之遠近！自勝取足，適至南溟，鵬之圖度，止在於是矣。【釋文】「色邪」餘嗟反，助句不定之辭。後放此。○盧文弨曰：舊也嗟反，今據易釋文正。

〔校〕①闕誤云：文如海本亦作則。②闕誤則作而。③趙諫議本足自作自足。④埴字依考工記改。⑤以上三十八字，原誤置上注文之下。⑥地字依續古逸叢書本改。⑦趙本無矣字。

且夫水之積也不厚，則其負大舟也無力。覆杯水於坳堂之上，則芥爲之舟；置杯焉則膠，水淺而舟大也〔一〕。風之積也不厚，則其負大翼也無力。故九萬里，則風斯在下矣〔二〕，而後乃今培風；背負青天而莫之夭閼者，而後乃今將圖南〔三〕。

〔一〕【注】此皆明鵬之所以高飛者，翼大故耳。夫質小者所資不待大，則質大者所用不得小矣。故理有至分，物有定極，各足稱事，其濟一也。若乃失乎忘生之（主）〔生〕①而營生於至當之外，事不任力，動不稱情，則雖垂天之翼不能無窮，決起之飛不能無困矣。【疏】且者假借，是聊略之辭。夫者開發，在語之端緒。積，聚也。厚，深也。杯，小器也。坳，污陷也，謂堂庭坳陷之地也。芥，草也。膠，黏也。此起譬也。夫翻覆一杯之水於坳污堂地之間，將草葉爲舟，則浮汎靡滯；若還用杯爲舟，理必不可。何者？水淺舟大，則黏地不行故也。是以大舟必須深水，小芥不待洪流，苟其大小得宜，則物皆逍遥。【釋文】「且夫」音符。「覆」芳服反。「杯」崔本作盃。「坳堂」於交反，又烏了反，李又伊九反。崔云：堂道謂之坳。司馬云：塗地令平。支遁云：謂有坳垤形也。「芥」吉邁反，徐古邁反，一音古黠反。李云：小草也。「則膠」徐、李古孝反，一音如字。崔云：膠著地也。李云：黏也。「稱事」尺證反。後同。「其濟」子細反，本又作齊，如字。「之生」本亦作主字。「至當」丁浪反。後皆同。

〔二〕【疏】此合喻也。夫水不深厚，則大舟不可載浮；風不崇高，大翼無由凌霄漢。〔是〕②以小鳥半朝，決起(搶)榆〔枋〕③之上；大鵬九萬，飄風鼓扇其下也。

〔三〕【注】夫所以乃今將圖南者，非其好高而慕遠也，風不積則夭閼不通故耳。此大鵬之逍遥也。

【疏】培，重也。夭，折也。閼，塞也。初賴扶摇，故能昇翥；重積風吹，然後飛行。既而上負青天，下乘風脊，一凌霄漢，六月方止。網羅不逮，畢弋無侵，折塞之禍，於何而至！良由資待合宜，自致得所，逍遥南海，不亦宜乎！【釋文】「而後乃今培」音裴，重也。徐扶杯反，又父宰反，三音扶北反。本或作陪。○盧文弨曰：今本三作一，非。「風」絶句。○慶藩案王念孫曰：培之言馮也。馮，乘也。（見周官馮相氏注。）風在鵬下，故言負；鵬在風上，故言馮。必九萬里而後在風之上，在風之上而後能馮風，故曰而後乃今培風。若訓培爲重，則與上文了不相涉矣。馮與培，聲相近，故義亦相通。漢書周緤傳，更封緤爲(蒯)〔鄘〕④城侯，顏師古曰：(蒯)〔鄘〕，吕忱音陪，而楚漢春秋作馮城侯。陪馮聲相近，是其證也。（馮字古音在蒸部，陪字古音在之部。之部之音與蒸部相近，故陪馮聲亦相近。説文曰：陪，滿也。王注離騷曰：馮，滿也。陪馮聲相近，故皆訓爲滿。文穎注漢書文帝紀曰：陪，輔也。張晏注百官公卿表曰：馮，輔也。説文曰：倗，輔也。陪馮倗，聲並相近，故皆訓爲輔。説文曰：倗，從人，朋聲，讀若陪位。鄘，從邑，崩聲，讀若陪。漢書王尊傳南山羣盜倗宗等，蘇林曰：倗，音朋。晉灼曰：音倍。墨子尚賢篇守城則倍畔，非命篇倍作崩。皆其例也。）今案說文：培，益也。培風者，以風益大翼之力，助其高飛也。陸氏訓重，未明，當從王氏爲允。「背負青天」一讀以背字屬上句。「夭」於表反。司馬云：折也。「閼」徐於葛反，一音謁。司馬云：止也。李云：塞也。○慶藩案文選劉孝標辨命論注引司馬云：夭，折；閼，止也；言無有夭止使不通者也。視釋文所引爲詳。

〔校〕①生字依釋文及世德堂本改。②是字依劉文典補正本補。③依下疏文「小鳥決起榆枋」句改。④鄘字依漢書改。

蜩與學鳩笑之曰：「我決起而飛，(槍)〔搶〕①榆枋②，時則不至而控於地而已矣，奚以之九萬里而南爲？」〔一〕適莽蒼者，三飡而反，腹猶果③然；適百里者，宿舂糧；適千里者，三月聚糧〔二〕。之二蟲又何知④〔三〕！

〔一〕【注】苟足於其性，則雖大鵬無以自貴於小鳥，小鳥無羨於天池，而榮願有餘矣。故小大雖殊，逍遥一也。【疏】蜩，蟬也，生七八月，紫青色，一名蛁蟟。鷽鳩，鶻鳩也，即今之班鳩是也。決，卒疾之貌。(槍)〔搶〕，集也，亦突也。枋，檀木也。控，投也，引也，窮也。奚，何也。之，適也。蜩鳩聞鵬鳥之弘大，資風水以高飛，故嗤彼形大而劬勞，欣我質小而逸豫。且騰躍不過數仞，突榆檀而栖集；時困不到前林，投地息而更起，逍遥適性，樂在其中。何須時經六月，途遥九萬，跋涉辛苦，南適胡爲！　以小笑大，夸企自息而不逍遥者，未之有也。

【釋文】「蜩」音條。司馬云：蟬。「學鳩」如字。一音於角反。本又作鷽，音同。本或作鷽，音預。崔云：學讀爲滑，滑鳩，一名滑雕。司馬云：學鳩，小鳩也。李云：鶻鵰也。毛詩草木疏云：鶻鳩，班鳩也。簡文云：月令云鳴鳩拂其羽是也。○慶藩案俞樾曰：釋文曰：學，本或作鷽，音預。據文選江文通雜體詩鷽斯蒿下飛，李善注即以莊子此文説之。又引司馬云：鷽鳩，小鳥。毛萇詩傳曰：鷽斯，鵯居；鵯居，鴉鳥也。音豫。然則李氏所據本固作鷽，不作學也。今釋文引司馬云，學鳩，小鳩也，此經後人竄改，非其原文矣。今案釋文，學（亦或）〔本又〕作鷽。説文：鷽，雗鷽，山鵲，知來事鳥，或作雤。爾雅釋鳥：鷽，山鵲。作學者，蓋鷽叚借字。鳩爲五鳩之總名，鷽、鳩當是兩物，釋文引諸説似未分曉。「我決」向、徐喜缺反，李呼穴反。李頤云：疾貌。「（槍）〔搶〕」七良反。司馬、李云：猶集也。崔云：著也。支遁云：（槍）〔搶〕，突也。○俞樾曰：王氏引之經傳釋詞曰：則，猶或也。引史記陳丞相世家則恐後悔爲證。此文則字亦當訓爲或。「榆」徐音踰，木名也。「枋」徐音方。李云：檀木也。崔云：本也。或曰：木名。○盧文弨曰：今本作崔云木也，與下複，係字誤。「控」苦貢反。司馬云：投也。又云引也。崔云：叩也。○俞樾曰：而字下當有圖字。上文而後乃今將圖南，此即承上文而言也。文選注引此，正作奚以之九萬里而圖南爲。

〔二〕【注】所適彌遠，則聚糧彌多，故其翼彌大，則積氣彌厚也。【疏】適，往也。莽蒼，郊野之色，遥望之不甚分明也。果然，飽貌也。往於郊野，來去三食，路既非遥，腹猶充飽。百里之行，路程稍遠，舂擣糧食，爲一宿之借。適於千里之途，路既迢遥，聚積三月之糧，方充往來之食。故郭注云，所適彌遠，則聚糧彌多，故其翼彌大，則積氣彌厚者也。【釋文】「莽」莫浪反，或莫郎反。「蒼」七蕩反，或如字。司馬云：莽蒼，近郊之色也。李云：近野也。支遁云：冢間也。崔云：草野之色。「三飡」七丹反。「果然」徐如字，又苦火反。衆家皆云：飽貌。「舂」束容反。「糧」音良。

〔三〕【注】二蟲，謂鵬蜩也。對大於小，所以均異趣也。夫趣之所以異，豈知異而異哉？皆不知所以然而自然耳。自然耳，不爲也。此逍遥之大意。【疏】郭注云，二蟲，鵬蜩也；對大於小，所以均異趣也。且大鵬摶風九萬，小鳥決起榆枋，雖復遠近不同，適性均也。咸不知道里之遠近，各取足而自勝，天機自張，不知所以。既無意於高卑，豈有情於優劣！逍遥之致，其在兹乎！而呼鵬爲蟲者，大戴禮云：東方鱗蟲三百六十，應龍爲其長；南方羽蟲三百六十，鳳皇爲其長；西方毛蟲三百六十，麒麟爲其長；北方甲蟲三百六十，靈龜爲其長；中央倮蟲三百六十，聖人爲其長。通而爲語，故名鵬爲蟲也。○俞樾曰：二蟲即承上文蜩、鳩之笑而言，謂蜩、鳩至小，不足以知鵬之大也。郭注云二蟲謂鵬、蜩也。失之。

〔校〕①搶字依釋文原本改，下並同。②闕誤引文本及江南舊本枋下有而止二字。③闕誤引文本果作顆。④闕誤引文本此句上下有彼也二字。

小知不及大知，小年不及大年〔一〕。奚以知其然也〔二〕？朝菌不知晦朔，蟪蛄不知春秋，此小年也〔三〕。楚之南有冥靈者，以五百歲爲春，五百歲爲秋；上古有大椿者，以八千歲爲春，八千歲爲秋①〔四〕。而彭祖乃今以久特聞，衆人匹之，不亦悲乎〔五〕！

〔一〕【注】物各有性，性各有極，皆如年知，豈跂尚之所及哉！自此已下至於列子，歷舉年知之大小，各信其一方，未有足以相傾者也。然後統以無待之人，遺彼忘我，冥此羣異，異方同得而我無功名。是故統小大者，無小無大者也；苟有乎大小，則雖大鵬之與斥鴳，宰官之與御風，同爲累物耳。齊死生者，無死無生者也；苟有乎死生，則雖大椿之與蟪蛄，彭祖之與朝菌，均於短折耳。故遊於無小無大者，無窮者也；冥乎不死不生者，無極者也。若夫逍遥而繫於有方，則雖放之使遊而有所窮矣，未能無待也。【疏】夫物受氣不同，稟分各異，智則有明有暗，年則或短或長，故舉朝菌冥靈、宰官榮子，皆如年知，豈企尚之所及哉！故知物性不同，不可强相希效也。【釋文】「小知」音智，本亦作智。下大知並注同。下年知放此。「跂尚」丘豉反。後同。「累物」劣僞反。下皆同。

〔二〕【疏】奚，何也。然，如此也。此何以知年知不相及若此之縣（解）②耶？假設其問以生後答。

〔三〕【疏】此答前問也。朝菌者，謂天時滯雨，於糞堆之上熱蒸而生，陰溼則生，見日便死，亦謂之大芝，生於朝而死於暮，故曰朝菌。月終謂之晦，月旦謂之朔；假令逢陰，數日便萎，終不涉三旬，故不知晦朔也。蟪蛄，夏蟬也。生於麥梗，亦謂之麥節，夏生秋死，故不知春秋也。菌則朝生暮死，蟬則夏長秋殂，斯言齡命短促，故謂之小年也。【釋文】「朝菌」徐其隕反。司馬云：大芝也。天陰生糞上，見日則死，一名日及，故不知月之終始也。崔云：糞上芝，朝生暮死，晦者不及朔，朔者不及晦。支遁云：一名舜英，朝生暮落。潘尼云：木槿也。簡文云：欻生之芝也。欻，音況物反。○盧文弨曰：案菌，芝類，故字從艸。支遁潘尼以木槿當之，說殊誤。○慶藩案慧琳一切經音義八十四集古今佛道論衡卷三引司馬云：朝菌，大芝也，江東呼爲土菌，一曰道厨。又御覽九百九十八引司馬云：朝菌，大芝也，天陰時生糞上，見陽則萎，故不知月之始終。與釋文所引小異。○又案王引之曰：案淮南道應篇引此，朝菌作朝秀。（今本淮南作朝菌，乃後人據莊子改之。文選辯命論注及太平御覽蟲豸部六引淮南並作朝秀，今據改。）高注曰：朝秀，朝生暮死之蟲也，生水上，狀似蠶蛾，一名孳母。據此，則朝秀與蟪蛄，皆蟲名也。朝菌朝秀，語之轉耳，非謂芝菌，亦非謂木槿也。上文云之二蟲又何知，謂蜩與學鳩；此云不知晦朔，亦必謂朝菌之蟲。蟲者微有知之物，故以知不知言之；若草木無知之物，何須言不知乎？今案王說是也。廣雅正作朝蟜，以其爲蟲，故字從虫耳。「晦朔」晦，冥也。朔，旦也。○盧文弨曰：此以一日之蚤莫言，不若以一月之終始言。蓋朝生者不及暮，然固知朝矣；暮生者不及朝，然固知暮矣。故晦朔不當從日爲解。「惠」本亦作蟪，同。○盧文弨曰：今本作蟪，係說文新附字。「蛄」音姑。司馬云：惠蛄，寒蟬也，一名蝭蟧，春生夏死，夏生秋死。崔云：蛁蟧也。或曰山蟬。秋鳴者不及春，春鳴者不及秋。廣雅云：蟪蛄，蛁（蠙）〔蟧〕也。案即楚辭所云寒螿者也。蝭，音提。蟧，音勞，又音遼。蛁，音彫。螿，音將。○慶藩案御覽九百四十九引司馬云：惠蛄，亦名蝭蟧，春生夏死，夏生秋死，故不知歲有春秋也。與釋文所引小異。

〔四〕【疏】冥靈大椿，並木名也，以葉生爲春，以葉落爲秋。冥靈生於楚之南，以二千歲爲一年也。而言上古者，伏犧時也。大椿之木長於上古，以三萬二千歲爲一年也。冥靈五百歲而花生，大椿八千歲而葉落，並以春秋賒永，故謂之大年也。【釋文】「冥」本或作榠，同。「靈」李頤云：冥靈，木名也，江南生，以葉生爲春，葉落爲秋。此木以二千歲爲一年。○盧文弨曰：案説文云：以五百歲爲春，以五百歲爲秋。言春秋則包乎冬夏矣，則當云以千歲爲一年。下大椿亦當云此木萬六千歲爲一年，不當云三萬二千歲。○慶藩案齊民要術靈作泠，引司馬云：木生江南，千歲爲一年。釋文漏引。「大椿」丑倫反。司馬云：木，一名櫄。櫄，木槿也。崔音櫄華，同。李云：生江南。一云生北户南。此木三萬二千歲爲一年。○慶藩案齊民要術引司馬云：木槿也，以萬六千歲爲一年。一名蕣椿。與釋文所引小異。

〔五〕【注】夫年知不相及若此之懸也，比於衆人之所悲，亦可悲矣。而衆人未嘗悲此者，以其性各有極也。苟知其極，則毫分不可相跂，天下又何所悲乎哉！夫物未嘗以大欲小，而必以小羡大，故舉小大之殊各有定分，非羡欲所及，則羡欲之累可以絶矣。夫悲生於累，累絶則悲去，悲去而性命不安者，未之有也。【疏】彭祖者，姓籛，名鏗，帝顓頊之玄孫也。善養性，能調鼎，進雉羹於堯，堯封於彭城，其道可祖，故謂之彭祖。歷夏經殷至周，年八百歲矣。特，獨也。以其年長壽，所以聲〔名〕獨聞於世。而世人比匹彭祖，深可悲傷；而不悲者，爲彭祖稟性遐壽，非我氣類，置之言外，不敢嗟傷。故知生也有涯，豈唯彭祖去已一毫不可企及，於是均椿菌，混彭殤，各止其分而性命安矣。【釋文】「彭祖」李云：名鏗。堯臣，封於彭城。歷虞夏至商，年七百歲，故以久壽見聞。世本云：姓籛，名鏗，在商爲守藏史，在周爲柱下史，年八百歲。籛，音翦。一云：即老子也。崔云：堯臣，仕殷世，其人甫壽七百年。王逸注楚辭天問云：彭鏗即彭祖，事帝堯。彭祖至七百歲，猶曰悔不壽，恨（杖晚）〔枕高〕③而唾遠云。帝嚳之玄孫。○盧文弨曰：玉篇：籛，子踐切，姓也，與此正合。是古讀皆然，或據廣韻改作音箋，非是。○慶藩案神仙傳曰：彭祖諱鏗，帝顓頊之玄孫，至殷末年，七百六十七歲而不衰老，遂往流沙之西，非壽終也。今案史記楚世家，顓頊生稱，稱生卷章，卷章生重黎。重黎爲帝嚳所殺，以其弟吳回後重黎爲火正。吳回生陸終，陸終生彭祖。以世系推之，彭祖乃顓頊玄孫陸終之子，禮所謂來孫也。成疏緣神仙傳作顓頊之玄孫，誤。釋文引王逸楚辭章句，以爲帝嚳之玄孫，亦非。（帝嚳爲顓頊之姪，名夋。彭祖乃顓頊子稱之玄孫，帝嚳之姪玄孫也。）「特聞」如字。崔本作待問。「之懸」音玄。「豪分」符問反，又方云反。

〔校〕①闕誤引成玄英本秋下有此大年也句。②解字依下注文刪。③枕高，釋文原本亦誤，依楚辭王逸注改。

湯之問棘也是已〔一〕。窮髮之北有冥海者，天池也。有魚焉，其廣數千里，未有知其修者，其名爲鯤〔二〕。有鳥焉，其名爲鵬，背若太山①，翼若垂天之雲，摶扶搖羊角而上者九萬里，絶雲氣，負青天，然後圖南〔三〕，且適南冥也。斥鴳笑之曰：「彼且奚適也？我騰躍而上，不過數仞而下，翱翔蓬蒿之間，此亦飛之至也。而彼且奚適也？」此小大之辯也〔四〕。

〔一〕【注】湯之問棘，亦云物各有極，任之則條暢，故莊子以所問爲是也。【疏】湯是帝嚳之後，契之苗裔，姓子，名履，字天乙。母氏扶都，見白氣貫月，感而生湯。豐下兑上，身長九尺。仕夏爲諸侯，有聖德，諸侯歸之。遭桀無道，囚於夏臺。後得免，乃與諸侯同盟於景亳之地，會桀於昆吾之墟，大戰於鳴條之野，桀奔於南巢。湯既克桀，讓天下於務光，務光不受。湯即位，乃都於亳，後改爲商，殷開基之主也。棘者，湯時賢人，亦云湯之博士。列子謂之夏革，革棘聲類，蓋字之誤也。而棘既是賢人，湯師事之，故湯問於棘，詢其至道，云物性不同，各有素分，循而直往，因而任之。殷湯請益，深有玄趣，莊子許其所問，故云是已。【釋文】「棘」李云：湯時賢人。又云是棘子。崔云：齊諧之徒識冥靈大椿者名也。簡文云：一曰：湯，廣大也，棘，狹小也。○俞樾曰：李云湯時賢人，是。簡文云湯大也，棘狹小也，以湯棘爲寓名，殆未讀列子者。（此篇全本列子，上文所説鯤鵬及冥靈大椿，皆湯問篇文。）○慶藩案列子湯問篇殷湯問夏革，張注：夏革即夏棘，字子棘，湯時賢大夫。革棘古同聲通用。論語棘子成，漢書古今人表作革子成。詩匪棘其欲，禮坊記引作匪革其猶。漢書煑棗侯革朱，史記索隱革音棘。皆其證。

〔二〕【疏】修，長也。地以草爲毛髮，北方寒沍之地，草木不生，故名窮髮，所謂不毛之地。鯤魚廣闊數千，未有知其長者，明其大也。然冥海鯤鵬，前文已出，如今重顯者，正言前引齊諧，足爲典實，今牽列子，再證非虚，鄭重殷勤以成其義者也。【釋文】「窮髮」李云：髮，猶毛也。司馬云：北極之下無毛之地也。崔云：北方無毛地也。案毛，草也。地理書云：山以草木爲髮。○慶藩案窮髮之北，列子作窮髮北之北。北史蠕蠕傳：蠕蠕者，匈奴之裔，根本莫尋，翦之窮髮之野，逐之無人之鄉。窮髮，言極荒遠之地也。「其廣」古曠反。「數千」色主反。下同。

〔三〕【疏】鵬背弘巨，狀若嵩華；旋風曲戾，猶如羊角。既而淩摩蒼昊，遏絶雲霄，鼓怒放暢，圖度南海。故禦寇湯問篇云：世豈知有此物哉？大禹行而見之，伯益知而名之，夷堅聞而誌之，是也。【釋文】「羊角」司馬云：風曲上行若羊角。「而上」時掌反。下同。

〔四〕【注】各以得性爲至，自盡爲極也。向言二蟲殊翼，故所至不同，或翺翔天池，或畢志榆枋，直各稱體而足，不知所以然也。今言小大之辯，各有自然之素，既非跂慕之所及，亦各安其天性，不悲所以異，故再出之，【疏】且，將也，亦語助也。斥，小澤也。鴳，雀也。八尺曰仞。翱翔，猶嬉戲也。而鴳雀小鳥，縱任斥澤之中，騰舉踴躍，自得蓬蒿之内，故能嗤九萬之遠適，欣數仞之近飛。斯蓋辯小大之性殊，論各足之不二也。【釋文】「且適」如字，舊子餘反。下同。「斥」如字。司馬云：小澤也。本亦作尺，崔本同。簡文云：作尺非。「鴳」於諫反。字亦作鷃。司馬云：鴳，鴳雀也。○慶藩案斥鴳，釋文引崔本作尺鴳，是也。説文：鴳，鴳雇也。（犍爲舍人、李巡、孫炎爾雅注皆云：鳸，一名鴳，鴳雀也，郭注同。）斥尺古字通。文選曹植七啓注：鷃雀飛不過一尺，言其劣弱也，正釋尺字之義。淮南高注：斥澤之鷃，爲飛不出頃畝，喻弱也。文選宋玉對楚王問尺澤之鯢注：尺澤，言小也。夏侯湛抵疑尺鷃不能陵桑榆，字正作尺。一切經音義尺鷃下云：鷃長惟尺，即以尺名。釋文引簡文云作尺非，失之。「騰躍」（曲）〔由〕②若反。「翱翔」五刀反。「蓬蒿」好刀反。

〔校〕①太山，趙諫議本作大山，世德堂本作泰山。②由字依世德堂本改。

故夫知效一官，行比一鄉，德合一君，而徵一國者，其自視也亦若此矣〔一〕。而宋榮子猶然笑之〔二〕。且舉世而譽之而不加勸，舉世而非之而不加沮〔三〕，定乎内外之分〔四〕，辯乎榮辱之境①〔五〕，斯已矣〔六〕。彼其於世未數數然也〔七〕。雖然，猶有未樹也〔八〕。夫列子御風而行，泠然善也〔九〕，旬有五日而後反〔一〇〕。彼於致福者，未數數然也〔一一〕。此雖免乎行，猶有所待者也〔一二〕。若夫乘天地之正，而②御六氣之辯，以遊无窮者，彼且惡乎待哉〔一三〕！故曰，至人无己〔一四〕，神人无功〔一五〕，聖人无名〔一六〕。

〔一一〕【注】亦猶鳥之自得於一方也。【疏】故是仍前之語，夫是生後之詞。國是五等之邦，鄉是萬二千五百家也。自有智數功效，堪蒞一官；自有名譽著聞，比周鄉黨；自有道德弘博，可使南面，徵成邦國，安育黎元。此三者，稟分不同，優劣斯異，其於各足，未始不齊，視己所能，亦猶鳥之自得於一方。【釋文】「知效」音智。下户教反。「行」下孟反。「比」毗至反，徐扶至反。李云：合也。「而徵」如字。司馬云：信也。崔、支云：成也。○慶藩案而徵一國，釋文及郭注無訓，成疏讀而爲轉語，非也。而字當讀爲能，能而古聲近通用也。官、鄉、君、國相對，知、仁、德、能亦相對，則而字非轉語詞明矣。淮南原道篇而以少正多，高注：而，能也。吕覽去私、不屈諸篇注皆曰：而，能也。墨子尚同篇：故古者聖王唯而審以尚同以爲正長。又曰：天下所以治者何也？唯而以尚同一義爲政故也。非命篇：不而矯其耳目之欲。楚辭九章：世孰云而知之？齊策：子孰而與我赴諸侯乎？而並與能同。堯典柔遠能邇，漢督郵班碑作而邇。皋陶謨能哲而惠，衛尉衡方碑作能悊能惠，史記夏本紀作能智能惠。禮運正義曰：劉向説苑能字皆作而。是其例。

〔一二〕【注】未能齊，故有笑。【疏】子者，有德之稱，姓榮氏，宋人也。猶然，如是。榮子雖能忘有，未能遺無，故笑。宰官之徒，滯於爵禄，虚淡之人，猶懷嗤笑，見如是所以不齊。前既以小笑大，示大者不夸；今則以大笑小，小者不企；而性命不安者，理未之聞也。【釋文】

「宋榮子」司馬、李云：宋國人也。崔云：賢者也。「猶然笑之」崔、李云：猶，笑貌。案謂猶以爲笑。

〔三〕【注】審自得也。【疏】舉，皆也。勸，勵勉也。沮，怨喪也。榮子率性懷道，謷然超俗，假令世皆譽讚，亦不增其勸奬，率土非毁，亦不加其沮喪，審自得也。【釋文】「譽之」音餘。「加沮」慈吕反，敗也。

〔四〕【注】内我而外物。【疏】榮子知内既非我，外亦非物，内外雙遣，物我兩忘，故於内外之分定而不忒也。

〔五〕【注】榮己而辱人。【疏】忘勸沮於非譽，混窮通於榮辱，故能返照明乎心智，玄鑒辯於物境，不復内我而外物，榮己而辱人也。【釋文】「之竟」居領反。○慶藩案釋文作竟，古竟境字通。

〔六〕【注】亦不能復過此。【疏】斯，此也。已，止也，宋榮子智德止盡於斯也。【釋文】「能復」扶又反。

〔七〕【注】足於身，故閒於世也。【疏】數數，猶汲汲也。宋榮子率性虚淡，任理直前，未嘗運智推求，役心爲道，栖身物外，故不汲汲然者也。【釋文】「數數」音朔。下同。徐所禄反。一音桑縷反。司馬云：猶汲汲也。崔云：迫促意也。簡文所喻反，謂計數。「故閒」音閑。本亦作閑。

〔八〕【注】唯能自是耳，未能無所不可也。【疏】樹，立也。榮子捨有證無，溺在偏滯，故於無待之心，未立逍遥之趣，智尚虧也。【釋文】「未樹」司馬云：樹，立也，未立至德也。

〔九〕【注】泠然，輕妙之貌。【疏】姓列，名禦寇，鄭人也。與鄭繻公同時，師於壺丘子林，著書八卷。得風仙之道，乘風遊行，泠然輕舉，所以稱善也。【釋文】「列子」李云：鄭人，名禦寇，得風仙，乘風而行，與鄭穆公同時。「泠」音零。○慶藩案初學記、太平御覽九引司馬云：列子，鄭人列禦寇也。泠然，涼貌也。文選江文通雜體詩注引同。釋文闕。

〔一〇〕【注】苟有待焉，則雖御風而行，不能以一時而周也。【疏】旬，十日也。既得風仙，遊行天下，每經一十五日回反歸家，未能無所不乘，故不可一時周也。

〔一一〕【注】自然御風行耳，非數數然求之也。【疏】致，得也。彼列禦寇得於風仙之福者，蓋由炎涼無心，虚懷任運，非關役情取捨，汲汲求之。欲明爲道之要，要在忘心，若運役智慮，去之遠矣。○家世父曰：未數數然也，猶戴記之云天下一人而已。致福，謂備致自然之休。御風而行，猶待天機之動焉。郭象云，自然御風行，非數數然求之，誤。

〔一二〕【注】非風則不得行，斯必有待也，唯無所不乘者無待耳。【疏】乘風輕舉，雖免步行，非風不進，猶有須待。自宰官已下及宋榮禦寇，歷舉智德優劣不同，既未洞忘，咸歸有待。唯當順萬物之性，遊變化之塗，而能無所不成者，方盡逍遥之妙致者也。

〔一三〕【注】天地者，萬物之總名也。天地以萬物爲體，而萬物必以自然爲正，自然者，不爲而自然者也。故大鵬之能高，斥鴳之能下，椿木之能長，朝菌之能短，凡此皆自然之所能，非爲之所能也。不爲而自能，所以爲正也。故乘天地之正者，即是順萬物之性也；御六氣之辯者，即是遊變化之塗也；如斯以往，則何往而有窮哉！所遇斯乘，又將惡乎待哉！此乃至德之人玄同彼我者之逍遥也。苟有待焉，則雖列子之輕妙，猶不能以無風而行，故必得其所待，然後逍遥耳，而況大鵬乎！夫唯與物冥而循大變者，爲能無待而常通，豈〔獨〕③自通而已哉！又順有待者，使不失其所待，所待不失，則同於大通矣。故有待無待，吾所不能齊也；至於各安其性，天機自張，受而不知，則吾所不能殊也。夫無待猶不足以殊有待，況有待者之巨細乎！【疏】天地者，萬物之總名。萬物者，自然之别稱。六氣者，李頤云：平旦朝霞，日午正陽，日入飛泉，夜半沆瀣，並天地二氣爲六氣也。又杜預云：六氣者，陰陽風雨晦明也。又支道林云：六氣，天地四時也。辯者，變也。惡乎，猶於何也。言無待聖人，虚懷體道，故能乘兩儀之正理，順萬物之自然，御六氣以逍遥，混羣靈以變化。苟無物而不順，亦何往而不通哉！明徹於無窮，將於何而有待者也！【釋文】「六氣」司馬云：陰陽風雨晦明也。李云：平旦爲朝霞，日中爲正陽，日入爲飛泉，夜半爲沆瀣，天玄地黄爲六氣。王逸注楚辭云：陵陽子明經言，春食朝霞，朝霞者，日欲出時黄氣也。秋食淪陰，淪陰者，日没已後赤黄氣也。冬食沆瀣，沆瀣者，北方夜半氣也。夏食正陽，正陽者，南方日中氣也。並天玄地黄之氣，是爲六氣。沆，音户黨反。瀣，音下界反。支云：天地四時之氣。○慶藩案釋文引諸家訓六氣，各有不同。司馬以陰陽風雨晦（冥）〔明〕爲六氣，其說最古。李氏以平旦日中日入夜半並天玄地黄爲六氣，頗近牽强。王逸支遁以天地四時爲六氣。夫天地之氣，大莫與京，四時皆承天地之氣以爲氣，似不得以四時與天地並列爲六。王應麟云：六氣，少陰君火，太陰溼土，少陽相火，陽明燥金，太陽寒水，厥陰風木，而火獨有二。天以六爲節，故氣以六朞爲一備。左傳述醫和之言，天有六氣，（注云：陰陽風雨晦（冥）〔明〕也。）降生五味。即素問五六之數。（全祖望云：天五地（五）〔六〕④，見於大易，天六地五，見於國語。〔故〕⑤漢志云，五六天地之中合。然左氏之說，又與素問不同。）沈括筆談：六氣，方家以配六神，所謂青龍者，東方厥陰之氣也；其他取象皆如是。唯北方有二：曰玄武，太陽寒水之氣也；曰螣蛇，少陽相火之氣也，其在人爲腎，腎有二：左太陽寒水，右少陽相火，此坎離之交也。中央太（陽）〔陰〕⑥土爲句陳，配脾也。六氣之說，聚訟棼如，莫衷一是。愚謂有二說焉：一，洪範雨暘燠寒風時爲六氣也。雨，木也；暘，金也；燠，火也；寒，水也；風，土也；是爲五氣。五氣得時，是爲五行之和氣，合之則爲六氣。氣有和有乖，乖則變也，變則宜有以御之，故曰御六氣之變。一，六氣即六情也。漢書翼奉傳奉又引師說六情云：北方之情，好也，好行貪狼，申子主之；東方之情，怒也，怒行陰（餓）〔賊〕⑦，亥卯主之；南方之情，惡也，惡行廉貞，寅午主之；西方之情，喜也，喜行寬大，巳酉主之；上方之情，樂也，樂行姦邪，辰未主之；下方之情，哀也，哀行公正，戌丑主之。此二說似亦可備參證。「之辯」

如字。變也。崔本作和。○慶藩案辯與正對文，辯讀爲變。廣雅：辯，變也。易坤文言（猶）〔由〕辯之不早辯也，荀本作變。辯變古通用。崔訓和，失之。「惡乎」音烏。注同。

〔一四〕【注】無己，故順物，順物而至⑧矣。【釋文】「无己」音紀。注同。○盧文弨曰：今本无作無，下並同。「而王」于況反。本亦作至。

〔一五〕【注】夫物未嘗有謝生於自然者，而必欣賴於針石，故理至則迹滅矣。今順而不助，與至理爲一，故無功。【釋文】「於針」之（鳩）〔鴆〕⑨反，或之林反。

〔一六〕【注】聖人者，物得性之名耳，未足以名其所以得也。【疏】至言其體，神言其用，聖言其名。故就體語至，就用語神，就名語聖，其實一也。詣於靈極，故謂之至；陰陽不測，故謂之神；正名百物，故謂之聖也。一人之上，其有此三，欲顯功用名殊，故有三人之別。此三人者，則是前文乘天地之正、御六氣之辯人也。欲結此人無待之德，彰其體用，乃言故曰耳。○慶藩案文選任彥昇到大司馬記室牋注引司馬云：神人無功，言修自然，不立功也。聖人無名，不立名也。釋文闕。

〔校〕①世德堂本境作竟，與釋文同。趙諫議本作境。②唐寫本無而字。③獨字依王叔岷說補。④六字依困學紀聞全箋改。⑤故字依困學紀聞全箋補。⑥陰字依夢溪筆談改。⑦賊字依漢書改。⑧世德堂本至作王，與釋文同。⑨鴆字依釋文改。

堯讓天下於許由〔一〕，曰：「日月出矣而爝火不息，其於光也，不亦難乎！時雨降矣而猶浸灌，其於澤也，不亦勞乎〔二〕！夫子立而天下治，而我猶尸之，吾自視缺然。請致天下〔三〕。」

〔一〕【疏】堯者，帝嚳之子，姓伊祁，字放勛，母慶都，（嚳）感赤龍而生，身長一丈，兑上而豐下，眉有八彩，足履翼星，有聖德。年十五，封唐侯，二十一，代兄登帝位，都平陽，號曰陶唐。在位七十二年，乃授舜。年百一十八歲崩，葬於陽城，謚曰堯。依謚法，翼善傳聖曰堯，言其有傳舜之功也。許由，隱者也，姓許，名由，字仲武，潁川陽城人也。隱於箕山，師於齧缺，依山而食，就河而飲。堯知其賢，讓以帝位。許由聞之，乃臨河洗耳。巢父飲犢，牽而避之，曰：「惡吾水也。」死後，堯封其墓，謚曰箕公，即堯之師也。【釋文】「堯」唐帝也。「許由」隱人也，隱於箕山。司馬云：潁川陽城人。簡文云：陽城槐里人。李云：字仲武。

〔二〕【疏】爝火，猶炬火也，亦小火也。神農時十五日一雨，謂之時雨也。且以日月照燭，詎假炬火之光；時雨滂沲，無勞浸灌之澤。堯既撝謙克讓，退己進人，所以致此之辭，盛推仲武也。【釋文】「爝」本亦作燋，音爵。郭祖繳反。司馬云：然也。向云：人所然火也。一云：燋火，謂小火也。字林云：爝，炬火也，子召反。燋，所以然持火者，子約反。○慶藩案説文：爝，苣火（袚）〔祓〕也。呂不韋曰：湯（時）〔得〕①伊尹，爝以爟火，釁以犧豭。（案苣，束葦燒之也。祓，除惡之祭也。）燋，所以然持火也。段玉裁注：持火者，人所持之火也。禮少儀執燭抱燋，凡執之曰燭，未爇曰燋，燋即燭也。細繹許説，則燋本爲未爇之燭，未爇則不得云不息。釋文引司馬氏李氏本亦作燋，非。（廣韻：燋，傷火也，與焦通。別一義。）「浸」子鴆反。「灌」古亂反。○慶藩案正韻：浸，漬也，又漸也。陰符經云：天地之道浸，故陰陽勝。易之臨曰：剛浸而長。浸者，漸也。博雅：灌，聚也，又溉也。浸灌蓋浸潤漸漬之謂。

〔三〕【疏】治，正也。尸，主也。致，與也。堯既師於許由，故謂之爲夫子。若仲武立爲天子，寓內必致太平，而我猶爲物主，自視缺然不足，請將帝位讓與賢人。【釋文】「天下治」直吏反。下已治、注天下治、而治者也、既治、而治實、而治者、得以治者皆同。

〔校〕①祓字得字並依説文原本改。

許由曰：「子治天下，天下既已治也〔一〕。而我猶代子，吾將爲名乎？名者，實之賓也。吾將爲賓乎①〔二〕？鷦鷯巢於深林，不過一枝；偃鼠飲河，不過滿腹〔三〕。歸休乎君，予无所用天下爲〔四〕！庖人雖不治庖，尸祝不越樽俎而代之矣〔五〕。」

〔一〕【注】夫能令天下治，不治天下者也。故堯以不治治之，非治之而治者也。今許由方明既治，則無所代之。而治實由堯，故有子治之言，宜忘言以尋其所況。而或者遂云：治之而治者，堯也；不治而堯得以治者，許由也。斯失之遠矣。夫治之由乎不治，爲之出乎無爲也，取於堯而足，豈借之許由哉！若謂拱默乎山林之中而後得稱無爲者，此莊老之談所以見棄於當塗。〔當塗〕②者自必於有爲之域而不反者，斯之由也。【疏】治，謂理也。既，盡也。言堯治天下，久以昇平，四海八荒，盡皆清謐，何勞讓我，過爲辭費。然覩莊文則貶堯而推許，尋郭注乃劣許而優堯者，何邪？欲明放勛大聖，仲武大賢，賢聖二塗，相去遠矣。故堯負扆汾陽而喪天下，許由不夷其俗而獨立高山，圓照偏溺，斷可知矣。是以莊子援禪讓之迹，故有爝火之談；郭生察無待之心，更致不治之説。可謂探微索隱，了文合義，（宣）〔宜〕尋其旨況，無所稍嫌也。【釋文】「能令」力呈反，下同。

〔二〕【注】夫自任者對物，而順物者與物無對，故堯無對於天下，而許由與稷契爲匹矣。何以言其然邪？夫與物冥者，故羣物之所不能離也。是以無心玄應，唯感之從，汎乎若不繫之舟，東西之非己也，故無行而不與百姓共者，亦無往而不爲天下之君矣。以此爲君，若天之自高，實君之德也。若獨亢然立乎高山之頂，非夫人有情於自守，守一家之偏尚，何得專此！此故俗中之一物，而爲堯之外臣耳。若以外臣代乎内主，斯有爲君之名而無任君之實也。【疏】許由偃蹇箕山，逍遥潁水，膻腥榮利，厭穢聲名。而堯殷勤致請，猶希代己，許由若高九五，將爲萬乘之名。然實以生名，名從實起，實則是内是主，名便是外是賓。捨主取賓，喪内求外，既非隱者所尚，故云吾將爲賓也。【釋文】「稷契」息列反，皆唐虞臣也。稷，周之始祖，名棄。契，殷之始祖名。「能離」力智反。「玄應」應對之應。「（汛）〔汎〕乎」芳劒反。「非夫」音扶。下明夫同。

〔三〕【注】性各有極，苟足其極，則餘天下之財也！【疏】鷦鷯，巧婦鳥也，一名工雀，一名女匠，亦名桃蟲，好深處而巧爲巢也。偃鼠，形大小如牛，赤黑色，獐脚，脚有三甲，耳似象耳，尾端白，好入河飲水。而鳥巢一枝之外，不假茂林；獸飲滿腹之餘，无勞浩汗。況許由安茲蓬蓽，不顧金闈，樂彼疏食，詎勞玉食也！【釋文】「鷦」子遥反。「鷯」音遼。李云：鷦鷯，小鳥也。郭璞云：鷦鷯，桃雀。「偃鼠」如字。李云：鼷鼠也。説文：鼢鼠，一曰偃鼠。鼢，音扶問反。○盧文弨曰：舊無音字。今案凡不見正文及注之字而加音者，例有音字。今依前後例增。○慶藩案李楨曰：偃鼠；李云鼷鼠也。案説文鼢下云：地行鼠，伯勞所化也，一曰偃鼠。偃，或作鼴，俗作鼹。玉篇：鼴，大鼠也。廣雅：鼹鼠，鼢鼠。本艸：鼹鼠在土中行。陶注：俗一名隱鼠，一名鼢鼠，常穿耕地中行，討掘即得。説文鼷下云：鼷，小鼠也。爾雅：鼷，鼠有螫毒者。公羊成七年傳注云：鼷鼠，鼠中之微者。博物志：鼷鼠，鼠之類最小者，食物，當時不覺痛，或名甘鼠。據此，知偃鼠、鼷鼠，判然爲二，李説誤。

〔四〕【注】均之無用，而堯獨有之。明夫懷豁者無方，故天下樂推而不厭。【疏】予，我也。許由寡欲清廉，不受堯讓，故謂堯云：君宜速還黄屋，歸反紫微，禪讓之辭，宜其休息。四海之尊，於我無用，九五之貴，予何用爲！【釋文】「歸休乎君」絶句。一讀至乎字絶句，君別讀。「懷豁」呼活反。「樂推」音洛。「不厭」於豔反。

〔五〕【注】庖人尸祝，各安其所司；鳥獸萬物，各足於所受；帝堯許由，各静其所遇；此乃天下之至實也。各得其實，又何所爲乎哉？自得而已矣。故堯許之行③雖異，其於逍遥一也。

【疏】庖人，謂掌庖厨之人，則今之太官供膳是也。尸者，太廟中神主也；祝者，則今太常太祝是也；執祭版對尸而祝之，故謂之尸祝也。樽，酒器也。俎，肉器也。而庖人尸祝者，各有司存。假令膳夫懈怠，不肯治庖，尸祝之人，終不越局濫職，棄於樽俎而代之宰烹；亦猶帝堯禪讓，不治天下，許由亦不去彼山林，就兹帝位，故注云帝堯許由各静於所遇也已。

【釋文】「庖人」鮑交反，徐扶交反，掌厨人也。周禮有庖人職。○慶藩案説文：庖，厨也。禮王制三爲充君之庖，注：庖，今之厨也。周禮庖人注：庖之爲言苞也，苞裹肉曰苞苴。（裹之曰苞，藉之曰苴。）釋文一本庖下無人字，非是。「尸祝」之六反。傳鬼神辭曰祝。「樽」子存反，本亦作尊。○盧文弨曰：案尊乃正體。「俎」徐側吕反。

〔校〕①俞樾云：此本作吾將爲賓乎，與上吾將爲名乎相對成文。實與賓形似，又涉上句實之賓也而誤。②當塗二字依世德堂本補。③之行二字趙諫議本作之地，世德堂本作天地。

肩吾問於連叔曰：「吾聞言於接輿〔一〕，大而无當，往而不返。吾驚怖其言，猶河漢而无極也〔二〕；大有逕庭，不近人情焉〔三〕。」

〔一〕【疏】肩吾連叔，並古之懷道人也。接輿者，姓陸，名通，字接輿，楚之賢人隱者也，與孔子同時。而佯狂不仕，常以躬耕爲務，楚王知其賢，聘以黄金百鎰，車駟二乘，並不受。於是夫負妻戴，以遊山海，莫知所終。肩吾聞接輿之言過無準的，故問連叔，詢其義旨。而言吾聞言於接輿者，聞接輿之言也。莊生寄三賢以明堯之一聖，所聞之狀具列於下文也。【釋文】「肩吾」李云：賢人也。司馬云：神名。「連叔」李云：懷道人也。「接輿」本又作與，同，音餘。接輿，楚人也，姓陸，名通。皇甫謐曰：接輿躬耕，楚王遣使以黄金百鎰車二駟聘之，不應。

〔二〕【疏】所聞接輿之言，（怖）〔恢〕弘而無的當，一往而陳梗概，曾無反覆可尋。吾竊聞之，驚疑怖恐，猶如上天河漢，迢遞清高，尋其源流，略無窮極也。【釋文】「無當」丁浪反，司馬云：言語弘大，無隱當也。「驚怖」普布反，廣雅云：懼也。

〔三〕【疏】逕庭，猶過差，亦是直往不顧之貌也。謂接輿之言，不偶於俗，多有過差，不附世情，故大言不合於里耳也。【釋文】「大有」音泰，徐敕佐反。「逕」徐古定反，司馬本作莖。「庭」勑定反。李云：逕庭，謂激過也。○慶藩案文選劉孝標辯命論注引司馬云：極，崖也，言廣若河漢無有崖也。逕庭，激過之辭也。釋文闕。「不近」附近之近。

連叔曰：「其言謂何哉〔一〕？」

〔一〕【疏】陸通之説其若何？此則反質肩吾所聞意謂。

「曰：『藐姑射之山，有神人居焉，肌膚若冰雪，（綽）〔淖〕①約若處子〔一〕。不食五穀，吸風飲露〔二〕。乘雲氣，御飛龍，而遊乎四海之外〔三〕。其神凝，使物不疵癘而年穀熟。』吾以是狂而不信也〔四〕。」

〔一〕【注】此皆寄言耳。夫神人即今所謂聖人也。夫聖人雖在廟堂之上，然其心無異於山林之中，世豈識之哉！徒見其戴黄屋，佩玉璽，便謂足以纓紱②其心矣；見其歷山川，同民事，便謂足以憔悴其神矣；豈知至至者之不虧哉！今言王德之人而寄之此山，將明世所無由識，故乃託之於絶垠之外而推之於視聽之表耳。處子者，不以外傷内。【疏】藐，遠也。山海經云：姑射山在寰海之外，有神聖之人，戢機應物。時須揖讓，即爲堯舜；時須干戈，即爲湯武。綽約，柔弱也。處子，未嫁女也。言聖人動寂相應，則空有並照，雖居廊廟，無異山林，和光同塵，在染不染。冰雪取其潔淨，綽約譬以柔和，處子不爲物傷，姑射語其絶遠。此明堯之盛德，窈冥玄妙，故託之絶垠之外，推之視聽之表。斯蓋寓言耳，亦何必有姑射之實乎，宜忘言以尋其所況。此即肩吾述己昔聞以答連叔之辭者也。【釋文】「藐」音邈，又妙紹反。簡文云：遠也。「姑射」徐音夜，又食亦反，李實夜反。山名，在北海中。〇李楨曰：姑射山，釋文云在北海中。下文姑射在汾水之陽。考山海經本有兩姑射。東山經：盧其之山，又南三百八十里，曰姑射之山，無草木，多水。又南，水行三百里，流沙百里，曰北姑射之山，無草木，多水。又南三百里，曰南姑射之山，無草木，多水。海内北經：列姑射在海河洲中，姑射國在海中，屬列姑射，西南山環之。列子黄帝篇，列姑射在海河洲中。與海内北經同。（下文山上有神人云云，大致與莊子同，足證音義云姑射在北海中不誤。）唐殷敬順列子釋文引山海經曰：姑射國在海中，西南山環之。從國南水行百里，曰姑射之山。又西南行三百八十里，曰姑射山。郭云河水所經海上也。言遥望諸姑射山行列在海河之閒也。與今本山海經不同。隋書地理志，臨汾有姑射山，此即東山經之姑射。莊子所謂姑射之山，汾水之陽是也。據秦氏恩復列子補注云：臨汾姑射，即今平陽府西之九孔山。前後左右並無所謂南北姑射者。證之殷氏釋文，則東山經北姑射南姑射兩條，當在海内北經西南山環之之下。蓋必有諸姑射環列，而後可以列姑射名之也。且殷所據山海經爲唐時本，度古本元如此，不知何時脱寫，羼入東山經姑射山一條之後，遂成今本。賴有列子釋文，可以正山海經之誤。而莊子兩言姑射。一在北海，一在臨汾，亦免混合爲一。（畢氏沅注山海經引莊子，誤混爲一。）雖其文並屬寓言，而山名所在，既皆確有可據，要無妨辨證及之耳。「肌」居其反。○慶藩案冰，古凝字，肌膚若冰雪，即詩所謂膚如凝脂也。（風俗通義引詩云，既白且滑。）説文，冰正字，凝俗字。爾雅冰脂也，孫炎本作凝。冰脂以滑白言，冰雪以絜白言也。「淖」郭昌略反，又徒學反。字林丈卓反。蘇林漢書音：火也。「約」如字。李云：淖約，柔弱貌。司馬云：好貌。「處子」在室女也。「黄屋」車蓋以黄爲裹。一云，冕裹黄也。「玉璽」音徙。「纓」字或作嬰。「紱」方物反，字或作紼。○盧文弨曰：今注本作纓紼。案説文：紼，亂系也。此纓紼當作嬰拂解，不當以爲冠紱。紱亦俗字，説文本作市，重文作韍。「憔悴」在遥反，下在醉反。「至至者」本亦作至足者。「王德」于況反。本亦作至。「絶垠」音銀，又五根反。本又作限。

〔二〕【注】俱食五穀而獨爲神人，明神人者非五穀所爲，而特稟自然之妙氣。【疏】五穀者，黍稷麻菽麥也。言神聖之人，降生應物，挺淳粹之精靈，稟陰陽之秀氣。雖順物以資待，非五穀之所爲，託風露以清虛，豈四時之能變也！

〔三〕【疏】智照靈通，無心順物，故曰乘雲氣。不疾而速，變現無常，故曰御飛龍。寄生萬物之上而神超六合之表，故曰遊乎四海之外也。【釋文】「吸」許及反。

〔四〕【注】夫體神居靈而窮理極妙者，雖靜默閒堂之裏，而玄同四海之表，故乘兩儀而御六氣，同人羣而驅萬物。苟無物而不順，則浮雲斯乘矣；無形而不載，則飛龍斯御矣。遺身而自得，雖淡然而不待，坐忘行忘，忘而爲之，故行若曳枯木，止若聚死灰，是以云其神凝也。其神凝，則不凝者自得矣。世皆齊其所見而斷之，豈嘗信此哉！【疏】凝，靜也。疵癘，疾病也。五穀熟，謂有年也。聖人形同枯木，心若死灰，本迹一時，動寂俱妙，凝照潛通，虛懷利物，遂使四時順序，五穀豐登，人無災害，物無夭枉。聖人之處世，有此功能，肩吾未悟至言，謂爲狂而不信。【釋文】「神凝」魚升反。「疵」在斯反，病也。司馬云：毀也。一音子爾反。「癘」音厲，李音賴，惡病也。本或作厲。「狂」求匡反。李云：癡也。李又九況反。「閒」音閑。「澹然」徒暫反，恬靜也。「皆齊」才細反，又如字。「而斷」丁亂反。

〔校〕①淳字依釋文及世德堂本改。②世德堂本紱作紼。

連叔曰：「然。瞽者无以與乎文章之觀，聾者无以與乎鐘鼓之聲。豈唯形骸有聾盲①哉？夫知亦有之〔一〕。是其言也，猶時女也〔二〕。之人也，之德也，將旁礴萬物以爲一，世蘄乎亂，孰弊弊焉以天下爲事〔三〕！之人也，物莫之傷〔四〕，大浸稽天而不溺，大旱金石流土山焦而不熱〔五〕。是其塵垢粃糠，將猶陶鑄堯舜者也，孰肯以物爲事〔六〕！宋人資章甫而適諸越，越人斷髮文身，無所用之〔七〕。堯治天下之民，平海內之政，往見四子藐姑射之山，汾水之陽，窅然喪其天下焉〔八〕。」

〔一〕【注】不知至言之極妙，而以爲狂而不信，此知之聾盲也。【疏】瞽者，謂眼無眹縫，冥冥如鼓皮也。聾者，耳病也。盲者，眼根敗也。夫目視耳聽，蓋有物之常情也，既瞽既聾，不可示之以聲色也。亦猶至言妙道，唯懸解者能知。愚惑之徒，終身未悟，良由智障盲闇，不能照察，豈唯形質獨有之耶！是以聞接輿之言，謂爲狂而不信。自此以下，是連叔答肩吾之辭也。【釋文】「瞽」音古。盲者無目，如鼓皮也。「與乎」徐音豫，下同。「之觀」古亂反。「聾」鹿工反，不聞也。「之聲」崔、向、司馬本此下更有眇者無以與乎眉目之好，夫刖者不自爲假文屨。「夫知」音智。注知之同。

〔二〕【注】謂此接輿之所言者，自然爲物所求，但知之聾盲者謂無此理。【疏】是者，指斥之言也。時女，少年處室之女也。指此接輿之言，猶如窈窕之女，綽約凝潔，爲君子所求，但知之聾盲者謂無此理也。【釋文】「時女」司馬云：猶處女也。向云：時女虛靜柔順，和而不喧，未嘗求人而爲人所求也。○慶藩案時，是也。猶時女也，謂猶是女也。猶時二字連讀。

易女子貞不字，女即處女也。司馬訓時女猶處女，疑誤，詩大雅綿篇曰止曰時，箋曰：時，是也。是其證。

〔三〕【注】夫聖人之心，極兩儀之至會，窮萬物之妙數。故能體化合變，無往不可，旁礴萬物，無物不然。世以亂故求我，我無心也。我苟無心，亦何爲不應世哉！然則體玄而極妙者，其所以會通萬物之性，而陶鑄天下之化，以成堯舜之名者，常以不爲爲之耳，孰弊弊焉勞神苦思，以事爲事，然後能乎！【疏】之是語助，亦歎美也。旁礴，猶混同也。蘄，求也。孰，誰也。之人者，歎堯是聖人；之德者，歎堯之盛德也。言聖人德合二儀，道齊羣品，混同萬物，制馭百靈。道荒淫，蒼生離亂，故求大聖君臨安撫。而虛舟懸鏡，應感無心，誰肯勞形弊智，經營區宇，以事爲事，然後能事，故老子云爲無爲，事無事，又云取天下常以無事，及其有事不足以取天下也。【釋文】「旁」薄剛反，李鋪剛反。字又作磅，同。「礴」蒲博反，李普各反。司馬云：旁礴，猶混同也。○李楨曰：漢司馬相如傳旁魄四塞，注：旁魄，廣被也。魄與礴通。揚雄傳旁薄羣生，注：旁薄，猶言蕩薄也。蕩薄即廣被之意。旁礴萬物，承上之德也三字，言其德將廣被萬物以爲一。世蘄乎亂，亂，治也，猶虞書亂而敬之亂，舉世望治，德握其符，神人無功，豈肯有勞天下之迹！老子云，我無爲而民自化，此之謂也。「世蘄」徐音祈。李云：求也。○盧文弨曰：舊蘄作鄿，譌，今從宋本正。「弊弊」李扶世反。徐扶計反。簡文云：弊弊，經營貌，司馬本作蔽蔽。「不應」應對之應。「苦思」息嗣反。

〔四〕【注】夫安於所傷，則傷不能傷；傷不能傷，而物亦不傷之也。

〔五〕【注】無往而不安，則所在皆適，死生無變於己，況溺熱之間哉！ 故至人之不嬰乎禍難，非避之也，推理直前而自然與吉會。 【疏】稽，至也。 夫達於生死，則無死無生；宜於水火，則不溺不熱。 假令陽九流金之災，百六滔天之禍，紛紜自彼，於我何爲！ 故郭注云，死生無變於己，何況溺熱之間也哉！ 【釋文】「大浸」子鴆反。「稽天」音雞，徐、李音啓。司馬云：至也。「不溺」奴歷反，或奴學反。「禍難」乃旦反。「非避」音辟。

〔六〕【注】堯舜者，世事之名耳；爲名者，非名也。 故夫堯舜者，豈直堯舜而已哉？ 必有神人之實焉。 今所稱堯舜者，徒名其塵垢粃糠耳。 【疏】散爲塵，膩爲垢，穀不熟爲粃，穀皮曰糠，皆猥物也。 鎔金曰鑄，範土曰陶。 謚法，翼善傳聖曰堯，仁聖盛明曰舜。 夫堯至（本）〔聖〕，妙絶形名，混迹同塵，物甘其德，故立名謚以彰聖體。 然名者粗法，不異粃糠；謚者世事，何殊塵垢。 既而矯諂佞妄，將彼塵垢鍛鑄爲堯，用此粃糠埏埴作舜。 豈知妙體胡可言邪！ 是以誰肯以物爲事者也。 【釋文】「塵垢」古口反。 塵垢，猶染污。「粃」本又作秕。 徐甫姊反，又悲矣反。○盧文弨曰：案説文作秕。「穅」字亦作糠，音康。 粃穅，猶煩碎。○盧文弨曰：舊本穅作康，今依注本改。 穅亦俗字。 似當云音康，字亦作康爲是，疑後人亂之，而又妄改也。 康已從米，何必又贅米旁。「陶」徒刀反，李移昭反。 本亦作匋，音同。「鑄」之樹反。

〔七〕【疏】此起譬也。資，貨也。越國逼近江湖，斷髮文身，以避蛟龍之難也。章甫，冠名也。故孔子生於魯，衣縫掖；長於宋，冠章甫。而宋實微子之裔，越乃太伯之苗，二國貿遷往來，乃以章甫爲貨。且章甫本充首飾，必須雲鬟承冠，越人斷髮文身，資貨便成無用。亦如榮華本猶滯著，富貴起自驕矜。堯既體道洞忘，故能無用天下。故郭注云，夫堯之無所用天下爲，亦猶越人無所用章甫耳。【釋文】「宋人」宋，今梁國睢陽縣，殷後，微子所封。「資章甫」李云：資，貨也。章甫，殷冠也。以冠爲貨。「越」今會稽山陰縣。○慶藩案文選張景陽雜詩注引司馬云：資，取也。章甫，冠名也。（嵇叔夜與山巨源絶交書注引同。）諸，於也。釋文闕。○李楨曰：諸越，猶云於越。春秋定五年經於越入吳，杜注：於，發聲也。公羊傳：於越者，未能以其名通也，何休注：越人自名於越。此作諸者，廣雅釋言：諸，於也。禮記射義注：諸，猶於也。是疊韻假借。「斷」丁管反。李徒短反。司馬本作敦，云：敦，斷也。

〔八〕【注】夫堯之無用天下爲，亦猶越人之無所用章甫耳。然遺天下者，固天下之所宗。天下雖宗堯，而堯未嘗有天下也，故窅然喪之，而嘗遊心於絶冥之境，雖寄坐萬物之上而未始不逍遥也。四子者蓋寄言，以明堯之不一於堯耳。夫堯實冥矣，其迹則堯也。自迹觀冥，內外異域，未足怪也。世徒見堯之爲堯，豈識其冥哉！故將求四子於海外而據堯於所見，因謂與物同波者，失其所以逍遥也。然未知至遠之(迹)〔所〕②順者更近，而至高之所會者反下也。若乃厲然以獨高爲至而不夷乎俗累，斯山谷之士，非無待者也，奚足以語至極而遊無窮哉！

【疏】治，言緝理；政，言風教。此合喻也。汾水出自太原，西入於河。水北曰陽，則今之晉州平陽縣，在汾水北，昔堯都也。窅然者寂寥，是深遠之名。喪之言忘，是遺蕩之義。而四子者，四德也：一本，二迹，三非本非迹，四非非本迹也。言堯反照心源，洞見道境，超兹四句，故言往見四子也。夫聖人無心，有感斯應，故能緝理萬邦，和平九土。雖復凝神四子，端拱而坐汾陽；統御萬機，窅然而喪天下。斯蓋即本即迹，即體即用，空有雙照，動寂一時。是以姑射不異汾陽，山林豈殊黄屋！世人齊其所見，曷嘗信此邪！而馬彪將四子爲齧缺，便未達於遠理；劉璋推汾水於射山，更迷惑於近事。今所解釋，稍異於斯。故郭注云，四子者蓋寄言，明堯之不一於堯耳，世徒見堯之迹，豈識其(真)〔冥〕③哉！【釋文】「四子」司馬、李云：王倪，齧缺，被衣，許由。「汾水」徐扶云反，郭方聞反。案汾水出太原，今莊生寓言也。司馬、崔本作盆水。○李楨曰：東山經之姑射，是否爲冀州域内之山，經文究無可攷。隋志以屬之臨汾，或後世據此篇汾水之陽一語以名其地之山，亦未可知。上文所稱姑射，遠在北海中，故曰藐，藐者遠也。汾陽，堯所居，若有姑射，何爲亦云藐哉！蓋堯之心未嘗有天下，其心即姑射神人之心，其身亦如姑射神人之身，雖垂衣廟堂，如逍遥海外，是以彼山藐遠，無殊近在帝都。（四子本無其人，徵名以實之則鑿矣。）注疏推闡，並極精妙。余前辨證一條，謂山名不可混合爲一，然恐有失莊生玄旨，故復論及之。汾水，司馬、崔本並作盆水，古讀汾如盆，非別一水，説見錢氏大昕養新録。「窅然」徐烏了反。郭武駢反。李云：窅然，猶悵然。○盧文弨曰：郭必以爲（眞）〔寘〕④字，故如此音。「喪其」息浪反，注同。「絶冥」亡丁反。「之竟」音境。本亦作境。○盧文弨曰：今注作境。

〔校〕①闕誤引天台山方瀛觀古藏本盲作瞽。②所字依宋本改。③冥字依注文改。④寘字依抱經堂原本改。按原刻本似亦有誤。説文：寘，塞也，從穴，真聲。徐待年切。即今填字。武駢與待年同韻異攝，殆非其字，以寘然狀喪天下，語亦不倫。疑郭本作冥，釋文郭下脱作冥二字，冥字古與瞑眠通。列禦寇篇而甘冥乎無何有之鄉，釋文云：本又作瞑，音眠。俞樾謂淮南子俶真篇甘瞑乎溷潣之域即本此，甘瞑即甘眠。説文：瞑，翕目也，從目冥，冥亦聲。徐鉉曰：今俗别作眠，非是。武延切。漢書揚雄傳目冥眴而無見，冥眴即孟子滕文公之瞑眩，並叠韻連詞。又作眩眠或眩湣，如史記司馬相如傳視眩眠而無見兮及紅杳渺而眩湣兮皆是。諸字並義近音同。陸冥武駢切，與徐瞑武延切，而漢書顔注冥莫見反，孫奭孟子音義瞑莫甸切，史記索隱引蘇林湣音麪，韻攝皆同，（古無輕唇音，武莫聲同。）惟平仄異耳。冥與窅義亦相通，故常連用。逍遥遊篇北冥有魚，釋文引簡文云，窅冥無極，故謂之冥是也。二字又形近，故今本作窅，郭本作冥。郭於此注連用四冥字，皆就冥然立言，足爲的證。上句故窅然喪之之窅，疑本亦作冥，後人依今本正文改之耳。

惠子謂莊子曰：「魏王貽我大瓠之種〔一〕，我樹之成而實五石，以盛水漿，其堅不能自舉也〔二〕。剖之以爲瓢，則瓠落無所容。非不呺然大也，吾爲其無用而掊之〔三〕。」

〔一〕【疏】姓惠，名施，宋人也，爲梁國相。謂，語也。貽，遺也。瓠，匏之類也。魏王即梁惠王也。昔居安邑，國號爲魏，後爲强秦所逼，徙於大梁，復改爲梁，僭號稱王也。惠子所以起此大匏之譬，以譏莊子之書，雖復詞旨恢弘，而不切機務，故致此詞而更相激發者也。【釋文】「惠子」司馬云：姓惠，名施，爲梁相。「魏王」司馬云：梁惠王也。案魏自河東還大梁，故謂之魏，或謂之梁也。「貽」徐音怡，郭與志反，遺也。「大瓠」徐音護。「之種」章勇反。

〔二〕【疏】樹者，藝植之謂也。實者，子也。惠施既得瓠種，藝之成就，生子甚大，容受五石，仍持此瓠以盛水漿，虚脆不堅，故不能自勝舉也。【釋文】「而實五石」司馬云：實中容五石。「以盛」音成。

〔三〕【疏】剖，分割之也。瓢，勺也。瓠落，平淺也。呺然，虚大也。掊，打破也。用而盛水，虚脆不能自勝；分剖爲瓢，平淺不容多物。衆謂無用，打破棄之。刺莊子之言，不救時要，有同此(言)〔瓠〕，應須屏削也。【釋文】「剖之」普口反。「爲瓢」毗遥反。徐扶堯反。「則瓠」户郭反，司馬音護。下同。「落」簡文云：瓠落，猶廓落也。司馬云：瓠，布護也；落，零落也。言其形平而淺，受水則零落而不容也。「呺然」本亦作号。徐許憍反。李云：号然，虚大貌。崔作謌，簡文同。「吾爲」于僞反。「掊之」徐方垢反。司馬云：擊破也。○慶藩案文選謝靈運之郡初發都詩注引司馬云：瓠，布護；落，零落也。枵然，大貌。掊，謂擊破之也。喻莊子之言大也，若巨瓠之無施也。較釋文引爲詳。○俞樾曰：説文：号，痛聲也。呺，説文所無，蓋皆号之俗體，施之於此，義不可通。文選謝靈運初發都詩李善注引此文作枵，當從之。爾雅釋天：玄枵，虛也。虛則有大義，故曰枵然大也。釋文引李云号然虛大貌，是固以枵字之義説之。

莊子曰：「夫子固拙於用大矣。宋人有善爲不龜手之藥者，世世以洴澼絖爲事〔一〕。客聞之，請買其方①百金〔二〕。聚族而謀曰：『我世世爲洴澼絖，不過數金；今一朝而鬻技百金，請與之〔三〕。』客得之，以説吳王。越有難，吳王使之將，冬與越人水戰，大敗越人，裂地而封之〔四〕。能不龜手，一也；或以封，或不免於洴澼絖，則所用之異也〔五〕。今子有五石之瓠，何不慮以爲大樽而浮乎江湖，而憂其瓠落無所容？則夫子猶有蓬之心也夫〔六〕！」

〔一〕【注】其藥能令手不拘坼，故常漂絮於水中也。【疏】洴，浮；澼，漂也。絖，絮也。世世，年也。宋人隆冬涉水，漂絮以作牽離，手指生瘡，拘坼有同龜背。故世世相承，家傳此藥，令其手不拘坼，常得漂絮水中，保斯事業，永無虧替。又云：澼，擗也；絖，纊也，謂擗纊於水中之故也。【釋文】「龜手」愧悲反。徐舉倫反。李居危反。向云：拘坼也。司馬云：文坼如龜文也。又云：如龜攣縮也。○俞樾曰：釋文引司馬云文坼如龜文也，又云如龜攣縮也，義皆未安。向云如拘坼也，郭注亦云能令手不拘坼，然則龜字宜即讀如拘。蓋龜有丘音，後漢西域傳龜茲讀曰丘慈，是也。古丘音與區同，故亦得讀如拘矣。拘，拘攣也，不龜②者，不拘攣也。龜文之説雖非，攣縮之説則是，但不必以如龜爲説耳。○李楨曰：龜手，釋文云徐舉倫反，蓋以龜爲皸之叚借。按龜皸雙聲。衆經音義卷十一：皸，居雲、去雲二反。通俗文：手足坼裂曰皸，經文或作龜坼。下引莊此文及郭注爲證。是玄應以龜皸音義互通。集韻十八諄：皸，區倫切，皴也。漢書趙充國傳，將軍士寒，手足皸瘃，文穎曰：皸，坼裂也；瘃，寒創也。唐書李甘傳，凍膚皸瘃。不龜手，猶言不皸手耳。皸，説文作⿰足囷。鈕氏樹玉、鄭氏珍以⿰革軍下或體（皸）〔⿰革軍〕爲皸字，不足據。「洴」徐扶經反。「澼」普歷反。徐敷歷反。郭、李恪歷反，澼，聲。○盧文弨曰：案今本書作澼聲，疑洴澼是擊絮之聲。洴澼二字本雙聲，蓋亦象其聲也。「絖」音曠。小爾雅云：絮細者謂之絖。李云：洴澼絖者，漂絮於水上。絖，絮也。「能令」力呈反。「不拘」紀于反。依字宜作跔，紀于、求于二反。周書云天寒足跔是也。「坼」勑白反。○盧文弨曰：坼，俗本多從手，非。「漂」匹妙反，韋昭云：以水擊絮爲漂。説文作潎，豐市反，又匹例反。○盧文弨曰：潎舊譌作敝，今改正。「絮」胥慮反。

〔二〕【疏】金方一寸重一斤爲一金也。他國遊客，偶爾聞之，請買手瘡一術，遂費百金之價者也。

【釋文】「百金」李云：金方寸重一斤爲一金。百金，百斤也。

〔三〕【疏】鬻，賣也。估價既高，聚族謀議。世世洴澼，爲利蓋寡，一朝賣術，資貨極多。異口同音，僉曰請與。【釋文】「數金」色主反。「鬻」音育。司馬云：賣也。「技」本或作伎，竭彼反。

〔四〕【疏】吳越比鄰，地帶江海，兵戈相接，必用艫船，戰士隆冬，手多拘坼。而客素禀雄才，天生睿智，既得方術，遂説吳王。越國兵難侵吳，吳王使爲將帥，賴此名藥，而兵手不拘坼。旍旗才舉，越人亂轍。獲此大捷，獻凱而旋，勳庸克著，胙之茆土。【釋文】「以説」始鋭反，又如字。「有難」乃旦反。「之將」子匠反。「大敗」必邁反。

〔五〕【疏】或，不定也。方藥無工〔拙〕③而用者有殊，故行客得之以封侯，宋人用之以洴澼，此則所用工拙之異。

〔六〕【注】蓬，非直達者也。此章言物各有宜，苟得其宜，安往而不逍遥也。【疏】慮者，繩絡之也。樽者，漆之如酒罇，以繩結縛，用渡江湖，南人所謂腰舟者也。蓬，草名，拳曲不直也。夫，歎也。言大瓠浮汎江湖，可以舟船淪溺；至教興行世境，可以濟渡羣迷。而惠生既有蓬心，未能直達玄理，故妄起掊擊之譬，譏刺莊子之書。爲用失宜，深可歎之。【釋文】「不慮以爲大樽」本亦作尊。司馬云：樽如酒器，縛之於身，浮於江湖，可以自渡。慮，猶結綴也。案所謂腰舟。○盧文弨曰：縛舊作縛，今從宋本正④。「蓬之心」郭云：蓬，生非直達者。向云：蓬者短不暢，曲士之謂。○盧文弨曰：士，舊譌土，今改正。

〔校〕①闕誤引江南古藏本方下有以字。②軀字依諸子平議補。③拙字依下文補。④按盧説非是。説文：縛，束也。縛，白鮮色也，段注改色爲卮，云，聲類以爲今正絹字，據許則縛與絹各物。若羽人十搏爲縛，左傳縛一如瑱，又皆卷縛之義，非字之本義。朱珔叚借義證謂縛與縛音隔，疑以形近而誤，其説是也。是束縛字正當作縛，宋本誤。

惠子謂莊子曰：「吾有大樹，人謂之樗〔一〕。其大本擁腫而不中繩墨，其小枝卷曲而不中規矩，立之塗，匠者不顧〔二〕。今子之言，大而無用，衆所同去也〔三〕。」

〔一〕【疏】樗，栲漆之類，嗅之甚臭，惡木者也。世間名字，例皆虛假，相與嗅之，未知的當，故言人謂之樗也。【釋文】「樗」勑魚反，木名。

〔二〕【疏】擁腫，槃癭也。卷曲，不端直也。規圓而矩方。塗，道也。樗栲之樹，不材之木，根本擁腫，枝榦攣卷，繩墨不加，方圓無取，立之行路之旁，匠人曾不顧盼也。【釋文】「擁腫」章勇反。李云：擁腫，猶盤癭。「不中」丁仲反。下同。「卷曲」本又作拳，同。音權，徐紀阮反。李丘圓反。

〔三〕【疏】樹既擁腫不材，匠人不顧；言〔迹〕〔亦〕迂誕無用，衆所不歸。此合喻者也。【釋文】「同去」如字。李羌呂反。○慶藩案大而無用，猶言迂遠無當於事情也。禮文王世子況于其身以善其君乎，鄭注曰：于讀爲迂，猶廣也，大也。是大與迂同義。老子道德經云，天下皆謂道大似不肖，亦此大字之義。

莊子曰：「子獨不見狸狌乎？卑身而伏，以候敖者；東西跳梁，不辟高下；中於機辟，死於罔罟〔一〕。今夫斄牛，其大若垂天之雲。此能爲大矣，而不能執鼠〔二〕。今子有大樹，患其无用，何不樹之於无何有之鄉，廣莫之野〔三〕，彷徨乎无爲其側，逍遥乎寢卧其下〔四〕。不夭斤斧，物无害者，无所可用，安所困苦①哉〔五〕！」

〔一〕【疏】狌，野貓也。跳梁，猶走躑也。辟，法也，謂機關之類也。罔罟，罝罘也。子獨不見狸狌捕鼠之狀乎？卑伏其身，伺候傲慢之鼠；東西跳躑，不避高下之地；而中於機關之法，身死罔罟之中，皆以利惑其小，不謀大故也。亦猶擎跪曲拳，執持聖迹，僞情矯性，以要時利，前雖遂意，後必危亡，而商鞅、蘇、張，即是其事。此何異乎捕鼠狸狌死於罔罟也。【釋文】「狸」力之反。「狌」徐音姓。郭音生。又音星。司馬云：狖也。狖，音由救反。「敖者」徐、李五到反。支云：伺彼怠敖，謂承夫閒②殆也。本又作慠，同。司馬音遨，謂伺遨翔之物而食之，雞鼠之屬也。「跳」音條。「不辟」音避。今本多作避。下放此。「機辟」毗赤反。司馬云：罔也。○盧文弨曰：案當作毗亦反。○慶藩案辟疑爲繴之借字。爾雅：繴謂之罿，罿，罬也；罬謂之罦，罦，覆車也。郭璞曰：今之翻車也，有兩轅，中施罥以捕鳥。司馬曰辟罔也，誤。辟若訓罔，則下文死於罔罟爲贅矣。楚辭九章設張辟以娛君兮，王逸注：辟，法也，言讒人設張峻法以娛樂君，（王念孫曰：楚辭九章以張辟連讀，非以設張連讀。張讀弧張之張。周官冥氏掌弧張，鄭注：弧張，罿罦之屬，所以扃絹禽獸。）頗費解義。墨子非儒篇：盗賊將作，若機辟將發也，鹽鐵論刑法篇曰：辟陷設而當其蹊，皆當作鑋。（楚辭哀時命，外迫脅於機臂兮，機臂與機辟同。玉篇、王注以爲弩身，亦失之。）「罟」徐音古。

〔二〕【疏】斄牛，猶旄牛也，出西南夷。其形甚大，山中遠望，如天際之雲。藪澤之中，逍遥養性，跳梁投鼠，不及野狸。亦猶莊子之言，不狎流俗，可以理國治身，且長且久者也。【釋文】「斄牛」郭呂之反。徐、李音來。又音離。司馬云：旄牛。

〔三〕【疏】無何有，猶無有也。莫，無也。謂寬曠無人之處，不問何物，悉皆無有，故曰無何有之鄉也。【釋文】「无何有之鄉廣莫之野」謂寂絶無爲之地也。簡文云：莫，大也。

〔四〕【疏】彷徨，縱任之名；逍遥，自得之稱；亦是異言一致，互其文耳。不材之木，枝葉茂盛，婆娑蔭映，蔽日來風，故行李經過，徘徊憩息，徙倚顧步，寢卧其下。亦猶莊子之言，無爲虚淡，可以逍遥適性，蔭庇蒼生也。【釋文】「彷」薄剛反，又音房。「徨」音皇。彷徨，猶翺翔也。崔本作方羊，簡文同。廣雅云：彷徉，徙倚也。

〔五〕【注】夫小大之物，苟失其極，則利害之理均；用得其所，則物皆逍遥也。【疏】擁腫不材，拳曲無取，匠人不顧，斤斧無加，夭折之災，何從而至，故得終其天年，盡其生理。無用之用，何所困苦哉！亦猶莊子之言，乖俗會道，可以攝衞，可以全真，既不夭枉於世途，詎肯困苦於生分也！

〔校〕①闕誤引文本困苦作窮困。②世德堂本閒作隕。

莊子集釋卷一下

內篇 齊物論第二〔一〕

〔一〕【注】夫自是而非彼，美己而惡人，物莫不皆然。然，故是非雖異而彼我均也。【釋文】「齊物論」力頓反。李如字。「而惡」烏路反。

南郭子綦隱机而坐，仰天而噓，荅焉似喪其耦〔一〕。顏成子游立侍乎前，曰：「何居乎？形固可使如槁木，而心固可使如死灰乎〔二〕？今之隱机者，非昔之隱机者也〔三〕。」

〔一〕【注】同天人，均彼我，故外無與爲歡，而荅焉解①體，若失其配匹。【疏】楚昭王之庶弟，楚莊王之司馬，字子綦。古人淳質，多以居處爲號，居於南郭，故號南郭，亦猶市南宜僚、東郭順子之類。其人懷道抱德，虛心忘淡，故莊子羨其清高而託爲論首。隱，憑也。噓，嘆也。荅焉，解釋貌。耦，匹也，（爲）〔謂〕身與神爲匹，物與我〔爲〕②耦也。子綦憑几坐忘，凝神遐想，仰天而歎，妙悟自然，離形去智，荅焉墮體，身心俱遺，物我（無）〔兼〕忘，故若喪其匹耦也。【釋文】「南郭子綦」音其。司馬云：居南郭，因爲號。「隱」於靳反，憑也。「机」音紀。李本作几。○盧文弨曰：案今本作几。「而噓」音虛。吐氣爲噓。向云：息也。「荅焉」本又作嗒，同。吐荅反，又都納反。注同。解體貌。○盧文弨曰：今本作嗒。案解體，即趙岐孟子注所云解罷枝也。○慶藩案慧琳一切經音義八十八終南山龍田寺釋法琳本傳卷四引司馬云：荅焉，云失其所，故有似喪耦也。釋文闕。「其耦」本亦作偶，五口反。匹也，對也。司馬云：耦，身也，身與神爲耦。○俞樾曰：喪其耦，即下文所謂吾喪我也。郭注曰若失其配匹，未合喪我之義。司馬云耦身也，此説得之。然云身與神爲耦則非也。耦當讀爲寓。寓，寄也，神寄於身，故謂身爲寓。

〔二〕【注】死灰槁木，取其宊莫③無情耳。夫任自然而忘是非者，其體中獨任天真而已，又何所有哉！故止若立枯木，動若運槁枝，坐若死灰，行若遊塵。動止之容，吾所不能一也；其於無心而自得④，吾所不能二也⑤。【疏】姓顔，名偃，字子游。居，安處也。方欲請益，故起而立侍。如何安處，神識凝寂，頓異從來，遂使形將槁木而不殊，心與死灰而無別。必有妙術，請示所由。【釋文】「顔成子游」李云：子綦弟子也，姓顔，名偃，謚成，字子游。「何居」如字，又音姬。司馬云：猶故也。「槁木」古老反。注同。「宊」音寂，本亦作寂。○盧文弨曰：宊，舊譌家。今案大宗師云，其容宊，釋文云：本亦作寂，崔本作宗，據改正。方言云：宊，安靜也。漢人碑版多作此字。老子銘，顯虛無之清宊，張公神碑，畺界宊靜，成皋令任伯嗣碑，官朝宊靜，巴郡太守張納碑，四竟宊謐，博陵太守孔彪碑，宊兮冥冥，皆如此作。

今注作寂寞。「莫」本亦作漠。

〔三〕【注】子游嘗見隱机者，而未有⑥若子綦也。　【疏】子游昔見坐忘，未盡玄妙；今逢隱机，實異曩時。怪其寂泊無情，故發驚疑之旨。

〔校〕①趙諫議本無解字。②爲字依上句例補。③家莫，趙本作寂漠，世德堂本作寂寞。④其於無心而自得，趙本作無心自得。⑤二也，世德堂本作一也。趙本二亦作一，與上句一字下均無也字。⑥世德堂本嘗作常，有作見。

子綦曰：「偃，不亦善乎，而問之也！今者吾喪我，汝知之乎〔一〕？女聞人籟而未聞地籟，女聞地籟而未聞天籟夫〔二〕！」

〔一〕【注】吾喪我，我自忘矣；我自忘矣，天下有何物足識哉！故都忘外內，然後超然俱得。

【疏】而，猶汝也。喪，猶忘也。許其所問，故言不亦善乎。而子綦境智兩忘，物我雙絶，子游不悟，而以驚疑，故示隱几之能，汝頗知不。

〔二〕【注】籟，簫也。夫簫管參差，宮商異律，故有短長高下萬殊之聲。聲雖萬殊，而所稟之度一也，然則優劣無所錯其閒矣。況之風物，異音同是，而咸自取焉，則天地之籟見矣。【疏】（人）①籟，簫也，長一尺二寸，十六管，象鳳翅，舜作也。夫簫管參差，所受各足，況之風物，咸稟自然，故寄此二賢以明三籟之義。釋在下文。【釋文】「女聞」音汝。下皆同。本亦作汝。○盧文弨曰：上汝知何以不一律作女？「人籟」力帶反，簫也。「籟夫」音扶。「參」初林反。「差」初宜反。「所錯」七故反。「見矣」賢遍反。

〔校〕①人字依注文删。

子游曰：「敢問其方〔一〕。」

〔一〕【疏】方，道術也。雖聞其名，未解其義，故請三籟，其術如何。

子綦曰：「夫大塊噫氣，其名爲風〔一〕。是唯无作，作則萬竅怒呺〔二〕。而獨不聞之翏翏①乎〔三〕？山林之畏佳〔四〕，大木百圍之竅穴，似鼻，似口，似耳，似枅，似圈，似臼，似洼者，似污者〔五〕；激者，謞者，叱者，吸者，叫者，譹者，宎者，咬者〔六〕，前者唱于而隨者唱喁。泠風則小和，飄風則大和〔七〕，厲風濟則衆竅爲虚〔八〕。而獨不見之調調，之〔刁刁〕〔刀刀〕②乎〔九〕？」

〔一〕【注】大塊者，無物也。夫噫氣者，豈有物哉？氣塊然而自噫耳。物之生也，莫不塊然而自生，則塊然之體大矣，故遂以大塊爲名。【疏】大塊者，造物之名，亦自然之稱也。言自然之理通生萬物，不知所以然而然。大塊之中，噫而出氣，仍名此氣而爲風也。【釋文】「大塊」苦怪反。李苦對反。説文同，云：俗凷字也。徐口回反，徐、李又胡罪反。郭又苦猥反。司馬云：大朴之貌，衆家或作大槐，班固同。淮南子作大昧。解者或以爲無，或以爲元氣，或以爲混成，或以爲天，謬也。○慶藩案慧琳一切經音義九十五正誣經卷五引司馬云：大塊，謂天也。與釋文所引異。○俞樾曰：大塊者，地也。塊乃凷之或體。說文土部：凷，墣也。蓋即中庸所謂一撮土之多者，積而至於廣大，則成地矣，故以地爲大塊也。司馬云大朴之貌，郭注曰大塊者無物也，並失其義。此本說地籟，然則大塊者，非地而何？「噫」乙戒反。注同。一③音蔭。

〔二〕【注】言風唯無作，作則萬竅皆怒動而爲聲也。【疏】是者，指此風也。作，起也。言此大風唯當不起，若其動作，則萬殊之穴皆鼓怒呺叫也。【釋文】「萬竅」苦弔反。「怒呺」胡刀反，徐又〔詐〕〔許〕④口反，又胡到反。

〔三〕【注】長風之聲。【釋文】「翏翏」良救反，又六收反。長風聲也。李本作飂，音同。又力竹反。

〔四〕【注】大風之所扇動也。【疏】翏翏，長風之聲。畏佳，扇動之貌。而翏翏清吹，擊蕩山林，遂使樹木枝條，畏佳扇動。世皆共覩，汝獨不聞之邪？下文云。【釋文】「畏」於鬼反。郭烏罪反。崔本作喂。「佳」醉癸反。徐子唯反。郭祖罪反。李諸鬼反。李頤云：畏佳，山阜貌。○盧文弨曰：佳，舊本作隹，今莊子衆家本皆作佳。韻會支韻内引此，似亦可讀追。此所音〔唯〕〔雖〕⑤皆仄聲，然實與佳本音皆相近，故從衆家本改正。

〔五〕【注】此略舉衆竅之所似。【疏】竅穴，樹孔也。枅，柱頭木也，今之斗楷是也。圈，畜獸闌也。木既百圍，穴亦奇衆，故或似人之口鼻，或似獸之闌圈，或似人之耳孔，或似舍之枅楷，或洼曲而擁腫，或汚下而不平。形勢無窮，略陳此八事。亦(由)〔猶〕⑥世間萬物，種類不同，或醜或妍，蓋稟之造化。【釋文】「之竅」崔本作窾。「似鼻似口」司馬云：言風吹竅穴動作，或似人鼻，或似人口。「似枅」音雞，又音肩。字林云：柱上方木也。簡文云：欂櫨也。「似圈」起權反。郭音權，杯圈也。徐其阮反，言如羊豕之闌圈也。「似臼」其九反。「似洼者」(鳥)〔烏〕⑦攜反，李於花反，又烏乖反，郭烏蛙反。司馬云：若洼曲。「汚者」音烏。司馬云：若汚下。

〔六〕【注】此略舉(異)〔衆〕⑧竅之聲殊。【疏】激者，如水湍激聲也。謞者，如箭鏃頭孔聲(也)⑨。叱者，咄聲也。吸者，如呼吸聲也。叫者，如叫呼聲也。譹者，哭聲也。宎者，深也，若深谷然。咬者，哀切聲也。略舉樹穴，即有八種；風吹木竅，還作八聲。亦(由)〔猶〕人稟分不同，種種差異，率性而動，莫不均齊。假令小大夭壽，未足以相傾。【釋文】「激者」經歷反，如水激也。李古弔反。司馬云：聲若激喚也。李又驅弔反。○慶藩案慧琳一切經音義六十八阿毘達摩大〔毘〕婆沙論卷四引司馬云：流急曰激也。七十八(音)經律異相卷十四、九十高僧傳十三引並同。又文選盧子諒時興詩注、玄應衆經音義十四引亦同。與釋文所引異。「謞者」音孝。李虛交反。簡文云：若箭去之聲。司馬云：若讙謞聲。○盧文弨曰：舊音考，謞。今注本音孝，從之。「叱者」昌實反。徐音七。司馬云：若叱咄聲。「吸者」許及反。司馬云：若噓吸聲也。「叫者」古弔反。郭古幼反。李居曜反。司馬云：若叫呼聲也。「譹者」音豪。郭又户報反。司馬云：若譹哭聲。○盧文弨曰：舊脱者字，今增，與衆句一例。「宎者」徐於堯反。一音杳。又於弔反。司馬云：深者也，若深宎宎然。「咬者」於交反。或音狡。司馬云：聲哀切咬咬然。又許拜反。

〔七〕【注】夫聲之宫商雖千變萬化，唱和大小，莫不稱其所受而各當其分。【疏】泠，小風也。飄，大風也。于喁，皆是風吹樹動前後相隨之聲也。故泠〔泠〕清風，和聲即小；暴疾飄風，和聲即大；各稱所受，曾無勝劣，以況萬物稟氣自然。【釋文】「唱于」如字。「唱喁」五恭反。徐又音愚。又五斗反。李云：于喁，聲之相和也。「泠風」音零。李云：泠泠，小風也。「小和」胡卧反。下及注皆同。「飄風」鼻遥反，又符遥反。李敷遥反。司馬云：疾風也。爾雅云：回風爲飄。「不稱」尺證反。「其分」符問反。下不出者同。

〔八〕【注】濟，止也。烈風作則衆竅實，及其止則衆竅虚。虚實雖異，其於各得則同。【疏】厲，大也，烈也。濟，止也。言大風止則衆竅虚，及其動則衆竅實。虚實雖異，各得則同耳。況四序盈虚，二儀生殺，既無心於亭毒，豈有意於虔劉！【釋文】「厲風」司馬云：大風。向、郭云：烈風。「濟」子細反。向云：止也。○慶藩案厲風濟，濟者止也。詩鄘風載馳篇旋濟，毛傳曰：濟，止也。風止則萬竅寂然，故曰衆竅爲虚。

〔九〕【注】調調(刁刁)〔刀刀〕，動摇貌也。言物聲既異，而形之動摇亦又不同也。動雖不同，其得齊一耳，豈調調獨是而(刁刁)〔刀刀〕獨非乎！【疏】而，汝也。調調(刁刁)〔刀刀〕，動摇之貌也。言物形既異，動亦不同，雖有調（刁）〔刀〕之殊，而終無是非之異。況盈虛聚散，生死窮通，物理自然，不得不爾，豈有是非臧否於其間哉！　【釋文】「調調」音條。「刀刀」徐都堯反。向云：調調刀刀，皆動搖貌。○盧文弨曰：舊俱作刁，俗；今改依正體。「動搖」如字，又羊照反。

〔校〕①闕誤引李本翏作飂，力救切。②刀字依世德堂本及盧校改，下注及疏文並同。③一下疑脱作喑二字。知北遊篇生者喑醷物也，釋文喑音陰，引李郭云：喑醷，聚氣貌。喑氣亦即聚氣。④許字依釋文原本改。⑤抱經堂原刻本唯作脽，誤。此本作唯，亦非。字當作雖。⑥由猶古通用，今以義別之，後不複出。⑦烏字依釋文原本改。⑧衆字依世德堂本及上注文改。趙諫議本亦作異。⑨也字依上下文句例補。

子游曰：「地籟則衆竅是已，人籟則比竹是已。敢問天籟〔一〕。」

〔一〕【疏】地籟則竅穴之徒，人籟則簫管之類，並皆眼見，此則可知。惟天籟深玄，卒難頓悟，敢陳庸昧，請決所疑。　【釋文】「比竹」毗志反。又必履反。李扶必反。注同。

子綦曰：「夫吹萬不同，而使其自己也〔一〕，咸其自取，怒者其誰邪〔二〕！」

〔一〕【注】此天籟也。夫天籟者，豈復別有一物哉？即衆竅比竹之屬，接乎有生之類，會而共成一天耳。無既無矣，則不能生有；有之未生，又不能爲生。然則生生者誰哉？塊然而自生耳。自生耳，非我生也。我既不能生物，物亦不能生我，則我自然矣。自己而然，則謂之天然。天然耳，非爲也，故以天言之。〔以天言之〕①所以明其自然也，豈蒼蒼之謂哉！而或者謂天籟役物使從己也。夫天且不能自有，況能有物哉！故天者，萬物之總名也，莫適爲天，誰主役物乎？故物各自生而無所出焉，此天道也。【疏】夫天者，萬物之總名，自然之别稱，豈蒼蒼之謂哉！故夫天籟者，豈别有一物邪？即比竹衆竅接乎有生之類是爾。尋夫生生者誰乎，蓋無物也。故外不待乎物，内不資乎我，塊然而生，獨化者也。是以郭注云，自己而然，則謂之天然。故以天然言之者，所以明其自然也。而言吹萬不同。且風唯一體，竅則萬殊，雖復大小不同，而各稱所受，咸率自知，豈賴他哉！此天籟也。故知春生夏長，目視耳聽，近取諸身，遠託諸物，皆不知其所以，悉莫辨其所然。使其自己，當分各足，率性而動，不由心智，所謂亭之毒之，此天籟之大意者也。【釋文】「豈復」扶又反。「莫適」丁歷反。○慶藩案文選謝（宣城）〔靈運〕②九日從宋公戲馬臺集送孔令詩注引司馬云：吹萬，言天氣吹煦，生養萬物，形氣不同。已，止也，使各得其性而止。謝靈運道路憶山中詩注、江文通雜體詩注引同。釋文闕。

〔二〕【注】物皆自得之耳，誰主怒之使然哉！此重明天籟也。【疏】自取，（由）〔猶〕自得也。言風竅不同，形聲乃異，至於各自取足，未始不齊，而怒動爲聲，誰使之然也！欲明羣生糺紛，萬象參差，分内自取，未嘗不足，或飛或走，誰使其然，故知鼓之怒之，莫知其宰。此則重明天籟之義者也。【釋文】「此重」直用反。

〔校〕①以天言之四字依世德堂本補。②靈運二字依文選原本改。

大知閑閑，小知閒閒〔一〕；大言炎炎，小言詹詹〔二〕。其寐也魂交，其覺也形開〔三〕，與接爲搆，日以心鬭。縵者，窖者，密者〔四〕。小恐惴惴，大恐縵縵〔五〕。其發若機栝，其司是非之謂也〔六〕；其留如詛盟，其守勝之謂也〔七〕；其殺若秋冬，以言其日消也〔八〕；其溺之所爲之，不可使復之也〔九〕；其厭也如緘，以言其老洫①也〔一〇〕；近死之心，莫使復陽也〔一一〕。喜怒哀樂，慮嘆變慹，姚佚啓態〔一二〕；樂出虛，蒸成菌〔一三〕。日夜相代乎前，而莫知其所萌〔一四〕。已乎，已乎！旦暮得此，其所由以生乎〔一五〕！

〔一〕【注】此蓋知之不同。【疏】閑閑，寬裕也。閒閒，分別也。夫智惠寬大之人，率性虛淡，無是無非；小知狹劣之人，性靈褊促，有取有捨。〔有取有捨，〕②故閒隔而分別；無是無非，故閑暇而寬裕也。【釋文】「大知」音智。下及注同。「閑閑」李云：無所容貌。簡文云：廣博之貌。「閒閒」古閑反，有所閒別也。○俞樾曰：廣雅釋詁：閒，覗也。小知閒閒，當從此義，謂好覗察人也。釋文曰有所閒別，非是。

〔二〕【注】此蓋言語之異。【疏】炎炎，猛烈也。詹詹，詞費也。夫詮理大言，（由）〔猶〕猛火炎燎原野，清蕩無遺。儒墨小言，滯於競辯，徒有詞費，無益教方。【釋文】「炎炎」于廉于凡二反，又音談。李作淡，徒濫反。李頤云：同是非也。簡文云：美盛貌。「詹詹」音占。李頤云：小辯之貌。崔本作閻。

〔三〕【注】此蓋寤寐之異。【疏】凡鄙之人，心靈馳躁，耽滯前境，無得暫停。故其夢寐也，魂神妄緣而交接；其覺悟也，則形質開朗而取染也。【釋文】「魂交」司馬云：精神交錯也。「其覺」古孝反。「形開」司馬云：目開意悟也。

〔四〕【注】此蓋交接之異。【疏】構，合也。窖，深也，今穴地藏穀是也。密，隱也。交接世事，構合根塵，妄心既重，（渴）〔愒〕日不足，故惜彼寸陰，心與日鬬也。其運心逐境，情性萬殊，略而言之，有此三別也。【釋文】「與接爲構」司馬云：人道交接，構結驩愛也。「縵者」（未）〔末〕旦反。簡文云：寬心也。「窖者」古孝反。司馬云：深也。李云：穴也。案穴地藏穀曰窖。簡文云：深心也。

〔五〕【注】此蓋恐悸之異。【疏】惴惴，怵惕也。縵縵，沮喪也。夫境有違從，而心恒憂度，慮其不遂，恐懼交懷。是以小恐惴慄而怵惕，大恐寬暇而沮喪也。【釋文】「小恐」曲勇反。下及注同。「惴惴」之瑞反。李云：小心貌。爾雅云：懼也。「縵縵」李云：齊死生貌。「悸」其季反。

〔六〕【疏】機，弩牙也。栝，箭栝也。司，主也。言發心逐境，速如箭栝；役情拒害，猛若弩牙。唯主意是非，更無他謂也。【釋文】「機栝」古活反。機，弩牙。栝，箭栝。○慶藩案文選鮑明遠苦熱行注引司馬云：言生死是非，臧否交校，則禍敗之來，若機栝之發。釋文闕。○又案機謂弩牙。（見易繫辭鄭注。）釋名曰：弩，（弩）〔怒也③。〕鉤弦者曰牙，牙外曰郭，（郭）下曰縣刀，合名之（則）曰機（栝），言如機之巧也。（機栝與樞機義各不同。樞爲户樞，機爲門橜。廣雅：朱也。朱與梱同。説文：梱，門橜也。王引之曰：樞爲户樞，所以利轉。機爲門梱，所以止扉。故以樞機並言，謂開闔有節也。書傳機與栝並言弩牙也。）

〔七〕【注】此蓋動止之異。【疏】詛，祝也。盟，誓也。言役意是非，（由）〔猶〕如祝詛，留心取境，不異誓盟。堅守確乎，情在勝物。【釋文】「詛」側據反。「盟」音明，徐武耕反，郭武病反。

〔八〕【注】其衰殺日消有如此者。【疏】夫素秋摇落，玄冬肅殺，物景貿遷，驟如交臂，愚惑之類，豈能覺邪！唯争虚妄是非，詎知日新消毁，人之衰老，其狀例然。【釋文】「其殺」色界反，徐色例反。注同。

〔九〕【注】其溺而遂往有如此者。【疏】滯溺於境，其來已久，所爲之事，背道乖真。欲使復命還源，無由可致。【釋文】「其溺」奴狄反，郭奴徼反。

〔一〇〕【注】其厭没於欲，老而愈洫，有如此者。【疏】厭，没溺也。顛倒之流，厭没於欲，惑情堅固，有類緘繩。豈唯壯年縱恣，抑乃老而愈洫。【釋文】「其厭」於葉反，徐於冉反，又於感反。「如緘」徐古咸反。「老洫」本亦作溢，同。音逸，郭許鵙反，又已質反。

〔一一〕【注】其利患輕禍，陰結遂志，有如此者。【疏】莫，無也。陽，生也。耽滯之心，隣乎死地，欲使反於生道，無由得之。【釋文】「近死」附近之近。「復陽」陽，謂生也。○家世父曰：

日以心鬭，百變不窮。司是非者有萬應之機，守勝者有一成之見。或久倦思反而殺如秋令，或沈迷不悟而溺爲之，亦有深緘其機，無復生人之氣者。人心之相搆，各視所藏之機，以探而取之。

〔一二〕【注】此蓋性情之異者。【疏】凡品愚迷，（則）〔耽〕執違順，順則喜樂，違則哀怒。然哀樂則重，喜怒則輕。故喜則心生懽悦，樂則形於舞忭，怒則當時嗔恨，哀則舉體悲號，慮則抑度未來，嘆則咨嗟已往，變則改易舊事，慹則屈服不伸，姚則輕浮躁動，佚則奢華縱放，啓則開張情慾，態則嬌淫妖冶。衆生心識，變轉無窮，略而言之，有此十二。審而察之，物情斯見矣。【釋文】「哀樂」音洛。「慹」之涉反。司馬云：不動貌。「姚」郭音遥，徐李勑弔反。「佚」音逸。「態」勑代反，李又奴載反。

〔一三〕【注】此蓋事變之異也。自此以上，略舉天籟之無方；自此以下，明無方之自然也。物各自然，不知所以然而然，則形雖彌異，其④然彌同也。【疏】夫簫管内虚，故能出於雅樂；濕暑氣蒸，故能生成朝菌。亦猶二儀萬物，虚假不真，從無生有，例如菌樂。浮幻若是，喜怒何施！【釋文】「蒸」之膺反。「成菌」其隕反。向云：結也。「以上」時掌反。

〔一四〕【注】日夜相代，代故以新也。夫天地萬物，變化日新，與時俱往，何物萌之哉？自然而然耳。【疏】日晝月夜，輪轉循環，更相遞代，互爲前後。推求根緒，莫知其狀者也。【釋文】「萌」武耕反。

〔一五〕【注】言其自生。【疏】已，止也。推求日夜，前後難知，起心虞度，不如止息。又重推旦暮，覆察昏明，亦莫測其所由，固不知其端緒。欲明世間萬法，虛妄不真，推求生死，即體皆寂。故老經云，迎之不見其首，隨之而不見其後，理由若此。【釋文】「旦暮」本又作莫，音同。

〔校〕①闕誤引江南古藏本洫作溢。②依下句例補。③怒也依釋名改，以下郭則栝三字均依釋名删。④世德堂本其作自。

非彼无我，非我无所取。是亦近矣〔一〕，而不知其所爲使〔二〕。若有真宰，而特不得其眹〔三〕。可行已信〔四〕，而不見其形〔五〕，有情而无形〔六〕。百骸，九竅，六藏，賅而存焉〔七〕，吾誰與爲親〔八〕？汝皆說之乎？其有私焉〔九〕？如是皆有爲臣妾乎〔一〇〕？其臣妾不足以相治乎〔一一〕？其遞相爲君臣乎〔一二〕？其有真君存焉〔一三〕？如求得其情與不得，無益損乎其真〔一四〕。一受其成形，不忘以待盡〔一五〕。與物相刃相靡，其行盡如馳，而莫之能止，不亦悲乎〔一六〕！終身役役而不見其成功〔一七〕，苶然疲役而不知其所歸，可不哀邪〔一八〕！人謂之不死，奚益〔一九〕！其形化，其心與之然，可不謂大哀乎〔二〇〕？人之生也，固若是芒乎？其我獨芒，而人亦有不芒者乎〔二一〕？夫隨其成心而師之，誰獨且无師乎〔二二〕？奚必知代而心自取者有之？愚者與有焉〔二三〕。未成乎心而有是非，是今日適越而昔至也〔二四〕。是以無有爲有。無有爲有，雖有神禹，且不能知，吾獨且柰何哉〔二五〕！

〔一〕【注】彼，自然也。自然生我，我自然生。故自然者，即我之自然，豈遠之哉！【疏】彼，自然也。取，稟受也。若非自然，誰能生我？若無有我，誰稟自然乎？然我則自然，自然則我，其理非遠，故曰是亦近矣。

〔二〕【注】凡物云云，皆自爾耳，非相爲使也，故任之而理自至矣。【疏】言我稟受自然，其理已具。足行手捉，耳聽目視，功能御用，各有司存。亭之毒之，非相爲使，無勞措意，直置任之。【釋文】「相爲」于僞反。下未爲同。

〔三〕【注】萬物萬情，趣舍不同，若有①真宰使之然也。起索真宰之眹迹，而亦終不得，則明物皆自然，無使物然也。【疏】夫肢體不同，而御用各異，似有真性，竟無宰主。眹迹攸肇，從何而有？【釋文】「而特」崔云：特，辭也。「其眹」李除忍反。兆也。「趣舍」七喻反。字或作取。下音捨，或音赦。下皆倣此。「起索」所百反。

〔四〕【注】今夫行者，信己可得行也。【疏】信己而用，可意而行，天機自張，率性而動，自濟自足，豈假物哉！

〔五〕【注】不見所以得行之形。【疏】物皆信己而行，不見信可行之貌者也。

〔六〕【注】情當其物，故形不别見也。【疏】有可行之情智，無信己之形質。【釋文】「情當」丁浪反，下皆同。「别見」賢遍反。

〔七〕【注】付之自然，而莫不皆存也。【疏】百骸，百骨節也。九竅，謂眼耳鼻舌口及下二漏也。六藏，六腑也，謂大腸小腸膀胱三焦也。藏，謂五藏，肝心脾肺腎也。賅，備也。言體骨在外，藏腑在内，竅通内外。備此三事以成一身，故言存。【釋文】「百骸」户皆反。「六藏」才浪反。案心肺肝脾腎，謂之五藏。大小腸膀胱三焦，謂之六府。身别有九藏氣，天地人。天以候頭角之氣，人候耳目之氣，地候口齒之氣。三部各有天地人，三三而九，神藏五，形藏四，故九。今此云六藏，未見所出。○李楨曰：釋文云，此云六藏，未見所出。成疏遂穿鑿以六爲六腑，藏（謂）〔爲〕五藏，致與上百官九竅，訓不一例。按難經三十九難，五藏亦有六藏者，謂腎有兩藏也。其左爲腎，右爲命門。命門者，謂精神之所舍也。其氣與腎通，故言藏有六也。「賅」徐古來反。司馬云備也。小爾雅同。簡文云：兼也。

〔八〕【注】直自②存耳。

〔九〕【注】皆説之，則是有所私也。有私則不能賅而存矣，故不説而自存，不爲而自生也。【疏】言夫六根九竅，俱是一身，豈有親疏，私存愛悦！若有心愛悦，便是有私。身而私之，理在不可。莫不任置，自有司存。於身既然，在物亦爾。【釋文】「皆説」音悦，注同。今本多即作悦字。後皆倣此。

〔一〇〕【注】若皆私之，則志過其分，上下相冒，而莫爲臣妾矣。臣妾之才，而不安臣妾之任，則失矣。故知君臣上下，手足外内，乃天理自然，豈真人之所爲哉！【疏】臣妾者，士女之賤職也。且人之一身，亦有君臣之别，至如見色則目爲君而耳爲臣，行步則足爲君手爲臣也。斯乃出自天理，豈人之所爲乎！非關係意親疏，故爲君臣也。郭注云，時之所賢者爲君，才不應世者爲臣。治國治身，内外無異。

〔一一〕【注】夫臣妾但各當其分耳，未爲不足以相治也。相治者，若手足耳目，四肢百體，各有所司而更相御用也。【疏】夫臣妾御用，各有職司，（知）〔如〕手執脚行，當分自足，豈爲手之不足而脚爲行乎？蓋天機自張，無心相爲而治理之也。舉此手足，諸事可知也。【釋文】「而更」音庚。

〔一二〕【注】夫時之所賢者爲君，才不應世者爲臣。若天之自高，地之自卑，首自在上，足自居下，豈有遞哉！雖無錯於當而必自當也。【疏】夫首自在上，足自居下；目能視色，耳能聽聲。而用捨有時，故有貴賤。豈措情於上下，而遞代爲君臣乎？但任置無心而必自當也。【釋文】「其遞」音弟。徐又音第。「不應」應對之應。「無錯」七素反。下同。

〔一三〕【注】任之而自爾，則非僞也。【疏】直置忘懷，無勞措意，此即真君妙道，存乎其中矣。又解：真君即前之真宰也。言取捨之心，青黄等色，本無自性，緣合而成，不自不他，非無非有，故假設疑問，以明無有真君也。

〔一四〕【注】凡得真性，用其自爲者，雖復皁隸，猶不顧毁譽而自安其業。故知與不知，皆自若也。若乃開希幸之路，以下冒上，物喪其真，人忘其本，則毁譽之間，俯仰失錯也。【疏】夫心境相感，欲染斯興。是以求得稱情，即謂之爲益；如其不得，即謂之爲損。斯言凡情迷執，有得喪以攖心；道智觀之，無損益於其真性者也。○家世父曰：彼我相形而有是非，而是非之成於心者，先入而爲之主。是之非之，隨人以爲役，皆臣妾也，而百骸九竅六藏悉攝而從之。夫此攝而從之以聽役於人，與其心之主宰，果有辨乎，果無辨乎？心之主宰有是非，於人何與！求得人之情而是之非之，無能爲益，不得無能爲損。而既搆一是非之形，役心以從之，終其身守而不化，夫是之謂成心。成心者，臣妾之所以聽役也。【釋文】「雖復」扶又反。下同。「毀譽」音餘。「物喪」息浪反。

〔一五〕【注】言性各有分，故知者守知以待終，而愚者抱愚以至死，豈有能中易其性者也！【疏】夫禀受形性，各有涯量，不可改愚以爲智，安得易醜以爲妍！是故形性一成，終不中途亡失，適可守其分內，待盡天年矣。

〔一六〕【注】羣品云云，逆順相交，各信其偏見而恣其所行，莫能自反。此（皆）〔比〕③衆人之所悲者，亦可悲矣。而衆人未嘗以此爲悲者，性然故也。物各性然，又何物足悲哉！【疏】刃，逆也。靡，順也。羣品云云，銳情逐境。境既有逆有順，心便執是執非。行有終年，速如馳驟；唯知貪境，曾無止息。格量物理，深可悲傷。

〔一七〕【注】夫物情無極，知足者鮮。故得（止）〔此〕④不止，復逐於彼。皆疲役終身，未厭其志，死而後已。故其成功者無時可見也。【疏】夫物浮競，知足者稀，故得此不休，復逐於彼。所以終身疲役，没命貪殘，持影繫風，功成何日。【釋文】「者鮮」息淺反。

〔一八〕【注】凡物各以所好役其形骸，至於疲困苶然。不知所以好此之歸趣云何也！【疏】苶然，疲頓貌也。而所好情篤，勞役心靈，形魂既弊，苶然困苦。直以信心，好此貪競，責其意謂，亦不知所歸。愚癡之甚，深可哀歎。【釋文】「苶然」乃結反，徐李乃協反。崔音捻，云：忘貌。簡文云：疲病困之狀。○盧文弨曰：苶當作茶，字小變耳。今注本乃作薾⑤。説文引詩彼薾維何，音義與此異。○慶藩案苶，司馬作薾。文選謝靈運過始寧墅詩注引司馬云：薾，極貌也。釋文闕。「所好」呼報反。下同。

〔一九〕【注】言其實與死同。【疏】奚，何也。耽滯如斯，困而不已，有損行業，無益神氣，可謂雖生之日猶死之年也。

〔二〇〕【注】言其心形並馳，困而不反，比於凡人所哀，則此真哀之大也。然凡人未嘗以此爲哀，則凡所哀者，不足哀也。【疏】然，猶如此也。念念遷移，新新流謝，其化而爲老，心識隨而昏昧，形神俱變，故謂與之然。世之悲哀，莫此甚也。

〔二一〕【注】凡此上事，皆不知其所以然而然，故曰芒也。今未知者皆不知所以知而自知矣，生者〔皆〕⑥不知所以生而自生矣。萬物雖異，至於生不由知，則未有不同者也，故天下莫不芒也。【疏】芒，闇昧也。言凡人在生，芒昧如是，舉世皆惑，豈有一人不昧者！而莊子體道真人，智用明達，俯同塵俗，故云而我獨芒。郭注稍乖，今不依用。【釋文】「芒乎」莫剛反，又音亡。芒，芒昧也。簡文云：芒，同也。

〔二二〕【注】夫心之足以制一身之用者，謂之成心。人自師其成心，則人各自有師矣。人各自有師，故付之而自當。【疏】夫域情滯著，執一家之偏見者，謂之成心。夫隨順封執之心，師之以爲準的，世皆如此，故誰獨無師乎。

〔二三〕【注】夫以成代不成，非知也，心自得耳。故愚者亦師其成心，未肯用其所謂短而舍其所謂長者也。【疏】愚惑之類，堅執是非，何必知他理長，代己之短，唯欲斥他爲短，自取爲長。如此之人，處處皆有，愚癡之輩，先豫其中。【釋文】「與有」音豫。○家世父曰：說文，代，更也。今日以爲是，明月以爲非，而一成乎心，是非迭出而不窮，故曰知代。心以爲是，則取所謂是者而是之，心以爲非，則取所謂非者而非之，故曰心自取。「而舍」音捨，字亦作捨。下同。

〔二四〕【注】今日適越，昨日何由至哉？未成乎心，是非何由生哉？明夫是非者，羣品之所不能無，故至人兩順之。【疏】吴越路遥，必須積旬方達，今朝發途，昨日何由至哉？欲明是非彼我，生自妄心。言心必也未生，是非從何而有？故先分別而後是非，先造途而後至越。【釋文】「昔至」崔云：昔，夕也。向云：昔者，昨日之謂也。○家世父曰：是非者，人我相接而成者也。而必其心先有一是非之準，而後以爲是而是之，以爲非而非之。人之心萬應焉而無窮，則是非亦與爲無窮。是非因人心而生，物論之所以不齊也。

〔二五〕【注】理無是非，而惑者以爲有，此以無有爲有也。惑心已成，雖聖人不能解，故付之自若而不强知也。【疏】夏禹，字文命，鯀子，啓父也。謚法：泉源流通曰禹，又云：受禪成功曰禹。理無是非而惑者爲有，此用無有爲有也。迷執日久，惑心已成，雖有大禹神人，亦不能令其解悟。莊生深懷慈救，獨柰之何，故付之自若，不强知之者也。【釋文】「不强」其丈反。

〔校〕①趙諫議本若有作有若。②趙本自作目。③④比字及此字依宋本及世德堂本改。⑤世德堂本作薾。⑥皆字依道藏焦竑本補。

夫言非吹也，言者有言〔一〕，其所言者特未定也〔二〕。果有言邪〔三〕？其未嘗有言邪〔四〕？其以爲異於鷇音，亦有辯乎，其無辯乎〔五〕？道惡乎隱而有真僞〔六〕？言惡乎隱而有是非〔七〕？道惡乎往而不存〔八〕？言惡乎存而不可〔九〕？道隱於小成〔一〇〕，言隱於榮華〔一一〕。故有儒墨之是非〔一二〕，以是其所非而非其所是〔一三〕。欲是其所非而非其所是，則莫若以明〔一四〕。

〔一〕【注】各有所説，故異於吹。【疏】夫名言之與風吹，皆是聲法，而言者必有詮辯，故曰有言。

【釋文】「吹也」如字，又叱瑞反。崔云：吹，猶籟也。

〔二〕【注】我以爲是而彼以爲非，彼之所是，我又非之，故未定也。未定也者，由彼我之情偏。【疏】雖有此言，異於風吹，而咸言我是，僉曰彼非。既彼我情偏，故獨未定者也。

〔三〕【注】以爲有言邪？然未足以有所定。

〔四〕【注】以爲無言邪？則據己已有言。【疏】果，決定也。此以爲是，彼以爲非，此以爲非，而彼以爲是。既而是非不定，言何所詮！故不足稱定有言也。然彼此偏見，各執是非，據己所言，故不可以爲無言也。

〔五〕【注】夫言與鷇音，其致一也，有辯無辯，誠未可定也。天下之情不必同而所言不能異，故是非紛紜，莫知所定。【疏】辯，別也。鳥子欲出卵中而鳴，謂之鷇音也，言亦帶殼曰鷇。夫彼此偏執，不定是非，亦何異鷇鳥之音，有聲無辯！故將言説異於鷇音者，恐未足以爲別者也。【釋文】「鷇」苦豆反，李音彀。司馬云：鳥子欲出者也。

〔六〕【疏】惡乎，謂於何也。虚通至道，非真非僞，於何逃匿而真僞生焉？【釋文】「惡乎」音烏。下皆同。「真僞」一本作真詭。崔本作真然。

〔七〕【注】道焉不在！言何隱蔽而有真僞，是非之名紛然而起？【疏】至教至言，非非非是，於何隱蔽，有是有非者哉？【釋文】「道焉」於虔反。

〔八〕【注】皆存。【疏】存，在也。陶鑄生靈，周行不殆，道無不徧，于何不在乎！所以在僞在真而非真非僞也。

〔九〕【注】皆可。【疏】玄道真言，隨物生殺，何往不可而言隱邪？故可是可非，而非非非是者也。

〔一〇〕【疏】小成者，謂仁義五德，小道而有所成得者，謂之小成也。世薄時澆，唯行仁義，不能行於大道，故言道隱於小成，而道不可隱也。故老君云，大道廢，有仁義。

〔一一〕【注】夫小成榮華，自隱於道，而道不可隱。則真僞是非者，行於榮華而止於實當，見於小成而滅於大全也。【疏】榮華者，謂浮辯之辭，華美之言也。只爲滯於華辯，所以蔽隱至言。所以老君經云，信言不美，美言不信。【釋文】「實當」丁浪反。後可以意求，不復重出。「見於」賢遍反。

〔一二〕【疏】昔有鄭人名緩，學於（求）〔裘〕①氏之地，三年藝成而化爲儒。儒者，祖述堯舜，憲章文武，行仁義之道，辯尊卑之位，故謂之儒也。緩弟名翟，緩化其弟，遂成於墨。墨者，禹道也。尚賢崇禮，儉以兼愛，摩頂放踵以救蒼生，此謂之墨也。而緩翟二人，親則兄弟，各執一教，更相是非。緩恨其弟，感激而死。然彼我是非，其來久矣。争競之甚，起自二賢，故指此二賢爲亂羣之帥。是知道喪言隱，方督是非。

〔一三〕【注】儒墨更相是非，而天下皆儒墨也。故百家並起，各私所見，而未始出其方也。【疏】天下莫不自以爲是，以彼爲非，彼亦與汝爲非，自以爲是。故各用己是是彼非，各用己非非彼是。【釋文】「更相」音庚。

〔一四〕【注】夫有是有非者，儒墨之所是也；無是無非者，儒墨之所非也。今欲是儒墨之所非而非儒墨之所是者，乃欲明無是無非也。欲明無是無非，則莫若還以儒墨反覆相明。反覆相明，則所是者非是而所非者非非矣。非非則無非，非是則無是。【疏】世皆以他爲非，用己爲是。今欲翻非作是，翻是作非者，無過還用彼我，反覆相明。反覆相明，則所非者非非則無非，所是者非是則無是。無是則無非，故知是非皆虚妄耳。○家世父曰：郭象云，有是有非者儒墨之所是也，無是無非者儒墨之所非也。今欲是儒墨之所非而非儒墨之所是，莫若還以儒墨反覆相明，則所是者非是而所非者非非矣。今觀墨子之書及孟子之闢楊墨，儒墨互相是非，各據所見以求勝，墨者是之，儒者非焉。是非所由成，彼是之所由分也。彼是有對待之形，而是非兩立，則所持之是非非是非也，彼是之見存也。莫若以明者，還以彼是之所明，互取以相證也。郭注誤。【釋文】「反覆」芳服反。下同。

〔校〕①裘字依漁父篇改。

物无非彼，物无非是〔一〕。自彼則不見，自知則知之〔二〕。故曰彼出於是，是亦因彼〔三〕。彼是方生之説也，雖然，方生方死，方死方生；方可方不可，方不可方可；因是因非，因非因是〔四〕。是以聖人不由，而照之於天，亦因是也〔五〕。是亦彼也，彼亦是也〔六〕。彼亦一是非，此亦一是非〔八〕。果且有彼是乎哉？果且无彼是乎哉〔九〕？彼是莫得其偶，謂之道樞〔一〇〕。樞始得其環中，以應无窮〔一一〕。是亦一无窮，非亦一无窮也〔一二〕。故曰莫若以明。以指喻指之非指，不若以非指喻指之非指也；以馬喻馬之非馬，不若以非馬喻馬之非馬也〔一三〕。天地一指也，萬物一馬也〔一四〕。

〔一〕【注】物皆自是，故無非是；物皆相彼，故無非彼。無非彼，則天下無是矣；無非是，則天下無彼矣。無彼無是，所以玄同也。【疏】注曰，物皆自是，故無非是，物皆相彼，故無非彼。無非彼也，則天下無是矣；無非是也，則天下無彼矣。無彼無是，所以玄同。此注理盡，無勞別釋。

〔二〕【疏】自爲彼所彼，此則不自見，自知己爲是，便則知之；物之有偏也，例皆如是。若審能見他見自，故無是無非也。

〔三〕【注】夫物之偏也，皆不見彼之所見，而獨自知其所知。自知其所知，則自以爲是。自以爲是，則以彼爲非矣。故曰彼出於是，是亦因彼，彼是相因而生者也。【疏】夫彼對於此，是待於非，文家之大體也。今言彼出於是者，言約理微，舉彼角勢也；欲示舉彼明此，舉是明非也。而彼此是非，相因而有，推求分析，即體皆空也。

〔四〕【注】夫死生之變，猶春秋冬夏四時行耳。故死生之狀雖異，其於各安所遇，一也。今生者方自謂生爲生，而死者方自謂生爲死，則無生矣。生者方自謂死爲死，而死者方自謂死爲生，則無死矣。無生無死，無可無不可，故儒墨之辨，吾所不能同也；至於各冥其分，吾所不能異也。【疏】方，方將也。言彼此是非，無異生死之説也。夫生死交謝，（由）〔猶〕寒暑之遞遷。而生者以生爲生，而死者將生爲死，亦如是者以是爲是，而非者以是爲非。故知因是而非，因非而是。因非而是，則無是矣；因是而非，則無非矣。是以無是無非，無生無死，無可無不可，何彼此之論乎！

〔五〕【注】夫懷豁者，因天下之是非而自無是非也。故不由是非之塗而是非無患不當者，直明其天然而無所奪故也。【疏】天，自然也。聖人達悟，不由是得非，直置虛凝，照以自然之智。只因此是非而得無非無是，終不奪有而別證無。

〔六〕【注】我亦爲彼所彼。

〔七〕【注】彼亦自以爲是。【疏】我自以爲是，亦爲彼之所非；我以彼爲非，而彼亦以自爲是也。

〔八〕【注】此亦自是而非彼，彼亦自是而非此，此與彼各有一是一非於體中也。【疏】此既自是，彼亦自是；此既非彼，彼亦非此；故各有一是，各有一非也。

〔九〕【注】今欲謂彼爲彼，而彼復自是；欲謂是爲是，而是復爲彼所彼；故彼是有無，未果定也。【疏】夫彼此是非，相待而立，反覆推討，舉體浮虛。自以爲是，此則不無；爲彼所彼，此則不有。有無彼此，未可決定。【釋文】「彼復」扶又反。下同。

〔一〇〕【注】偶，對也。彼是相對，而聖人兩順之。故無心者與物冥，而未嘗有對於天下也。〔樞，要也。〕①此居其樞要而會其玄極，以應夫無方也。【疏】偶，對也。樞，要也。體夫彼此俱空，是非兩幻，凝神獨見而無對於天下者，可謂會其玄極，得道樞要也。前則假問有無，待奪不定；此則重明彼此，當體自空。前淺後深，所以爲次也。【釋文】「道樞」尺朱反。樞，要也。「以應」應對之應。前注同。後可以意求，不復重音。

〔一一〕【注】夫是非反覆，相尋無窮，故謂之環。環中，空矣；今以是非爲環而得其中者，無是無非也。無是無非，故能應夫是非。是非無窮，故應亦無窮。【疏】夫絕待獨化，道之本始，爲學之要，故謂之樞。環者，假有二竅；中者，真空一道。環中空矣，以明無是無非。是非無窮，故應亦無窮也。○家世父曰：是非兩化而道存焉，故曰道樞。握道之樞以游乎環中，中，空也。是非反復，相尋無窮，若循環然。游乎空中，不爲是非所役，而後可以應無窮。○慶藩案唐釋湛然止觀輔行傳弘決引莊子古注云：以圓環內空體無際，故曰環中。

〔一二〕【注】天下莫不自是而莫不相非，故一是一非，兩行無窮。唯涉空得中者，曠然無懷，乘之以游也。【疏】夫物莫不自是，故是亦一無窮；莫不相非，故非亦一無窮。唯彼我兩忘，是非雙遣，而得環中之道者，故能大順蒼生，乘之遊也。

〔一三〕【疏】指，手指也。馬，戲籌也。喻，比也。言人是非各執，彼我異情，故用己指比他指，即用他指爲非指；復將他指比汝指，汝指於他指復爲非指矣。指義既爾，馬亦如之。所以諸法之中獨奉指者，欲明近取諸身，切要無過於指，遠託諸物，勝負莫先於馬，故舉二事以況是非。

〔一四〕【注】夫自是而非彼，彼我之常情也。故以我指喻彼指，則彼指於我指獨爲非指矣。此以指喻指之非指也。若復以彼指還喻我指，則我指於彼指復爲非指矣。此(亦)〔以〕②非指喻指之非指也。將明無是無非，莫若反覆相喻。反覆相喻，則彼之與我，既同於自是，又均於相非。均於相非，則天下無是；同於自是，則天下無非。何以明其然邪？是若果是，則天下不得(彼)〔復〕③有非之者也。非若果非，〔則天下〕④亦不得復有是之者也。今是非無主，紛然淆亂，明此區區者各信其偏見而同於一致耳。仰觀俯察，莫不皆然。是以至人知天地一指也，萬物一馬也，故浩然大寧，而天地萬物各當其分，同於自得，而無是無非也。【疏】天下雖大，一指可以蔽之；萬物雖多，一馬可以理盡。何以知其然邪？今以彼我是非反覆相喻，則所是者非是，所非者非非。故知二儀萬物，無是無非者也。【釋文】「天地一指也萬物一馬也」崔云：指，百體之一體；馬，萬物之一物。「浩然」户老反。

〔校〕①樞要也三字依焦竑本補。②③以字復字依宋本改。④則天下三字依焦竑本補。

可乎可〔一〕，不可乎不可〔二〕。道行之而成〔三〕，物謂之而然〔四〕。惡乎然？然於然。惡乎不然？不然於不然〔五〕。物固有所然，物固有所可〔六〕。无物不然，无物不可〔七〕。故爲是舉莛與楹，厲與西施，恢恑憰怪，道通爲一〔八〕。其分也，成也〔九〕；其成也，毁也〔一〇〕。凡物无成與毁，復通爲一〔一一〕。唯達者知通爲一，爲是不用而寓諸庸〔一二〕。庸也者，用也；用也者，通也；通也者，得也〔一三〕；適得而幾矣〔一四〕。因是已〔一五〕。已而不知其然，謂之道〔一六〕。勞神明爲一而不知其同也〔一七〕，謂之朝三〔一八〕。何謂朝三？

狙公賦芧，曰：「朝三而暮四。」衆狙皆怒。曰：「然則朝四而暮三。」衆狙皆悦。名實未虧而喜怒爲用，亦因是也〔一九〕。是以聖人和之以是非而休乎天鈞〔二〇〕，是之謂兩行〔二一〕。

〔一〕【注】可於己者，即謂之可。

〔二〕【注】不可於己者，即謂之不可。【疏】夫理無是非，而物有違順，故順其意者則謂之可，乖其情者則謂之不可。違順既空，故知可不可皆妄也。

〔三〕【注】無不成也。【疏】大道曠蕩，亭毒含靈，周行萬物，無不成就。故在可成於可，而不當於可；在不可成不可，亦不當於不可也。

〔四〕【注】無不然也。【疏】物情顛倒，不達違從，虚計是非，妄爲然不。

〔五〕【疏】心境兩空，物我雙幻，於何而有然法，遂執爲然？於何不然爲不然也？

〔六〕【注】各然其所然，各可其所可。【疏】物情執滯，觸境皆迷，必固（爲）〔謂〕有然，必固謂有可，豈知可則不可，然則不然邪！

〔七〕【疏】羣品云云，各私所見，皆然其所然，可其所可。【釋文】「無物不然無物不可」崔本此下更有可於可，而不可於不可，不可於不可，而可於可也。

〔八〕【注】夫莛横而楹縱，厲醜而西施好。所謂齊者，豈必齊形狀，同規矩哉！故舉縱横好醜，恢恑憰怪，各然其所然，各①可其所可，則理雖萬殊而性同得，故曰道通爲一也。【疏】爲是義故，略舉八事以破之。莛，屋梁也。楹，舍柱也。厲，病醜人也。西施，吳王美姬也。恢者，寬大之名。恑者，奇變之稱。憰者，矯詐之心。怪者，妖異之物。夫縱橫美惡，物見所以萬殊；恢憰奇異，世情用（之）爲顛倒。故有是非可不可，迷執其分。今以玄道觀之，本來無二，是以妍醜之狀萬殊，自得之情惟一，故曰道通爲一也。【釋文】「故爲」于僞反。下爲是皆同。「莛」徐音庭，李音挺。司馬云：屋梁也。「楹」音盈。司馬云：屋柱也。○俞樾曰：司馬以莛爲屋梁，楹爲屋柱，故郭云莛橫而楹縱。案說文：莛，莖也。屋梁之說，初非本義。漢書東方朔傳以莛撞鍾，文選答客難篇莛作筳。李注引說苑曰：建天下之鳴鐘，撞之以筳，豈能發其音聲哉！筳與莛通。是古書言莛者，謂其小也。莛楹以大小言，厲西施以好醜言。舊說非是。「厲」如字，惡也。李音賴。司馬云：病癩。「西施」司馬云：夏姬也。案句踐所獻吳王美女也。「恢」徐苦回反，大也。郭苦虺反。簡文本作弔。○盧文弨曰：案弔音的。下恑字與詭同。弔詭見下文。「恑」九委反，徐九彼反。李云：戾也。「憰怪」音決。李云：憰，乖也。怪，異也。○家世父曰：可不可，然不然，達者委而不用，而即寓用於不用之中，故通爲一。「楹縱」本亦作從，同。將容反。

〔九〕【注】夫物或此以爲散而彼以爲成。【疏】夫物或於此爲散，於彼爲成，欲明聚散無恒，不可定執。此則於不二之理更舉論端者也。【釋文】「其分」如字。

〔一〇〕【注】我之所謂成而彼或謂之毀。【疏】或於此爲成，於彼爲毀。物之涉用，有此不同，則散毛成氈，伐木爲舍等也。

〔一一〕【注】夫成毁者，生於自見而不見彼也。故無成與毁，猶無是與非也。【疏】夫成毁是非，生於偏滯者也。既成毁不定，是非無主，故無成毁，通而一之。【釋文】「復通」扶又反。

〔一二〕【疏】寓，寄也。庸，用也。唯當達道之夫，凝神玄鑒，故能去彼二偏，通而爲一。爲是義故，成功不處，用而忘用，寄用羣材也。

〔一三〕【注】夫達者無滯於一方，故忽然自忘，而寄當於自用。自用者，莫不條暢而自得也。【疏】夫有夫至功而推功於物，馳馭億兆而寄用羣材者，其惟聖人乎！是以應感無心，靈通不滯，可謂冥真體道，得玄珠於赤水者也。

〔一四〕【注】幾，盡也。至理盡於自得也。【疏】幾，盡也。夫得者，内不資於我，外不資於物，無思無爲，絶學絶待，適爾而得，蓋無所由，與理相應，故能盡妙也。【釋文】「幾矣」音機，盡也。下同。徐具衣反。

〔一五〕【注】達者因而不作。【疏】夫達道之士，無作無心，故能因是非而無是非，循彼我而無彼我。我因循而已，豈措情哉！

〔一六〕【注】夫達者之因是，豈知因爲善而因之哉？不知所以因而自因耳，故謂之道也。【疏】已而者，仍前生後之辭也。夫至人無心，有感斯應，譬彼明鏡，方兹虚谷，因循萬物，影響蒼生，不知所以然，不知所以應，豈有情於臧否而係於利害者乎！以法因人，可謂自然之道也。

【釋文】「謂之道」向郭絶句。崔讀謂之道勞，云：因自然是道之功也。

〔一七〕【疏】夫玄道妙一，常湛凝然，非由心智謀度而後不二。而愚者勞役神明邂逅言辯而求一者，與彼不一無以異矣，不足（類）〔賴〕②也。不知至理，理自混同，豈俟措心，方稱不二耶！

〔一八〕【疏】此起譬也。○家世父曰：謂之朝三，明以朝三爲義也。蓋賦芧在朝，故以得四而喜，得三而怒，皆所見惟目前之一隅也，是以謂之因也。疏謂混同萬物以爲其一因以爲一者無異衆狙之惑解因是也一語，大謬。

〔一九〕【注】夫達者之於一，豈勞神哉？若勞神明於爲一，不足賴也，與彼不一者無以異矣。亦同衆狙之惑，因所好而自是也。【疏】此解譬也。狙，獼猴也。賦，付與也。芧，橡子也，似栗而小也。列子曰：宋有養狙老翁，善解其意，戲狙曰：「吾與汝芧，朝三而暮四，足乎？」衆狙皆起而怒。又曰：「我與汝朝四而暮三，足乎？」衆狙皆伏而喜焉。朝三暮四，朝四暮三，其於七數，並皆是一。名既不虧，實亦無損，而一喜一怒，爲用愚迷。此亦同其所好，自以爲是。亦猶勞役心慮，辯飾言詞，混同萬物以爲其一因以爲一者，亦何異衆狙之惑耶！【釋文】「狙公」七徐反，又緇慮反。司馬云：狙公，典狙官也。崔云：養猨狙者也。李云：老狙也。廣雅云：狙，獼猴。「賦芧」音序，徐食汝反，李音予。司馬云：橡子也。「朝三暮四」司馬云：朝三升，暮四升也。「所好」呼報反。下文皆同。

〔二〇〕【注】莫之偏任，故付之自均而止也。【疏】天均者，自然均平之理也。夫達道聖人，虚懷不執，故能和是於無是，同非於無非，所以息智乎均平之鄉，休心乎自然之境也。【釋文】「天鈞」本又作均。崔云：鈞，陶鈞也。

〔二一〕【注】任天下之是非。【疏】不離是非而得無是非，故謂之兩行。

〔校〕①趙諫議本無各字。②賴字依下注文改。

古之人，其知有所至矣〔一〕。惡乎至〔二〕？有以爲未始有物者，至矣，盡矣，不可以加矣〔三〕。其次以爲有物矣，而未始有封也〔四〕。其次以爲有封焉，而未始有是非也〔五〕。是非之彰也，道之所以虧也〔六〕。道之所以虧，愛之所以成〔七〕。果且有成與虧乎哉？果且无成與虧乎哉〔八〕？有成與虧，故昭氏之鼓琴也；無成與虧，故昭氏之不鼓琴也〔九〕。昭文之鼓琴也，師曠之枝策也，惠子之據梧也，三子之知幾乎〔一〇〕，皆其盛者也，故載之末年〔一一〕。唯其好之也，以異於彼〔一二〕，其好之也，欲以明之〔一三〕。彼非所明而明之，故以堅白之昧終〔一四〕。而其子又以文之綸終，終身無成〔一五〕。若是而可謂成乎？雖我亦成也①〔一六〕。若是而不可謂成乎？物與我無成也〔一七〕。是故滑疑之耀，聖人之所圖也。爲是不用而寓諸庸，此之謂以明〔一八〕。

〔一〕【疏】至，造極之名也。淳古聖人，運智虛妙，雖復和光混俗，而智則無知，動不乖寂，常真妙本。所至之義，列在下文也。

〔二〕【疏】假設疑問，於何而造極耶？

〔三〕【注】此忘天地，遺萬物，外不察乎宇宙。内不覺其一身，故能曠然無累，與物俱往，而無所不應也。　【疏】未始，猶未曾。世所有法，悉皆非有，唯物與我，内外咸空，四句皆非，蕩然虚静，理盡於此，不復可加。答於前問，意以明至極者也。

〔四〕【注】雖未都忘，猶能忘其彼此。　【疏】初學大賢，鄰乎聖境，雖復見空有之異，而未曾封執。

〔五〕【注】雖未能忘彼此，猶能忘彼此之是非也。　【疏】通欲難除，滯物之情已有；别惑易遺，是非之見猶忘也。

〔六〕【注】無是非乃全也。　【疏】夫有非有是，流俗之鄙情；無是無非，達人之通鑒。故知彼我彰而至道隱，是非息而妙理全矣。

〔七〕【注】道虧則情有所偏而愛有所成，未能忘愛釋私，玄同彼我②也。　【疏】虚玄之道，既以虧損，愛染之情，於是乎成著矣。

〔八〕【注】有之與無，斯不能知，乃至。　【疏】果，決定也。夫道無增減，物有虧成。是以物愛既成，謂道爲損，而道實無虧也。故假設論端以明其義。有無既不決定，虧成理非實録。

〔九〕【注】夫聲不可勝舉也。故吹管操絃，雖有繁手，遺聲多矣。而執籥鳴弦者，欲以彰聲也，彰聲而聲遺，不彰聲而聲全。故欲成而虧之者，昭文之鼓琴也；不成而無虧者，昭文之不鼓琴也。　【疏】姓昭，名文，古之善鼓琴者也。夫昭氏鼓琴，雖云巧妙，而鼓商則喪角，揮宫則失徵，未若置而不鼓，則五音自全。亦(由)〔猶〕有成有虧，存情所以乖道；無成無虧，忘智所以合真者也。【釋文】「可勝」音升。「操弦」七刀反。「執籥」羊灼反。「昭文」司馬云：古善琴者。

〔一〇〕【注】幾，盡也。夫三子者，皆欲辯非己所明以明之，故知盡慮窮，形勞神倦，或枝策假寐，或據梧而瞑。【疏】師曠，字子野，晉平公樂師，甚知音律。支，柱也。策，打鼓(枝)〔杖〕也，亦言擊節(枝)〔杖〕③也。梧，琴也；今謂不爾。昭文已能鼓琴，何容二人共同一伎？況檢典籍，無惠子善琴之文。而言據梧者，只是以梧几而據之談說，猶隱几者也。幾，盡也。昭文善能鼓琴，師曠妙知音律，惠施好談名理。而三子之性，稟自天然，各以己能明示於世。世既不悟，己又疲怠，遂使柱策假寐，或復凭几而瞑。三子之能，咸盡於此。【釋文】「枝策」司馬云：枝，柱也。策，杖也。崔云：舉杖以擊節。「據梧」音吾。司馬云：梧，琴也。崔云：琴瑟也。「之知」音智。「而瞑」亡千反。

〔一一〕【注】賴其盛，故能久，不爾早困也。【疏】惠施之徒，皆少年盛壯，故能運載形智。至於衰末之年，是非少盛，久當困苦也。【釋文】「故載之末年」崔云：書之於今也。

〔一二〕【注】言此三子，唯獨好其所明，自以殊於衆人。【疏】三子各以己之所好，耽而翫之，方欲矜其所能，獨異於物。

〔一三〕【注】明示衆人，欲使同乎我之所好。【疏】所以疲倦形神好之不已者，欲將己之道術明示衆人也。

〔一四〕【注】是猶對牛鼓簧耳。彼竟不明，故己之道術終於昧然也。【疏】彼，衆人也。所明，道術也。白，即公孫龍守白馬論也。姓公孫，名龍，趙人。當六國時，弟子孔穿之徒，堅執此論，橫行天下，服衆人之口，不服衆人之心。言物稟性不同，所好各異，故知三子道異，非衆人所明。非明而强示之，彼此終成暗昧。亦何異乎堅執守白之論眩惑世間，雖弘辯如流，終有言而無理也！【釋文】「堅白」司馬云：謂堅石白馬之辯也。又云：公孫龍有淬劍之法，謂之堅白。崔同。又云：或曰，設矛伐之説爲堅，辯白馬之名爲白。○盧文弨曰：伐即盾也，亦作戱，又作瞂，音皆同。「鼓簧」音黃。

〔一五〕【注】昭文之子又乃終文之緒，亦卒不成。【疏】綸，緒也。言昭文之子亦乃荷其父業，終其綸緒，卒其年命，竟無所成。況在它人，如何放哉？【釋文】「之綸」音倫。崔云：琴瑟絃也。○俞樾曰：釋文綸音倫，崔云琴瑟絃也。然以文之絃終，其義未安。郭注曰，昭文之子又乃終文之緒，則是訓綸爲緒。今以文義求之。上文曰彼非所明而明之，故以堅白之昧終，之昧與之綸，必相對爲文。周易繫辭傳，故能彌綸天地之道，京房注曰：綸，知也。淮南子説山篇，以小明大，以近論遠，高誘注曰：論，知也。古字綸與論通。淮南與明對言，則綸亦明也。以文之綸終，謂以文之所知者終，即是以文之明終。蓋彼非所明而明之，故以堅白之昧終；而昭文之子又以文之明終，則仍是非所明而明矣，故下曰終身無成也。郭注尚未達其恉。

〔一六〕【注】此三子雖求明於彼，彼竟不明，所以終身無成。若三子而可謂成，則雖我之不成亦可謂成也。【疏】我，衆人也。若三子異於衆人，遂自以爲成，而衆人異於三子，亦可謂之成也。

〔一七〕【注】物皆自明而不明彼，若彼不明，即謂不成，則萬物皆相與無成矣。故聖人不顯此以耀彼，不捨己而逐物，從而任之，各（宜）〔冥〕④其所能，故曲成而不遺也。今三子欲以己之所好明示於彼，不亦妄乎！【疏】若三子之與衆物相與而不謂之成乎？故知衆人之與三子，彼此共無成矣。

〔一八〕【注】夫聖人無我者也。故滑疑之耀，則圖而域之；恢恑憰怪，則通而一之；使羣異各安其所安，衆人不失其所是，則己不用於物，而萬物之用用矣。物皆自用，則孰是孰非哉！故雖放蕩之變，屈奇之異，曲而從之，寄之自用，則用雖萬殊，歷然自明。【疏】夫聖人者，與天地合其德，與日月齊其明。故能晦迹同凡，韜光接物，終不眩耀羣品，亂惑蒼生，亦不矜己以率人，而各域限於分内，忘懷大順於萬物，爲是寄〔用〕於羣才。而此運心，斯可謂聖明真知也。【釋文】「滑疑」古没反。司馬云：亂也。「屈奇」求物反。

〔校〕①闕誤引江南古藏本作雖我無成亦可謂成矣。②趙諫議本我作此。③杖字依釋文改。④冥字依宋本及世德堂本改。

今且有言於此，不知其與是類乎？其與是不類乎？類與不類，相與爲類，則與彼无以異矣〔一〕。雖然，請嘗言之〔二〕。有始也者〔三〕，有未始有始也者〔四〕，有未始有夫未始有始也者〔五〕。有有也者〔六〕，有无也者〔七〕，有未始有无也者〔八〕，有未始有夫未始有无也者〔九〕。俄而有无矣，而未知有无之果孰有孰无也〔一〇〕。今我則已有謂矣〔一一〕，而未知吾所謂之其果有謂乎，其果无謂乎〔一二〕？天下莫大於秋豪之末，而大山爲小；莫壽於殤子，而彭祖爲夭。天地與我並生，而萬物與我爲一〔一三〕。既已爲一矣，且得有言乎〔一四〕？既已謂之一矣，且得无言乎〔一五〕？一與言爲二，二與一爲三。自此以往，巧曆不能得，而況其凡乎〔一六〕！故自无適有以至於三，而況自有適有乎〔一七〕！无適焉，因是已〔一八〕。

〔一〕【注】今以言無是非，則不知其與言有者類乎不類乎？欲謂之類，則我以無爲是，而彼以無爲非，斯不類矣。然此雖是非不同，亦固未免於有是非也，則與彼類矣。故曰類與不類又相與爲類，則與彼無以異也。然則將大不類，莫若無心，既遣①是非，又遣其遣。遣之又遣之以至於無遣，然後無遣無不遣而是非自去矣。【疏】類者，輩徒相似之類也。但羣生愚迷，滯是滯非。今論乃欲反彼世情，破茲迷執，故假且說無是無非，則用爲真道。是故復言相與爲類，此則遣於無是無非也。既而遣之又遣，方至重玄也。

〔二〕【注】至理無言，言則與類，故試寄②言之。【疏】嘗，試也。夫至理雖復無言，而非言無以詮理，故試寄言，彷象其義。

〔三〕【注】有始則有終。【疏】此假設疑問，以明至道無始無終，此遣於始終也。

〔四〕【注】謂無終始而一死生。【疏】未始，猶未曾也。此又假問，有未曾有始終不。此遣於無始終也。

〔五〕【注】夫一之者，未若不一而自齊，斯又忘其一也。【疏】此又假問，有未曾有始也者。斯則遣於無始無終也。

〔六〕【注】有有則美惡是非具也。【疏】夫萬象森羅，悉皆虛幻，故標此有，明即以有體空。此句遣有也。

〔七〕【注】有無而未知無無也，則是非好惡猶未離懷。【疏】假問有此無不。今明非但有即不有，亦乃無即不無。此句遣於無也。【釋文】「好惡」並如字。「未離」力智反。

〔八〕【注】知無無矣，而猶未能無知。【疏】假問有未曾有無不。此句遣非無。

〔九〕【疏】假問有未曾未曾有無不。此句遣非非無也。而自淺之深，從麁入妙，始乎有有，終乎非無。是知離百非，超四句，明矣。前言始終，此則明時；今言有無，此則辯法；唯時與法，皆虛静者也。

〔一〇〕【注】此都忘其知也，爾乃俄然始了無耳。了無，則天地萬物，彼我是非，豁然確斯也。

【疏】前從有無之迹入非非有無之本，今從非非有無之體出有無之用。而言俄者，明即體即用，俄爾之間，蓋非賒遠也。夫玄道窈冥，真宗微妙。故俄而用，則非有無而有無，用而體，則有無非有無也。是以有無不定，體用無恒，誰能決定無耶？誰能決定有耶？此又就有無之用明非有非無之體者也。【釋文】「俄而」徐音峩。「確斯」苦角反。斯，又作澌，音賜，李思利反。○盧文弨曰：斯訓盡，與澌賜義同。

〔一〕【注】謂無是非，即復有謂。【釋文】「即復」扶又反。

〔二〕【注】又不知謂之有無，爾乃蕩然無纖芥於胷中也。【疏】謂，言也。莊生復無言也。理出有言之教，即前請嘗言之類是也。既寄此言以詮於理，未知斯言定有言耶，定無言耶。欲明理家非默非言，教亦非無非有。恐學者滯於文字，故致此辭。【釋文】「纖介」古邁反，又音界。○盧文弨曰：今本介作芥。

〔三〕【注】夫以形相對，則大山大於秋豪也。若各據其性分，物冥其極，則形大未爲有餘，形小不爲不足。〔苟各足〕③於其性，則秋豪不獨小其小而大山不獨大其大矣。若以性足爲大，則天下之足未有過於秋豪也；〔其〕〔若〕性足者〔爲〕〔非〕④大，則雖大山亦可稱小矣。故曰天下莫大於秋豪之末而大山爲小。大山爲小，則天下無大矣；秋豪爲大，則天下無小也。無小無大，無壽無夭，是以蟪蛄不羡大椿而欣然自得，斥鴳不貴天池而榮願以足。苟足於天然而安其性命⑤，故雖天地未足爲壽而與我並生，萬物未足爲異而與我同得。則天地之生又何不並，萬物之得又何不一哉！【疏】秋時獸生豪毛，其末至微，故謂秋豪之末也。人生在於襁褓而亡，謂之殤子。太，大也。夫物之生也，形氣不同，有小有大，有夭有壽。若以性分言之，無不自足。是故以性足爲大，天下莫大於豪末；無餘爲小，天下莫小於大山。大山爲小，則天下無大；豪末爲大，則天下無小。小大既爾，夭壽亦然。是以兩儀雖大，各足之性乃均；萬物雖多，自得之義唯一。前明不終不始，非有非無；此明非小非大，無夭無壽耳。【釋文】「秋豪」如字。依字應作毫。司馬云：兔毫在秋而成。王逸注楚辭云：銳毛也。案毛至秋而耎細，故以喻小也。「大山」音泰。「殤子」短命者也。或云：年十九以下爲殤。

〔一四〕【注】萬物萬形，同於自得，其得一也。已自一矣，理無所言。

〔一五〕【注】夫名謂生於不明者也。物或不能自明其一而以此逐彼，故謂一以正之。既謂之一，即是有言矣。【疏】夫玄道冥寂，理絕形聲，誘引迷途，稱謂斯起。故一雖玄統，而猶是名教。既謂之一，豈曰無言乎！

〔一六〕【注】夫以言言一，而一非言也，則一〔與〕⑥言爲二矣。一既一矣，言又二之；有一有二，得不謂之三乎！夫以一言言一，猶乃成三，況尋其支流，凡物殊稱，雖有善數，莫之能紀也。故一之者與彼未殊，而忘⑦一者無言而自一。【疏】夫妙一之理，理非所言，是知以言言一而一非言也。且一既一矣，言又言焉；有一有言，二名斯起。覆將後時之二名，對前時之妙一，有一有二，得不謂之三乎！從三以往，假有善巧算曆之人，亦不能紀得其數，而況凡夫之類乎！【釋文】「殊稱」尺證反。「善數」色主反。

〔一七〕【注】夫一，無言也，而有言則至三。況尋其末數，其可窮乎！　【疏】自，從也。適，往也。夫至理無言，言則名起。故從無言以往有言，纔言則至乎三。況從有言往有言，枝流分派，其可窮乎！　此明一切萬法，本無名字，從無生有，遂至於斯矣。

〔一八〕【注】各止於其所能，乃最是也。　【疏】夫諸法空幻，何獨名言！　是知無即非無，有即非有，有無名數，當體皆寂。既不從無以適有，豈復自有以適有耶！　故無所措意於往來，因循物性而已矣。

〔校〕①趙諫議本遣作遺，下並同。②趙本寄作嘗。③苟各足三字依趙本及世德堂本補。④若字非字依趙本及世德堂本改。⑤命字趙本作分，世德堂本作命。⑥與字依世德堂本補。⑦趙本忘作亡。

夫道未始有封〔一〕，言未始有常〔二〕，爲是而有畛也〔三〕，請言其畛〔四〕：有左，有右〔五〕，有倫，有義〔六〕，有分，有辯〔七〕，有競，有爭〔八〕，此之謂八德〔九〕。六合之外，聖人存而不論〔一〇〕；六合之內，聖人論而不議〔一一〕。春秋經世先王之志，聖人議而不辯〔一二〕。故分也者，有不分也；辯也者，有不辯也〔一三〕。曰：何也〔一四〕？聖人懷之〔一五〕，衆人辯之以相示也。故曰辯也者有不見也〔一六〕。夫大道不稱〔一七〕，大辯不言〔一八〕，大仁不仁〔一九〕，大廉不嗛〔二〇〕，大勇不忮〔二一〕。道昭而不道〔二二〕，言辯而不及〔二三〕，仁常而不成①〔二四〕，廉清而不信〔二五〕，勇忮而不成〔二六〕。五者园而幾向方矣〔二七〕，故知止其所不知，至矣〔二八〕。孰知不言之辯，不道之道？若有能知，此之謂天府〔二九〕。注焉而不滿，酌焉而不竭〔三〇〕，而不知其所由來〔三一〕，此之謂葆光〔三二〕。

〔一〕【注】冥然無不在也。【疏】夫道無不在，所在皆無，蕩然無際，有何封域也。【釋文】「夫道未始有封」崔云：齊物七章，此連上章，而班固說在外篇。

〔二〕【注】彼此言之，故是非無定。【疏】道理虛通，既無限域，故言教隨物，亦無常定也。

〔三〕【注】道無封，故萬物得恣其分域。【疏】畛，界畔也。理無崖域，教隨物變，（是）爲〔是〕義故，畛分不同。【釋文】「爲是」于僞反。「有畛」徐之忍反，郭李音真。謂封域畛陌也。

〔四〕【疏】（畛）假設問旨，發起後文也。

〔五〕【注】各異便也。【疏】左，陽也。右，陰也。理雖凝寂，教必隨機。畛域不同，昇沈各異，故有東西左右，春秋生殺。【釋文】「有左有右」崔本作宥，在宥也。◯盧文弨曰：舊作崔本作有，譌。案下云在宥也，則當作宥明甚。今改正。「異便」婢面反。

〔六〕【注】物物有理，事事有宜。【疏】倫，理也。義，宜也。羣物糾紛，有理存焉，萬事參差，各隨宜便者也。【釋文】「有倫有義」崔本作有論有議。◯俞樾曰：釋文云，崔本作有論有議，當從之。下文云，六合之外，聖人存而不論；六合之內，聖人論而不議。又曰，故分也者，有不分也；辯也者，有不辯也。彼所謂分辯，此有分有辯；然則彼所謂論議，即此有論有議矣。

〔七〕【注】羣分而類别也。【疏】辯，别也。飛走雖衆，各有羣分；物性萬殊，自隨類别矣。【釋文】「有分」如字。注同。「類别」彼列反。下皆同。

〔八〕【注】並逐曰競，對辯曰爭。【疏】夫物性昏愚，彼我封執，既而並逐勝負，對辯是非也。【釋文】「有爭」爭鬬之爭。注同。

〔九〕【注】略而判之，有此八德。【疏】德者，功用之名也。羣生功用，轉變無窮，略而陳之，有此八種。斯則釋前有畛之義也。

〔一〇〕【注】夫六合之外，謂萬物性分之表耳。夫物之性表，雖有理存焉，而非性分之内，則未嘗以感聖人也，故聖人未嘗論之。〔若論之〕②，則是引萬物使學其所不能也。故不論其外，而八畛同於自得也。【疏】六合者，謂天地四方也。六合之外，謂衆生性分之表，重玄至道之鄉也。夫玄宗〔罔〕〔罔〕象，出四句之端；妙理希夷，超六合之外。既非神口所辯，所以存而不論也。

〔一一〕【注】陳其性而安之。【疏】六合之内，謂蒼生所禀之性分。夫云云取捨，皆起妄情，尋責根源，並同虚有。聖人隨其機感，陳而應之。既曰馮虚，亦無可詳議，故下文云，我亦妄説之。

〔一二〕【注】順其成迹而凝乎至當之極，不執其所是以非衆人也。【疏】春秋者，時代也。經者，典誥也。先王者，三皇五帝也。誌，記也。夫祖述軒頊，憲章堯舜，記録時代，以爲典謨，軌轍蒼生，流傳人世。而聖人議論，利益當時，終不執是辯非，滯於陳迹。

〔一三〕【注】夫物物自分，事事自別。而欲由己以分別之者，不見彼之自別也。【疏】夫理無分別，而物有是非。故於無封無域之中，而起有分有辯之見者，此乃一曲之士，偏滯之人，亦何能剖析於精微，分辯於事物者也！【釋文】「故分」如字。下及注同。

〔一四〕【疏】假問質疑，發生義旨。

〔一五〕【注】以不辯爲懷耳，聖人無懷。【疏】夫達理聖人，冥心會道，故能懷藏物我，包括是非，枯木死灰，曾無分別矣。

〔一六〕【注】不見彼之自辯，故辯己所知以示之。【疏】衆多之人，即衆生之別稱也。凡庸迷執，未解虛（忘）〔妄〕，故辯所知，示見於物，豈唯不見彼之自別，亦乃不鑒己之妙道，故云有不見也。

〔一七〕【注】付之自稱，無所稱謂。【疏】大道虛廓，妙絕形名，既非色聲，故不可稱。謂體道之人，消聲亦爾也。【釋文】「不稱」尺證反，注同。

〔一八〕【注】已自別也。【疏】妙悟真宗，無可稱說，故辯彫萬物，而言無所言。

〔一九〕【注】無愛而自存也。【疏】亭毒羣品，（汛）〔汎〕愛無心，譬彼青春，非爲仁也。

〔二〇〕【注】夫至足者，物之去來非我也，故無所容其嗛盈。【疏】夫玄悟之人，鑒達空有，知萬境虛幻，無一可貪，物我俱空，何所遜讓。【釋文】「不嗛」郭欺簟反。徐音謙。

〔二一〕【注】無往而不順，故能無險而不往。【疏】忮，逆也。內蘊慈悲，外弘接物，故能俯順塵俗，惠救蒼生，虚己逗機，終無迕逆。【釋文】「不忮」徐之豉反，又音跂，李之移反。害也。李云：健也。

〔二二〕【注】以此明彼，彼此俱失矣。【疏】明己功名，炫燿於物，此乃淫僞，不是真道。【釋文】「道昭」音照。

〔二三〕【注】不能及其自分。【疏】不能玄默，唯滯名言，華詞浮辯，不達深理。

〔二四〕【注】物無常愛，而常愛必不周。【疏】不能忘愛釋知，玄同彼我，而恒懷恩惠，每挾親情，欲效成功，無時可見。

〔二五〕【注】皦然廉清，貪名者耳，非真廉也。【疏】皎然異俗，卓爾不羣，意在聲名，非實廉也。

〔二六〕【注】忮逆之勇，天下共疾之，無敢舉足之地也。【疏】捨慈而勇，忮逆物情，衆共疾之，必無成遂也。

〔二七〕【注】此五者，皆以有爲傷當者也，不能止乎本性，而求外無已。夫外不可求而求之，譬猶以圓學方，以魚慕鳥耳。雖希翼鸞鳳，擬規日月，此愈近，彼愈遠，實學彌得，而性彌失。故齊物而偏尚之累去矣。【疏】园，圓也。幾，近也。五者，即已前道昭等也。夫學道之人，直須韜晦；而乃矜炫己之能，顯燿於物，其於道也，不亦遠乎！猶如慕方而學园圓，愛飛而好游泳，雖希翼鸞鳳，終無鶱翥之能，擬規日月，詎有幾方之效故也。【釋文】「园」崔音刓。徐五丸反。司馬云：圓也。郭音團。「而幾」徐其衣反。「向方」本亦作嚮，音同。下皆放此。「近彼」附近之近。「遠實」于萬反。

〔二八〕【注】所不知者，皆性分之外也。故止於所知之內而至也。【疏】夫境有大小，智有明闇，智不逮者，不須强知。故知止其分，學之造極也。

〔二九〕【注】浩然都任之也。【疏】孰，誰也。天，自然也。誰知言不言之言，道不道之道？以此積辯，用兹通物者，可謂合於自然之府藏也。

〔三〇〕【注】至人之心若鏡，應而不藏，故曠然無盈虚之變也。【釋文】「注焉」徐之喻反。

〔三一〕【注】至理之來，自然無迹。【疏】夫巨海深弘，莫測涯際，百川注之而不滿，尾閭泄之而不竭。體道大聖，其義亦然。萬機頓起而不撓其神，千難殊對而不忤其慮，故能囊括羣有，府藏含靈。又譬懸鏡高堂，物來斯照。能照之智，不知其所由來，可謂即照而忘，忘而能照者也。

〔三二〕【注】任其自明，故其光不弊也。【疏】葆，蔽也。至忘而照，即照而忘，故能韜蔽其光，其光彌朗。此結以前天府之義。【釋文】「葆光」音保。崔云：若有若无，謂之葆光。

〔校〕①闕誤引江南古藏本成作周。②若論之三字依趙本及世德堂本補。

故昔者堯問於舜曰：「我欲伐宗、膾、胥敖，南面而不釋然。其故何也〔一〕？」舜曰：「夫三子者，猶存乎蓬艾之間〔二〕。若不釋然，何哉〔三〕？昔者十日並出，萬物皆照〔四〕，而況德之進乎日者乎〔五〕！」

〔一〕【注】於安任之道未弘，故聽朝而不怡也。將寄明齊一之理於大聖，故發自怪之問以起對也。

【疏】釋然，怡悦貌也。宗、膾、胥敖，是堯時小蕃三國號也。南面，君位也。舜者，顓頊六世孫也。父曰瞽瞍，母曰握登，感大虹而生舜。舜生於姚墟，因即姓姚，住於嬀水，亦曰嬀氏，目有重瞳子，因字重華。以仁孝著於鄉黨，堯聞其賢，妻以二女，封邑於虞。年三十，總百揆，三十三，受堯禪。即位之後，都於蒲坂。在位四十年，讓禹。後崩，葬於蒼梧之野。而三國貢賦既愆，所以應須問罪，謀事未定，故聽朝不怡。欲明齊物之一理，故寄問答於二聖。

【釋文】「宗膾」徐古外反。「胥」息徐反。華胥國。「敖」徐五高反。司馬云：宗、膾、胥敖，三國名也。崔云：宗一也，膾二也，胥敖三也。「聽朝」直遥反。

〔二〕【注】夫物之所安無陋也，則蓬艾乃三子之妙處也。【釋文】「妙處」昌慮反。

〔三〕【疏】三子，即三國之君也。言蓬艾賤草，斥鴳足以逍遥，況蕃國雖卑，三子足以存養，乃不釋然，有何意謂也。

〔四〕【注】夫重明登天，六合俱照，無有蓬艾而不光被也。【釋文】「重明」直龍反。「光被」皮寄反。

〔五〕【注】夫日月雖無私於照，猶有所不及，德則無不得也。而今欲奪蓬艾之願而伐使從己，於至道豈弘哉！故不釋然神解耳。若乃物暢其性，各安其所安，無遠邇幽深，付之自若，皆得其極，則彼無不當而我無不怡也。【疏】進，過也。淮南子云，昔堯時十日並出，焦禾稼，殺草木，封狶長虵，皆爲民害。於是堯使羿上射十日，遂落其九；下殺長虵，以除民害。夫十日登天，六合俱照，覆盆隱處，猶有不明。而聖德所臨，無幽不燭，運茲二智，過彼三光，乃欲興動干戈，伐令從己，於安任之道，豈曰弘通者耶！○家世父曰：伐國者，是非之見之積而成者也。而於此有不釋然，左右倫義分辯競争八德，交戰於中而不知。夫三子者，蓬艾之間，無爲辯而分之。萬物受日之照而不能遯其形，而於此累十日焉，皆求得萬物而照之，則萬物之神必敝。日之照，無心者也。德之求辯乎是非，方且以有心出之，又進乎日之照矣。人何所措手足乎！○慶藩案文選謝靈運出游京口北固應詔詩注引司馬云：言陽（克）〔光〕①麗天，則無不鑒。釋文闕。【釋文】「神解」音蟹。

〔校〕①光字依文選注原文改。

齧缺問乎王倪曰：「子知物之所同是乎〔一〕？」

〔一〕【疏】齧缺，許由之師，王倪弟子，竝堯時賢人也。託此二人，明其齊一。言物情顛倒，執見不同，悉皆自是非他，頗知此情是否。【釋文】「齧」五結反。「缺」丘悦反。「王倪」徐五嵇反，李音詣。高士傳云：王倪，堯時賢人也。天地篇云，齧缺之師。

曰：「吾惡乎知之〔二〕！」

〔一〕【注】所同未必是，所異不獨非，故彼我莫能相正，故無所用其知。【疏】王倪答齧缺云：「彼此各有是非，遂成無主。我若用知知彼，我知還是是非，故我於何知之！」言無所用其知也。【釋文】「惡乎」音烏。下皆同。

「子知子之所不知邪〔一〕？」

〔一〕【疏】「子既不知物之同是，頗自知己之不知乎？」此從麄入妙，次第窮質，假託師資，以顯深趣。

曰：「吾惡乎知之〔一〕！」

〔一〕【注】若自知其所不知，即爲有知。有知則不能任羣才之自當。【疏】若以知知不知，不知還是知。故重言於何知之，還以不知答也。

「然則物无知邪〔一〕？」

〔一〕【疏】重責云：「汝既自無知，物豈無知者邪？」

曰：「吾惡乎知之〔一〕！」

〔一〕【注】都不知，乃曠然無不任矣。【疏】豈獨不知我，亦乃不知物。唯物與我，内外都忘，故無所措其知也。

雖然，嘗試言之〔一〕。庸詎知吾所謂知之非不知邪〔二〕？庸詎知吾所謂不知之非知邪〔三〕？

〔一〕【注】以其不知，故未敢正言，試言之耳。【疏】然乎，猶雖然也。既其無知，理無所説，不可的當，故嘗試之也。

〔二〕【注】魚游於水，水物所同，咸謂之知。然自鳥觀之，則向所謂知者，復爲不知矣。夫蛣蜣之知在於轉丸，而笑蛣蜣者乃以蘇合爲貴。故所同之知，未可正據。【疏】夫物或此知而彼不知，彼知而此不知。魚鳥水陸，即其義也。故知即不知，不知即知。凡庸之人，詎知此理耶！【釋文】「庸詎」徐本作巨，其庶反。郭音鉅。李云：庸，用也；詎，何也；猶言何用也。服虔云：詎，猶未也。「復爲」扶又反。「蛣」丘一反。「蜣」丘良反。爾雅云：蛣蜣，蜣蜋也。

〔三〕【注】所謂不知者，直是不同耳，亦自一家之知。【疏】所謂不知者，彼此不相通耳，非謂不知也。○慶藩案文選潘安仁秋興賦注引司馬云：庸，猶何用也。釋文闕。○又案庸詎，猶言何遽也。詎遽距鉅巨通用，或作渠。史記甘茂傳何遽叱乎？淮南人間篇此何遽不能爲福乎？韓子難篇衛奚距然哉？荀子正論篇是定鉅知見侮之爲不辱哉？王制篇豈渠得免夫累乎？皆其證。

且吾嘗試問乎女〔一〕：民溼寢則腰疾偏死，鰌然乎哉？木處則惴慄恂懼，猨猴然乎哉？三者孰知正處〔二〕？民食芻豢，麋鹿食薦，蝍蛆甘帶，鴟鴉耆鼠，四者孰知正味〔三〕？猨猵狙以爲雌，麋與鹿交，鰌與魚游。毛嬙麗姬，人之所美也；魚見之深入，鳥見之高飛，麋鹿見之決驟。四者孰知天下之正色哉〔四〕？自我觀之，仁義之端，是非之塗，樊然殽亂，吾惡能知其辯〔五〕！

〔一〕【注】己不知其正，故①試問女。【疏】理既無言，不敢正據，聊復反質，試問乎女。【釋文】「乎女」音汝。注及下同。「己不知」音紀。

〔二〕【注】此略舉三者，以明萬物之異便。【疏】惴慄恂懼，是恐迫之別名。然乎哉，謂不如此也。言人溼地卧寢，則病腰跨偏枯而死，泥鰌豈如此乎？人於樹上居處，則迫怖不安，猨猴跳躑，曾無所畏。物性不同，便宜各異。故舉此三者，以明萬物誰知正定處所乎。是知蓬户金閨，榮辱安在。【釋文】「偏死」司馬云：偏枯死也。「鰌」徐音秋。司馬云：魚名。「惴」之瑞反。「慄」音栗。「恂」郭音荀，徐音峻。恐貌。崔云：戰也。班固作眴也。「猨」音猿。「猴」音侯。「異便」婢面反。

〔三〕【注】此略舉四者，以明美惡之②無主。【疏】芻，草也，是牛羊之類；豢，養也，是犬豕之徒；皆以所食爲名也。麋與鹿而食長薦茂草，鴟鳶鵶鳥便嗜腐鼠，蝍蛆食蛇。略舉四者，定與誰爲滋味乎？故知盛饌疏食，其致一者也。【釋文】「芻」初俱反，小爾雅云：秆謂之芻。秆，音古但反。「豢」徐音患，又胡滿反。司馬云：牛羊曰芻，犬豕曰豢，以所食得名也。「麋」音眉。「薦」牋練反。司馬云：美草也。崔云：甘草也。郭璞云：三蒼云，六畜所食曰薦。○慶藩案說文：薦，獸之所食艸，從廌從艸。古者神人以廌遺黄帝，帝曰：何食？

曰：食薦。漢書趙充國傳，今虜亡其美地薦屮。三蒼郭注云：六畜所食曰薦。管子八觀篇，薦屮多衍，則六畜易繁也。「蝍」音即。「且」字或作蛆，子徐反。李云：蝍且，蟲名也。廣雅云：蜈公也。爾雅云，蒺蔾蝍蛆，郭璞注云：似蝗，大腹，長角，能食蛇腦。蒺，音疾，蔾，音梨。「帶」如字。崔云：蛇也。司馬云：小蛇也，蝍蛆好食其眼。「鴟」尺夷反。「鴉」本亦作鵶，於加反。崔云：烏也。「耆」市志反。字或作嗜。崔本作甘。「美惡」烏路反。

〔四〕【注】此略舉四者，以明天下所好之不同也。不同者而非之，則無以知所同之必是。【疏】猨猴狙以爲雌雄，麋鹿更相接，泥鰌與魚游戲。毛嬙，越王嬖妾；麗姬，晉國之寵嬪。此二人者，姝妍冠世，人謂之美也。然魚見怖而深入，鳥見驚而高飛，麋鹿走而不顧。舉此四者，誰知宇內定是美色耶。故知凡夫愚迷，妄生憎愛，以理觀察，孰是非哉？決，卒疾貌也。

【釋文】「猵」篇面反，徐敷面反，又敷畏反，郭李音偏。「狙」七餘反。司馬云：狙，一名獦牂，似猨而狗頭，憙與雌猨交也。崔云：猵狙，一名獦牂，其雄憙與猨雌爲牝牡。向云：猵狙以猨爲雌也。獦，音葛。「爲雌」音妻，一音如字。○慶藩案御覽九百十引司馬云：猵狙似猨而狗頭，食獼猴，好與雄狙接。與釋文所引異。「毛嬙」徐在良反。司馬云：毛嬙，古美人，一云越王美姬也。「麗姬」力知反。下同。麗姬，晉獻公之嬖，以爲夫人。崔本作西施。「決」喜缺反。李云：疾貌。崔云：疾足不顧爲決。徐古惠反，郭音古穴反。「驟」士救反，又在遘反。○慶藩案決驟即決趮也。（說文廣雅並云：趮，疾也。）易（繫辭下）〔說卦〕傳，爲決躁，（躁與趮同。）正義作決驟，云取其剛〔勁〕〔動〕③也。其正字當作趹趣。說文：趹，馬行貌。又云：趹，踶也。淮南脩務篇敕蹻趹，高注云：趹，趣。亦與駃同。廣雅云：駃，奔也。史記張儀傳，探前趹〔後〕④，蹄間三尋，索隱曰：言馬之走勢疾也。與崔氏訓疾走不顧義同。「所好」呼報反。

〔五〕【注】夫利於彼者或害於此，而天下之彼我無窮，則是非之竟無常。故唯莫之辯而任其自是，然後蕩然俱得。【疏】夫物乃衆而未嘗非我，故行仁履義，損益不同，或於我爲利，於彼爲害，或於彼爲是，則於我爲非。是以從彼我而互觀之，是非之路，仁義之緒，樊亂糾紛，若殽饌之雜亂，既無定法，吾何能知其分別耶！【釋文】「樊然」音煩。「殽亂」徐户交反。郭作散，悉旦反。○慶藩案殽，郭本作散，非也。說文：殽，雜錯也。散，雜肉也。（雜乃離之誤，辯見說文攷正。）義不相通。隸書殽或作𣪊，（見漢殽阬君神祠碑。）與散相似；散或作散，（見李翕析〔里〕橋郙閣頌。）與殽亦相似；殽散以形相似而誤。太玄元瑩，晝夜殽者其禍福雜，今本殽誤散。淮南原道篇，不與物殽，粹之至也，精神篇，不與物殽而天下自服，今本皆誤作散。（高注曰：散，雜皃。案諸書散字，無雜亂之訓，故散皆當作殽。）「之竟」音境。今本多作境。下放此。

〔校〕①趙諫議本無故字。②趙本無略舉二字及以字之字。③動字依正義原文改。④後字依史記原文補。

齧缺曰：「子不知利害，則至人固不知利害乎〔一〕？」

〔一〕【注】未能妙其不知，故猶嫌至人當知之。斯懸之未解也。【疏】齧缺曰，未悟彼此之不知，更起利害之疑。請云：「子是至人，應知利害。必其不辯，迷暗若夜遊。」重爲此難，冀圖後荅之矣。【釋文】「未解」音蟹。

王倪曰：「至人神矣〔一〕！大澤焚而不能熱，河漢沍而不能寒，疾雷破山〔飄〕①風振海而不能驚〔二〕。若然者，乘雲氣〔三〕，騎日月〔四〕，而遊乎四海之外〔五〕。死生无變於己〔六〕，而況利害之端乎〔七〕！」

〔一〕【注】無心而無不順。【疏】至者，妙極之體；神者，不測之用。夫聖人虛己，應物無方，知而不知，辯而不辯，豈得以名言心慮億度至人耶！

〔二〕【注】夫神全形具而體與物冥者，雖涉至變而未始非我，故蕩然無（躉）〔蠆〕②介於胸中也。【疏】沍，凍也。原澤焚燎，河漢冰凝，雷霆奮發而破山，飄風濤蕩而振海。而至人神凝未兆，體與物冥，水火既不爲災，風雷詎能驚駭。【釋文】「沍」户故反。徐又户各反。李户格反。向云：凍也。崔云：沍，猶涸也。○家世父曰：大浸稽天而不溺，大旱金石流土山焦而不熱。能不以物爲（是）〔事〕，而天地造化自存於吾心，則外境不足以相累。莊子之自期許如此，故屢及之。「蠆」敕邁反，又音豸。「介」古邁反，又音界。

〔三〕【注】寄物而行，非我動也。【疏】〔若然〕，猶如此也。虛淡無心，方之雲氣，蔭芘羣品，順物而行。

〔四〕【注】有晝夜而無死生也。【疏】昏明代序，有晝夜之可分；處順安時，無死生之能異。而控馭羣物，運載含靈，故有乘騎之名也耳。

〔五〕【注】夫唯無其知而任天下之自爲，故馳萬物而不窮也。【疏】動寂相即，(真)〔冥〕應一時，端坐寰宇之中，而心遊四海之外矣。

〔六〕【注】與變爲體，故死生若一。

〔七〕【注】況利害於死生，愈不足以介意。【疏】夫利害者，生涯之損益耳。既死生爲晝夜，乘變化以遨遊，況利害於死生，曾何足以介意矣！

〔校〕①飄字依趙諫議本補。②薑字依世德堂本改。

瞿鵲子問乎長梧子曰：「吾聞諸夫子，聖人不從事於務〔一〕，不就利，不違害〔二〕，不喜求〔三〕，不緣道〔四〕；无謂有謂，有謂无謂〔五〕，而遊乎塵垢之外〔六〕。夫子以爲孟浪之言，而我以爲妙道之行也。吾子以爲奚若〔七〕？」

〔一〕【注】務自來而理自應耳，非從而事之也。【疏】務，猶事也。諸，於也。瞿鵲是長梧弟子，故謂師爲夫子。夫體道聖人，忘懷冥物，雖涉事有而不以爲務。混迹塵俗，泊爾無心，豈措意存情，從於事物！瞿鵲既欲請益，是以述昔之所聞者也。【釋文】「瞿鵲」其俱反。「長梧子」李云：居長梧下，因以爲名。崔云：名丘。簡文云，長梧封人也。「夫子」向云：瞿鵲之師。○俞樾曰：瞿鵲子必七十子之後人，所稱聞之夫子，謂聞之孔子也。下文長梧子曰，是黄帝之所聽熒也，而丘也何足以知之？丘即是孔子名，因瞿鵲子述孔子之言，故曰丘也何足以知之也。而讀者不達其意，誤以丘也爲長梧子自稱其名，故釋文云，長梧子，崔云名丘。此大不然。下文云，丘也與女皆夢也，予謂女夢亦夢也。夫予者，長梧子自謂也。既云丘與女皆夢，又云予亦夢，則安得即以丘爲長梧子之名乎？

〔二〕【注】任而直前，無所避就。【疏】違，避也。體窮通之關命，達利害之有時，故推理直前，而無所避就也。

〔三〕【注】求之不喜，直取不怒。【疏】妙悟從（遠）〔違〕也。故物求之而不忻喜矣。

〔四〕【注】獨至者也。【疏】夫聖智凝湛，照物無情，不將不迎，無生無滅，固不以攀緣之心行乎虛通至道者也。

〔五〕【注】凡有稱謂者，皆非吾所謂也，彼各自謂耳，故無彼有謂而有此無謂也。【疏】謂，言教也。夫體道至人，虛夷寂絶，從本降迹，感而遂通。故能理而教，無謂而有謂，教而理，有謂而無謂者也。【釋文】「稱謂」尺證反。下放此。

〔六〕【注】凡非真性，皆塵垢也。【疏】和光同塵，處染不染，故雖在囂俗之中，而心自遊於塵垢之外者矣。【釋文】「而遊」崔本作而施。

〔七〕【疏】孟浪，猶率略也。奚，何也；若，如也；如何。所謂不緣道等，乃窮理盡性。瞿鵲將爲妙道之行，長梧用作率略之談。未知其理如何，以何爲是。【釋文】「孟」如字。徐武黨反，又或武葬反。「浪」如字，徐力蕩反。向云：孟浪，音漫瀾，無所趨舍之謂。李云：猶較略也。崔云：不精要之貌。○慶藩案文選左太沖吳都賦注引司馬云：孟浪，鄙野之語。釋文闕。又案：孟浪，猶莫絡，不委細之意。（見劉逵注文選左思吳都賦。）莫絡一作摹略。墨子小取篇，摹略萬物之然。摹略者，總括之詞。莫絡摹略孟浪，皆一聲之轉也。「之行」如字，又下孟反。

長梧子曰：「是（皇）〔黃〕①帝之所聽熒也，而丘也何足以知之〔一〕！且女亦大早計，見卵而求時夜，見彈而求鴞炙〔二〕。

〔一〕【疏】聽熒，疑惑不明之貌也。夫至道深玄，非名言而可究。雖復三皇五帝，乃是聖人，而詮辯至理，不盡其妙，聽熒至竟，疑惑不明。我是何人，猶能曉了。本亦有作黃字者，則是軒轅。【釋文】「皇帝」本又作黃帝。○盧文弨曰：皇黃通用。今本作黃帝。「聽」勑定反。「熒」音瑩磨之瑩。本亦作瑩，於迥反。向司馬云：聽熒，疑惑也。李云：不光明貌。崔云：小明不大了也。向崔本作䁝榮。○盧文弨曰：字彙補云：䁝字見釋典中。隨函云：䁝與輝同。

〔二〕【注】夫物有自然，理有至極。循而直往，則冥然自合，非所言也。故言之者孟浪，而聞之者聽熒。雖復黃帝，猶不能使萬物無懷，而聽熒至竟。故聖人付當於塵垢之外，而玄合乎視聽之表，照之以天而不逆計，放之自爾而不推明也。今瞿鵲子方聞孟浪之言而便以爲妙道之行，斯亦無異見卵而責司晨之功，見彈而求鴞炙之實也。夫②不能安時處順而探變求化，當生而慮死，執是以辯非，皆逆計之徒也。【疏】鴞即鵩鳥，賈誼之所賦者也。大小如雌雞，而似斑鳩，青緑色，其肉甚美，堪作羹炙，出江南。然卵有生雞之用，而卵時未能司晨，彈有得鴞之功，而彈時未堪爲炙；亦猶教能詮於妙理，而教時非理，今瞿鵲纔聞言說，將爲妙道，此計用之太早。【釋文】「且女」音汝。下同。「亦大」音泰，徐李勑佐反。注同。「時夜」崔云：時夜，司夜，謂雞也。「見彈」徒旦反。「鴞」于驕反。司馬云：小鳩，可炙。毛詩草木疏云：大如斑鳩，緑色，其肉甚美。「雖復」扶又反。下皆同。下章注亦準此。

〔校〕①黄字依世德堂本改。②趙諫議本無夫字。

予嘗爲女妄言之〔一〕，女以妄聽之。奚①〔二〕旁日月，挾宇宙〔三〕？爲其脗②合，置其滑涽，以隸相尊〔四〕。衆人役役〔五〕，聖人愚芚③〔六〕，參萬歲而一成純〔七〕。萬物盡然〔八〕，而以是相蘊〔九〕。

〔一〕【注】言之則孟浪也，故試妄言之。【釋文】「嘗爲」于僞反。

〔二〕【注】若正聽妄言，復爲太早計也。故亦妄聽之，何？【疏】予，我也。奚，何也。夫至理無言，言則孟浪。我試爲汝妄說，汝亦妄聽何如？亦言，奚者即何之聲也。

〔三〕【注】以死生爲晝夜，旁日月之喻也；以萬物爲一體，挾宇宙之譬也。【疏】旁，依附也。挾，懷藏也。天地四方曰宇，往來古今曰宙。契理聖人，忘物忘我，既而囊括萬有，冥一死生。故郭注云，以死生爲晝夜，旁日月之喻也；以萬物爲一體，挾宇宙之喻也。【釋文】「旁日月」薄葬反，徐扶葬反。司馬云：依也。崔本作謗。○盧文弨曰：官校本改謗爲傍，未必是。○家世父曰：郭象以女以妄聽之奚斷句，熟玩文義，奚旁日月挾宇宙自爲句，言操何術以超出天地之表。○慶藩案旁當爲放之借字。放，依也。論語里仁篇放於利而行，鄭孔注並曰：放，依也。墨子法儀篇放依以從事，放亦依也。亦通作方。詩維鳩方之，言鵲有巢而鳩依之也。（見王氏經義述聞。）又通作傍。旁日月，謂依日月也。應從司馬訓依之義爲正。崔本作謗者非也。「挾」户牒反。崔本作扶。「宇宙」治救反。尸子云：天地四方曰宇，往古來今曰宙。説文云：舟輿所極覆曰宙。

〔四〕【注】以有所賤，故尊卑生焉，而滑涽紛亂，莫之能正，各自是於一方矣。故爲脗然自合之道，莫若置之勿言，委之自爾也。脗然，無波際之謂也。【疏】脗，無分別之貌也。置，任也。滑，亂也。涽，闇也。隸，皁僕之類也，蓋賤稱也。夫物情顛倒，妄執尊卑。今聖人欲袪此惑，（無）〔爲〕④脗然合同之道者，莫若滑亂昏雜，隨而任之，以隸相尊，一於貴賤也。【釋文】「脗」本或作𦛚。郭音泯，徐武軫反，李武粉反。无波際之貌。司馬云：合也。向音脣，云：若兩脣之相合也。○盧文弨曰：今注本波作被⑤，似誤。「滑」徐古没反，亂也。向本作汩，音同。崔户八反，云：栝口（本）〔木〕⑥也。「涽」徐音昏。向云：汩昏，未定之謂。崔本作緡，武巾反，云：繩也。○盧文弨曰：舊作涽。宋本從氏，並注中昏涽並從氏，今從之。

〔五〕【注】馳騖於是非之境也。

〔六〕【注】芚然無知而直往之貌。【疏】役役，馳動之容也。愚芚，無知之貌。凡俗之人，馳逐前境，勞役而不息；體道之士，忘知廢照，芚然而若愚也。【釋文】「芚」徐徒奔反。郭治本反。司馬云：渾沌不分察也。崔〔云〕⑦：文厚貌也。或云：束也。李丑倫反。

〔七〕【注】純者，不雜者也。夫舉萬歲而參其變，而衆人謂之雜矣，故役役然勞形怵心而去彼就此。唯大聖無執，故芚然直往而與變化爲一，一變化而常遊於獨者也。故雖參糅億載，千殊萬異，道行之而成，則古今一成也；物謂之而然，則萬物一然也。無物不然，無時不成；斯可謂純也。【疏】夫聖人者，與二儀合其德，萬物同其體，故能隨變任化，與世相宜。雖復代歷古今，時經夷險，參雜塵俗，千殊萬異，而淡然自若，不以介懷，抱一精純，而常居妙極也。○家世父曰：衆人役役，較量今日，又較量明日。今日見爲是，明日又見爲非，今日見爲非非，明日又見爲非是。聖人愚芚，爲是不用而寓諸庸，參萬歲以極其量。一者，渾然無彼此之別；成者，怡然無然可之差；純者，泊然無是非之辯。聖人以此應萬物之變而相蘊於無窮，斯爲參萬歲而一成純。【釋文】「怵心」敕律反。「參糅」如救反。

〔八〕【注】無物不然。

〔九〕【注】蘊，積也。積是於萬歲，則萬歲一是也；積然於萬物，則萬物盡然也。故不知死生先後之所在，彼我勝負之所如也。【疏】蘊，積也。夫物情封執，爲日已久。是以横論萬物，莫不我然彼不然；(堅)〔豎〕説古今，悉皆自是他不是。雖復萬物之多，古今之遠，是非蘊積，未有休時。聖人順世汙隆，動而常寂，參糅億載而純一凝然也。【釋文】「相蘊」本亦作緼。徐於憤反，郭於本反，李於問反。積也。

〔校〕①朱桂曜本奚下有若字。②趙諫議本作賵，下同。③闕誤引劉同一本芚作芼，云：芚，治本切，無知直往之貌。④爲字依覆宋本改。⑤世德堂本作被，本書依釋文原本改。⑥木字依世德堂本改。⑦云字依世德堂本補。

予惡乎知説生之非惑邪〔一〕！予惡乎知惡死之非弱喪而不知歸者邪〔二〕！麗之姬，艾封人之子也。晉國之始得之也，涕泣沾襟；及其至於王所，與王同筐牀，食芻豢，而後悔其泣也〔三〕。予惡乎知夫死者不悔其始之蘄生乎〔四〕！

〔一〕【注】死生一也，而獨説生，欲與變化相背，故未知其非惑也。【疏】夫鑪錘萬物，未始不均；變化死生，其理唯一。而獨悦生惡死，非惑如何！【釋文】「予惡」音烏。下惡乎皆同。「説」音悦。注同。「相背」音佩。

〔二〕【注】少而失其故居，名爲弱喪。夫弱喪者，遂安於所在而不知①歸於故鄉也。焉知生之非夫弱喪，焉知死之非夫還歸而惡之②哉！【疏】弱者弱齡，喪之言失。謂少年遭亂，喪失桑梓，遂安他土而不知歸，謂之弱失。從無出有，謂之爲生；自有還無，謂之爲死。遂其戀生惡死，豈非弱喪不知歸邪！【釋文】「惡死」烏路反。注同。「弱喪」息浪反。注同。「少而」詩照反。「焉知」於虔反。下同。

〔三〕【注】一生之内，情變若此。當此之日，則不知彼，況夫死生之變，惡能相知哉！【疏】昔秦穆公與晉獻公共伐麗戎之國，得美女一，玉環二。秦取環而晉取女，即麗戎國艾地守封疆人之女也。筐，正也。初去麗戎，離別親戚，懷土之戀，故涕泣沾襟。後至晉邦，寵愛隆重，與獻公同方牀而燕處，進牢饌以盈厨，情好既移，所以悔其先泣。一生之内，情變若此。況死生之異，何能知哉！莊子寓言，故稱獻公爲王耳。【釋文】「至於王所」崔云：六國時諸侯僭稱王，因此謂獻公爲王也。「筐」本亦作匡。徐起狂反。「牀」徐音床。司馬云：筐牀，安牀也。崔云：筐，方也。一云：正牀也。

〔四〕【注】蘄，求也。【疏】蘄，求也。麗姬至晉，悔其先泣。焉知死者之不卻悔初始在生之日求生之意也！【釋文】「蘄」音祈，求也。

〔校〕①趙諫議本不知下有所謂二字。②趙本無之字。

夢飲酒者，旦而哭泣；夢哭泣者，旦而田獵〔一〕。方其夢也，不知其夢也〔二〕。夢之中又占其夢焉〔三〕，覺而後知其夢也〔四〕。且有大覺而後知此其大夢也〔五〕，而愚者自以爲覺，竊竊然知之。君乎，牧乎，固哉〔六〕！丘也與女，皆夢也〔七〕；予謂女夢，亦夢也〔八〕。是其言也，其名爲弔詭〔九〕。萬世之後而一遇大聖，知其解者，是旦暮遇之也〔一〇〕。

〔一〕【注】此寤寐之事變也。事苟變，情亦異，則死生之願不得同矣。故生時樂生，則死時樂死矣，死生雖異，其於各得所願一也，則何係哉！【疏】夫死生之變，猶覺夢之異耳。夫覺夢之事既殊，故死生之情亦別，而世有覺凶而夢吉，亦何妨死樂而生憂邪！是知寤寐之間，未足可係也。【釋文】「樂生」音洛。下同。

〔二〕【注】由此觀之，當死之時，亦不知其死而自適其志也。【疏】方將爲夢之時，不知夢之是夢，亦猶方將處死之日，不知死之爲死。各適其志，何所戀哉！

〔三〕【注】夫夢者乃復夢中占其夢，則無以異於寤者也。

〔四〕【注】當所遇，無不足也，何爲方生而憂死哉！【疏】夫人在睡夢之中，謂是真實，亦復占候夢想，思度吉凶，既覺以後，方知是夢。是故生時樂生，死時樂死，何爲當生而憂死哉！【釋文】「覺而」音教。下及注皆同。

〔五〕【注】夫大覺者，聖人也。大覺者乃知夫患慮在懷者皆未寤也。【疏】夫擾擾生民，芸芸羣品，馳騖有爲之境，昏迷大夢之中，唯有體道聖人，朗然獨覺，知夫患慮在懷者皆未寤也。

〔六〕【注】夫愚者大夢而自以爲寤，故竊竊然以所好爲君上而所惡爲牧圉，欣然信一家之偏見，可謂固陋矣。【疏】夫物情愚惑，暗若夜遊，昏在夢中，自以爲覺，竊竊然議專所知。情之好者爲君上，情之惡者同牧圉，以此爲情懷，可謂固陋。牛曰牧，馬曰圉也。【釋文】「竊竊」司馬云：猶察察也。「牧乎」崔本作跂乎，云：踶跂，强羊貌。「所好」呼報反。注同。「所惡」烏路反。

〔七〕【注】未能忘言而神解，故非大覺也。【疏】丘是長梧名也。夫照達真原，猶稱爲夢，況愚徒竊竊，豈有覺哉！【釋文】「神解」音蟹。徐户解反。

〔八〕【注】即復夢中之占夢也。夫自以爲夢，猶未寤也，況竊竊然自以爲覺哉！【疏】夫迷情無覺，論夢還在夢中；聲説非真，妙辯猶居言内。是故夢中占夢，夢所以皆空；言内試言，言所以虚假。此託夢中之占夢，亦結孟浪之譚耳。

〔九〕【注】夫非常之談，故非常人之所知，故謂之弔當卓詭，而不識其懸解。【疏】夫舉世皆夢，此乃玄談。非常之言，不顧於俗，弔當卓詭，駭異物情，自非清通，豈識深遠哉！【釋文】「弔」如字，又音的，至也。○盧文弨曰：舊脱又字，今補。「詭」九委反，異也。

〔一〇〕【注】言能蜕然無係而玄同死生者至希也。【疏】且世〔歷〕萬年而一逢大聖，知三界悉空，四生非有，彼我言説，皆在夢中。如此解人，其爲希遇，論其賒促，是旦暮逢之。三十年爲一世也。【釋文】「其解」音蟹，徐户解反。「蜕然」音帨，又始鋭反。

既使我與若辯矣，若勝我，我不若勝，若果是也，我果非也邪〔一〕？我勝若，若不吾勝，我果是也，而果非也邪〔二〕？其或是也，其或非也邪〔三〕？其俱是也，其俱非也邪〔四〕？我與若不能相知也，則人固受其黮闇。吾誰使正之〔五〕？使同乎若者正之？既與若同矣，惡能正之〔六〕！使同乎我者正之？既同乎我矣，惡能正之〔七〕！使異乎我與若者正之？既異乎我與若矣，惡能正之〔八〕！使同乎我與若者正之？既同乎我與若矣，惡能正之〔九〕！然則我與若與人俱不能相知也，而待彼也邪〔一〇〕？

〔一〕【疏】若，而，皆汝也。若不勝汝也耶，假問之詞也。夫是非彼我，舉體不真，倒置之徒，妄爲臧否。假使我與汝對争，汝勝我不勝，汝勝定是，我不勝定非耶？固不可也。

〔二〕【注】若，而，皆汝也。【疏】假令我勝於汝，汝不及我，我決是也，汝定非也？各據偏執，未足可依也。

〔三〕【疏】或，不定也。我之與汝，或是或非，彼此言之，勝負不定，故或是則非是，或非則非非也。

〔四〕【疏】俱是則無非，俱非則無是。故是非彼我，出自妄情也。

〔五〕【注】不知而後推，不見而後辯，辯之而不足以自信，以其與物對也。辯對終日，黮闇至竟，莫能正之，故當付之自正耳。【疏】彼我二人，各執偏見，咸謂自是，故不能相知。必也相知，己之所非者，他家之是也。假令别有一人，遣定臧否，此人還有彼此，亦不離是非，各據妄情，總成闇惑，心必懷愛，此見所以黮闇不明。三人各執，使誰正之？黮闇，不明之謂也。

【釋文】「黮闇」貪闇反。李云：黮闇，不明貌。

〔六〕【疏】既將汝同見，則與汝不殊，與汝不殊，何能正定！此覆釋第一句。【釋文】「惡能」音烏。下皆同。

〔七〕【注】同故是之，未足信也。　【疏】注云，同故是之耳，未足信也。此覆釋第二句也。

〔八〕【注】異故相非耳，亦不足據。　【疏】既異我汝，故別起是非。別起是非，亦何足可據？此覆解第三句。

〔九〕【注】是若果是，則天下不得復有非之者也；非若信非，則亦無緣復有是之者也；今是其所同而非其所異，異同既具而是非無主。故夫是非者，生於好辯而休乎天均，付之兩行而息乎自正也。　【疏】彼此曲從，是非兩順，不異我汝，亦何能正之？此解第四句。

〔一〇〕【注】各自正耳。待彼不足以正此，則天下莫能相正也，故付之自正而至矣。　【疏】我與汝及人，固受黮闇之人。總有三人，各執一見，咸言我是，故俱不相知。三人既不能定，豈復更須一人！若別待一人，亦與前何異！〔待〕彼也耶，言其不待之也。

何謂和之以天倪〔一〕？曰：是不是，然不然。是若果是也，則是之異乎不是也亦无辯；然若果然也，則然之異乎不然也亦无辯①〔二〕。化聲之相待，若其不相待〔三〕。和之以天倪，因之以曼衍，所以窮年也〔四〕。忘年忘義，振於无竟，故寓諸无竟〔五〕。」

〔一〕【注】天倪者，自然之分也。　【疏】天，自然也。倪，分也。夫彼我妄執，是非無主，所以三人四句，不能正之。故假設論端，託爲問荅，和以自然之分，令歸無是無非。天倪之義，次列於下文。【釋文】「和之」如字，崔胡卧反。「天倪」李音崖，徐音詣，郭音五底反。李云：分也。崔云：或作霓，音同，際也。班固曰：天研。○盧文弨曰：舊本崖譌崔，今據大宗師篇改正。倪音近研，故計倪亦作計研。

〔二〕【注】是非然否，彼我更對，故無辯。無辯，故和之以天倪，安其自然之分而已，不待彼以正之。【疏】辯，别也。夫是非然否，出自妄情，以理推求，舉體虚幻，所是則不是，然則不然。何以知其然耶？是若定是，是則異非；然若定然，然則異否。而今此謂之是，彼謂之非；彼之所然，此以爲否。故知是非然否，理在不殊，彼我更對，妄爲分别，故無辯也矣。

〔三〕【注】是非之辯爲化聲。夫化聲之相待，俱不足以相正，故若不相待也。【疏】夫是非彼我，相待而成，以理推尋，待亦非實。故變化聲説，有此待名；名既不真，待便虚待。待即非待，故知不相待者也。○家世父曰：言隨物而變，謂之化聲。是與不是，然與不然，在人者也。待人之爲是爲然而是之然之，與其無待於人而自是自然，一皆無與於其心，是謂和之以天倪。

〔四〕【注】和之以自然之分，任其無極之化，尋斯以往，則是非之境自泯，而性命之致自窮也。【疏】曼衍，猶變化也。因，任也。窮，盡也。和以自然之分，所以無是無非；任其無極之化，故能不滯不著。既而處順安時，盡天年之性命也。【釋文】「曼」徐音萬，郭武半反。「衍」徐以戰反。司馬云：曼衍，無極也。

〔五〕【注】夫忘年故玄同死生，忘義故彌貫是非。是非死生蕩而爲一，斯至理也。至理暢於無極，故寄之者不得有窮也。【疏】振，暢也。竟，窮也。寓，寄也。夫年者，生之所禀也，既同於生死，所以忘年也；義者，裁於是非也，既一於是非，所以忘義也。此則遺前知是非無窮之義也。既而生死是非蕩而爲一，故能通暢妙理，洞照無窮。寄言無窮，亦無無窮之可暢，斯又遺於無極者也。【釋文】「振」如字。崔云：止也。又之忍反。「无竟」如字，極也。崔作境。

〔校〕①闕誤引江南古藏本是也下亦無辯作其無辯矣，然也下亦無辯作亦無辯矣。

罔兩問景曰：「曩子行，今子止；曩子坐，今子起；何其无特操與〔一〕？」

〔一〕【注】罔兩，景外之微陰也。【疏】罔兩，景外之微陰也。曩，昔也，（特）向也。〔特〕，獨也。莊子寓言以暢玄理，故寄景與罔兩，明於獨化之義。而罔兩問景云：「汝向行今止，昔坐今起。然則子行止坐起，制在於形，唯欲隨逐於他，都無獨立志操者，何耶？」【釋文】「罔兩」郭云：景外之微陰也。向云：景之景也。崔本作罔浪，云：有無之狀。○慶藩案罔兩，司馬作罔浪。文選班孟堅幽通賦注引司馬云：罔浪，景外重陰也。釋文引崔本作罔浪，云有無之狀，與司馬訓異義。「景」暎永反，又如字。本或作影，俗也。「曩」徐乃蕩反。李云：曏者也。「無特」本或作持。崔云：特，辭也。向云：無特者，行止無常也。「操與」音餘。

景曰：「吾有待而然者邪〔一〕？吾所待又有待而然者邪〔二〕？吾待蛇蚹蜩翼邪〔三〕？惡識所以然！惡識所以不然！〔四〕」

〔一〕【注】言天機自爾，坐起無待。無待而獨得者，孰知其故，而責其所以哉？【疏】夫物之形質，咸禀自然，事似有因，理在無待。而形影非遠，尚有天機，故曰萬類參差無非獨化者也。

〔二〕【注】若責其所待而尋其所由，則尋責無極，（而）〔卒〕①至於無待，而獨化之理明矣。【疏】影之所待，即是形也。若使影待於形，形待造物，請問造物復何待乎？斯則待待無窮，卒乎無待也。

〔三〕【注】若待蛇蚹蜩翼，則無特操之所由，未爲難識也。今所以不識，正由不待斯類而獨化故耳。【疏】昔諸講人及郭生注意，皆云蛇蚹是腹下齟齬，蜩翼者是蜩翅也。言蛇待蚹而行，蜩待翼而飛，影待形而有也，蓋不然乎。若使待翼而飛，待足而走，飛禽走獸，其類無窮，何勞獨舉蛇蚹，頗引爲譬？即今解蚹者，蛇蜕皮也，蜩翼者，蜩甲也。言蛇蜕舊皮，蜩新出甲，不知所以，莫辯其然，獨化而生，蓋無待也。而蛇蜩二蟲，猶蜕皮甲，稱異諸物，所以引之。故外篇云，吾待蛇蚹蜩甲耶，是知形影之義，與蚹甲無異者也。【釋文】「蛇蚹」音附，徐又音敷。司馬云：謂蛇腹下齟齬可以行者也。齟，音士女反，齬，音魚女反。「蜩」徐音條。

〔四〕【注】世或謂罔兩待景，景待形，形待造物者。請問：夫造物者，有耶無耶？無也？則胡能造物哉？有也？則不足以物衆形。故明衆形之自物而後始可與言造物耳。是以涉有物之域，雖復罔兩，未有不獨化於玄冥者也。故造物②者無主，而物各自造，物各自造而無所待焉，此天地之正也。故彼我相因，形景俱生，雖復玄合，而非待也。明斯理也，將使萬物各反所宗於體中而不待乎外，外無所謝而內無所矜，是以誘然皆生而不知所以生，同焉皆得而不知所以得也。今罔兩之因景，猶云俱生而非待也，則萬物雖聚而共成乎天，而皆歷然莫不獨見矣。故罔兩非景之所制，而景非形之所使，形非無之所化也，則化與不化，然與不然，從人之與由己，莫不自爾，吾安識其所以哉！故任而不助，則本末內外，暢然俱得，泯然無迹。若乃責此近因而忘其自爾，宗物於外，喪主於內，而愛尚生矣。雖欲推而齊之，然其所尚已存乎胷中，何夷之得有哉！【疏】夫待與不待，然與不然，天機自張，莫知其宰，豈措情於尋責而思慮於心識者乎！【釋文】「喪」息浪反。

〔校〕①卒字依宋本及世德堂本改。②世德堂本物作化。

昔者莊周夢爲胡蝶，栩栩然胡蝶也，自喻適志與〔一〕！不知周也〔二〕。俄然覺，則蘧蘧然周也〔三〕。不知周之夢爲胡蝶與，胡蝶之夢爲周與〔四〕？周與胡蝶，則必有分矣〔五〕。此之謂物化〔六〕。

〔一〕【注】自快得意，悦豫而行。【疏】栩栩，忻暢貌也。喻，曉也。夫生滅交謝，寒暑遞遷，蓋天地之常，萬物之理也。而莊生暉明鏡以照燭，(汎)〔汎〕上善以遨遊，故能託夢覺於死生，寄自他於物化。是以夢爲胡蝶，栩栩而適其心；覺乃莊周，蘧蘧而暢其志者也。【釋文】「胡蝶」徐徒協反。司馬崔云：蛺蝶也。「栩」徐況羽反，喜貌。崔本作翩。「自喻」李云：喻，快也。「志與」音餘。下同。崔云：與，哉。

〔二〕【注】方其夢爲胡蝶而不知周，則與殊死不異也。然所在無不適志，則當生而係生者，必當死而戀死矣。由此觀之，知夫在生而哀死者誤也。【疏】方爲胡蝶，曉了分明，快意適情，悦豫之甚，只言是蝶，（宜）〔不〕識莊周。死不知生，其義亦爾。

〔三〕【注】自周而言，故稱覺耳，未必非夢也。【疏】蘧蘧，驚動之貌也。俄頃之間，夢罷而覺，驚怪思省，方是莊周。故注云，自周而言，故稱覺耳，未必非夢也。【釋文】「然覺」古孝反。「蘧蘧」徐音渠，又其慮反。李云：有形貌。崔作據據，引大宗師云據然覺。

〔四〕【注】今之不知胡蝶，無異於夢之不知周也；而各適一時之志，則無以明胡蝶之不夢爲周矣。世有假寐而夢經百年者，則無以明今之百年非假寐之夢者也。【疏】昔夢爲蝶，甚有暢情；今作莊周，亦言適志。是以覺夢既無的當，莊蝶豈辯真虚者哉！

〔五〕【注】夫覺夢之分，無異於死生之辯也。今所以自喻適志，由其分定，非由無分也。【疏】既覺既夢，有蝶有莊，乃曰浮虚，亦不無崖分也。

〔六〕【注】夫時不暫停，而今不遂存，故昨日之夢，於今化矣。死生之變，豈異於此，而勞心於其間哉！方爲此則不知彼，夢爲胡蝶是也。取之於人，則一生之中，今不知後，麗姬是也。而愚者竊竊然自以爲知生之可樂，死之可苦，未聞物化之謂也。【疏】夫新新變化，物物遷流，譬彼窮指，方兹交臂。是以周蝶覺夢，俄頃之間，後不知前，此不知彼。而何爲當生慮死，妄起憂悲！故知生死往來，物理之變化也。【釋文】「可樂」音洛。

莊子集釋卷二上

内篇 養生主第三〔一〕

〔一〕【注】夫生以養存，則養生者理之極也。若乃養過其極，以養傷生，非養生之主也。【釋文】養生以此爲主也。

吾生也有涯〔一〕，而知也无涯〔二〕。以有涯隨无涯，殆已〔三〕；已而爲知者，殆而已矣〔四〕。爲善无近名，爲惡無近刑〔五〕。緣督以爲經〔六〕，可以保身，可以全生，可以養親〔七〕，可以盡年〔八〕。

〔一〕【注】所稟之分各有極也。【疏】涯，分也。夫生也受形之載，稟之自然，愚智脩短，各有涯分。而知止守分，不蕩於外者，養生之妙也。然黔首之類，莫不稱吾，則凡稱吾者，皆有極者也。【釋文】「有涯」本亦作崖，魚佳反。

〔二〕【注】夫舉重攜輕而①神氣自若，此力之所限也。而尚名好勝者，雖復絶膂，猶未足以慊其願，此知之無涯也。故知之爲名，生於失當而滅於冥極。冥極者，任其至分而無毫銖之加。是故雖負萬鈞，苟當其所能，則忽然不知重之在身；雖應萬機，泯然不覺事之在己。此養生之主也。【疏】所稟形性，各有限極，而分別之智，徇物無涯。遂使心困形勞，未慊其願，不能止分，非養生之主也。【釋文】「而知」音智。注、下同。「好勝」呼報反。下升證反。「雖復」扶又反。下皆同。「絕膂」音旅。「以慊」苦簟反，足也。○盧文弨曰：古與慊恨之慊同一聲，竝不以音愜者爲足之正詁。

〔三〕【注】以有限之性尋無極之知，安得而不困哉！【疏】夫生也有限，知也無涯，是以用有限之生逐無涯之知，故形勞神弊而危殆者也。【釋文】「殆已」向云：疲困之謂。

〔四〕【注】已困於知而不知止，又爲知以救之，斯養而傷之者，真大殆也。【疏】無涯之知，已用於前；有爲之學，救之於後；欲不危殆，其可得乎！○家世父曰：營營以求知，而極乎無涯，終乎殆矣。而此營營之知存於心，足以累性而害心。冥然而物化，寂然而神凝，使其知不生於心，成性存存，泯知以全生。故曰已而爲知者殆而已矣。

〔五〕【注】忘善惡而居中，任萬物之自爲，悶然與至當爲一，故刑名遠己而全理在身也。【疏】夫有爲俗學，抑乃多徒，要切而言，莫先善惡。故爲善也無不近乎名譽，爲惡也無不鄰乎刑戮。是知俗智俗學，未足以救前知，適有疲役心靈，更增危殆。【釋文】「无近」附近之近。下同。○慶藩案文選嵇叔夜幽憤詩注引司馬云：勿修名也。被褐懷玉，穢惡其身，以無陋於形也。釋文闕。○家世父曰：船山云，聲色之類不可名之爲善者，即惡也。「悶然」亡本反，又音門。「遠己」于萬反。

〔六〕【注】順中以爲常也。【疏】緣，順也。督，中也。經，常也。夫善惡兩忘，刑名雙遣，故能順一中之道，處真常之德，虚夷任物，與世推遷。養生之妙，在乎兹矣。【釋文】「緣督以爲經」李云：緣，順也。督，中也。經，常也。郭崔同。○慶藩案文選左太沖魏都賦注引司馬云：緣，順也。督，中也。順守道中以爲常也。釋文闕。○李楨曰：素問骨空論，督（録）〔脈〕②者，起於少腹以下骨中央。靈樞本輸篇七，次脈，頸中央之脈，督脈也。人身惟脊居中，督脈並脊裏而上，故訓中。督爲奇經之一脈，莊子正是叚脈爲喻，故下爲保身全生等語。○家世父曰：船山云，奇經八脈，以任督主呼吸之息。身前之中脈曰任，身後之中脈曰督。督者，居静而不倚於左右，有脈之位而無形質。緣督者，以清微纖妙之氣，循虚而行，止於所不可行，而行自順，以適得其中。

〔七〕【注】養親以適。【釋文】「以養」羊尚反。注同。

〔八〕【注】苟得中而冥度，則事事無不可也。夫養生非求過分，蓋全理盡年而已矣。【疏】夫惟妙捨二偏而處於中一者，故能保守身形，全其生道。外可以孝養父母，大順人倫，内可以攝衞生靈，盡其天命。

〔校〕①趙諫議本而作其。②脈字依素問原文改。

庖丁爲文惠君解牛，手之所觸，肩之所倚，足之所履，膝之所踦，砉然嚮然，奏刀騞然〔一〕，莫不中音。合於桑林之舞，乃中經首之會〔二〕。

〔一〕【疏】庖丁，謂掌厨丁役之人，今之供膳是也。亦言：丁，名也。文惠君，即梁惠王也。解，宰割之也。踦，下角刺也。言庖丁善能宰牛，見其間理，故以其手（摶）〔搏〕觸，以肩倚著，用脚蹋履，用膝刺築，遂使皮肉離析，砉然嚮應，進奏鸞刀，騞然大解。此蓋寄庖丁以明養生之術者也。【釋文】「庖丁」崔本作胞，同。白交反。庖人，丁其名也。管子有屠牛坦一朝解九牛，刀可剃毛。○盧文弨曰：禮記祭統煇胞，亦與庖同。「爲」于僞反。「文惠君」崔司馬云：梁惠王也。「所倚」徐於綺反，向偃彼反，徐又於伃反，李音妖。「所踦」徐居彼反，向魚彼反。李云：刺也。「砉然」向呼鵙反，徐許鵙反，崔音畫，又古鵙反，李又呼歷反。司馬云：皮骨相離聲。○盧文弨曰：舊鵙皆從貝，非。今正從狊。下並同。「嚮然」許丈反，郭許亮反。本或無然字。「奏」如字。崔云：聞也。「騞」呼獲反，徐許嬖反，向他亦反，又音麥。崔云：音近獲，聲大於砉也。

〔二〕【注】言其因便施巧，無不閑解，盡理之甚，既適牛理，又合音節。【疏】桑林，殷湯樂名也。經首，咸池樂章名，則堯樂也。庖丁神彩從容，妙盡牛理；既而（改）〔宰〕割聲嚮，雅合宮商，所以音中桑林，韻符經首也。【釋文】「中音」丁仲反。下皆同。「桑林」司馬云：湯樂名。崔云：宋舞樂名。案即左傳舞師題以旌夏是也。「經首」向司馬云：咸池樂章也。崔云：樂章名也。或云：奏樂名。「因便」婢面反。「閑解」音蟹。

文惠君曰：「譆，善哉！技蓋至此乎〔一〕？」

〔一〕【疏】譆，歎聲也。惠君既見庖丁因便施巧，奏〔刀〕音節，遠合樂章，故美其技術一至於此者也。

【釋文】「譆」徐音熙。李云：歎聲也。「技」具綺反。下同。

庖丁釋刀對曰：「臣之所好者道也，進乎技矣〔一〕。始臣之解牛之時，所見无非〔全〕①牛者〔二〕。三年之後，未嘗見全牛也〔三〕。方今之時，臣以神遇而不以目視〔四〕，官知止而神欲行〔五〕。依乎天理〔六〕，批大郤〔七〕，導大窾〔八〕，因其固然〔九〕。技經肯綮之未嘗〔一〇〕，而況大軱乎〔一一〕！良庖歲更刀，割也〔一二〕；族庖月更刀，折也〔一三〕。今臣之刀十九年矣，所解數千牛矣，而刀刃若新發於硎〔一四〕。彼節者有閒，而刀刃者无厚；以无厚入有閒，恢恢乎其於遊刃必有餘地矣〔一五〕，是以十九年而刀刃若新發於硎〔一六〕。雖然，每至於族，吾見其難爲〔一七〕，怵然爲戒，視爲止〔一八〕，行爲遲〔一九〕。動刀甚微，謋然已解②〔二〇〕，如土委地〔二一〕。提刀而立，爲之四顧，爲之躊躇滿志〔二二〕，善刀而藏之〔二三〕。」

〔一〕【注】直寄道理於技耳，所好者非技也。【疏】捨釋鸞刀，對答養生之道，故倚技術，進獻於君。又解：進，過也。所好者養生之道，過於解牛之技耳。【釋文】「所好」呼報反。注同。

〔二〕【注】未能見其理閒③。【疏】始學屠宰，未見閒理，所覩惟牛。亦猶初學養生，未照真境，是以觸途皆礙。

〔三〕【注】但見其理閒也。【疏】操刀既久，頓見理閒，所以纔覩有牛，已知空郤。亦猶服道日久，智照漸明，所見塵境，無非虛幻。

〔四〕【注】闇與理會。【疏】遇，會也。經乎一十九年，合陰陽之妙數，率精神以會理，豈假目以看之！亦猶學道之人，妙契至極，推心靈以虛照，豈用眼以取塵也！【釋文】「神遇」向云：暗與理會，謂之神遇。

〔五〕【注】司察之官廢，縱心而（順）理〔順〕④。【疏】官者，主司之謂也；謂目主於色耳司於聲之類是也。既而神遇，不用目視，故眼等主司，悉皆停廢，從心所欲，順理而行。善養生者，其義亦然。【釋文】「官知止」如字。崔云：官知，謂有所掌在也。向音智。專所司察而後動，謂之官智。「而神欲行」如字。向云：從手放意，無心而得，謂之神欲。

〔六〕【注】不橫戳也。【疏】依天然之腠理，終不橫截以傷牛。亦猶養生之妙道，依自然之涯分，必不貪生以夭折也。

〔七〕【注】有際之處，因而批之令離。【疏】閒郤交際之處，用刀而批戾之，令其筋骨各相離異。亦猶學道之人，生死窮通之際，用心觀照，令其解脫。【釋文】「批」備結反，一音鋪迷反。字林云：擊也，父迷父節二反。「大郤」徐去逆反，郭音却。崔李云：閒也。◯盧文弨曰：從谷從卩。舊從谷從阝，非。今改正。「令離」力呈反。下同。下力智反。

〔八〕【注】節解窾空，就導令殊。【疏】窾，空也。骨節空處，(蹵)〔就〕⑤導令殊。亦猶學人以有資空，將空導有。【釋文】「道」音導。注同。「大窾」徐苦管反，又苦禾反。崔郭司馬云：空也。向音空。○盧文弨曰：今本道作導。窾與科通，故亦同音。○慶藩案說文無窾字，當作款。史記太史公自序，實不中其身者謂之窾，漢書司馬遷傳，窾正作款。服虔注：款，空也。爾雅釋器，鼎款足者謂之鬲，注：款，空也。淮南説山，見款木浮而知爲舟，高注：款，空也，管子國蓄，大國内款，楊注：内款，内空也。是其證。「節解」户賣反。

〔九〕【注】刀不妄加。【疏】因其空卻之處，然後運刀，亦因其眼見耳聞，必不妄加分別也。

〔一〇〕【注】技之妙也，常遊刃於空，未嘗經槩於微礙也。【釋文】「技經」本或作猗，其綺反。徐音技。○俞樾曰：郭注以技經爲技之所經，殊不成義。技經肯綮四字，必當平列。釋文曰：肯，説文作肎，字林同，著骨肉也。一曰：骨無肉也。綮，司馬云：猶結處也。是肯綮並就牛身言，技經亦當同之。技疑枝字之誤。素問三部九候論，治其經絡，王注引靈樞經曰：經脈爲裏，支而横者爲絡。古字支與枝通。枝，謂枝脈；經，謂經脈。枝經，猶言經絡也。經絡相連之處，亦必有礙於游刃。庖丁惟因其固然，故未嘗礙也。○李楨曰：俞氏改技爲枝，訓爲經絡，説信塙矣。未嘗二字，須補訓義。依俞説，嘗當訓試。説文：試，用也。言於經絡肎綮之微礙，未肎以刀刃嘗試之，所謂因其固然者。「肯」徐苦等反。説文作肎。字林同，口乃反，云：著骨肉也。一曰：骨無肉也。崔云：許叔重曰，骨間肉。肯，肯著也。「綮」苦挺反，崔向徐並音啓，李烏係反，又一音罄。司馬云：猶結處也。「經檕」古代反。「微礙」五代反。

〔一一〕【注】軱，戾大骨，衄刀刃也。【疏】肯綮，肉著骨處也。軱，大骨也。夫伎術之妙，遊刃於空，微礙尚未曾經，大骨理當不犯。況養生運智，妙體真空，細惑尚不染心，麁塵豈能累德！

【釋文】「大軱」音孤。向郭云：觚，戾大骨也。崔云：槃結骨。「衄刀」女六反。

〔一二〕【注】不中其理閒也。【疏】良善之庖，猶未中理，經乎一歲，更易其刀。況小學之人，未體真道，證空捨有，易奪之心者矣。【釋文】「良庖」司馬云：良，善也。「割也」司馬云：以刀割肉，故歲歲更作。崔云：歲一易刀，猶堪割也。

〔一三〕【注】中骨而折刀也。【疏】況凡鄙之夫，心靈闇塞，觸境皆礙，必損智傷神。【釋文】「族庖」司馬云：族，雜也。崔云：族，衆也。○俞樾曰：郭注曰，中骨而折刀也，此於文義未合。上文云良庖歲更刀割也。割以用刀言，則折亦以用刀言。折，謂折骨，非謂刀折也。哀元年左傳曰：無折骨。

〔一四〕【注】硎，砥石也。【疏】硎，砥礪石也。（牛）〔十〕，陰數也；九，陽數也；故十九年極陰陽之妙也。是以年經十九，牛解數千，遊空涉虛，不損鋒刃，故其刀鋭利，猶若新磨者也。況善養生人，智窮空有，和光處世，妙盡陰陽。雖復千變萬化，而自新其德，參涉萬境，而常湛凝然矣。【釋文】「硎」音刑，磨石也。崔本作形，云：新所受形也。「砥石」音脂，又之履反。尚書傳云，砥細於礪，皆磨石也。

〔一五〕【疏】彼牛骨節，素有間郤，而刀刃鋒鋭，薄而不厚。用無厚之刃，入有間之牛，故遊刃恢恢，必寬大有餘矣。況養生之士，體道之人，運至忘之妙智，遊虚空之物境，是以安排造適，閒暇有餘，境智相冥，不一不異。

〔一六〕【疏】重疊前文，結成其義。

〔一七〕【注】交錯聚結爲族。

〔一八〕【注】不復屬目於他物也。【釋文】「爲戒」于僞反。下皆同。「屬目」(意)〔章〕⑥欲反。

〔一九〕【注】徐其手也。【疏】節骨交聚磐結之處，名爲族也。雖復遊刃於空，善見其郤，每至交錯之處，未嘗不留意艱難，爲其怵惕戒慎，專視徐手。況體道之人，雖復達彼虚幻，至於境智交涉，必須戒慎艱難，不得輕染根塵，動傷於寂者也。

〔二〇〕【注】得其宜則用力少。【釋文】「謋然」化百反，徐又許百反。「已解」音蟹。下皆同。

〔二一〕【注】理解而無刀迹，若聚土也。【疏】謋，化百反。謋然，骨肉離之聲也。運動鸞刀，甚自微妙，依於天理，所以不難，如土委地，有何蹤跡！況運用神智，明照精微，涉於塵境，曾無罣礙，境智冥合，能所泯然。

〔二二〕【注】逸足容豫自得之謂。【疏】解牛事訖，閒放從容，提挈鸞刀，彷徨徙倚。既而風韻清遠，所以高視四方，志氣盈滿，爲之躊躇自得。養生會理，其義亦然。【釋文】「提刀」徐徒嵇反。「躊」直留反。「躇」直於反。

〔三〕【注】拭刀而弢之也。【疏】善能保愛，故拭而弢之。況（養）〔善〕攝生人，光而不耀。【釋文】「善刀」善，猶拭也。「拭」音式。「弢之」他刀反。○盧文弨曰：弢從叏得聲。舊本山下又，譌。今改正。

〔校〕①全字依趙諫議本補。②闕誤引文如海劉得一本此句下有牛不知其死也六字。③趙本無其字閒字。④理順依趙本改。⑤就字依注文改。⑥章字依釋文原本改。

文惠君曰：「善哉！吾聞庖丁之言，得養生焉〔一〕。」

〔一〕【注】以刀可養，故知生亦可養。【疏】魏侯聞庖丁之言，遂悟養生之道也。美其神妙，故歎以善哉。

公文軒見右師而驚曰：「是何人也？惡乎介也〔一〕？天與，其人與〔二〕？」曰：「天也，非人也。天之生是使獨也〔三〕，人之貌有與也〔四〕。以是知其天也，非人也〔五〕。」

〔一〕【注】介，偏刖之名。【疏】姓公文，名軒，宋人也。右師，官名也。介，刖也。公文見右師刖足，故驚問所由，於何犯忤而致此殘刖於足者也？【釋文】「公文軒」司馬云：姓公文氏，名軒，宋人也。「右師」司馬云：宋人也。簡文云：官名。「惡乎」音烏。「介」音戒，一音兀。司馬云：刖也。向郭云：偏刖也。崔本作兀，又作𧿒，云：斷足也。○家世父曰：善養生者養以神，神全則生全，形雖介可也。樊中之雉，神固王矣，而固不得其養。則神者，淡然泊然，怡然涣然，無爲爲之，優遊自得之神也。可以外形骸，齊生死，而何有於介哉！「偏刖」音月，又五刮反。

〔二〕【注】知之所無柰何，天也。犯其所知，人也。【疏】爲稟自天然，少茲一足？爲犯於人事，故被虧殘？此是公文致問之辭故也？【釋文】「天與其人與」並音餘，又皆如字。司馬云：爲天命，爲人事也？

〔三〕【注】偏刖曰獨。夫師一家之知而不能兩存其足，則是知之（無）所（無）①柰何。若以右師之知而必求兩全，則心神内困而形骸外弊矣，豈直偏刖而已哉！【疏】夫智之明闇，形之虧全，並稟自天然，非關人事。假使犯於王憲，致此形殘，亦是天生頑愚，謀身不足，直知由人以虧其形，不知由天以暗其智，是知有與獨，無非命也。【釋文】「使獨」司馬云：一足曰獨。「之知」音智。下之知同。

〔四〕【注】兩足共行曰有與。有與之貌，未有疑其非命也。

〔五〕【注】以有與者命也，故知獨者亦非我也。是以達生之情者不務生之所無以爲，達命之情者不務命之所無柰何也，全其自然而已。【疏】與，共也。凡人之貌，皆有兩足共行，稟之造物。故知我之一腳遭此形殘，亦無非命也。欲明窮通否泰，愚智虧全，定乎冥兆，非由巧拙。達斯理趣者，方可全生。

〔校〕①所無依道藏褚伯秀本改。

澤雉十步一啄，百步一飲，不蘄畜乎樊中〔一〕。神雖王，不善也〔二〕。」

〔一〕【注】蘄，求也。樊，所以籠雉也。夫俯仰乎天地之間，逍遥乎自得之場，固養生之妙處也。又何求於入籠而服養哉！【疏】蘄，求也。樊中，雉籠也。夫澤中之雉，任於野性，飲啄自在，放曠逍遥，豈欲入樊籠而求服養！譬養生之人，蕭然嘉遁，唯適情於林籟，豈企羨於榮華！又解：澤似雉而非，澤尾長而雉尾短，澤雉之類是也。【釋文】「一啄」涉角反。「不蘄」音祈，求也。「樊中」音煩。李云：藩也，所以籠雉也。向郭同。崔以爲園中也。「妙處」昌慮反。

〔二〕【注】夫始乎適而未嘗不適者，忘適也。雉心神長王，志氣盈豫，而自放於清曠之地，忽然不覺善（爲）之〔爲〕①善也。【疏】雉居山澤，飲啄自在，心神長王，志氣盈豫。當此時也，忽然不覺善之爲善。既遭樊籠，性情不適，方思昔日，甚爲清暢。鳥既如此，人亦宜然。欲明至適忘適，至善忘善。【釋文】「雖王」于況反，注同。「長王」丁亮反，又直良反。

〔校〕①之爲二字依世德堂本改。

老聃死，秦失弔之，三號而出〔一〕。

〔一〕【注】人弔亦弔，人號亦號。【疏】老君即老子也。姓李，名耳，字伯陽，外字老聃，大聖人也，降生陳國苦縣。當周平王時，去周，西度流沙，適之罽賓。而內外經書，竟無其迹，而此獨云死者，欲明死生之理泯一，凡聖之道均齊。此蓋莊生寓言耳，而老君爲大道之祖，爲天地萬物之宗，豈有生死哉！故託此言聖人亦有死生，以明死生之理也。故老君降生行教昇天，備載諸經，不具言也。秦失者，姓秦，名失，懷道之士，不知何許人也。既死且弔，奚洎三號！而俯迹同凡，事終而出也。【釋文】「老聃」吐藍反。司馬云：老子也。「秦失」本又作佚，各依字讀，亦皆音逸。「三號」户羔反。注同。

弟子曰：「非夫子之友邪〔一〕？」

〔一〕【注】怪其不倚户觀化，乃至三號也。【疏】秦失老君，俱遊方外，既號且弔，豈曰清高！故門人驚疑，起非友之問。【釋文】「倚户」於綺反。

曰：「然〔一〕。」

〔一〕【疏】然，猶是也。秦失答弟子云，是我方外之友。

「然則弔焉若此，可乎〔一〕？」

〔一〕【疏】方外之人，行方內之禮，號弔如此，於理可乎？未解和光，更致斯問者也。

曰：「然〔一〕。始也吾以爲其①人也，而今非也〔二〕。向吾入而弔焉，有老者哭之，如哭其子；少者哭之，如哭其母。彼其所以會之，必有不蘄言而言，不蘄哭而哭者〔三〕。是（遯）〔遁〕②天倍情，忘其所受〔四〕，古者謂之遁天之刑〔五〕。適來，夫子時也〔六〕；

適去，夫子順也〔七〕。安時而處順，哀樂不能入也〔八〕，古者謂是帝之縣解〔九〕。」

〔一〕【注】至人無情，與衆號耳，故若斯可也。【疏】然，猶可也。動寂相即，内外冥符，故若斯可也。

〔二〕【疏】秦失初始入弔，謂哭者是方外門人，及見哀痛過，知非老君弟子也。

〔三〕【注】嫌其先物施惠，不在理上往，故致此甚愛也。【疏】蘄，求也。彼，衆人也。夫聖人虚懷，物感斯應，哀憐兆庶，愍念蒼生，不待勤求，爲其演説。故其死也，衆來聚會，號哭悲痛，如於母子。斯乃凡情執滯，妄見死生，感於聖恩，致此哀悼。以此而測，故知非老君門人也。

【釋文】「少者」詩照反。「先物」悉薦反，又如字。「理上往」一本往作住③。

〔四〕【注】天性所受，各有本分，不可逃，亦不可加。【疏】是，指斥哭人也。倍，加也。言逃遯天然之性，加添流俗之情，妄見死之可哀，故忘失所受之分也。【釋文】「遯天」徒遜反。又作遁。「倍情」音裴，加也。又布對反。本又作背。

〔五〕【注】感物大深，不止於當，遁天者也。將馳騖於憂樂之境，雖楚戮未加而性情已困，庸非刑哉！【疏】夫逃遁天理，倍加俗情，哀樂經懷，心靈困苦，有同捶楚，寧非刑戮！古之達人，有如此議。【釋文】「大深」音泰。「憂樂」音洛。下文、注同。

〔六〕【注】時自生也。

〔七〕【注】理當死也。【疏】夫子者，是老君也。秦失歎老君大聖，妙達本源，故適爾生來，皆應時而降誕；蕭然死去，亦順理而返真耳。

〔八〕【注】夫哀樂生於失得者也。今玄通合變之士，無時而不安，無順而不處，冥然與造化爲一，則無往而非我矣，將何得何失，孰死孰生哉！故任其所受，而哀樂無所錯其閒矣。【疏】安於生時，則不厭於生；處於死順，則不惡於死。千變萬化，未始非吾，所適斯適，故憂樂無錯其懷矣。【釋文】「所錯」七路反。

〔九〕【注】以有係者爲縣，則無係者縣解也，縣解而性命之情得矣。此養生之要也。【疏】帝者，天也。爲生死所係者爲縣，則無死無生者縣解也。夫死生不能係，憂樂不能入者，而遠古聖人謂是天然之解脱也。且老君大聖，冥一死生，豈復逃遁天刑，馳鶩憂樂？子玄此注，失之遠矣。若然者，何謂安時處順，帝之縣解乎？文勢前後，自相鉾楯。是知遁天之刑，屬在哀慟之徒，非關老君也。【釋文】「縣」音玄。「解」音蟹。注同。崔云，以生爲縣，以死爲解。

〔校〕①闕誤引文如海本其作至。②遁字依世德堂本改。③趙諫議本作住。

指窮於爲薪，火傳也〔一〕，不知其盡也〔二〕。

〔一〕【注】窮，盡也；爲薪，猶前薪也。前薪以指，指盡前薪之理，故火傳而不滅；心得納養之中，故命續而不絶；明夫養生乃生之所以生也。【疏】窮，盡也。薪，柴樵也。爲，前也。言人然火，用手前之，能盡然火之理者，前薪雖盡，後薪以續，前後相繼，故火不滅也。亦猶善養生者，隨變任化，與物俱遷，故吾新吾，曾無係戀，未始非我，故續而不絶者也。【釋文】「指窮於爲薪」如字。絶句。爲，猶前也。「火傳也」直專反。注同。傳者，相傳繼續也。崔云：薪火，爝火也。傳，延也。○俞樾曰：郭注曰，爲薪猶前薪也，前薪以指，指盡前薪之理，故火傳不滅。此説殊未明了。且爲之訓前，亦未知何義。郭注非也。廣雅釋詁：取，爲也。然則爲亦猶取也。指窮於爲薪者，指窮於取薪也。以指取薪而然之，則有所不給矣，若聽火之自傳，則忽然而不知其薪之盡也。郭得其讀，未得其義。釋文引崔云，薪火，爝火也，則並失其讀矣。○家世父曰：薪盡而火傳，有不盡者存也。太虚來往之氣，人得之以生，猶薪之傳火也，其來也無與拒，其去也無與留，極乎薪而止矣。而薪自火也，火自傳也，取以爲無盡也。執薪以求火，執火以求傳，奚當哉！「之中」丁仲反。

〔二〕【注】夫時不再來，今不一停，故人之生也，一息一得耳。向息非今息，故納養而命續；前火非後火，故爲薪而火傳，火傳①而命續，由夫養得其極也，世豈知其盡而更生哉！【疏】夫迷忘之徒，役情執固。豈知新新不住，念念遷流，昨日之我，於今已盡，今日之我，更生於後耶！舊來分此一篇爲七章明義，觀其文勢，過爲繁冗。今將爲善合於第一，指窮合於老君，總成五章，無所猜嫌也。

〔校〕①趙諫議本火傳二字不重。

莊子集釋卷二中

内篇 人間世第四〔一〕

〔一〕【注】與人羣者，不得離人。然人間之變故，世世異宜，唯無心而不自用者，爲能隨變所適而不荷其累也。【釋文】「人間世」此人間見事，世所常行者也。○慶藩案〔文選〕潘安仁秋興賦注引司馬云：言處人間之宜，居亂世之理，與人羣者不得離人。然人間之事故，與世異宜，唯無心而不自用者，爲能唯變所適而何足累。釋文闕。「離人」力智反。「不荷」胡我反，又音河。「其累」力僞反。

顏回見仲尼，請行〔一〕。

〔一〕【疏】姓顏，名回，字子淵，魯人也；孔子三千門人之中，總四科入室弟子也。仲尼者，姓孔，名丘，字仲尼，亦魯人，殷湯之後，生衰周之世，有聖德，即顏回之師也。其根由事迹，偏在儒史，今既解釋莊子，意在玄虛，故不復委碎載之耳。然人間事緒，紕紛實難，接物利他，理在不易，故寄顏孔以顯化導之方，託此聖賢以明心齋之術也。孔聖顏賢耳。【釋文】「顏回」孔子弟子，姓顏，名回，字子淵，魯人也。

曰：「奚之〔一〕？」

〔一〕【疏】奚，何也。〔之〕，適也。質問顏回欲往何處耳。

曰：「將之衛〔一〕。」

〔一〕【疏】衛，即殷紂之都，又是康叔之封，今汲郡衛州是也。此則顏答孔問欲行之所也。

曰：「奚爲焉〔一〕？」

〔一〕【疏】欲往衛國，何所云爲？重責顏生行李意謂矣。

曰：「回聞衛君，其年壯，其行獨〔一〕；輕用其國〔二〕，而不見其過〔三〕；輕用民死〔四〕，死者以國量乎澤若蕉〔五〕，民其无如矣〔六〕。回嘗聞之夫子曰：『治國去之，亂國就之，醫門多疾。』願以所聞思其則①，庶幾其國有瘳乎！〔七〕」

〔一〕【注】不與民同欲也。【疏】衛君，即靈公之子蒯聵也，荒淫昏亂，縱情無道。其年少壯而威猛可畏，獨行凶暴而不順物心。顏子述己所聞以答尼父。【釋文】「衛君」司馬云：衛莊公蒯聵也。案左傳，衛莊公以魯哀十五年冬始入國，時顏回已死，不得爲莊公，蓋是出公輒也。「其行」下孟反。「獨」崔云：自專也。向云：與人異也。郭云：不與人同欲。

〔二〕【注】夫君人者，動必乘人，一怒則伏尸流血，一喜則軒冕塞路。故君人者之用國，不可輕之也。【疏】夫民爲邦本，本固則邦寧。不能愛重黎元，方欲輕蔑其用，欲不顛覆，其可得乎！

〔三〕【注】莫敢諫也。【疏】强足以距諫，辨足以飾非，故百姓惶懼而吞聲，有過而無敢諫者也。

〔四〕【注】輕用之於死地。【疏】不凝動静，泰然自安，乃輕用國民，投諸死地也。

〔五〕【注】舉國而輸之死地，不可稱數，視之若草芥也。【疏】蕉，草芥也。或征戰屢興，或賦税煩重，而死者其數極多。語其多少，以國爲量，若舉爲數，造次難悉。縱恣一身，不恤百姓，視於國民，如藪澤之中草芥者也。【釋文】「國量」音亮。李力章反。「若蕉」似遥反。徐在堯反。向云：草芥也。崔云：芟刈也，其澤如見芟夷，言野無青草。○盧文弨曰：蕉亦同樵，故可訓芟夷。○家世父曰：蕉與焦通。風俗通，水草交厝，名之爲澤。若焦者，水竭草枯，如火爇然，即詩如惔如焚之意。左傳成九年，雖有姬姜，無棄蕉萃，班固賓戲，朝而榮華，夕而焦瘁。蕉焦字通。博雅：蕉，黑也，亦通焦。陸氏音義引向云艸芥也，崔云芟刈也，並誤。「稱數」所主反。

〔六〕【注】無所依歸。【疏】君上無道，臣子飢荒，非但無可柰何，亦乃無所歸往也。

〔七〕【疏】庶，冀也。幾，近也。瘳，愈也。治邦寧謐，不假匡扶；亂國孤危，應須規諫。顔生今將化衛，是以述昔所聞，思其稟受法言，冀其近於善道。譬彼醫門，多能救疾，方兹賢士，必能拯難，荒淫之疾，庶其瘳愈者也。【釋文】「治國」直吏反。「醫門」於其反。「思其則」絶句。崔李云：則，法也。「有瘳」丑由反。李云：愈也。

〔校〕①闕誤引江南李氏本其下有所行二字，則字屬下句。

仲尼曰：「譆！若殆①往而刑耳〔一〕！

〔一〕【注】其道不足以救彼患。【疏】譆，怪笑聲也。若，汝也。殆，近也。孔子哂其術淺，未足化他，汝若往於衛，必遭刑戮者也。【釋文】「譆」音熙，又於其反。

〔校〕①闕誤引張君房本殆在而字下。

夫道不欲雜〔一〕，雜則多，多則擾，擾則憂，憂而不救〔二〕。古之至人，先存諸己而後存諸人〔三〕。所存於己者未定，何暇至於暴人之所行〔四〕！

〔一〕【注】宜正得其人。

〔二〕【注】若夫不得其人。則雖百醫守病，適足致疑而不能一愈也。【疏】夫靈通之道，唯在純粹。必其喧雜則事緒繁多，事多則中心擾亂，心中擾亂則憂患斯起。藥病既乖，彼此俱困，己尚不立，焉能救物哉！

〔三〕【注】有其具，然後可以接物也。【疏】諸，於也。存，立也。古昔至德之人，虛懷而遊世間，必先安立己道，然後拯救他人，未有己身不存而能接物者也。援引古人，以爲鑒誡。

〔四〕【注】不虛心以應物，而役思以犯難，故知其所存於己者未定也。夫唯外其知以養真，寄妙當於羣才，功名歸物而患慮遠身，然後可以至於暴人之所行也。【疏】夫唯虛心以應務，忘智以養真，寄當於羣才，歸功於萬物者，方可處涉人間，逗機行化也。今顏回存立己身，猶未安定，是非喜怒，勃戰胷中，有何（庸）〔容〕暇，輒至於衛，欲諫暴君！此行未可也。【釋文】「役思」息嗣反。「遠身」于萬反。

且若亦知夫德之所蕩而知之所爲出乎哉？德蕩乎名，知出乎争〔一〕。名也者，相（札）〔軋〕①也；知也者，争之器也。二者凶器，非所以盡行也〔二〕。

〔一〕【注】德之所以流蕩者，矜名故也；知之所以横出者，争善故也。雖復桀跖，其所矜惜，無非名善也。【疏】汝頗知德蕩智出所由乎哉？夫德之所以流蕩喪真，爲矜名故也；智之所以横出逾分者，争善故也。夫唯善惡兩忘，名實雙遣者，故能（萬）〔至〕②德不蕩，至智不出者也。【釋文】「而知」音智。下及注同。「所爲」于僞反。「争善」此及下争名二字依字讀。「雖復」扶又反。下皆同。「桀跖」之石反。桀，夏王也。跖，盜跖也。

〔二〕【注】夫名智者，世之所用也。而名起則相（札）〔軋〕，智用則争興，故遺名知而後行可盡也。【疏】札，傷也。夫矜名則更相毁損，顯智則争競路興。故二者並凶禍之器，（盡）不可〔盡〕③行於世。【釋文】「相札」徐於八反，又側列反。李云：折也。崔云：夭也。亦作軋。崔又云：或作禮，相賓禮也。○盧文弨曰：今本作軋。○慶藩案相札，猶言相甲也。廣雅：札，甲也；今本札譌作禮。又：車搹，焦札也；太平御覽引作雎禮，鈔本引作鴟禮。古禮字作礼，與札相似，札譌爲礼，後人又改爲禮耳。（今本廣雅作鴟秅，亦札之譌。）崔譔札或作禮，亦沿札礼形似而誤。（淮南説林篇鳥力勝日而服於鵻禮，禮亦爲札之譌。）

〔校〕①軏字依趙諫議本及世德堂本改。盧校亦作軏。②覆宋本作万，蓋至之破體。③不可盡，依正文及注改。

且德厚信矼，未達人氣，名聞不爭，未達人心〔一〕。而强以仁義繩墨之言術①暴人之前者，是以人惡有其美也〔二〕，命之曰菑人。菑人者，人必反菑之〔三〕，若殆爲人菑夫！且苟爲悦賢而惡不肖，惡用而求有以異〔四〕？若唯无詔，王公必將乘人而鬭其捷〔五〕。而目將熒之〔六〕，而色將平之〔七〕，口將營之〔八〕，容將形之〔九〕，心且成之〔一〇〕。是以火救火，以水救水，名之曰益多〔一一〕。順始无窮〔一二〕，若殆以不信厚言，必死於暴人之前矣〔一三〕！

〔一〕【疏】矼，確實也。假且道德純厚，信行確實，芳名令聞，不與物争，而衛君素性頑愚，凶悖少鑒，既未達顔回之意氣，豈識匡扶之心乎！【釋文】「信矼」徐古江反。崔音控。簡文云：慤實貌。

〔二〕【注】夫投人夜光，鮮不按劍者，未達故也。今回之德信與其不争之名，彼所未達也，而强以仁義準繩於彼，彼將謂回欲毁人以自成也。是故至人不役志以經世，而虚心以應物，誠信著於天地，不争暢於萬物，然後萬物歸懷，天地不逆，故德音發而天下響會，景行彰而六合俱應，而後始可以經寒暑，涉治亂，而不與逆鱗迕也。【疏】繩墨之言，即五德聖智也。回之德性，衛君未達，而强用仁義之術行於暴人之前，所述先王美言，必遭衛君憎惡，故不可也。【釋文】「而强」其兩反。注同。○盧文弨曰：今本作彊。書内並同，不重出。○家世父曰：祭義結諸心形諸色而術省之，鄭注：術當作述。術暴人之前，猶言述諸暴人之前。「人惡有」烏路反。下惡不肖及注同。崔本有作育，云：賣也。○俞樾曰：釋文惡音烏路反，非也。美惡相對爲文，當讀如本字。有者，育字之誤。釋文云，崔本作育，云賣也。説文貝部：賣，衒也，讀若育。此育字即賣之叚字，經傳每以鬻爲之，鬻亦音育也。以人惡育其美，謂以人之惡鬻己之美也。「鮮不」息淺反。「涉治」直吏反。「迕」音誤。

〔三〕【注】適不信受，則謂與己争名而反害之。【疏】命，名也。衛侯不達汝心，謂汝菑害於己，既遭疑貳，必被反菑故也。【釋文】「菑」音災。下皆同。

〔四〕【注】苟能悦賢惡愚，聞義而服，便爲明君也。苟爲明君，則不〔若〕〔苦〕②無賢臣，汝往亦不足復奇；如其不爾，往必受害。故以有心而往，無往而可；無心而應，其應自來，則無往而不可也。【疏】殆，近也。夫，歎也。汝若往衛，必近危亡，爲暴人所災害，深可歎也。且衛侯苟能悦愛賢人，憎惡不肖，故當朝多君子，屏黜小人，已有忠臣，何求於汝！汝至於彼，亦何異彼人！既與無異，去便無益。【釋文】「菑夫」音扶。「不肖」音笑，徐蘇叫反。似也。「惡用」音烏。

〔五〕【注】汝唯有寂然不言耳，言則王公必乘人以君人之勢而角其捷辯，以距諫飾非也。【疏】

詔，言也。王公，衛侯也。汝若行衛，唯當默爾不言，若有箴規，必遭戮辱。且衛侯恃千乘之勢，用五等之威，飾非距諫，鬬其捷辯，汝既恐怖，何暇匡扶也！【釋文】「若唯」郭如字，一音唯癸反。「無詔」絶句。詔，告也，言也。崔本作詻，音額，云：逆擊曰詻。「王公必將乘人」絶句。「而鬬其捷」在接反。崔讀若唯無詻王公絶句，必將乘人而鬬絶句。捷作接，其接，引續也。

〔六〕【注】其言辯捷，使人眼眩也。【疏】熒，眩也。衛侯雖荒淫暴虐，而甚俊辯聰明，加持人君之威，陵藉忠諫之士，故顏回心生惶怖，眼目眩惑者也。【釋文】「熒之」户扃反。向崔本作營，音熒。○慶藩案營熒字，古通用，皆瞀之借字也。説文：瞀，惑也，從目，熒省聲。玉篇：瞀，唯並胡亭二切。字或作熒，通作營，又通作榮。史記孔子世家匹夫而熒惑諸侯，熒，司馬貞本作營。漢書吳王濞傳、淮南王安傳營惑，史記並作熒惑。否象傳不可榮以禄，虞翻本榮作營，謂不可惑以禄也。漢書禮樂志（瑩）〔營〕③亂富貴之耳目，漢紀（瑩）〔營〕作榮。皆其證。「眼眩」玄遍反。

〔七〕【注】不能復自異於彼也。【疏】縱有諫心，不敢顯異，顏色靡順，與彼和平。

〔八〕【注】自救解不暇。【疏】衛侯位望既高，威嚴可畏，顏生恐禍及己，憂懼百端，所以口舌自營，略無容暇。

〔九〕【疏】形，見也。既懼災害，故委順面從，擎跽曲拳，形迹斯見也。【釋文】「容將形之」謂擎跽也。

〔一〇〕【注】乃且釋己以從彼也。【疏】豈直外形從順，亦乃内心和同，不能進善而更成彼惡故也。

〔一一〕【注】適不能救，乃更足以成彼之威。【疏】以，用也。夫用火救火，猛燎更增；用水救水，波浪彌甚。故顔子之行，適足成衛侯之暴，不能匡勸，可謂益多也。

〔一二〕【注】尋常守故，未肯變也。

〔一三〕【注】未信而諫，雖厚言爲害。【疏】汝之忠厚之言，近不信用，則雖誠心獻替，而必遭刑戮於暴虐君人之前矣。

〔校〕①闕誤引江南古藏本術作衙。②苦字依世德堂本改。③營字依漢書改。

且昔者桀殺關龍逢，紂殺王子比干，是皆修其身以下傴拊人之民，以下拂其上者也〔一〕，故其君因其修以擠之。是好名者也〔二〕。昔者堯攻叢枝、胥敖，禹攻有扈，國爲虛厲，身爲刑戮，其用兵不止，其求實无已。是皆求名實者也，而獨不聞之乎〔三〕？名實者，聖人之①所不能勝也，而況若乎〔四〕！

〔一〕【注】龍逢比干，居下而任上之憂，非其事者也。【疏】謚法，賊民多殺曰桀，殘義損善曰紂。姓關，字龍逢，夏桀之賢臣，盡誠而遭斬首。比干，殷紂之庶叔，忠諫而被割心。傴拊，猶愛養也。拂，逆戾也。此二子者，並古昔良佐，修飾其身，仗行忠節，以臣下之位，憂君上之民，臣有德而君無道，拂戾其君，咸遭戮辱。援古證今，足爲龜鏡。是知顔回化衛，理未可行也。

【釋文】「關龍逢」夏桀之賢臣。「王子比干」殷紂之叔父。「以下」遐嫁反。「傴」紆甫反。「拊」徐向音撫。李云：傴拊，謂憐愛之也。崔云：猶嘔呴，謂養也。「拂其」符弗反。崔云：違也。又芳弗反。

〔二〕【注】不欲令臣有勝君之名也。【疏】擠，墜也，陷也，毒也。夏桀殷紂，無道之君，自不揣量，猶貪令譽，故因賢臣之修飾，肆其鴆毒而陷之。意在争名逐利，遂至於此故也。【釋文】「以擠」徐子計反，又子禮反。司馬云：毒也。一云：陷也。方言云：滅也。簡文云：排也。「是好」呼報反。「欲令」力呈反。

〔三〕【注】夫暴君非徒求恣其欲，復乃求名，但所求者非其道耳。【疏】堯禹二君，已具前解。叢枝，胥敖，有扈，並是國名。有扈者，今雍州鄠縣是也。宅無人曰虚，鬼無後曰厲。言此三國之君，悉皆無道，好起兵戈，征伐他國。豈唯貪求實利，亦乃規覓虚名，遂使境土丘虚，人民絶滅，身遭刑戮，宗廟顛殞。貪名求實，一至如斯，今古共知，汝獨不聞也。【釋文】「叢支」才公反。○盧文弨曰：今本作枝。「有扈」音户。司馬云：國名，在始平郡。案即今京兆鄠縣也。「虚厲」如字，又音墟。李云：居宅無人曰虚，死而無後爲厲。○慶藩案虚厲即虚戾也。墨子魯問篇是以國爲虚戾，趙策齊爲虚戾，均作戾。戾厲古音義通。詩小雅節南山篇降此大戾，大雅瞻卬篇戾作厲。小宛翰飛戾天，文選西都賦〔注〕引韓詩作厲。孟子滕文公篇狼戾，鹽鐵論未通篇作梁厲。皆其證。

〔四〕【注】惜名貪欲之君，雖復堯禹，不能勝化也，故與衆攻之，而汝乃欲空手而往，化之以道哉？【疏】夫庸人暴主，貪利求名，雖堯禹聖君，不能懷之以德，猶興兵衆，問罪夷凶。況顏子匹夫，空手行化，不然之理，亦在無疑故也。

〔校〕①趙諫議本無之字。

雖然，若必有以也，嘗以語我來〔一〕！」

〔一〕【疏】嘗，試也。汝之化道，雖復未弘，既欲請行，必有所以，試陳汝意，告語我來。【釋文】「語我」魚據反。下同。○盧文弨曰：舊作魚豫反，譌。今改正。

顏回曰：「端而虛〔一〕，勉而一〔二〕，則可乎〔三〕？」

〔一〕【注】正其形而虛其心也。【疏】端正其形，盡人臣之敬；虛豁心慮，竭匡諫之誠。既承高命，敢述所以耳。

〔二〕【注】言遜而不二也。【疏】勉厲身心，盡誠奉國，言行忠謹，纔無差二。

〔三〕【疏】如前二術，可以行不？

曰：「惡！惡可〔一〕！夫以陽爲充孔揚〔二〕，采色不定〔三〕，常人之所不違〔四〕，因案人之所感，以求容與其心〔五〕。名之曰日漸之德不成，而況大德乎〔六〕！將執而不化〔七〕，外合而内不訾，其庸詎可乎〔八〕！」

〔一〕【注】言未可也。【疏】惡惡，猶於何也。於何而可，言未可也。【釋文】「惡惡」皆音烏，下同。

〔二〕【注】言衛君亢陽之性充張於內而甚揚於外，强禦之至也。【疏】陽，剛猛也。充，滿也。孔，甚也。言衛君以剛猛之性滿實內心，强暴之甚，彰揚外迹。

〔三〕【注】喜怒無常。【疏】順心則喜，違意則嗔，神采氣色，曾無定準。

〔四〕【注】莫之敢逆。【疏】爲性暴虐，威猛尋常，諫士賢人，詎能逆迕！

〔五〕【注】夫頑强之甚，人以快①事感己，己陵藉而乃抑挫之，以求從容自放而遂其侈心也。【疏】案，抑也。容與，猶放縱也。人以快善之事箴規感動，君乃因其忠諫而抑挫之，以求快樂縱容，遂其荒淫之意也。【釋文】「挫之」子卧反。「從容」七容反。

〔六〕【注】言乃少多，無回降之勝也。【疏】衛侯無道，其來已久。日將漸漬之德，尚不能成，況乎鴻範聖明，如何可望也！

〔七〕【注】故守其本意也。【疏】飾非闇主，不能從〔人〕諫如流，固執本心，誰肯變惡爲善者也。

〔八〕【注】外合而內不訾，即向之端虛而勉一耳，言此未足以化之。【疏】外形擎跽，以盡足恭，內心順從，不敢訾毁。以此請行，行何利益，化衛之道，庸詎可乎！斯則斥前端虛之術未宜行用之矣。【釋文】「不訾」向徐音紫。崔云：毁也。

〔校〕①趙諫議本快作使。

「然則我內直而外曲，成而上比〔一〕。內直者，與天爲徒。與天爲徒者，知天子之與己皆天之所子，而獨以己言蘄乎而人善之，蘄乎而人不善之邪〔二〕？若然者，人謂之童子，是之謂與天爲徒〔三〕。外曲者，與人之①爲徒也。擎跽曲拳，人臣之禮也，人皆爲之，吾敢不爲邪！爲人之所爲者，人亦无疵焉〔四〕，是之謂與人爲徒〔五〕。成而上比者，與古爲徒〔六〕。其言雖教，讁之實也〔七〕。古之有也，非吾有也〔八〕。若然者，雖直而不病〔九〕，是之謂與古爲徒〔一〇〕。若是則可乎〔一一〕？」

〔一〕【注】顏回更説此三條也。【疏】前陳二事，已被訶，今設三條，庶其允合。此標題目，下釋其義，顏生述己以簡宣尼是也。【釋文】「而上」時掌反。下同。

〔二〕【注】物無貴賤，得生一也。故善與不善，付之公當耳，一無所求於人也。【疏】此下釋義。蘄，求也。言我內心質素誠直，共自然之理而爲徒類。是知帝王與我，皆禀天然，故能忘貴賤於君臣，遺善惡於榮辱，復矜名以避惡，求善於他人乎？具此虛懷，庶其合理。【釋文】「蘄乎」音祈。

〔三〕【注】依乎天理，推己〔性〕〔信〕②命，若嬰兒之直往也。【疏】然，如此也。童子，嬰兒也。若如向説，推理直前，行比嬰兒，故人謂之童子。結成前義，故是之謂與天爲徒也。

〔四〕【疏】夫外形委曲，隨順世間者，將人倫爲徒類也。擎手跽足，磬折曲躬，俯仰拜伏者，人臣之禮也。而和同塵垢，汚隆任物，人皆行此，我獨不爲邪！是以爲人所爲，故人無怨疾也。【釋文】「擎」徐其驚反。「跽」徐其里反。説文云：長跪也。「曲拳」音權。「无疵」才斯反。

〔五〕【注】外形委曲，隨人事之所當爲者也。【疏】此結〔成〕〔前〕③也。

〔六〕【注】成於今而比於古也。【疏】忠諫之事，乃成於今，君臣之義，上比於古，故與古之忠臣比干等類，是其義也。

〔七〕【注】雖是常教，實有諷責之旨。【疏】謫，責也。所陳之言，雖是教迹，論其意旨，實有諷責之心也。【釋文】「謫之」直革反。「諷責」非鳳反。

〔八〕【疏】敻古以來，有此忠諫，非我今日獨起箴規者也。

〔九〕【注】寄直於古，故無以病我也。【疏】若忠諫之道，自古有之，我今誠直，亦幸無憂累。

〔一〇〕【疏】此結前也。

〔一一〕【疏】呈此三條，未知可不？

〔校〕①趙諫議本無之字。②信字依趙諫議本改。③依下疏文改。

仲尼曰：「惡！惡可！大多政，法而不諜〔一〕，雖固亦无罪〔二〕。雖然，止是耳矣，夫胡可以及化〔三〕！猶師心者也〔四〕。」

〔一〕【注】當理無二，而張三條以政之，與事不冥也。【疏】諜，條理也，當也。法苟當理，不俟多端，政設三條，大傷繁冗。於理不當，亦不安恬，故於何而可也。【釋文】「大多」音泰，徐勑佐反。崔本作太。「不諜」徐徒協反，向吐頰反。李云：安也。崔云：間諜也。○俞樾曰：政字絶句。大多政者，郭注所謂當理無二而張三條以政之也。法而不諜，四字爲句。列禦寇篇形諜成光，釋文曰：諜，便僻也。此諜字義與彼同，謂有法度而不便僻也。李訓安，崔訓間諜，竝失其義。

〔二〕【注】雖未弘大，亦且不見咎責。【疏】設此三條，雖復固陋，既未行李，亦幸無咎責者也。

〔三〕【注】罪則無矣，化則未也。【疏】胡，何也。顏回化衛，止有是法，纔可獨善，未及濟時，故何可以及化也。又解：若止而勿行，於理便是，如其適衛，必自遭殆也。

〔四〕【注】挾三術以適彼，非無心而付之天下也。【疏】夫聖人虛己，應時無心，譬彼明鏡，方茲虛谷。今顏回預作言教，方思慮可不，既非忘淡薄，故知師其有心也。【釋文】「挾三」戶牒反。

顏回曰：「吾无以進矣，敢問其方〔一〕。」

〔一〕【疏】顏生三術，一朝頓盡，化衛之道，進趣無方，更請聖師，庶聞妙法。

仲尼曰：「齋，吾將語若！有〔心〕①而爲之，其易邪〔一〕？易之者，皞天不宜〔二〕。」

〔一〕【注】夫有其心而爲之②者，誠未易也。【疏】顏回殷勤致請，尼父爲説心齋。但能虛忘，吾當告汝，必有其心爲作，便乖心齋之妙。故有心而索玄道，誠未易者也。【釋文】「曰齊」本亦作齋，同，側皆反。下同。○盧文弨曰：今本作齋。「其易」以豉反。後皆同。向崔云：輕易也。

〔二〕【注】以有爲爲易，未見其宜也。【疏】爾雅云，夏曰皓天。言其氣皓汗也。以有爲之心而行道爲易者，皞天之下，不見其宜。言不宜以有爲心齋也。【釋文】「皞天」徐胡老反。向云：皞天，自然也。○盧文弨曰：舊本皞從白，今從注本從日。

〔校〕①心字依闕誤引張君房本及注文補。②趙諫議本無之字。

顏回曰：「回之家貧，唯不飲酒不茹葷者數月矣。如此，則可以爲齋乎〔一〕？」

〔一〕【疏】茹，食也。葷，辛菜也。齋，齊也，謂心跡俱不染塵境也。顏子家貧，儒史具悉，無酒可飲，無葷可茹，簞瓢蔬素，已經數月，請若此得爲齋不。【釋文】「不茹」徐音汝，食也。「葷」徐許云反。「數月」色主反。

曰：「是祭祀之齋，非心齋也〔一〕。」

〔一〕【疏】尼父答言，此是祭祀神君獻宗廟，俗中致齋之法，非所謂心齋者也。

回曰：「敢問心齋〔一〕。」

〔一〕【疏】向説家貧，事當祭祀。心齋之術，請示其方。

仲尼曰：「若一志〔一〕，无聽之以耳而聽之以心〔二〕，无聽之以心而聽之以氣〔三〕！聽止於耳〔四〕，心止於符〔五〕。氣也者，虛而待物者也〔六〕。唯道集虛。虛者，心齋也〔七〕。」

〔一〕【注】去異端而任獨（者）也（乎）①。【疏】志一汝心，無復異端，凝寂虛忘，冥符獨化。此下答於顏子，廣示心齋之術者也。【釋文】「去異」起呂反。下同。

〔二〕【疏】耳根虛寂，不凝宮商，反聽無聲，凝神心符。

〔三〕【疏】心有知覺，猶起攀緣；氣無情慮，虛柔任物。故去彼知覺，取此虛柔，遣之又遣，漸階玄妙也乎！

〔四〕【疏】不著聲塵，止於聽。此釋無聽之以耳也。

〔五〕【疏】符，合也。心起緣慮，必與境合，庶令凝寂，不復與境相符。此釋無聽之以心者也。

〔六〕【注】（遣）〔遺〕②耳目，去心意，而符氣性之自得，此虛以待物者也。【疏】如氣柔弱虛空，其心寂泊忘懷，方能應物。此解而聽之以氣也。○俞樾曰：上文云，無聽之以耳而聽之以心，無聽之以心而聽之以氣。此文聽止於耳，當作耳止於聽，傳寫誤倒也，乃申說無聽之以耳之義。言耳之爲用止於聽而已，故無聽之以耳也。心止於符，乃申說無聽之以心之義。言心之用止於符而已，故無聽之以心也。符之言合也，言與物合也，與物合，則非虛而待物之謂矣。氣也者虛而待物者也，乃申說氣字，明當聽之以氣也。郭注曰遺耳目去心意等語，誤以符氣二字連讀，不特失其義，且不成句矣。

〔七〕【注】虛其心則至道集於懷也。【疏】唯此真道，集在虛心。故如虛心者，心齋妙道也。

〔校〕①者乎二字依世德堂本删。②遺字依世德堂本及諸子平議改。

乎？」

顏回曰：「回之未始得使，實自回也〔一〕；得使之也，未始有回也〔二〕；可謂虛

〔一〕【注】未始使心齋，故有其身。【疏】未稟心齋之教，猶懷封滯之心，既不能隳體以忘身，尚謂顏回之實有也。【釋文】「未始得使」絶句。崔讀至實字絶句。

〔二〕【注】既得心齋之使，則無其身。【疏】既得夫子之教，使其人以虛齋，遂能物我洞忘，未嘗〔回〕之可有也。

夫子曰：「盡矣〔一〕。吾語若！若能入遊其樊而無感其名，〔二〕入則鳴，不入則止〔三〕。無門無毒〔四〕，一宅而寓於不得已〔五〕，則幾矣〔六〕。

〔一〕【疏】夫子向說心齋之妙，妙盡於斯。

〔二〕【注】放心自得之場，當於實而止。【疏】夫子語顏生化衞之要，慎莫據其樞要，且復遊入蕃傍，亦宜晦迹消聲，不可以名智感物。樊，蕃也。

〔三〕【注】譬之宮商，應而無心，故曰鳴也。夫無心而應者，任彼耳，不强應也。【疏】若已道狎衞侯，則可鳴聲匡救；如其諫不入耳，則宜緘口忘言。强顯忠貞，必遭禍害。【釋文】「不强」其丈反。

〔四〕【注】使物自若，無門者也；付天下之自安，無毒者也。毒，治也。【疏】毒，治也。如水如鏡，應感虛懷，己不預作也。【釋文】「無毒」如字，治也。崔本作每，云：貪也。○家世父

曰：説文：毒，厚也。老子：亭之毒之。無門者，入焉不測其方；無毒者，游焉不泥其迹。應乎自然之符，斯能入遊其藩而無感其名。○李楨曰：門毒對文，毒與門不同類。説文：毒，厚也。害人之艸，往往而生，義亦不合。毒乃壔之叚借。許壔下云：保也，亦曰高土也，讀若毒。與此注自安義合。張行孚説文發疑曰：壔者，累土爲臺以傳信，即吕氏春秋所謂爲高保禱於王路，寘鼓其上，遠近相聞是也。禱當爲壔之譌。壔是保衛之所，故借其義爲保衛。易經、莊、老三毒字，正是此義，（老子亭之毒之，周易以此毒天下而民從之，毒字並是叚借。）廣雅所以有毒安也一訓。按（禱）〔壔〕爲毒本字，正與門同類，所以門毒對文。讀都皓切，音之轉也。

〔五〕【注】不得已者，理之必然者也，體至一之宅而會乎必然之符者也。【疏】宅，居處也。處心至一之道，不得止而應之，機感冥會，非預謀也。【釋文】「而寓」崔本作如愚。

〔六〕【注】理盡於斯。【疏】幾，盡也。應物理盡於斯也。

絶迹易，无行地難〔一〕。爲人使易以僞，爲天使難以僞〔二〕。聞以有翼飛者矣，未聞以无翼飛者也；聞以有知知者矣，未聞以无知知者也〔三〕。瞻彼闋者，虚室生白〔四〕，吉祥止止〔五〕。夫且不止，是之謂坐馳〔六〕。夫徇耳目内通而外於心知，鬼神將來舍，而況人乎〔七〕！是萬物之化也，禹舜之所紐也，伏戲几蘧之所行終，而況散焉者乎〔八〕！」

〔一〕【注】不行則易，欲行而不踐地，不可能也；無爲則易，欲爲而不傷性，不可得也。【疏】夫端居絶迹，理在不難；行不踐地，故當不易。亦猶無爲虛寂，應感則易；有爲思慮，涉物則難。其理必然，故舉斯譬矣。【釋文】「絶迹易无」絶句。向崔皆以无字屬下句。○盧文弨曰：此讀謬甚，何不依注？

〔二〕【注】視聽之所得者粗，故易欺也；至於自然之報細，故難僞也。則失真少者，不全亦少；失真多者，不全亦多；失得之報，未有不當其分者也。而欲違天爲僞，不亦難乎！【疏】夫人情驅使，其法粗淺，（而）所以易欺；天然馭用，斯理微細，是故難矯。故知人間涉物，必須率性任真也。【釋文】「者粗」音麤。

〔三〕【注】言必有其具，乃能其事，今無至虛之宅，無由有化物之實也。【疏】夫鳥無六翮，必不可以摶空；人無二知，亦未能以接物也。【釋文】「有知知者」上音智，下如字。下句同。

〔四〕【注】夫視有若無，虛室者也。虛室①而純白獨生矣。【疏】瞻，觀照也。彼，前境也。闋，空也。觀察萬有，悉皆空寂，故能虛其心室，乃照真源，而智惠明白，隨用而生。白，道也。【釋文】「闋者」徐苦穴反。司馬云：空也。「虛室生白」崔云：白者，日光所照也。司馬云：室比喻心，心能空虛，則純白獨生也。

〔五〕【注】夫吉祥之所集者，至虛至靜也。【疏】吉者，福善之事。祥者，嘉慶之徵。止者，凝靜之智。言吉祥善福，止在凝靜之心，亦能致吉祥之善應也。○俞樾曰：止止連文，於義無取。淮南子俶真篇作虛室生白，吉祥止也，疑此文下止字亦也字之誤。唐盧重元注列子天瑞篇曰，虛室生白，吉祥止耳，亦可證止止連文之誤。

〔六〕【注】若夫不止於當，不會於極，此爲以應坐之日而馳騖不息也。故外敵未至而內已困矣，豈能化物哉！【疏】苟不能形同槁木，心若死灰，則雖容儀端拱，而精神馳騖，（不）〔可〕謂形坐而心馳者也。

〔七〕【注】夫使耳目閉而自然得者，心知之用外矣。故將任性直通，無往不冥，尚無幽昧之責，而況人間之累乎！【疏】徇，使也。夫能令根竅內通，不緣於物境，精神安靜，（志）〔忘〕外於心知者，斯則外遣於形，內忘於智，則隳體黜聰，虛懷任物，鬼神冥附而舍止，不亦當乎！人倫鑽仰而歸依，固其宜矣。故外篇云無鬼責無人非也。【釋文】「夫徇」辭俊反。徐辭倫反。李云：使也。「心知」音智，注同。

〔八〕【注】言物無貴賤，未有不由心知耳目以自通者也。故世之所謂知者，豈欲知而知哉？所謂見者，豈爲②見而見哉？若夫知見可以欲（而）爲〔而〕③得者，則欲賢可以得賢，爲聖可以得聖乎？固不可矣。而世不知知之自知，因欲爲知以知之；不見見之自見，因欲爲見以見之；不知生之自生，又將爲生以生之。故見目而求離朱之明，見耳而責師曠之聰，故心神奔馳於內，耳目竭喪於外，處身不適而與物不冥矣。不冥矣，而能合乎人間之變，應乎世世之節者，未之有也。【疏】是，指斥之名也，此近指以前心齋等法，能造化萬物，孕育蒼生也。

伏牛乘馬，號曰伏戲，姓風，即太昊。几蘧者，三皇已前無文字之君也。言此心齋之道，夏禹虞舜以爲應物綱紐，伏戲几蘧行之以終其身，而況世間凡鄙疏散之人，軌轍此道而欲化物。

【釋文】「所紐」徐女酒反。崔云：系而行之曰紐。簡文云：紐，本也。「伏戲」本又作羲，亦作犧，同。許宜反。即大皞，三皇之始也。「几蘧」其居反。向云：古之帝王也。李云：上古帝王。「散焉」悉旦反。李云：放也。崔云：德不及聖王爲散。「之聰」一本作聽。「竭喪」息浪反。

〔校〕①虛室二字趙諫議本互易。②爲字世德堂本作謂，趙本亦作爲。③爲而依世德堂本互易。

葉公子高將使於齊，問於仲尼曰：「王使諸梁也甚重〔一〕，齊之待使者，蓋將甚敬而不急〔二〕。匹夫猶未可動，而況諸侯乎！吾甚慄之〔三〕。子常語諸梁也曰：『凡事若小若大，寡不道以懽成①〔四〕。事若不成，則必有人道之患〔五〕；事若成，則必有陰陽之患〔六〕。若成若不成而後无患者，唯有德者能之〔七〕。』吾食也執粗而不臧，爨无欲清之人〔八〕。今吾朝受命而夕飲冰，我其內熱與〔九〕！吾未至乎事之情，而既有陰陽之患矣；事若不成，必有人道之患。是兩也〔一〇〕，爲人臣者不足以任之，子其有以語我來〔一一〕！」

〔一〕【注】重其使，欲有所求也。【疏】楚莊王之玄孫尹成子，名諸梁，字子高，食采於葉，僭號稱公。王者，春秋實爲楚子，而僭稱王。齊，即姜姓太公之裔。其先禹之四岳，或封於吕，故謂太公爲吕望。周武王封太公於營丘，是爲齊國。齊楚二國，結好往來，玉帛使乎，相繼不絶，或急難而求救，或問罪而請兵，情事不輕，委寄甚重，是故諸梁憂慮，詢道仲尼也。【釋文】「葉公」音攝。「子高」楚大夫，爲葉縣尹，僭稱公，姓沈，名諸梁，字子高。「將使」所吏反。注及下待使同。

〔二〕【注】恐直空報其敬，而不肯急應其求也。【疏】齊侯跡爾往來，心無真實，至於迎待楚使，甚自殷勤，所請事情，未達依允。奉命既重，預有此憂。

〔三〕【疏】匹夫鄙志，尚不可動，況夫五等，如何可動！以此而量，甚爲憂慄之也。【釋文】「慄之」音栗。李云：懼也。

〔四〕【注】夫事無大小，少有不言以成爲懽者耳。此仲尼之所曾告諸梁者也。【疏】子者，仲尼。寡之言少。夫經營事緒，抑乃多端。雖復大小不同，而莫不以成遂爲懽適也。故諸梁引前所稟，用發后機也。【釋文】「常語」魚據反。下同。○盧文弨曰：今本書常作嘗。

〔五〕【注】夫以成爲懽者，不成則怒矣。此楚王之所不能免也。【疏】情若乖阻，事不成遂，則有人倫之道，刑罰之憂。

〔六〕【注】人患雖去，然喜懼戰於胷中，固已結冰炭於五藏矣。【疏】喜則陽舒，憂則陰慘。事既成遂，中情允愜，變昔日之憂爲今時之喜。喜懼交集於一心，陰陽勃戰於五藏，冰炭聚結，非患如何？故下文云。【釋文】「藏矣」才浪反。

〔七〕【注】成敗若任之於彼而莫足以患心者，唯有德者乎！【疏】安得喪於靈府，任成敗於前塗，不以憂喜累心者，其唯盛德焉！

〔八〕【注】對火而不思涼，明其所饌儉薄也。【疏】臧，善也。清，涼也。承命嚴重，心懷怖懼，執用粗飡，不暇精膳。所饌既其儉薄，爨人不欲思涼，燃火不多，無熱可避之也。【釋文】「執」衆家本並然。簡文作熱。「粗」音麤，又才古反。「而不臧」作郎反，善也。絶句。一音才郎反，句至爨字。「爨」七亂反。「无欲清」七性反，字宜從冫。從氵者，假借也。清，涼也。「之人」言爨火爲食而不思清涼，明火微而食宜儉薄。「所饌」士戀反。

〔九〕【注】所饌儉薄而內熱飲冰者，誠憂事之難，非美食之爲也。【疏】諸梁晨朝受詔，暮夕飲冰，足明怖懼憂愁，內心燻灼。詢道情切，達照此懷也。【釋文】「內熱與」音餘。下慎與同。向云：食美食者必內熱。

〔一〇〕【注】事未成則唯恐不成耳。若果不成，則恐懼結於內而刑網羅於外也。【疏】夫情事未決，成敗不知，而憂喜存懷，是陰陽之患也。事若乖舛，必不成遂，則有人臣之道，刑網斯及。有此二患，何處逃愆？【釋文】「則恐懼」丘勇反。

〔一一〕【疏】忝爲人臣，濫充末使，位高德薄，不足任之。子既聖人，情兼利物，必有所以，幸來告示！【釋文】「以任」而林反，一音而鳩反。

〔校〕①闕誤引江南古藏本此句作寡有不道以成懽。

仲尼曰：「天下有大戒二：其一，命也；其一，義也〔一〕。子之愛親，命也，不可解於心〔二〕；臣之事君，義也，無適而非君也，無所逃於天地之間〔三〕。是之謂大戒〔四〕。是以夫事其親者，不擇地而安之，孝之至也〔五〕；夫事其君者，不擇事而安之，忠之盛也〔六〕；自事其心者，哀樂不易施乎前，知其不可柰何而安之若命，德之至也〔七〕。爲人臣子者，固有所不得已。行事之情而忘其身〔八〕，何暇至於悅生而惡死！夫子其行可矣〔九〕！

〔一〕【疏】戒，法也。寰宇之內，教法極多，要切而論，莫過二事。二事義旨，具列下文。

〔二〕【注】自然結固，不可解也。【疏】夫孝子事親，盡於愛敬。此之性命，出自天然，中心率由，故不可解。

〔三〕【注】千人聚，不以一人爲主，不亂則散。故多賢不可以多君，無賢不可以無君，此天人之道，必至之宜。【疏】夫君臣上下，理固必然。故忠臣事君，死成其節，此乃分義相投，非關天性。然六合雖寬，未有無君之國，若有罪責，亦何處逃愆！是以奉命即行，無勞進退。

〔四〕【注】若君可逃而親可解，則不足戒也。【疏】結成以前君親大戒義矣。

〔五〕【疏】夫孝子養親，務在順適，登仕求祿，不擇高卑，所遇而安，方名至孝也。

〔六〕【疏】夫禮親事主，志盡忠貞，事無夷險，安之若命，豈得揀擇利害，然後奉行！能如此者，是忠臣之盛美也。

〔七〕【注】知不可柰何者命也而安之，則無哀無樂，何易施之有哉！故冥然以所遇爲命而不施心於其間，泯然與至當爲一而無休戚於其中，雖事凡人，猶無往而不適，而況於君親哉！

【疏】夫爲道之士而自安其心智者，體違順之不殊，達得喪之爲一，故能涉哀樂之前境，不輕易施，知窮達之必然，豈人情之能制！是以安心順命，不乖天理。自非至人玄德，孰能如兹也！【釋文】「哀樂」音洛。注、下同。「施乎」如字。崔以豉反，云：移也。○慶藩案施讀爲移，不易施，猶言不移易也。晏子春秋外篇君臣易施，荀子儒效篇哀虛之相施易也，漢書衛綰傳人之所施易，施並讀爲移。正言之則爲易施，倒言之則爲施易也。（本王氏讀書雜志。）

〔八〕【注】事有必至，理固常通，故任之則事濟，事濟而身不存者，未之有也，又何用心於其身哉！

【疏】夫臣子事於君父，必須致命盡情，有事即行，無容簡擇，忘身整務，固是其宜。苟不得止，應須任命也。

〔九〕【注】理無不通，故當任所遇而直前耳。若乃信道不篤而悅惡存懷，不能與至當俱往而謀生慮死，吾未見能成其事者也。【疏】既曰行人，無容悅惡，奉事君命，但當適齊，有何閒暇謀生廬死也！【釋文】「而惡」烏路反，下皆同。

丘請復以所聞：凡交近則必相靡以信〔一〕，遠則必忠之以言〔二〕，言必或傳之。夫傳兩喜兩怒之言，天下之難者也〔三〕。夫兩喜必多溢美之言，兩怒必多溢惡之言〔四〕。凡溢之類妄〔五〕，妄則其信之也莫〔六〕，莫則傳言者殃〔七〕。故法言曰：『傳其常情，无傳其溢言，則幾乎全〔八〕。』

〔一〕【注】近者得接，故以其信驗親相靡服也。【釋文】「復以」扶又反。下注同。

〔二〕【注】遥以言傳意也。【疏】凡交遊鄰近，則以信情靡順；相去遥遠，則以言表忠誠。此仲尼引己所聞勸戒諸梁也。【釋文】「傳意」丈專反。下文並注同。

〔三〕【注】夫喜怒之言，若過其實，傳之者宜使兩不失中，故未易也。【疏】以言表意，或使人傳，彼此相投，乍相喜怒。爲此使乎，人間未易。【釋文】「兩怒」如字。注同。本又作怨。下同。「未易」以豉反。下文、注皆同。

〔四〕【注】溢，過也。喜怒之言常過其當也。【疏】溢，過也，彼此兩人，互相喜怒，若其順情，則美惡之言必當過者也。

〔五〕【注】嫌非彼言，似傳者妄作。【疏】類，似也。夫溢當之言，體非真實，聽者既疑，似使人妄構也。

〔六〕【注】莫然疑之也。【疏】莫，致疑貌也。既似傳者妄作，遂生不信之心，莫然疑之也。

〔七〕【注】就傳過言，似於誕妄①。受者有疑，則傳言者橫以輕重爲罪也。【疏】受者生疑，心懷不信，傳語使乎，殃過斯及。

〔八〕【注】雖聞臨時之過言而勿傳也，必稱其常情而要其誠致，則近於全也。【疏】夫處涉人閒，爲使實難，必須探察常情，必使賓主折中，不得傳一時喜怒，致兩言（雖）〔難〕鬬。能如是者，近獲全身。夫子引先聖之格言，爲當來之軌轍也。【釋文】「而要」一遥反。「則近」附近之近。

〔校〕①趙諫議本作妄誕。

且以巧鬭力者，始乎陽〔一〕，常卒乎陰〔二〕，（大）〔泰〕①至則多奇巧〔三〕；以禮飲酒者，始乎治〔四〕，常卒乎亂〔五〕，（大）〔泰〕至則多奇樂〔六〕。凡事亦然。始乎諒，常卒乎鄙；其作始也簡，其將畢也必巨〔七〕。

〔一〕【注】本共好戲。【釋文】「共好」呼報反。

〔二〕【注】欲勝情至，潛興害彼者也②。【疏】陽，喜也。陰，怒也。夫較力相戲，非無機巧。初始戲謔，則情在喜歡；逮乎終卒，則心生忿怒，好勝之情，潛似相害。世閒喜怒，情變例然。此舉鬬力以譬之也。○家世父曰：凡顯見謂之陽，隱伏謂之陰。鬬巧者必多陰謀，極其心思之用以求相勝也。

〔三〕【注】不復循理。【疏】忿怒之至，欲勝之甚，則情多奇譎，巧詐百端也。【釋文】「大至」音泰，本亦作泰。徐敕佐反。下同。○盧文弨曰：今本書作泰。「奇巧」如字，又苦孝反。

〔四〕【注】尊卑有別，旅酬有次。【釋文】「乎治」直吏反。「有別」彼列反。

〔五〕【注】湛湎淫液也。【疏】治，理也。夫賓主獻酬，自有倫理，(倒辨)〔側弁〕③之後，無復尊卑，初正卒亂，物皆如此。舉飲酒以爲譬。【釋文】「湛」直林反，又答南反。「湎」面善反。「淫液」以隻反。

〔六〕【注】淫荒④縱横，無所不至。【疏】宴賞既酬，荒淫斯甚，當歌屢舞，無復節文，多方奇異，歡樂何極也。

〔七〕【注】夫煩生於簡，事起於微，此必至之勢也。【疏】凡情常事，亦復如然。莫不始則誠信，終則鄙惡；初起簡少，後必巨大。是以煩生於簡，事起於微。此合喻也。○俞樾曰：諒與鄙，文不相對。上文云，(使)〔始〕乎陽常卒乎陰，始乎治常卒乎亂，陰陽治亂皆相對，而諒鄙不相對。諒疑諸字之誤。諸讀爲都。爾雅釋地，宋有孟諸，史記夏本紀作明都，是其例也。始乎都常卒乎鄙，都鄙正相對。因字通作諸，又誤作諒，遂失其指矣。淮南子詮言篇曰，故始於都者常大於鄙，即本莊子，可據以訂正。彼文大字乃卒字之誤，說見王氏念孫讀書雜志。

〔校〕①泰字依世德堂本及盧校改。②世德堂本無者也二字。③側弁依劉文典補正本改。④世德堂本荒作流。

〔夫〕①言者，風波也；行者，實喪也〔一〕。〔夫〕風波易以動，實喪易以危〔二〕。故忿設无由，巧言偏辭〔三〕。獸死不擇音，氣息茀然，於是並生心厲〔四〕。剋核大②至，則必有不肖之心應之，而不知其然也〔五〕。苟爲不知其然也，孰知其所終〔六〕！故法言曰：『无遷令〔七〕，无勸成〔八〕，過度益也〔九〕。』遷令勸成殆事〔一〇〕，美成在久〔一一〕，惡成不及改〔一二〕，可不慎與〔一三〕！且夫乘物以遊心〔一四〕，託不得已以養中，至矣〔一五〕。何作爲報也〔一六〕！莫若爲致命。此其難者〔一七〕。」

〔一〕【注】夫言者，風波也，故行之則實喪矣。【疏】夫水因風而起波，譬心因言而喜怒也。故因此風波之言而行喜怒者，則喪於實理者也。○慶藩案波當讀爲播。鄭注禹貢云：播，散也。波與播，古字通，言風播則易動也。風播與實喪對文，則不可作波浪訓矣。（外物篇司馬波臣注云波蕩之臣，波蕩即播蕩也。）僖二十三年左傳波及晉國，波亦當爲播，謂播散及晉國也。（本王引之經義述聞。）禹貢滎波既豬，馬鄭王本並作（熒）〔滎〕播。（索隱云是播溢之義。）皆其證。【釋文】「實喪」息浪反。注、下同。○家世父曰：實喪，猶言得失。實者，有而存之；喪者，忽而忘之。佹得而佹失者，行之大患也，故曰危。郭象注，行之則實喪矣，遺風波而弗行則實不喪矣，恐誤。

〔二〕【注】故遺風波而弗行，則實不喪矣。夫事得其實，則危可安而蕩可定〔也〕③。【疏】風鼓水波，易爲動蕩，譬言喪實理，危殆不難也。

〔三〕【注】夫忿怒之作，無他由也，常由巧言過實，偏辭失當耳。【疏】夫施設忿怒，更無所由，每爲浮僞巧言偏辭諂佞之故也。【釋文】「偏辭」音篇。崔本作諞，音辯。

〔四〕【注】譬之野獸，蹴之窮地，音急情盡，則和聲不至而氣息不理，茀然暴怒，俱生疪疵以相對之。【疏】夫野獸困窘，(迴)〔迫〕④之窮地，性命將死，鳴不擇音，氣息茀鬱，心生疵疾，忽然暴怒，搏噬於人。此是起譬也。【釋文】「氣息」並如字。向本作諰器，云：諰，馬氏作息。器，氣也。崔本作諰[竹器]，云：喘息[竹器]不調也。又作篳字。○慶藩案釋文氣一本作器。氣器古通用，氣正字，器借字也。大戴記文王官人篇其氣寬以柔，周書氣作器，是其證。「茀然」徐符弗反。郭敷末反。李音佛。崔音勃。「心厲」如字，李音賴。「蹴之」子六反。「疪」疑賣反，又音詣。本又作疣，音尤。「疵」士賣反，又齊計反。上若作疣，此則才知反。○盧文弨曰：蓋讀與睚眦同。

〔五〕【注】夫寬以容物，物必歸焉。剋核太精，則鄙吝心生而不自覺也。故大人蕩然放物於自得之場，不苦人之能，不竭人之歡，故四海之交可全矣。【疏】夫剋切責核，逼迫太甚，則不善之心欻然自應，情事相感，物理自然。是知躁則失君，寬則得衆也。【釋文】「剋核」幸格反。

〔六〕【注】苟不自覺，安能知禍福之所齊詣也！【疏】夫急躁忤物，必拒之理，數自相召，不知所以。且當時以不肖應之，則誰知終後之禍者耶？【釋文】「所齊」如字，又才計反。○慶藩案文選鮑明遠擬古詩注引司馬云：誰知禍之所終者也。釋文闕⑤。

〔七〕【注】傳彼實也。【疏】承君令命，以實傳之，不得以臨時喜怒輒爲遷改者也。

〔八〕【注】任其自成。【疏】直陳君令，任彼事情，無勞勸奬，强令成就也。

〔九〕【注】益則非任實者。【疏】安於天命，率性任情，無勞添益語言，過於本度也。

〔一〇〕【注】此事之危殆者。【疏】故改其君命，强勸彼（我）〔成〕⑥，其於情事，大成危殆。

〔一一〕【注】美成者任其時化，譬之種植，不可一朝成。【疏】心之所美，率意而成，不由勸奬，故能長久。○家世父曰：美者久於其道而後化成，一日之成，不足恃也，惡者一成而遂不及改。美惡幾微之辨，而難易形焉。是以就美而去惡者，人之常情也，而勢常不相及，有反施之而習而安焉者矣。注意似隔。

〔一二〕【注】彼之所惡而勸强成之，則悔敗尋至。【疏】心之所惡，强勸而成，不及多時，尋當改悔。

【釋文】「所惡」烏路反。「勸强」其丈反。下欲强同。

〔一三〕【疏】處涉人世，啣命使乎，先聖法言，深宜戒慎。

〔一四〕【注】寄物以爲意也。【疏】夫獨化之士，混跡人間，乘有物以遨遊，運虛心以順世，則何殆之有哉！

〔一五〕【注】任理之必然者，中庸之符全矣，斯接物之至者也。【疏】不得已者，理之必然也。寄必然之事，養中和之心，斯真理之造極，應物之至妙者乎！

〔一六〕【注】當任齊所報之實，何爲爲齊作意於其間哉！【疏】率己運命，推理而行，何須預生抑度，爲齊作報（故）也。【釋文】「爲爲」上如字，下于僞反。

〔一七〕【注】直爲致命最易，而以喜怒施心，故難也。【疏】直致率情，任於天命，甚自簡易，豈有難耶！此其難者，言不難。

〔校〕①夫字依世德堂本移下。②世德堂本大作太。③也字依世德堂本補。④迫字依下疏文逼迫太甚改。⑤原誤在疏文下，今改正。⑥成字依劉文典補正本改。

顔闔將傅衛靈公大子〔一〕，而問於蘧伯玉曰：「有人於此，其德天殺〔二〕。與之爲无方，則危吾國；與之爲有方，則危吾身〔三〕。其知適足以知人之過，而不知其所以過〔四〕。若然者，吾奈之何〔五〕？」

〔一〕【疏】姓顔，名闔，魯之賢人也。大子，蒯聵也。顔闔自魯適衛，將欲爲太子之師傅也。【釋文】「顔闔」胡臘反。向崔本作廅。魯之賢人隱者。○盧文弨曰：今本廅作盍。「衛靈公」左傳云名元。「大子」音泰。司馬云：蒯聵也。

〔二〕【疏】姓蘧，名瑗，字伯玉，衛之賢大夫。蒯聵稟天然之凶德，持殺戮以快心。既是衛國之人，故言有人於此。將爲儲君之傅，故詢道於哲人。【釋文】「蘧」其居反。「伯玉」名瑗，衛大夫。「天殺」如字，謂如天殺物也。徐所列反。

〔三〕【注】夫小人之性，引之軌制則憎己，縱其無度則亂邦。【疏】方，猶法。禀性凶頑，不履仁義。與之方法，而軌制憎己，所以危身；縱之無度，而荒淫顛蹷，所以亡國。【釋文】「无方」李云：方，道也。

〔四〕【注】不知民過之由己，故罪責於民而不自改。【疏】己之無道，曾不悛革，百姓有罪，誅戮極深。唯見黔首之愆，不知過之由己。既知如風靡草，是知責在於君。【釋文】「其知」音智。

〔五〕【疏】然，猶如是。將柰之何，詢道蘧瑗，故陳其所以。

蘧伯玉曰：「善哉問乎！戒之，慎之，正女身也①哉〔一〕！形莫若就，心莫若和〔二〕。雖然，之二者有患〔三〕。就不欲入〔四〕，和不欲出〔五〕。形就而入，且爲顛爲滅，爲崩爲蹶〔六〕。心和而出，且爲聲爲名，爲妖爲孽〔七〕。彼且爲嬰兒，亦與之爲嬰兒；彼且爲无町畦，亦與之爲无町畦；彼且爲无崖，亦與之爲无崖。達之，入於无疵〔八〕。

〔一〕【注】反覆與會，俱所以爲正身。【疏】戒，勗也。己身不可率耳。防慎儲君，勿輕犯觸，身履正道，隨順機宜。前歎其能問，後則示其方法也。【釋文】「正女」音汝。下同。「反覆」芳服反。

〔二〕【注】形不乖迕，和而不同。【疏】身形從就，不乖君臣之禮。心智和順，跡混而事濟之也。

〔三〕【疏】前之二條，略標方術。既未盡善，猶有其患累也。

〔四〕【注】就者形順，入者遂與同。【疏】郭注云，就者形順，入者遂與同也。

〔五〕【注】和者〔以〕義濟，出者自顯伐〔也〕②。【疏】心智和順，方便接引，推功儲君，不顯己能，斯不出也。

〔六〕【注】若遂與同，則是顛危而不扶持，與彼俱亡矣。故當〔摸〕〔模〕③格天地，但不立小異耳。【疏】顛，覆也。滅，絶也。崩，壞也。蹶，敗也。形容從就，同入彼惡，則是顛危而不扶持，故致顛覆滅絶，崩蹶敗壞，與彼俱亡也矣。【釋文】「爲蹶」徐其月反。郭音厥。李舉衛反。「摸格」莫胡反。○盧文弨曰：今本摸從木作模。

〔七〕【注】自顯和之，且有含垢之聲、濟彼之名，彼將惡其勝己，妄生妖孽。故當悶然若晦，玄同光塵，然後不可得而親，不可得而疏，不可得而利，不可得而害。【疏】變物爲妖。孽，災也。雖復和光同塵，而自顯出己智，不能韜光晦迹，故有濟彼之名。蒯聵惡其勝己，謂其妄生妖孽，故以事而害之。○家世父曰：和，如五味之相濟，甘辛並用，混合無形。若表而出之，則非和矣。時其喜怒，因其緩急，以調伏其機，而不與爲迎拒。有迎拒斯有出入，和不欲出，爲無拒也。【釋文】「孽」彥列反。「將惡」烏路反。「悶然」音門。

〔八〕【注】不小立圭角以逆其鱗也。【疏】町，畔也。畦，埒也。與，共也。入，會也。夫處世接物，其道實難。不可遂與和同，亦無容頓生乖忤。或同嬰兒之愚鄙，且復無知；或類田野之無畦，略無界畔；縱奢侈之貪求，任凶猛之殺戮。然後道之以德，齊之以禮。達斯趣者，方會無累之道也。【釋文】「嬰兒」李云：喻無意也。崔云：喻驕遊也。「无町」徒頂反。「畦」户圭反。李云：町畦，畔埒也。無畔埒，無威儀也。崔云：喻守節。「无崖」司馬云：不顧法也。「无疵」似移反。病也。

〔校〕①世德堂本無也字。②以字也字依趙諫議本及世德堂本删。③模字依世德堂本及盧校改。

汝不知夫螳蜋乎？怒其臂以當車轍，不知其不勝任也，是其才之美者也〔一〕。戒之，慎之！積伐而美者以犯之，幾矣〔二〕。

〔一〕【注】夫螳蜋之怒臂，非不美也；以當車轍，顧非敵耳。今知之所無柰何而欲强當其任，即螳蜋之怒臂也。【疏】螳蜋，有斧蟲也。夫螳蜋鼓怒其臂以當軒車之轍，雖復自恃才能之美善，而必不勝舉其職任。喻顔闔欲以己之才能以當儲君之勢，何異乎螳蜋怒臂之當車轍也！【釋文】「不勝」音升。○慶藩案御覽九百四十六引司馬云：非不有美才，顧不勝任耳。釋文闕。

〔二〕【注】積汝之才，伐汝之美，以犯此人，危殆之道。【疏】積，蘊蓄也。而，汝也。幾，危也。既傅儲君，應須戒慎，今乃蘊蓄才能，自矜汝美，犯觸威勢，必致危亡。

汝不知夫養虎者乎？不敢以生物與之，爲其殺之之怒也〔一〕；不敢以全物與之，爲其決之之怒也〔二〕；時其飢飽，達其怒心〔三〕。虎之與人異類而媚養己者，順也；故其殺者，逆也〔四〕。

〔一〕【注】恐其因有殺心而遂怒也。　【疏】汝頗知世有養虎之法乎？　豬羊之類，不可生供猛獸，恐其因殺而生嗔怒也。○家世父曰：　幾矣，言其怒視螳蜋，幾近之也。此不自量其才者也。虎之怒也，而可使馴，馬之良也，而使缺銜毁首碎胸以怒，無他，勿與攖之而已。　螳蜋之攖車轍，奚所利而爲之哉！　【釋文】「爲其」于僞反。下同。

〔二〕【注】方使虎自齧分之，則因用力而怒矣。　【疏】汝頗知假令以死物投獸，猶須先爲分決，若使虎自齧分，恐因用力而怒之也。　【釋文】「分之」如字。

〔三〕【注】知其所以怒而順之。　【疏】知飢飽之時，達喜怒之節，通於物理，豈復危亡！

〔四〕【注】順理則異類生愛，逆節則至親交兵。　【疏】夫順則悦媚，虎狼可以馴狎；逆則殺害，至親所以交兵。　媚己之道既同，涉物之方無别也。○家世父曰：　達其怒心，自有作用。　所謂順者，非務徇其欲也，無使殺焉而不導之以爲怒也，無使決焉而不縱之以爲怒也。　苟無攖其怒而已，其心常有所自達焉，則順矣。

夫愛馬者，以筐盛矢，以蜄盛溺〔一〕。　適有蚉䖟僕緣〔二〕，而拊之不時〔三〕，則缺銜毁首碎胸〔四〕。　意有所至而愛有所亡，可不慎邪〔五〕！」

〔一〕【注】矢溺至賤，而以寶器盛之，愛馬之至者也。　【疏】蜄，大蛤也。愛馬之屎，意在貴重。屎溺至賤，以大蜄盛之，情有所滯，遂至於是也。　【釋文】「盛矢」音成。下及注同。　矢或作屎，同。「以蜄」徐市軫反，蛤類。「溺」奴弔反。

〔二〕【注】僕僕然羣著馬。【釋文】「蚉」音文。本或作蟁，同。「蝱」孟庚反。「僕緣」普木反，徐敷木反。向云：僕僕然，蚉蝱緣馬稠概之貌。崔音如字，云：僕御。○王念孫曰：案向崔二説皆非也。僕之言附也，言蚉蝱附緣於馬體也。僕與附，聲近而義同。大雅既醉篇景命有僕，毛傳曰：僕，附也。鄭箋曰：天之大命又附著於女。文選子虛賦注引廣雅曰：僕，謂附著於人。（案今廣雅無此語。廣雅疑廣倉之譌。）「羣著」直略反。

〔三〕【注】雖救其患，而掩馬之不意。【釋文】「而拊」李音撫，又音付，一音附。崔本作府，音附。

〔四〕【注】掩其不備，故驚而至此。【疏】僕，聚也。拊，拍也。銜，勒也。適有蚉蝱，羣聚緣馬，主既愛惜，卒然拊之，意在除害。不定時節，掩馬不意，忽然驚駭，於是馬缺銜勒，挽破轡頭，人遭蹄蹋，毀首碎胷者也。

〔五〕【注】意至除患，率然拊之，以至毀碎，失其所以愛矣。故當世接物，逆順之際，不可不慎也。

【疏】亡，猶失也。意之所(在)〔至〕①，在乎愛馬，既以毀損，即失其所愛。人間涉物，其義亦然，機感參差，即遭禍害。拊馬之喻，深宜慎之也。○家世父曰：人與人相接而成世，而美惡生焉，從違判焉，順逆形焉。如是而大患因之以生，謂人之不足與處也，而烏知己之不足與處人也！處己以無用，斯得之矣。德蕩乎名，知出乎争，爲此一篇之主腦。篇尾五段，去名與争，乃可出入於人間世。【釋文】「率然」踈律反。本或作卒，七忽反。

〔校〕①至字依正文及郭注改。

匠石之齊，至於曲轅，見櫟社樹〔一〕。其大蔽數千①牛，絜之百圍〔二〕，其高臨山十仞而後有枝，其可以爲舟者旁十數〔三〕。觀者如市，匠伯不顧，遂行不輟〔四〕。

〔一〕【疏】之，適也。曲轅，地名也。其道屈曲，猶如嵩山之西有轘轅之道，即斯類也。櫟，木名也。社，土神也。祀封土曰社。社，吐也，言能吐生萬物，故謂之社也。匠是工人之通稱，石乃巧者之私名。其人自魯適齊，塗經曲道，覩茲異木，擁腫不材。欲明處涉人間，必須以無用爲用也。【釋文】「曲轅」音袁。司馬云：曲轅，曲道也。崔云：道名。「櫟」力狄反。李云：木名，一云：梂也。○盧文弨曰：梂，衆本作采，譌。今從宋本正。

〔二〕【疏】絜，約束也。櫟社之樹，特高常木，枝葉覆蔭，蔽數千牛，以繩束之，圍麤百尺。江南莊本多言其大蔽牛，無數千字，此本應錯。且商丘之木，既結駟千乘，曲轅之樹，豈蔽一牛？以此格量，數千之本是也。【釋文】「蔽牛」必世反。李云：牛住其旁而不見。「絜」向徐户結反，徐又虎結反。約束也。○慶藩案文選賈長沙過秦論注引司馬云：絜，匝也。釋文闕。「百圍」李云：徑尺爲圍，蓋十丈也。

〔三〕【疏】七尺曰仞。此樹直竦嵩岑七十餘尺，然後挺生枝榦，蔽日捎雲。堪爲船者，旁有數十木之大。蓋其狀如是也。【釋文】「十仞」小爾雅云：四尺曰仞。案七尺曰仞。崔本作千仞。

或云：八尺曰仞。「旁十數」所具反。崔云：旁，旁枝也。○俞樾曰：旁讀爲方，古字通用。尚書皋陶謨篇方施象刑惟明，新序節士篇方作旁，甫刑篇方告無辜於上，論衡變動篇方作旁，並其證也。在宥篇出入無旁，即出入無方，此本書叚旁爲方之證。詩正月篇民今方殆，鄭箋云：方，且也。其可以爲舟者方十數，言可以爲舟者且十數也。釋文引崔曰，旁，旁枝也，蓋不知旁爲方叚字，故語詞而誤以爲實義矣。

〔四〕【疏】輟，止也。木大異常，看者甚衆。唯有匠石知其不材，行塗直過，曾不留視也。【釋文】「觀者」古奂反，又音官。「匠伯」伯，匠石字也。崔本亦作石。○慶藩案文選何平叔景福殿賦注、王子淵洞簫賦注、嵇叔夜琴賦注、司馬紹統贈山濤詩注、張景陽七命注，並引司馬云：匠石，字伯。釋文闕。「不輟」丁劣反。

〔校〕①世德堂本無數千二字，與釋文同，闕誤引江南李氏及張君房本有。

弟子厭觀之，走及匠石，曰：「自吾執斧斤以隨夫子，未嘗見材如此其美也。先生不肯視，行不輟，何邪〔一〕？」

〔一〕【疏】門人驚櫟社之盛美，乃住立以視看。自負笈以從師，未見材有若此（怪）大也。〔怪〕匠之不顧，走及，遂以諮詢。【釋文】「厭」於豔反，又於贍反。

曰：「已矣，勿言之矣〔一〕！散木也，以爲舟則沈，以爲棺槨則速腐〔二〕，以爲器則速毁〔三〕，以爲門户則液樠，以爲柱則蠹〔四〕。是不材之木也，無所可用，故能若是之壽〔五〕。」

〔一〕【疏】已，止也。匠石知大木之不材，非世俗之所用，嫌弟子之辭費，訶令止而勿言也。

〔二〕【疏】櫟木體重，爲船即沈；近土多敗，爲棺槨速折。疏散之樹，終於天年，亦是不材之木，故致閒散也。【釋文】「散木」悉但反，徐悉旦反。下同。「則速」如字。向崔本作數。向所祿反。下同。「腐」扶甫反。

〔三〕【疏】人間器物，貴在牢固。櫟既疏脆，早毀何疑也！

〔四〕【疏】樠，脂汗出也。蠹，木内蟲也。爲門户則液樠而脂出，爲梁柱則蠹而不牢。【釋文】「液」音亦。「樠」亡言反。向李莫干反。郭武半反。司馬云：液，津液也。樠，謂脂出樠樠然也。崔云：黑液出也。○李楨曰：廣韻二十二元：樠，松心，又木名也。説文：樠，松心木。段注云：疑有奪誤，當作松心也，一曰木名也。陸所據是説文古本。按松心有脂，液樠正取此義。謂脂出如松心也。此莊子字法之妙。疏與釋文義俱不明。又廣韻釋柄曰松脂，段云即樠爲松脂之誤。余疑柄爲樠之或體。「蠹」丁故反。

〔五〕【注】不在可用之數，故曰散木。【疏】閒散疏脆，故不材之木，涉用無堪，所以免早夭。

匠石歸，櫟社見夢曰：「女將惡乎比予哉？若將比予於文木邪〔一〕？夫柤梨橘柚，果蓏之屬〔二〕，實熟則剝，剝則辱；大枝折，小枝泄。此以其能苦其生者也，故不終其天年而中道夭，自掊擊於世俗者也。物莫不若是。〔三〕且予求无所可用久矣，幾死，乃今得之〔四〕，爲予大用〔五〕。使予也而有用，且得有此大也邪〔六〕？且也若與予也皆物也，柰何哉其相物也〔七〕？而幾死之散人，又惡知散木〔八〕！」

〔一〕【注】凡可用之木爲文木。【疏】惡乎，猶於何也。若，汝也。予，我也。可用之木爲文木也。匠石歸寢，櫟社感夢，問於匠石：「汝將何物比並我哉？爲當將我作不材散木邪？爲當比予於有用文章之木邪？」【釋文】「見夢」胡薦反。「女將」音汝。「惡乎」音烏。下同。

〔二〕【疏】夫在樹曰果，柤梨之類；在地曰蓏，瓜瓠之徒。汝豈比我於此之輩者耶？【釋文】「柤」側加反。「橘」均必反。「柚」由救反。徐以救反。「果蓏」徐力果反。

〔三〕【注】物皆以自用傷。【疏】夫果蓏之類，其味堪食，子實既熟，即遭剥落，於是大枝折損，小枝發泄。此豈不爲滋味能美，所以用苦其生！毁辱之言，即斯之謂。且春生秋落，乃盡天年；中塗打擊，名爲横夭。而有識無情，世俗人物，皆以有用傷夭其生，故此結言莫不如是。掊，打也。【釋文】「泄」徐思列反。崔云：泄，洩同。○俞樾曰：洩字之義，於此無取，殆非也。泄當讀爲抴。荀子非相篇接人則用抴，楊注：抴，牽引也。小枝抴，謂見牽引也。詩七月篇，取彼斧斨，以伐遠揚，即此所云大枝折也。又曰，猗彼女桑，即此所云小枝抴也。鄭箋云：女桑，少枝。少枝即小枝矣。猗乃掎之叚字。説文手部：掎，偏引也，是與抴同義。「苦其」如字。崔本作枯。「掊」普口反。徐方垢反。

〔四〕【注】數有睥睨己者，唯今匠石明之耳。【釋文】「幾死」音祈，又音機。下同。「數有」音朔。

「睥」普係反。「睨」五係反。

〔五〕【注】積無用乃爲濟生之大用。【疏】不材無用，必獲全生，櫟社求之，其來久矣。而庸拙之匠，疑是文木，頻去顧盼，欲見誅翦，懼夭斧斤，鄰乎死地。今逢匠伯，鑒我不材，方得全生，爲我大用。幾，近也。

〔六〕【注】若有用，（必）〔久〕①見伐。【疏】向使我是文木而有材用，必遭翦截，夭折斧斤，豈得此長大而壽年乎！

〔七〕【疏】汝之與我，皆造化之一物也，與物豈能相知！柰何哉，假問之辭。

〔八〕【注】以戲匠石。【疏】匠石以不材爲散，櫟社以材能爲無用，故謂石爲散人也。炫材能於世俗，故鄰於夭折；我以疏散而無用，故得全生。汝是近死之散人，安知我是散木耶？託於夢中，以戲匠石也。【釋文】「而幾死之」絕句，向同。一讀連下散人爲句，崔同。

〔校〕①久字依世德堂本改。

匠石覺而診其夢〔一〕。弟子曰：「趣取無用，則爲社何邪〔二〕？」

〔一〕【疏】診，占也。匠石既覺，思量睡中，占候其夢，説向弟子也。【釋文】「覺」古孝反。「而診」徐直信反。司馬向云：診，占夢也。○王念孫曰：向秀司馬彪並云，診，占夢也。案下文皆匠石與弟子論櫟社之事，無占夢之事。診當讀爲昣。爾雅云：昣，告也。郭注引曲禮曰，昣於鬼神。昣與診，古字通。此謂匠石覺而告其夢於弟子，非謂占夢也。

〔二〕【注】猶嫌其以爲社自榮，不趣取於無用而已。　【疏】櫟木意趣，取於無用爲用全其生者，則何爲爲社以自榮乎？　門人未解，故起斯問也。

曰：「密！若無言！彼亦直寄焉〔一〕，以爲不知己者詬厲也〔二〕。不爲社者，且幾有翦乎〔三〕！且也彼其所保與衆異〔四〕，而以義（譽）〔喻〕①之，不亦遠乎〔五〕！」

〔一〕【注】社自來寄耳，非此木求之爲社也。　【疏】若，汝也。彼，謂社也。汝但慎密，莫輕出言。彼社之神，自來寄託，非關此木（櫟）〔樂〕爲社也。

〔二〕【注】言此木乃以社爲不知己而見辱病者也，豈榮之哉！　【疏】詬，辱也。思此社神爲不知我以無用爲用，貴在全生，乃横來寄託，深見詬病，翻爲羞恥，豈榮之哉！　【釋文】「詬」李云：呼豆反。徐音垢。「厲」如字。司馬云：詬，辱也。厲，病也。

〔三〕【注】（木）〔本〕②自以無用爲用，則雖不爲社，亦終不近於翦伐之害。　【疏】本以疏散不材，故得全其生道，假令不爲社樹，豈近於翦伐之害乎！　【釋文】「且幾」音機，或音祈。「翦乎」子淺反。崔本作前于。○慶藩案乎，崔本作于，于即乎也。論語爲政篇書云孝乎惟孝，皇侃本及漢石經並作于。呂覽審應篇然則先王聖于，高注：于，乎也。皆其例。「不近」附近之近。下同。

〔四〕【注】彼以無保爲保，而衆以有保爲保。　【疏】疏散之樹，以無用保生，文木之徒，以才能折夭，所以爲其異者也。

〔五〕【注】利人長物，禁民爲非，社之義也。夫無用者，泊然不爲而羣才自用，（自）用者各得其敍而不與焉，此（以）③無用之所以全生也。汝以社譽之，無緣近也乎！【疏】夫散木不材，禀之造物，賴其無用，所以全生。而社神寄託，以成詬厲，更以社義讚譽，失之彌遠。【釋文】「義譽」音餘。注同。○盧文弨曰：今本書譽作喻。「長物」丁兩反。「泊然」步各反。「不與」音餘。

〔校〕①喻字依世德堂本及盧校改。②本字依疏文及世德堂本改。③自字及以字依宋本删。

南伯子綦遊乎商之丘，見大木焉有異，結駟千乘，隱將①芘其所藾〔一〕。子綦曰：「此何木也哉？此必有異材夫〔二〕！」仰而視其細枝，則拳曲而不可以爲棟梁；俯而（見）〔視〕②其大根，則軸解而不可以爲棺槨〔三〕；咶其葉，則口爛而爲傷；嗅之，則使人狂酲，三日而不已〔四〕。

〔一〕【注】其枝所陰，可以隱芘千乘（者也）③。【疏】伯，長也。其道甚尊，堪爲物長，故（爲）〔謂〕之伯，即南郭子綦也。商丘，地名，在梁宋之域。駟馬曰乘。藾，陰也。子綦於宋國之中，徑於商丘之地，遇見大木，異於尋常，樹木粗長，枝葉茂盛，垂陰布影，蔭覆極多，連結車乘，可芘（駟）〔四〕千匹馬也。【釋文】「南伯」李云，即南郭也。伯，長也。「商之丘」司馬云：今梁國睢陽縣是也。「千乘」繩證反。「隱」崔云：傷於熱也。「將芘」本亦作庇。徐甫至反，又悲位反。崔本作比，云：芘也。「所藾」音賴。崔本作賴。向云：蔭也，可以蔭芘千乘也。李同。「所陰」於鴆反。

〔二〕【疏】子綦既覩此木，不識其名，疑有異能，故致斯大。

〔三〕【疏】軸解者，如車軸之轉，謂轉心木也。周身爲棺，棺，完也。周棺爲槨。夫梁棟須直，拳曲所以不堪；棺槨藉牢，解散所以不固也。【釋文】「異材夫」音符。「仰而」向崔本作從而。「則拳」本亦作卷，音權。「軸」直竹反。「解」李云：如衣軸之直解也。

〔四〕【疏】以舌咶葉，則脣口爛傷；用鼻嗅之，則醉悶不止。醒，酒病也。【釋文】「咶」食紙反。「嗅」崔作齅，許救反。○盧文弨曰：舊作崔云齅，云字譌，今改正。「狂酲」音呈。李云，狂如醒也。病酒曰酲。

〔校〕①闕誤引張君房本隱將作將隱。②視字依世德堂本改。③者也二字依世德堂本删。

子綦曰：「此果不材之木也，以至於此其大也〔一〕。嗟乎神人，以此不材〔二〕！

〔一〕【疏】通體不材，可謂全生之大才；衆(諸)〔謂〕無用，乃是濟物之妙用；故能不夭斤斧而蔭庇千乘也矣。

〔二〕【注】夫王不材於百官，故百官御其事，而明者爲之視，聰者爲之聽，知者爲之謀，勇者爲之扞。夫何爲哉？玄默而已。而羣材不失其當，則不材乃材之所至賴也。故天下樂推而不厭，乘①萬物而無害也。【疏】夫至人神矣，陰陽所以不測；混跡人閒，和光所以不耀。故能深根固蒂，長生（之）久視，舟船庶物，蔭覆黔黎。譬彼櫟社，方兹異木，是以嗟歎神人〔之〕用，不材者，大材也。【釋文】「爲之」于僞反。下爲之皆同。

〔校〕①趙諫議本乘作臣。

宋有荆氏者，宜楸柏桑〔一〕。其拱把而上者，求狙猴之杙者斬之〔二〕；三圍四圍，求高名之麗者斬之〔三〕；七圍八圍，貴人富商之家求樿傍者斬之〔四〕。故未終其天年，而中道之夭於斧斤，此材之患也〔五〕。故解（以）之〔以〕①牛之白顙者與豚之亢鼻者，與人有痔病者不可以適河〔六〕。此皆巫祝以知之矣〔七〕，所以爲不祥也。此乃神人之所以爲大祥也〔八〕。

〔一〕【疏】荆氏，地名也。宋國有荆氏之地，宜此楸柏桑之三木，悉皆端直，堪爲材用。此略舉文木有材所以夭折，對前散木無用所以全生也。【釋文】「荆氏」司馬云：地名也。一曰里名。「宜秋柏桑」崔云：荆氏之地，宜此三木。李云：三木，文木也。○盧文弨曰：今本書秋作楸。

〔二〕【疏】兩手曰拱，一手曰把。狙猴，獮猴也。杙，橜也，亦杆也。拱把之木，其材非大，適可斬爲杆橜，以擊扞獮猴也。【釋文】「拱」恭勇反。「把」百雅反。徐甫雅反。司馬云：兩手曰拱，一手曰把。「而上」時掌反。「狙」七餘反。「猴」音侯。「之杙」以職反，又羊植反。郭且羊②反。司馬作朳，音八。李云：欲以栖戲狙猴也。崔本作柭，音跋，云：枷也。

〔三〕【疏】麗，屋棟也，亦曰小船也。高名，榮顯也。三尺四尺之圍，其木稍大，求榮華高屋顯好名船者，輒取之也。【釋文】「三圍」崔云：圍環八尺爲一圍。「之麗」如字，又音禮。司馬云：小船也，又屋檼也。○慶藩案名，大也。謂求高大之麗者，用三圍四圍之木也。（謂大爲名，説見天下〔篇〕名山三百下。）

〔四〕【疏】樿旁，棺材也。亦言：棺之全一邊而不兩合者謂之樿旁。七圍八圍，其木極大，富貴之屋，商賈之家，求大板爲棺材者，當斬取之也。【釋文】「求樿」本亦作擅，音膳。○盧文弨曰：舊本樿從示，譌。注同。今改正。「傍」薄剛反。崔云：樿傍，棺也。司馬云：棺之全一邊者，謂之樿傍。

〔五〕【注】有材者未能無惜也。【疏】爲有用，故不盡造化之年，而中途夭於工人之手，斯皆以其才能爲之患害也。

〔六〕【注】巫祝解除，棄此三者，必妙選騂具，然後敢用。【疏】顙，額也。亢，高也。痔，下漏病也。巫祝陳芻狗以祠祭，選牛豕以解除，必須精簡純色，擇其好者，展如在之誠敬，庶冥感於鬼神。今乃有高鼻折額之豚，白額不騂之犢，痔漏穢病之人，三者既不清潔，故不可往於靈河而設祭奠者也。古者將人沈河以祭河伯，西門豹爲鄴令，方斷之，即其類是也。【釋文】「故解」徐古賣反，又佳買反。注同。向古邂反。「顙」息黨反。司馬云：額也。「亢鼻」徐古葬反。司馬云：高也，額折故鼻高。崔云：仰也。「痔」徐直里反。司馬云：隱創也。○盧文弨曰：舊脱云字，今增。「適河」司馬云：謂沈人於河祭也。「騂具」恤營反。

〔七〕【注】巫祝於此亦知不材者全也。

〔八〕【注】夫全生者，天下之所謂祥也，巫祝以不材爲不祥而弗用也，彼乃以不祥全生，乃大祥也。神人者，無心而順物者也。故天下所謂大祥，神人不逆。【疏】女曰巫，男曰覡。祝者，執板讀祭文者也。祥，善也。巫師祝史解除之時，知此三者不堪享祭，故棄而不用，以爲不善之物也。然神聖之人，知侔造化，知不材無用，故得全生。是知白顙亢鼻之言，痔病不祥之説，適是小巫之鄙情，豈曰大人之適智！故才不全者，神人所以爲吉祥大善之事也。

〔校〕①之以二字依世德堂本互易。②杙無且羊音。郭下疑脱作戕二字。廣韻十一唐戕下云：戕牁，亦作牂牁，則郎切。漢書地理志牂牁郡注：牂戕，係船杙也。是郭本作戕即戕柯之戕，與杙形近義同而音殊，其音且羊反，是戕非杙明矣。

支離疏者，頤隱於臍，肩高於頂〔一〕，會撮指天，五管在上，兩髀爲脅〔二〕。挫鍼治繲，足以餬口〔三〕；鼓筴播精，足以食十人〔四〕。上徵武士，則支離攘臂而遊①於其間〔五〕，上有大役，則支離以有常疾不受功〔六〕；上與病者粟，則受三鍾與十束薪〔七〕。夫支離其形者，猶足以養其身，終其天年，又況支離其德者乎〔八〕！」

〔一〕【疏】四支離拆，百體寬疏，遂使頤頰隱在臍間，肩膊高於頂上。形容如此，故以支離名之。【釋文】「支離疏」司馬云，形體支離不全貌。疏，其名也。「頤」以之反。「於頂」如字。本作項，亦如字。司馬云：言脊曲頸縮也。淮南曰脊管高於頂也。

〔二〕【疏】會撮，高豎貌。五管，五臟腧也。五臟之腧，並在人背，古人頭髻，皆近頂後。今支離殘病，傴僂低頭，一使臟腧頭髻，悉皆向上，兩脚髀股攣縮而迫於脇肋也。【釋文】「會」古外反，徐古活反，向音活。「撮」子外反。向徐子活反。崔云：會撮，項椎也。「指天」司馬云：會撮，髻也。古者髻在項中，脊曲頭低，故髻指天也。向云：兩肩竦而上，會撮然也。○李楨曰：崔云：會撮，項椎也，說是。（大宗師篇，句贅指天，李云：句贅，項椎也，其形如贅。證知崔說是。）素問刺熱篇，項上三椎陷者中也，王注，此舉數脊椎大法也。沈氏彤釋骨曰，項大椎以下二十一椎，通曰脊骨，曰脊椎。崔知會撮是此者，難經四十五難，骨會大杼，張注：大杼，穴名，在項後第一椎，兩旁諸骨，自此檠架往下支生，故骨會於大杼。據此，知會撮正從骨會取義，又在大椎之間，故曰項椎也。樶，唐徐堅初學記卷十九引作樶。玉篇：樶，木樶節也，與脊節正相似，從木作（撮）〔樶〕，於義爲長。按頤肩屬外說，會撮五管屬內說。頤隱，故肩高，項椎指天，故藏腧在上，各相因而致者也。（靈樞背腧篇：肺腧在三椎之間，心腧在五椎之閒，肝腧在九椎之閒，脾腧在十一椎之閒，腎腧在十四椎之閒。）司馬訓髻，是別一義。詩小雅臺笠緇撮，傳云：緇撮，緇布冠也。正義曰：言撮，是小撮持其髻而已。據此，則以會撮爲髻，當亦是小撮持其髮，故名之。會與䯤通。說文：䯤，骨擿之可以會髮者。衛風會弁如星，許氏引作䯤。周禮會五采玉琪，注：故書會作䯤。又士喪禮䯤弁用桑，疏云：以髻爲鬠，取以髮會聚之意。會與鬠亦通。集韻有⿱髟最字，音撮，髻也。當是俗因會撮造爲頭髻專字。○慶藩案釋文引崔云，會撮，項椎也，字當作欜。玉篇：欙，木椎也，徂活切。撮欜聲近。尸子行險以撮。撮，乘載器，音與鑽同。周禮喪大記君殯用楯欑，注：輴，乘柩之車，欑，猶菆也。尸子所謂欑，即禮之欑。「管」崔本作筦。「在上」李云：管，腧也。五藏之腧皆在上也。「兩髀」本又作脾，同。音陛。徐又甫婢反。崔云：僂人腹在髀裏也。「爲脅」許劫反。司馬云：脊曲髀豎，故與脅並也。

〔三〕【疏】挫鍼，縫衣也。治繲，洗浣也。餬，飼也，庸役身力以飼養其口命也。【釋文】「挫」徐子卧反，郭租禾反。崔云：案也。「鍼」執金反。司馬云：挫鍼，縫衣也。「治繲」佳賣反。司馬云：浣衣也。向同。崔作緥，音綫。「餬口」徐音胡。李云：食也。崔云：字或作互，或作餂。

〔四〕【疏】筴，小箕也。精，米也。言其掃市場，鼓箕筴，播揚土，簡精麤也。又解：鼓筴，謂布著數卦兆也。播精，謂精判吉凶辨精靈也。或掃市以供家口，或賣卜以活身命，所得之物可以養十人也。【釋文】「鼓筴」初革反，徐又音頰。司馬云：鼓，(⿱竹欺)〔簸〕②也，小箕曰筴。崔云：鼓筴，揲蓍鑽龜也。「播精」如字。一音所，字則當作數。精，司馬云：簡米曰精。崔云：播精，卜卦占兆也。鼓筴播精，言賣卜。○慶藩案精當爲糈之誤。郭璞注南山經曰：糈，先呂反，今江東音取。（釋文音取，字當作糈③。精字古無取音，與糈字形相似而誤。）說文：糈，糧也。「以食」音嗣。

〔五〕【注】（持）〔恃〕④其無用，故不自竄匿。【疏】邊蕃有事，徵求勇夫，殘病之人，不堪征討，自得無懼，攘臂遨遊，恃其無用，故不竄匿。【釋文】「攘」如羊反。「臂於其閒」如字。司馬云：閒，裏也。崔本作攘臂於其開，云：開，門中也。「竄匿」女力反。

〔六〕【注】不任徭役故也。【疏】國家有重大徭役，爲有痼疾，故不受其功程者也。

〔七〕【注】役則不與，賜則受之。【疏】六石四斗曰鍾。君上憂憐鰥寡，矜恤貧病，形殘既重，受物還多。故郭注云，役則不預，賜則受之者也。【釋文】「三鍾」司馬云：六斛四斗曰鍾。○盧文弨曰：舊本六譌斛，今改正。「不與」音豫。

〔八〕【注】神人無用於物，而物各得自用，歸功名於羣才，與物冥而無跡，故免人閒之害，處常美之實，此支離其德者也。【疏】夫支離其形，猶忘形也；支離其德，猶忘德也。而況支離殘病，適是忘形，既非聖人，故未能忘德。夫忘德者，智周萬物而反智於愚，明並三光而歸明於昧，故能成功不居，爲而不恃，推功名於羣才，與物冥而無跡，斯忘德者也。夫忘形者猶足以養身終年，免乎人閒之害，何況忘德者耶！其勝劣淺深，故不可同年而語矣。是知支離其德者，其唯聖人乎！

〔校〕①世德堂本無而遊二字。②簸字依世德堂本改。③按釋文不言精音取，其謂一音所者，指播字言，故云字則當作數。郭說殊誤。④恃字依疏文及世德堂本改。

孔子適楚，楚狂接輿遊其門曰：「鳳兮鳳兮，何如德之衰也〔一〕！來世不可待，往世不可追也〔二〕。天下有道，聖人成焉；天下無道，聖人生焉〔三〕。方今之時，僅免刑焉〔四〕。福輕乎羽，莫之知載〔五〕；禍重乎地，莫之知避〔六〕。已乎已乎，臨人以德！殆乎殆乎，畫地而趨〔七〕！迷陽迷陽，无傷吾行〔八〕！吾行①郤曲，无傷吾足〔九〕！」

〔一〕【注】當順時直前，盡乎會通之宜耳。世之盛衰，蔑然不足覺，故曰何如。【疏】何如，猶如何也。適，之也。時孔子自魯之楚，舍於賓館。楚有賢人，姓陸，名通，字接輿，知孔子歷聘，行歌譏刺。鳳兮鳳兮，故哀歎聖人，比於來儀應瑞之鳥也，有道即見，無道當隱，如何懷此聖德，往適衰亂之邦者耶！

〔二〕【注】趣當盡臨時之宜耳。【疏】當來之世，有懷道之君可應聘者，時命如馳，故不可待。適往之時，堯舜之主，變化已久，亦不可尋。趣合當時之宜，無勞瞻前顧後也。

〔三〕【注】付之自爾，而理自生成。生成非我也，豈爲治亂易節哉！治者自求成，故遺成而不敗；亂者②自求生，故忘生而不死。【疏】有道之君，休明之世，聖人弘道施教，成就天下。時逢暗主，命屬荒季，適可全生遠害，韜光晦迹。【釋文】「豈爲」于僞反。「治亂」直吏反。下同。

〔四〕【注】不瞻前顧後，而盡當今之會，冥然與時世爲一，而後妙當可全，刑名可免。【疏】方，猶當。今喪亂之時，正屬衰周之世，危行言遜，僅可免於刑戮，方欲執迹應聘，不亦妄乎！此接輿之詞，譏誚孔子也。【釋文】「僅」音覲。

〔五〕【注】足能行而放之，手能執而任之，聽耳之所聞，視目之所見，知止其所不知，能止其所不能，用其自用，爲其自爲，恣其性内而無纖芥於分外，此無爲之至易也。無爲而性命不全者，未之有也；性命全而非福者，理未聞也。故夫福者，即向之所謂全耳，非假物也，豈有寄鴻毛之重哉！率性而動，動不過分，天下之至易者也；舉其自舉，載其自載，天下之至輕者也。然知以無涯傷性，心以欲惡蕩真，故乃釋此無爲之至易而行彼有爲之至難，棄夫自舉之至輕而取夫載彼之至重，此世之常患也。【釋文】「至易」以豉反。下同。「知以」音智。「欲惡」烏路反。

〔六〕【注】舉其性内，則雖負萬鈞而不覺其重也；外物寄之，雖重不盈錙銖，有不勝任者矣。爲内，福也，故福至輕；爲外，禍也，故禍至重。禍至重而莫之知避，此世之大迷也。【疏】夫視聽知能，若有涯分。止於分内，可以全生；求其分外，必遭夭折。全生所以爲福，夭折所以爲禍。而分内之福，輕於鴻毛，貪競之徒，不知載之在己；分外之禍，重於厚地，執迷之徒，不知避之去身。此蓋流俗之常患者也，故寄孔陸以彰其累也。【釋文】「知避」舊本作寘，云：置也。「不勝」音升。

〔七〕【注】夫畫地而使人循之，其跡不可掩矣；有其己而臨物，與物不冥矣。故大人不明我以耀彼而任彼之自明，不德我以臨人而付人之自〔得〕〔德〕③，故能彌貫萬物而玄同彼我，泯然與天下爲一而内外同福也。【疏】已，止也。殆，危也。仲尼生衰周之末，當澆季之時，執持聖跡，歷國應聘，頻遭斥逐，屢被詆訶。故重言已乎，不如止而勿行也。若用五德臨於百姓，捨己效物，必致危己，猶如畫地作跡，使人走逐，徒費巧勞，無由得掩，以己率物，其義亦然也。【釋文】「畫地」音獲。

〔八〕【注】迷陽，猶亡陽也。亡陽任獨，不蕩於外，則吾行全矣。天下皆全其吾，則凡稱吾者莫不皆全也。【疏】迷，亡也。陽，明也，動也。陸通勸尼父，令其晦跡韜光，宜放獨任之無爲，忘遺應物之明智，既而止於分内，無傷吾全生之行也。【釋文】「迷陽」司馬云：迷陽，伏陽也，言詐狂。

〔九〕【注】曲成其行，自足矣。【疏】郤，空也。曲，從順也。虚空其心，隨順物性，則凡稱吾者自足也。【釋文】「郤曲」去逆反。字書作卻。廣雅云，卻，曲也。○盧文弨曰：案今説文廣雅俱作迟。○慶藩案郤，釋文引字書作迟，是也。説文：迟，曲行也，從辵，只聲。廣雅：迟，曲也。集韻作迟，云：物曲也。一曰曲受也。玉篇音丘戟反。説文又云：乚，（讀若隱。）匿也，象迟曲隱蔽形。字本從乚作卻，今作迟。

〔校〕①闕誤引張君房本吾行作郤曲。②治者亂者，世德堂本無兩者字。③德字依趙諫議本改。

山木自寇也，膏火自煎也〔一〕。桂可食，故伐之；漆可用，故割之〔二〕。人皆知有用之用，而莫知无用之用也〔三〕。

〔一〕【疏】寇，伐也。山中之木，楸梓之徒，爲有材用，横遭寇伐。膏能明照，以充鐙炬，爲其有用，故被煎燒。豈獨膏木，在人亦然。【釋文】「山木自寇也膏火自煎也」子然反。司馬云：木生斧柄，還自伐；膏起火，還自消。崔云：山有木，故火焚也。

〔二〕【疏】桂心辛香，故遭斫伐；漆供器用，所以割之；俱爲才能，夭於斤斧。

〔三〕【注】有用則與彼爲功，無用則自全其生。夫割肌膚以爲天下者，天下之所知也。使百姓不失其自全而彼我俱適者，悗然不覺妙之在身也。【疏】楸柏橘柚，膏火桂漆，斯有用也。曲轅之樹，商丘之木，白顙之牛，亢鼻之豕，斯無用也。而世人皆炫己才能爲有用之用，而不知支離其德爲無用之用也。故郭注云，有用則與彼爲功，無用則自全乎其生也。【釋文】「悗然」亡本反。

莊子集釋卷二下

德充符第五〔一〕内篇

〔一〕【注】德充於内，（應）物〔應〕①於外，外内玄合，信若符命而遺其形骸也。【釋文】崔云：此遺形棄知，以德實之驗也。

〔校〕①物應依趙諫議本改。

魯有兀者王駘〔二〕，從之遊者與仲尼相若〔三〕。常季問於仲尼曰：「王駘，兀者也，從之遊者與夫子中分魯〔三〕。立不教，坐不議，虚而往，實而歸〔四〕。固有不言之教，無形而心成者邪〔五〕？是何人也〔六〕？」

〔一〕【疏】姓王，名駘，魯人也。刖一足曰兀。形雖殘兀，而心實虚忘，故冠德充符而爲篇首也。

【釋文】「兀者」五忽反，又音界。李云：刖足曰兀。案篆書兀介字相似。「王駘」音臺，徐又音殆。人姓名也。

〔二〕【注】弟子多少敵：孔子。【疏】若，如也。陪從王駘遊行稟學，門人多少似於仲尼者也。

【釋文】「從之」如字，李才用反。下同。「相若」若，如也，弟子如夫子多少也。

〔三〕【疏】姓常，名季，魯之賢人也。王駘遊行，外忘形骸，内德充實，所以從遊學者，數滿三千，與孔子之徒中分魯國。常季未達其趣，是以生疑。【釋文】「常季」或云：孔子弟子。

〔四〕【注】各自得而足也。【疏】弟子雖多，曾無講説，立不教授，坐無議論，請益則虚心而往，得理則實腹而歸。又解：未學無德，亦爲虚往也。【釋文】「立不教坐不議」司馬云：立不教授，坐不議論。

〔五〕【注】怪其殘形而心乃充足也。夫心之全也，遺身形，忘五藏，忽然獨往，而天下莫能離。【疏】教授門人，曾不言議。殘兀如是，無復形容，而玄道至德，内心成滿。必固有此，衆乃從之也。【釋文】「五藏」才浪反。後同。

〔六〕【疏】常季怪其殘兀而聚衆極多。欲顯德充之美，故發斯問也。

仲尼曰：「夫子，聖人也，丘也直後而未往耳。丘將以爲師，而況不若丘者乎〔一〕！奚假魯國！丘將引天下而與從之〔二〕。」

〔一〕【疏】宣尼呼王駘爲夫子，答常季云：「王駘是體道聖人也，汝自不識人，所以致疑。丘直爲參差在後，未得往事。丘將尊爲師傅，諮詢問道，何況晚學之類，不如丘者乎！請益服膺，固其宜矣。」【釋文】「丘也直後而未往耳」李云：自在衆人後，未得往師之耳。○慶藩案直之爲言特也。吕氏春秋忠廉篇特王子慶忌爲之飾而不殺耳，高注：特，猶直也。鄘風柏舟實維我特，韓〔子〕〔詩〕特作直。史記叔孫通傳吾直戲耳，漢書直作特。

〔二〕【注】夫神全心具，則體與物冥。與物冥者，天下之所不能遠，奚但一國而已哉！【疏】奚，何也。「何但假藉魯之一邦耶！丘將誘引宇内，稟承盛德，猶恐未盡其道也。」【釋文】「能遠」于萬反。

常季曰：「彼兀者也，而王先生，其與庸亦遠矣〔一〕。若然者，其用心也獨若之何〔二〕？」

〔一〕【疏】王，盛也。庸，常也。先生，孔子也。彼王駘者，是殘兀之人，門徒侍從，盛於尼父。以斯疑怪，應異常流，與凡常之人固當遠矣。【釋文】「而王」于況反。李云：勝也。崔云：君長也。「其與庸亦遠矣」與凡庸異也。崔云：庸，常人也。

〔二〕【疏】然，猶如是也。王駘盛德如是，爲物所歸，未審運智用心，獨若何術？常季不安，發此疑也。

仲尼曰：「死生亦大矣〔一〕，而不得與之變〔二〕；雖天地覆墜，亦將不與之遺〔三〕。審乎无假〔四〕而不與物遷〔五〕，命物之化〔六〕而守其宗①也〔七〕。」

〔一〕【注】人雖日變，然死生之變，變之大者也。

〔二〕【注】彼與變俱，故死生不變於彼。【疏】夫山舟潛遁，薪指遷流，雖復萬境皆然，而死生最大。但王駘心冥造物，與變化而遷移，迹混人間，將死生而俱往，故變所不能變者也。

〔三〕【注】斯順之也。【疏】遺，失也。雖復圜天顛覆，方地墜陷，既冥於安危，故未嘗喪我也。

【釋文】「雖天地覆」芳服反。「墜」本又作隊，直類反。李云：天地猶不能變己，況生死也！

〔四〕【注】明性命之固當。○慶藩案无假當是无瑕之誤，謂審乎己之無可瑕疵，斯任物自遷而無役於物也。淮南精神篇正作審乎無瑕。瑕假皆從叚聲，致易互誤。《漢書》《史記》鄭世家使人誘劫鄭大夫甫假，左傳作傅瑕。禮檀弓肩假，漢書古今人表作公肩瑕，即其證也。

〔五〕【注】任物之自遷。【疏】靈心安審，妙體真元，既與道相應，故不爲物所遷變者也。

〔六〕【注】以化爲命，而無乖迕。【釋文】「怪迕」五故反。本亦作遻。下同。

〔七〕【注】不離至當之極。【疏】達於分命，冥於外物，唯命唯物，與化俱行，動不乖寂，故恒住其宗本者也。【釋文】「不離」力智反。

〔校〕①闕誤引江南古藏本宗下有者字。

常季曰：「何謂也〔一〕？」

〔一〕【疏】方深難悟，更請決疑。

仲尼曰：「自其異者視之，肝膽楚越也〔一〕；自其同者視之，萬物皆一也〔二〕。夫若然者，且不知耳目之所宜〔三〕，而遊心乎德之和〔四〕；物視其所一而不見其所喪，視喪其足猶遺土也〔五〕。」

〔一〕【注】恬苦之性殊，則美惡之情背。【疏】萬物云云，悉歸空寂。倒置之類，妄執是非，於重玄道中，横起分别。何異乎肝膽〔附〕①生，本同一體也，楚越迢遞，相去數千，而於一體之中，起數千之遠，異見之徒，例皆如是也。【釋文】「肝膽」丁覽反。「美惡」烏路反。下皆同。「情背」音佩。

〔二〕【注】雖所美不同，而同有所美。各美其所美，則萬物一美也；各是其所是，則天下一是也。夫因其所異而異之，則天下莫不異。而浩然大觀者，官天地，府萬物，知異之不足異，故因其所同而同之，則天下莫不皆同；又知同之不足有，故因其所無而無之，則是非美惡，莫不皆無矣。夫是我而非彼，美己而惡人，自中知以下，至於昆蟲，莫不皆然。然此明乎我而不明乎彼者爾。若夫玄通泯合之士，因天下以明天下。天下無曰我非也，即明天下之無非；無曰彼是也，即明天下之無是。無是無非，混而爲一，故能乘變任化，迕物而不慴。【疏】若夫玄通之士，浩然大觀，二儀萬物，一指一馬；故能忘懷任物，大順羣生。然同者見其同，異者見其異，至論衆妙之境，非異亦非同也。【釋文】「中知」音智。「不慴」之涉反。

〔三〕【注】宜生於不宜者也。無美無惡，則無不宜。無不宜，故忘②其宜也。【疏】耳目之宜，宜於聲色者也。且凡情分别，耽滯聲色，故有宜與不宜，可與不可。而王駘混同萬物，冥一死生，豈於根塵之間而懷美惡之見耶！

〔四〕【注】都忘宜，故無不任也。都任之而不得者，未之有也；無不得而不和者，亦未聞也。故放心於道德之閒，蕩然無不當，而曠③然無不適也。【疏】既而混同萬物，不知耳目之宜，故能遊道德之鄉，放任乎至道之境者也。

〔五〕【注】體夫極數之妙心，故能無物而不同，無物而不同，則死生變化，無往而非我矣。故生爲我時，死爲我順；時爲我聚，順爲我散。聚散雖異，而我皆我之，則生故我耳，未始有得；死亦我也，未始有喪。夫死生之變，猶以爲一，既覩其一，則蜕④然無係，玄同彼我，以死生爲寤寐，以形骸爲逆旅，去生如脱屣，斷足如遺土，吾未見足以纓茀其心也。【疏】物視，猶視物也。王駘一於死生，均於彼我。生爲我時，不見其得；死爲我順，不見其喪；爾視萬物，混而一之。故雖兀足，視之如遺土者也。【釋文】「所喪」息浪反。下及注同。「説然」始鋭反，又音悦。「脱屨」九具反。本亦作屣，所買反。○盧文弨曰：今本書作屣。「斷足」丁管反。

〔校〕①附字依劉文典補正本補。②世德堂本作亡。下同。③世德堂本作擴。④世德堂本作説，趙諫議本作悦。

常季曰：「彼爲己以其知〔一〕，得其心以其心〔二〕。得其常心，物何爲最之哉〔三〕？」

〔一〕【注】嫌王駘未能忘知而自存。【疏】彼，王駘也。謂王駘修善修己，猶用心知。嫌其未能忘知而任獨者也。【釋文】「爲己」于僞反。

〔二〕【注】嫌未能遺心而自得。【疏】嫌王駘不能忘懷任致，猶用心以得心也。夫得心者，無思無慮，忘知忘覺，死灰槁木，泊爾無情，措之於方寸之間，起之於視聽之表，同二儀之覆載，順三光以照燭，混塵穢而不撓其神，履窮塞而不忤其慮，不得爲得，而得在於無得，斯得之矣。若以心知之術而得之者，非真得也。

〔三〕【注】夫得其常心，平往者也。嫌其不得平往而與物遇，故常使物就之。【疏】最，聚也。若能虛忘平淡，得真常之心者，固當和光匿耀，不殊於俗。豈可獨異於物，使衆歸之者也！【釋文】「最之」徂會反，徐采會反。下注同。司馬云：聚也。○家世父曰：知者外發，心者內存；以其知得其心，循外以葆中也。心者，不息之真機，常心者，無妄之本體；以其心得其常心，即體以證道也。說文：最，犯而取也，猶言物莫能犯之。郭象斷句誤。○慶藩案說文：冣，積也，從冂（莫狄切。）取，取亦聲。徐鍇曰：古以聚物之聚爲冣。世人多見最，少見冣，故書傳冣字皆作最。

仲尼曰：「人莫鑑於流水而鑑於止水〔一〕，唯止能止衆止〔二〕。受命於地，唯松柏獨也①在冬夏青青〔三〕；受命於天，唯舜獨也正②〔四〕，幸能正生，以正衆生〔五〕。夫保始之徵，不懼之實。勇士一人，雄入於九軍。將求名而能自要者，而猶若是〔六〕，而況官③天地，府萬物〔七〕，直寓六骸〔八〕，象耳目〔九〕，一知之所知，而心未嘗死者乎〔一〇〕！彼且擇日而登假，人則從是也〔一一〕。彼且何肎以物爲事乎〔一二〕！」

〔一〕【注】夫止水之致鑑者，非爲止以求鑑也。故王駘之聚衆，衆自歸之，豈引物使從己耶④！【疏】鑑，照也。夫止水所以留鑑者，爲其澄清故也；王駘所以聚衆者，爲其凝寂故也。止水本無情於鑑物，物自照之；王駘豈有意於招攜，而衆自來歸湊者也。【釋文】「鑑」古暫反。「流水」崔本作沫水，云：沫或作流。○慶藩案流水與止水相對爲文。崔本作沫，非也。隸書流或作(涿)〔流〕。（見魯相史晨饗孔廟後碑。）與沫形相似，故崔氏誤以爲沫。淮南説山篇人莫鑑於沫雨，高注：沫雨，或作流潦。則沫爲流字之譌益碻。

〔二〕【注】動而爲之，則不能居衆物之止。【疏】唯，獨也。唯止是水本凝湛，能止是留停鑑人，衆止是物來臨照。亦猶王駘忘懷虚寂，故能容止羣生，由是功能，所以爲衆歸聚也。

〔三〕【注】夫松柏特稟自然之鍾⑤氣，故能爲衆木之傑耳，非能爲而得之也。【疏】凡厥草木，皆資厚地。至於稟質堅勁，隆冬不凋者，在松柏通年四序，常保青全，受氣自爾，非關指意。王駘聚衆，其義亦然也。

〔四〕【注】言特受自然之正氣者至希也，下首則唯有松柏，上首則唯有聖人，故凡不正者皆來求正耳。若物皆有青全，則無貴於松柏；人各自正，則無羨於大聖而趣之。【疏】人稟三才，受命蒼昊，圓首方足，其類極多。至如挺氣正真，獨有虞舜。豈由役意，直置自然。王駘合道，其義亦爾。郭注曰下首唯有松柏上首唯有聖人者，但人頭在上，去上則死，木頭在下，去下則死，是以呼人爲上首，呼木爲下首。故上首食傍首，傍首食下首。下首，草木也，傍首，蟲獸也。

〔五〕【注】幸自能正耳，非爲正以正之。【疏】受氣上玄，能正生道也，非由用意，幸率自然，既能正己，復能正物。正己正物，自利利他，内外行圓，名爲大聖。虞舜既爾，王駘亦然。而舜受讓人，故爲標的也。

〔六〕【注】非能遺名而無不任。　【疏】徵，成也，信也。天子六軍，諸侯三軍，故九軍也。或有一人，稟氣勇武，保守善始之心，信成令終之節，内懷不懼之志，外顯勇猛之姿。既而直入九軍，以求名位，尚能伏心要譽，忘死忘生。何況王駘！體道之狀，列在下文也。　【釋文】「保始之徵」李云：徵，成也，終始可保成也。「九軍」崔(本)〔李〕⑥云：天子六軍，諸侯三軍，通爲九軍也。簡文云：兵書以攻九天，收九地，故謂之九軍。「自要」一遥反。

〔七〕【注】冥然無不體也。　【疏】綱維二儀曰官天地，苞藏宇宙曰府萬物。夫勇士入軍，直要名位，猶能不顧身命，忘於生死。而況官府兩儀，混同萬物，視死如生，不亦宜乎！

〔八〕【注】所謂逆旅。　【疏】寓，寄也。六骸，謂身首四肢也。王駘體一身非實，達萬有皆真，故能混塵穢於俗中，寄精神於形内，直置暫遇而已，豈係之耶！　【釋文】「六骸」崔云：手足首身也。

〔九〕【注】人用耳目，亦用耳目，非須耳目。　【疏】象，似也。和光同塵，似用耳目，非須也。

〔一〇〕【注】知與變化俱，則無往而不冥，此知之一者也。心與死生順，則無時而非生，此心之未嘗死也。　【疏】一知，智也。所知，境也。能知之智照所知之境，境智冥會，能(無)所〔無〕差，故知與不知，通而爲一。雖復迹理物化，而心未嘗見死者也，豈容有全兀於其間哉！

〔一〕【注】以不失會爲擇耳，斯人無擇也，任其天行而時動者也。故假借之人，由此而最之耳。【疏】彼王駘者，豈復簡擇良日而登昇玄道？蓋不然乎，直置虛淡忘懷而會之也。至人無心，止水留鑑，而世閒虛假之人，由是而從之也。【釋文】「彼且」如字。徐子余反。下同。「假人」古雅反，借也。徐音遐，讀連上句，人字向下。○慶藩案登假即登格也。假格古通用。詩奏格或作奏假，是其證。爾雅：格，陟，登，升也。既言登又曰格者，古人自有複語耳。楚辭離騷陟陞皇之赫戲兮，陟亦陞也。

〔二〕【注】其恬漠故全也。【疏】唯彼王駘，冥真合道，虛假之物自來歸之，彼且何曾以爲己務！

〔校〕①闕誤引張君房本也下有正字。俞樾以下在字乃正之誤。②闕誤引張君房本此句作堯舜獨也正，正下有在萬物之首五字。③唐寫本官作宮。④世德堂本無耶字。⑤趙諫議本鍾作種。⑥李字依世德堂本改。

申徒嘉，兀者也，而與鄭子產同師於伯昏无人〔一〕。子產謂申徒嘉曰：「我先出則子止，子先出則我止〔二〕。」其明日，又與合堂同席而坐。子產謂申徒嘉曰：「我先出則子止，子先出則我止。今我將出，子可以止乎，其未邪〔三〕？且子見執政而不違，子齊執政乎〔四〕？」

〔一〕【疏】姓申徒，名嘉，鄭之賢人，兀者也。姓公孫，名僑，字子產，鄭之賢大夫也。伯昏无人，師者之嘉號也。伯，長也。昏，闇也。德居物長，韜光若闇，洞忘物我，故曰伯昏无人。子產申徒，俱學玄道，雖復出處殊隔，而同師伯昏，故寄此三人以彰德充之義也。【釋文】「申徒嘉」李云：申徒，氏；嘉，名。「无人」雜篇作瞀人。

〔二〕【注】羞與刖者並行。【疏】子產執政當塗，榮華富貴；申徒稟形殘兀，無復容儀。子產雖學伯昏，未能忘遺，猶存寵辱，恥見形殘，故預相檢約，令其必不並己也。【釋文】「刖者」音月，又五刮反。

〔三〕【注】質而問之，欲使必不並己。【疏】子產存榮辱之意，申徒忘貴賤之心，前雖有言，都不采領，所以居則共堂，坐還同席。公孫見其如此，故質而問之。

〔四〕【注】常以執政自多，故直云子齊執政，便謂足以明其不遜①。【疏】違，避也。夫出處異塗，貴賤殊致。我秉執朝政，便爲貴大；汝乃卑賤形殘，應殊敬我。不能遜讓，翻欲齊己也。

〔校〕①趙諫議本遜下有也字。

申徒嘉曰：「先生之門，固有執政焉如此哉〔一〕？子而說子之執政而後人者也〔二〕？聞之曰：『鑑明則塵垢不止，止則不明也。久與賢人處則無過。』今子之所取大者，先生也，而猶出言若是，不亦過乎〔三〕！」

〔一〕【注】此論德之處，非計位也。【疏】先生，伯昏也，先生道門，深明衆妙，混同榮辱，齊一死生。定以執政自多，必如此耶？【釋文】「之處」昌慮反。

〔二〕【注】笑其矜説在位，欲處物先。【疏】汝猶悦愛榮華，矜誇政事，推人於後，欲處物先。意見如斯，何名學道？【釋文】「而説」音悦。注同。

〔三〕【注】事明師而鄙吝之心猶未去，乃真過也。【疏】鑑，鏡也。夫鏡明則塵垢不止，止則非明照也，亦猶久與賢人居則無過，若有過則非賢哲。今子之所取，可重可大者，先生之道也。而先生之道，退己虚忘，子乃自矜，深乖妙旨，而出言如是，豈非過乎！

子産曰：「子既若是矣〔一〕，猶與堯争善，計子之德不①足以自反邪〔二〕？」

〔一〕【注】若是形殘。

〔二〕【注】言不自顧省，而欲輕蔑在位，與有德者並。計子之德，故不足以補形殘之過。【疏】反，猶復也。言申徒形殘如是而不自知，乃欲將我並驅，可謂與堯争善。子雖有德，何足在言！以德補殘，猶未平復也。【釋文】「争善」如字。

〔校〕①闕誤引文成李張諸本不作□。

申徒嘉曰：「自狀其過以不當亡者衆〔一〕，不狀其過以不當存者寡〔二〕。知不可柰何而安之若命，唯有德者能之〔三〕。遊於羿之彀中。中央者，中地也；然而不中者，命也〔四〕。人以其全足笑吾不全足者多①矣〔五〕，我怫然而怒〔六〕；而適先生之所，則廢然而反〔七〕。不知先生之洗我以善邪②〔八〕？吾與夫子遊十九年矣③，而未嘗知吾兀者也〔九〕。今子與我遊於形骸之内，而子索我於形骸之外，不亦過乎〔一〇〕！」

〔一〕【注】多自陳其過狀，以己爲不當亡者衆也。

〔二〕【注】默然知過，自以爲應死者少也。【疏】夫自顯其狀，推罪於他，謂己無愆，不合當亡，如此之人，世間甚多。不顯過狀，將罪歸己，謂己之過，不合存生，如此之人，世間寡少。鄭子產奢侈矜伐，於義亦然者也。

〔三〕【疏】若，順也。夫素質形殘，稟之天命，雖有知計，無如之何，唯當安而順之，則所造皆適。自非盛德，其孰能然！【釋文】「知不可」如字，又音智。

〔四〕【注】羿，古之善射者。弓矢所及爲彀中。夫利害相攻，則天下皆羿也。自不遺身忘知與物同波者，皆遊於羿之彀中耳。雖張毅之出，單豹之處，猶未免於中地，則中與不中，唯在命耳。而區區者各有所遇，而不知④命之自爾。故免乎弓矢之害者，自以爲巧，欣然多己，及至不免，則自恨其謬而志傷神辱，斯未能達命之情者也。夫我之生也，非我之所生也，則一生之內，百年之中，其坐起行止，動静趣舍，情性知能，凡所有者，凡所無者，凡所爲者，凡所遇者，皆非我也，理自爾耳。而横生休戚乎其中，斯又逆自然而失者也⑤。【疏】羿，堯時善射者也。其矢所及，謂之彀中。言羿善射，矢不虚發，彀中之地，必被殘傷，無問鳥獸，罕獲免者。偶然得免，乃關天命，免與不免，非由工拙，自不遺形忘智，皆遊於羿之彀中。是知中徒兀足，忽遭羿之一箭；子産形全，中地偶然獲免；既非人事，故不足自多矣。【釋文】「羿」音詣，徐胡係反。善射人，唐夏有之。一云：有窮之君簒夏者也。「彀」音遘，張弓也。

○家世父曰：玉篇：彀，張弓弩。漢書周亞夫傳，彀弓弩待滿。遊於羿之彀中，觸處皆危機也。而恢恢乎有中地，以自處不中，則上弦下弣，中承箭筈，反有激而傷者矣。均之遊也，中與不中，偶值之數也，不可柰何而安之則命也。言亡足之非其罪。「中」如字。「央」於良反，舊於倉反。郭云：弓矢所及爲彀中。「中地」丁仲反。下不中、注中地、中與不中同。「單豹」音善。

〔五〕【注】皆不知命而有斯笑矣⑥。

〔六〕【注】見其不知命而怒，斯又不知命也。【疏】怫然，暴戾之心也。人不知天命，妄計虧全，況己形好，嗤彼殘兀。如此之人，其流甚衆。忿其無知，怫然暴怒，嗔忿他人，斯又未知命也。【釋文】「怫然」扶弗反。

〔七〕【注】見至人之知命遺形，故廢向者之怒而復常。【疏】往伯昏之所，稟不言之教，則廢向者之怒而復於常性也。

〔八〕【注】不知先生洗我以善道故耶？我爲能自反耶？斯自忘形而遺累矣⑦。【疏】既適師門，入於虚室，廢棄忿怒，反覆尋常。不知師以善水洗滌我心？爲是我之性情〔能〕⑧自反覆？進退尋責，莫測所由。斯又忘於學心，遺其係累。

〔九〕【注】忘形故也。【疏】我與伯昏遊於道德，故能窮陰陽之妙要，極至理之精微。既其遺智忘形，豈覺我之殘兀！【釋文】「知吾介」本又作兀，兩通⑨。

〔一〇〕【注】形骸外矣，其德内也。今子與我德遊耳，非與我形交也，而索我外好，豈不過哉！【疏】郭注云：形骸外矣，其德内也。今子與我德遊耳，非與我形交也，而索我外（交）〔好〕⑩，豈不過哉！　此注意更不勞别釋也。　【釋文】「子索」色百反。　注同。

〔校〕①世德堂本作衆。②闕誤引張君房本邪下有吾之自瘖邪五字。③世德堂本無矣字。④趙諫議本知下有我字。⑤趙本無也字。⑥世德堂本無矣字。⑦世德堂本遺作遺，無矣字。⑧能字依注文補。⑨今本書作兀。⑩好字依注文改。

子産蹵然改容更貌曰：「子无乃稱〔一〕！」

〔一〕【注】已悟則厭其多言也。　【疏】蹵然，驚慚貌也。　子産未能忘懷遺欲，多在物先。　既被譏嫌，方懷驚悚，改矜誇之貌，更醜惡之容，悟知已至，不用稱説者也。　【釋文】「蹵」子六反。「乃稱」如字，舉也。　又尺證反。

魯有兀者叔山无趾，踵見仲尼〔一〕。仲尼曰：「子不謹，前既犯患若是矣。雖今來，何及矣〔二〕！」

〔一〕【注】踵，頻也。　【疏】叔山，字也。　踵，頻也。　殘兀之人，居於魯國，雖遭刖足，猶有學心，所以接踵頻來，尋師訪道。既無足趾，因以爲其名也。　【釋文】「叔山无趾」音止。　李云，叔山，（氏）〔字〕①，無足趾。○盧文弨曰：字疑氏。「踵」朱勇反。　向郭云：頻也。　崔云：無趾，故踵行。「見」賢遍反。

〔二〕【疏】子之修身，不能謹慎，犯於憲(綱)〔網〕，前已遭官，患難艱辛，形殘若此。今來請益，何所逮耶！【釋文】「子不謹前」絶句。一讀以謹字絶句。

〔校〕①字字依世德堂本及盧校改。

无趾曰：「吾唯不知務而輕用吾身，吾是以亡足〔一〕。今吾來也，猶有尊足者存〔二〕，吾是以務全之也〔三〕。夫天無不覆，地無不載〔四〕，吾以夫子爲天地，安知夫子之猶若是也〔五〕！」

〔一〕【注】人之生也，理自生矣，直莫之爲而任其自生，斯重其身而知務者也。若乃忘其自生，謹而矜之，斯輕用其身而不知務也，故五藏相攻於内而手足殘傷於外也。

〔二〕【注】刖一足未足以虧其德，明夫形骸者逆旅也。

〔三〕【注】去其矜謹，任其自生，斯務全也。【疏】无趾交遊恭謹，重德輕身，唯欲務借聲名，不知務全生道，所以觸犯憲章，遭斯殘兀。形雖虧損，其德猶存，是故頻煩追討，務全道德。以德比形，故言尊足者存。存者，在也。【釋文】「去其」羌吕反。

〔四〕【注】天不爲覆，故能常覆；地不爲載，故能常載。使天地而爲覆載，則有時而息矣；使舟能沈而爲人浮，則有時而没矣。故物爲焉則未足以終其生也。【釋文】「不爲」(於)〔于〕僞反。下不爲、而爲皆同。

〔五〕【注】責其不謹，不及天地也。【疏】夫天地亭毒，覆載無偏，而聖人德合二儀，固當弘普不棄，寧知夫子尚不捨形殘？善救之心，豈其如是也？

孔子曰：「丘則陋矣〔一〕。夫子胡不入乎，請講以所聞！」

〔一〕【疏】仲尼所陳，不過聖迹；无趾請學，務其全生。答淺問深，足成鄙陋也。

无趾出〔一〕。孔子曰：「弟子勉之！夫无趾，兀者也，猶務學以復補前行之惡，而況全德之人乎〔二〕！」

〔一〕【注】聞所聞而出，全其無爲也。【疏】夫子，无趾也。胡，何也。仲尼自覺鄙陋，情實多慚，故屈无趾，令其入室，語説所聞方内之道。既而（蓬）〔蘧〕廬久處，芻狗再陳，无趾惡聞，故默然而出也。

〔二〕【注】全德者生便忘生。【疏】勉，勖勵也。夫无趾殘兀，尚實全生，補其虧殘，悔其前行。況賢人君子，形德兩全，生便忘生，德充於内者也。門人之類，宜勖之焉。【釋文】「前行」下孟反。

无趾語老聃曰：「孔丘之於至人，其①未邪？彼何賓賓以學子爲〔一〕？彼且蘄以諔詭幻怪之名聞，不知至人之以是爲己桎梏邪〔二〕？」

〔一〕【注】怪其方復學於老聃。【疏】賓賓，恭勤貌也。夫玄德之人，窮理極妙，忘言絶學，率性生知。而仲尼執滯文字，專行聖跡，賓賓勤敬，問禮老君。以汝格量，故知其未如至人也，學子何爲者也？【釋文】「語老」魚據反。「賓賓」司馬云：恭貌。張云：猶賢賢也。崔云：有所親疏也。簡文云：好名貌。○俞樾曰：賓賓之義，釋文所引，皆望文生義，未達古訓。賓賓，猶頻頻也。漢書司馬相如傳仁頻并閭，顏注曰：頻字或作賓，是其例也。詩桑柔篇國步斯頻，說文目部作國步斯矉。書禹貢篇海濱廣斥，漢書地理志作海瀕廣潟。是皆賓聲頻聲相通之證。廣雅釋訓：頻頻，比也。楊子法言學行篇，頻頻之黨，甚於鷽斯。皆可說此賓賓之義。

〔二〕【注】夫無心者，人學亦學。然古之學者爲己，今之學者爲人，其弊也遂至乎爲人之所爲矣。夫師人以自得者，率其常然者也；舍己效人而逐物於外者，求乎非常之名者也。夫非常之名，乃常之所生②。故學者非爲幻怪也，幻怪之生必由於學；禮者非爲華藻也，而華藻之興必由於禮。斯必然之理，至人之所無奈何，故以爲己之桎梏也③。【疏】蘄，求也。諔詭，猶奇譎也。在手曰桎，在足曰梏，即今之杻械也。彼之仲尼，行於聖跡，所學奇譎怪異之事，唯求虛妄幻化之名。不知方外體道至人，用此聲教爲己枷鎖也。【釋文】「且蘄」音祈。「諔」尺叔反。「詭」九委反。李云：諔詭，奇異也。○俞樾曰：淑與詭語意不倫，淑詭當讀爲弔詭。齊物論篇其名爲弔詭，正與此同。弔作淑者，古字通用，哀十六年左傳昊天不弔，周官大祝職先鄭注引〔作〕④閔天不淑，是其證矣。○慶藩案諔詭亦作俶詭。（見呂覽傷樂篇。）諔，猶俶也。薛綜注西京賦曰：詭，異也。高誘注淮南本經篇曰：詭文，奇異之文也。

「幻」滑辯反。亦作幻。○盧文弨曰：舊本幻作勾。案説文作㓜，從反予。「桎」之實反，郭真一反。木在足也。「梏」古毒反，木在手也。「爲己」于僞反。下者爲人同。「舍己」音捨。

〔校〕①闕誤引張君房本其作□。②世德堂本有也字。③世德堂本無也字。④作字依諸子平議補。

老聃曰：「胡不直使彼以死生爲一條，以可不可爲一貫者，解其桎梏，其可乎〔一〕？」

〔一〕【注】欲以直理冥之，冀其無跡。【疏】无趾前見仲尼談講之日，何不使孔丘忘於仁義，混同生死，齊一是非？條貫既融，則是帝之縣解，豈非釋其枷鎖，解其杻械也！【釋文】「一貫」古亂反。

无趾曰：「天刑之，安可解〔一〕！」

〔一〕【注】今仲尼非不冥也。顧自然之理，行則影從，言則嚮隨。夫順物則名跡斯立，而順物者非爲名也。非爲名則至矣，而終不免乎名，則孰能解之哉！故名者影嚮也，影嚮者形聲之桎梏也。明斯理也，則名跡可遺；名跡可遺，則尚彼可絶；尚彼可絶，則性命可全矣。【疏】仲尼憲章文武，祖述堯舜，删詩書，定禮樂，窮陳蔡，圍商周，執於仁義，遭斯戮恥。亦猶行則影從，言則嚮隨，自然之勢，必至之宜也。是以陳迹既興，疵釁斯起，欲不困弊，其可得乎！故天然刑戮，不可解也。【釋文】「嚮隨」許丈反。本又作向。下同。

魯哀公問於仲尼曰：「衛有惡人焉，曰哀駘它〔一〕。丈夫與之處者，思而不能去也。婦人見之，請於父母曰『與爲人妻寧爲夫子妾』者，十數①而未止也〔二〕。未嘗有聞其唱者也，常和人而已矣〔三〕。无君人之位以濟乎人之死〔四〕，无聚祿以望人之腹〔五〕。又以惡駭天下〔六〕，和而不唱〔七〕，知不出乎四域〔八〕，且而雌雄合乎前〔九〕。是必有異乎人者也〔一〇〕。寡人召而觀之，果以惡駭天下。與寡人處，不至以月數，而寡人有意乎其爲人也〔一一〕；不至乎期年，而寡人信之。國无宰，寡②人傳國焉〔一二〕。悶然而後應〔一三〕，氾〔而〕③若辭〔一四〕。寡人醜乎，卒授之國。無幾何也，去寡人而行，寡人卹焉若有亡也，若無與樂是國也。是何人者也？」〔一五〕

〔一〕【注】惡，醜也。【疏】惡，醜也。言衛國有人，形容醜陋，内德充滿，爲物所歸。而哀駘是醜貌，因以爲名。【釋文】「惡人」惡，貌醜也。「哀駘」音臺，徐又音殆。「它」徒何反。李云：哀駘，醜貌；它，其名。

〔二〕【疏】妻者，齊也，言其位齊於夫。妾者，接也，適可接事君子。哀駘才全德滿，爲物歸依，大順羣生，物忘其醜。遂使丈夫與〔之〕④同處，戀仰不能捨去；婦人美其才德，競請爲其媵妾。十數未止，明其慕義者多不爲人妻，彰其道能感物也。

〔三〕【疏】滅跡匿端，謙居物後，直置應和而已，未嘗誘引先唱。【釋文】「常和」户卧反。下同。

〔四〕【注】明物不由權勢而往。【疏】夫人君者，必能赦過宥罪，恤死護生。駘它窮爲匹夫，位非南面，無權無勢，可以濟人。明其懷人不由威力。

〔五〕【注】明非求食而往。【疏】夫儲積倉廩，招迎士衆歸湊，本希飽腹。而駘它既無聚禄，何以致人！明其慕義非由食往也。○李楨曰：望人之望，當讀如易月幾望之望。説文：望，月滿也。與望各字。腹滿則飽，猶月滿爲望，故以擬之。與逍遥游篇腹猶果然同一字法。叚望爲朢，不見其妙。

〔六〕【注】明不以形美故往。【疏】駘它形容，異常鄙陋，論其醜惡，驚駭天下，明其聚衆，非由色往。【釋文】「惡駭」胡楷反。崔本作駴。

〔七〕【注】非招而致之。【疏】譬幽谷之響，直而無心，既不以言説招攜，非由先物而唱者也。

〔八〕【注】不役思於分外。【疏】域，分也。忘心遺智，率性任真，未曾役思運懷，緣於四方分外也。【釋文】「役思」息嗣反。

〔九〕【注】夫才全者與物無害，故入獸不亂羣，入鳥不亂行，而爲萬物之林藪。【疏】雌雄，禽獸之類也。夫才全之士，與物同波，人無害物之心，物無畏人之慮，故鳥與獸且羣聚於前也。【釋文】「雌雄合乎前」李云：禽獸屬也。「亂行」户剛反。

〔一〇〕【疏】一無權勢，二無利禄，三無色貌，四無言説，五無知慮。夫聚集人物，必不徒然，今駘它爲衆歸依，不由前之五事，以此而驗，固異於常人者也。

〔一一〕【注】未經月已覺其有遠處。　【疏】既聞有異，故命召看之。形容醜陋，果驚駭於天下。共其同處，不過二旬，觀其爲人，察其意趣，心神凝淡，似覺深遠也。

〔一二〕【注】委之以國政。　【疏】日月既久，漬鍊彌深，是以共處一年，情相委信。而國無良宰，治道未弘，庶屈賢人，傳於國政者也。　【釋文】「期年」音基。「傳國」丈專反。

〔一三〕【注】寵辱不足以驚其神。　【疏】悶然而後應，不覺之容，亦是虛淡之貌。既無情於利禄，豈有意於榮華，故同彼世人，悶然而應之也。　【釋文】「悶然」音門。李云：不覺貌。崔⑤云：有頃之間也。「後應」應對之應。

〔一四〕【注】人辭亦辭。　【疏】氾若者，是無的當不係之貌也。雖無驚於寵辱，亦乃同塵以遜讓，故氾然常人辭亦辭也。　【釋文】「氾」浮劍反，不係也。

〔一五〕【疏】愧，慙也。卒，終也。幾何，俄頃也。卹，憂也。寡人是五等之謙稱也。既見良人，氾然虛淡，中心愧醜，戀慕殷勤，終欲與之國政，屈爲卿輔。俄頃之間，逃遁而去，喪失賢宰，實懷憂卹，情之恍惚，若有遺亡，雖君魯邦，曾無歡樂。來喜去憂，感動如此，何人何術，一至於斯？　【釋文】「醜乎」李云：醜，慙也。崔云：愧也。「無幾」居豈反。「與樂」音洛。

〔校〕①趙諫議本十數作數十。②世德堂本寡上有而字。③而字依趙本及疏文删。④之字依正文補。⑤崔下疑脱作間二字。

仲尼曰：「丘也嘗使於楚矣，適見㹠子食於其死母者〔一〕，少焉眴若皆棄之而走。不見己焉爾，不得類焉爾〔二〕。所愛其母者，非愛其形也，愛使其形者也〔三〕。戰而①死者，其人之葬也不以翣資〔四〕；刖者之屨，无爲愛之〔五〕；皆无其本矣〔六〕。爲天子之諸御，不爪翦，不穿耳〔七〕；取妻者止於外，不得復使〔八〕。形全猶足以爲爾〔九〕，而況全德之人乎〔一〇〕！今哀駘它未言而信，无功而親，使人授己國，唯恐其不受也，是必才全而德不形者也〔一一〕。」

〔一〕【注】食乳也。【釋文】「嘗使於楚矣」使，音所吏反。本亦作遊，本又直云嘗於楚矣。「㹠子」本又作豚，徒門反。「食於」音飲，邑錦反。注同。舊如字，簡文同。

〔二〕【注】夫生者以才德爲類，死而才德去矣，故生者以失類而走也。故含德之厚，（者）②比於赤子，无往而不爲之赤子也，則天下莫之害，斯得類而明己故也。情苟類焉，則雖形不與同而物無害心；情類苟亡，（雖）則〔雖〕③形同母子而不足以固其志矣。【疏】哀公陳己心跡以問孔子，孔子以豚子爲譬，以答哀公：「丘曾領門徒，遊行楚地，適見豚子飲其死母之乳，眴目之頃，少時之閒，棄其死母，皆散而走。不見己類，所以爲然。」故郭注云，生者以才德爲類，死而才德去矣，故生者以失類而走也。以況哀公素無才德，非是己類，棄捨而去。駘它才德既全，〔比〕④於赤子，物之親愛，固是其宜矣。【釋文】「眴若」本亦作瞬，音舜。司馬云：驚貌。崔云：目動也。謂死母目動。○俞樾曰：眴若，猶眴然也。徐无鬼篇衆狙見之，恂然棄而走。此云眴若，彼云恂然，文異義同。眴恂並⿱旬兮之叚字。説文兮部：⿱旬兮，驚辭也。從兮，旬聲。眴恂亦從旬聲，故得通用。釋文引司馬曰：驚貌，得之矣。眴若皆棄之而走，言㹠子皆驚而走也。蓋始焉不知其爲死母，就之而食；少焉覺其死，故皆驚走也。眴若二字，以其子言，不以其母言。釋文又引崔云，目動也，謂死母目動。然則其母不死，與下意不合矣。下文不見己焉爾，不得類焉爾，郭注曰，夫生者以才德爲類，死而才德去矣，故生者以失類而走也。若從崔説，死母之目尚動，是其才德未去，何爲以失類而走乎？

〔三〕【注】使形者，才德也。【疏】郭注曰，使形者才德也。而才德者，精神也。豚子愛母，愛其精神；人慕駘它，慕其才德者也。

〔四〕【注】翣者，武所資也。戰而死者無武也，翣將安施！【釋文】「翣資」所甲反，扇也，武王所造。宋均云：武飾也。李云：資，送也。崔本作翣杴，音坎，謂先人墳墓也。○盧文弨曰：李下舊無云字，案當有，今增。

〔五〕【注】所愛屨者，爲足故耳。【釋文】「爲足」于僞反。

〔六〕【注】翣屨者以足武爲本。【疏】翣者，武飾之具，武王爲之，或云周公作也。其形似方扇，（使）〔飾〕車兩邊。軍將行師，陷陣而死，及其葬日，不用翣資。是知翣者武之所資，屨者足之所（使）用，形者神之所使；無足〔則〕屨無所用，無武則翣無所資，無神則形無所（愛）〔受〕。然翣屨以足武爲本，形貌以才德爲原，二者無本，故並無用也。

〔七〕【注】全其形也。

〔八〕【注】恐傷其形。【疏】夫帝王宫闈，揀擇御女，穿耳翦爪，恐傷其形。匹夫取妻，停於外務，使役驅馳，慮虧其色。此重舉譬以況全才也。【釋文】「不得復使」扶又反。章末注同。崔本作不得復使（矣）〔入〕⑤，云：不復入直也。○家世父曰：不爪翦，不穿耳，謂不加修飾而後本質見。止於外不復使，謂不交涉他事而後精神專一。郭象以爲恐傷其形，誤也。

〔九〕【注】採擇嬪御及燕爾新昏，本以形好爲意者也。故形之全也，猶⑥以降至尊之情，回貞女之操也。【釋文】「形好」呼報反。

〔一〇〕【注】德全而物愛之，宜矣。【疏】爾，然也。夫形之全具，尚能降真人，感貞女，而況德全乎！此合譬也。故郭注云，德全而物愛之，宜矣哉！

〔一一〕【疏】夫親由績彰，信藉言顯。今駘它未至言說而已遭委信，本無功績而付託實親，遂使魯侯虛襟授其朝政，卑己遜讓，唯恐不受。如是之人，必當才智全具而推功於物，故德不形見之也。

〔校〕①趙諫議本無而字。②者字依世德堂本删。③則雖依世德堂本互易。④比字依注文補。⑤入字依釋文原本改。⑥趙本猶作無。

哀公曰：「何謂才全〔一〕？」

〔一〕【疏】前雖標舉，於義未彰，故發此疑，庶希後答。

仲尼曰：「死生存亡，窮達貧富，賢與不肖毁譽，飢渴寒暑，是事之變、命之行也〔一〕，日夜相代乎前〔二〕，而知不能規乎其始者也〔三〕。故不足以滑和〔四〕，不可入於靈府〔五〕。使之和豫，通而不失於兑〔六〕；使日夜无郤①〔七〕而與物爲春〔八〕，是接而生時於心者也〔九〕。是之謂才全〔一〇〕。」

〔一〕【注】其理固當，不可逃也。故人之生也，非誤生也；生之所有，非妄有也。天地雖大，萬物雖多，然吾之所遇適在於是，則雖天地神明，國家聖賢，絶力至知而弗能違也。故凡所不遇，弗能遇也，其所遇，弗能不遇也；〔凡〕②所不爲，弗能爲也，其所爲，弗能不爲也；故付之而自當矣。【疏】夫二儀雖大，萬物雖多，人生所遇，適在於是。故前之八對，並是事物之變化，天命之流行，而留之不停，推之不去，安排任化，所遇〔所〕〔斯〕③適。自非德充之士，其孰能然！此則仲尼答哀公才全之義。【釋文】「毁譽」音餘。

〔二〕【注】夫命行事變，不舍晝夜，推之不去，留之不停。故才全者，隨所遇而任之。【釋文】「不舍」音捨。

〔三〕【注】夫始非知之所規，而故非情之所留。是以知命之必行，事之必變者，豈於終規始，在新戀故哉？雖有至知而弗能規也。逝者之往，吾柰之何哉！【疏】夫命行事變，其速如馳；代謝遷流，不舍晝夜。一前一後，反覆循環，雖有至知，不能測度，豈復在新戀故，在終規始哉？蓋不然也。唯當隨變任化，則無往而不逍遥也。

〔四〕【注】苟知性命之固當，則雖死生窮達，千變萬化，淡然自若而和理在身矣。【疏】滑，亂也。雖復事變命遷，而隨形任化，淡然自若，不亂於中和之道也。【釋文】「以滑」音骨。「淡然」徒蹔反。

〔五〕【注】靈府者，精神之宅也。夫至足者，不以憂患經神，若皮外而過去。【疏】靈府者，精神之宅，所謂心也。經寒（涉）暑，〔涉〕治亂，千變萬化，與物俱往，未嘗槩意，豈復關心耶！

〔六〕【注】苟使和性不滑，靈府閒豫，則雖涉乎至變，不失其兑然也。【疏】兑，徧悦也。體窮通，達生死，遂使所遇和樂，中心逸豫，經涉夷險，兑然自得，不失其適悦也。【釋文】「於兑」徒外反。李云：悦也。「閒豫」音閑。

〔七〕【注】泯然常任之。【疏】郤，閒也。駘它流轉，日夜不停，心心相係，亦無閒斷也。【釋文】「無郤」去逆反。李云：閒也。

〔八〕【注】羣生之所賴也。【疏】慈照有生，恩霑動植，與物仁惠，事等青春。

〔九〕【注】順四時而俱化。【疏】是者，指斥以前事也。才全之人，接濟羣品，生長萬物，應赴順時，無心之心，逗機而照者也。【釋文】「是接而生時乎心者也」司馬云：接至道而和氣在心也。李云：接萬物而施生，順四時而俱作。○盧文弨曰：今本書乎作於。

〔一〇〕【疏】總結以前，是才全之義也。

〔校〕①敦煌本郤作陳。②凡字依世德堂本補。③斯字依劉文典補正本改。

「何謂德不形〔一〕？」

〔一〕【疏】已領才全，未悟德不形義。更相發問，庶聞後旨也。

曰：「平者，水停之盛也〔一〕。其可以爲法也〔二〕，内保之而外不蕩也〔三〕。德者，成和之脩也〔四〕。德不形者，物不能離也〔五〕。」

〔一〕【注】天下之平，莫盛於停水也。【疏】停，止也。而天下均平，莫盛於止水。故上文云人莫鑒於流水而必鑒於止水。此舉爲譬，以彰德不形義故也。

〔二〕【注】無情至平，故天下取正焉。

〔三〕【注】内保其明，外無情僞，玄鑒洞照，與物無私，故能全其平而行其法也。【疏】夫水性澄清，鑒照於物，大匠雖巧，非水不平。故能保守其明而不波蕩者，可以軌（徹）〔轍〕工人，洞鑒妍醜也。故下文云水平中準，大匠取則焉。況至人冥真合道，和光（和）〔利〕①物，模楷蒼生，動而常寂，故云内保之而外不蕩者也。【釋文】「情爲」于僞反。○慶藩案情爲即情僞也。古爲僞二字通用。史記小司馬本五帝紀平秩南爲，漢書王莽傳作南僞。禮月令作爲淫巧，鄭注曰：今月令作爲作詐僞。左定公十二年傳子僞不知，釋文：僞，一作爲。荀子性惡篇，可學而能，可事而成之在人者謂之僞。僞即爲也。皆其證。

〔四〕【注】事得以成，物得以和，謂之德也。【疏】夫成於庶事，和於萬物者，非盛德孰能之哉！

必也先須修身立行，後始可成事和物。〔之德〕〔物得〕以和而我不喪者，方可以謂之德也。

〔五〕【注】無事不成，無物不和，此德之不形也。是以天下樂推而不厭。【疏】夫明齊日月而歸明於昧，功侔造化而歸功於物者，〔也〕〔此〕②德之不形也。是以含德之厚，比於赤子，天下樂推而不厭，斯物不離之者也。【釋文】「能離」力智反。

〔校〕①利字依應帝王篇名實不入句下疏文改。後同。②此字依注文改。

哀公異日以告閔子曰：「始也吾以南面而君天下，執民之紀而憂其死，吾自以爲至通矣。今吾聞至人之言，恐吾無其實，輕用吾身而亡其國。吾與孔丘，非君臣也，德友而已矣〔一〕。」

〔一〕【注】聞德充之風者，雖復哀公，猶欲遺形骸，忘貴賤也。【疏】姓閔，名損，字子騫，宣尼門人，在四科之數，甚有孝德，魯人也。異日，猶它日也。南面，君位也。初始未悟，矜於魯君，執持綱紀，憂於兆庶，養育教誨，恐其夭死。用斯治術，爲至美至通。今聞尼父言談，且陳才德之義，魯侯悟解，方覺前非。至通憂死之言，更成虛幻；執紀南面之大，都無實録；於是隳肢體，黜聰明，遺尊卑，忘爵位，觀魯邦若蝸角，視己形如隙影，友仲尼以全道德，禮司寇以異君臣。故知莊老之談，其風清遠，德充之美，一至於斯。【釋文】「閔子」孔子弟子閔子騫也。

闉跂支離无脤說衛靈公，靈公說之；而視全人，其脰肩肩。甕㼜大癭說齊桓公，桓公說之；而視全人，其脰肩肩〔一〕。故德有所長而形有所忘〔二〕，人不忘其所忘而忘其所不忘，此謂誠忘〔三〕。故聖人有所遊〔四〕，而知爲孽，約爲膠，德爲接，工爲商〔五〕。聖人不謀，惡用知？不斲，惡用膠？无喪，惡用德？不貨，惡用商〔六〕？四者，天鬻也。天鬻者，天食也〔七〕。既受食於天，又惡用人〔八〕！有人之形〔九〕，无人之情〔一〇〕。有人之形，故羣於人〔一一〕，无人之情，故是非不得於身〔一二〕。眇乎小哉，所以屬於人也〔一三〕！謷乎大哉，獨成其天〔一四〕！

〔一〕【注】偏情一往①，則醜者更好而好者更醜也。【疏】闉，曲也，謂攣曲企踵而行。脤，脣也，謂支體坼裂，傴僂殘病，復無脣也。㼜，盆也。脰，頸也。肩肩，細小貌也。而支離殘病，企踵而行；瘤癭之病，大如盆甕。此二人者，窮天地之陋，而俱能忘形建德，體道談玄。遂使齊衛兩君，欽風愛悅，美其盛德，不覺病醜，顧視全人之頸，翻小而自肩肩者。【釋文】「闉」音因，郭烏年反。「跂」音企，郭其逆反。「支離无脤」徐市軫反，又音脣。司馬云：闉，曲；跂，企也。闉跂支離，言腳常曲，行體不正卷縮也。無脤，名也。崔云：闉跂，偃者也。支離，傴者也。脤，脣同。簡文云：跂，行也。脤，臀也。○慶藩案慧琳一切經音義一百肇論卷上引司馬云：跂，望也。釋文闕。「說衛」始銳反，又如字。下說齊桓同。「說之」音悅。

下説之同。「脰」音豆，頸也。「肩肩」胡咽反，又胡恩反。李云：羸小貌。崔云：猶玄玄也。簡文云：直貌。○李楨曰：攷工梓人文數目顅脰，注云：顅，長脰貌，與肩肩義合。知肩是省借，本字當作顅。竝可据鄭注補釋文一義。「甕」烏送反，郭於寵反。「㼜」烏葬反，郭於兩反。李云：甕㼜，大癭貌。崔同。「大癭」一領反。説文云：瘤也。

〔二〕【注】其德長於順物，則物忘其醜；長於逆物，則物忘其好。【疏】大癭支離，道德長遠，遂使齊侯衛主，忘其形惡。

〔三〕【注】生則愛之，死則棄之。故德者，世之所不忘也；形者，理之所不存也。故夫忘形者，非忘也；不忘形而忘德者，乃誠忘也。【疏】誠，實也。所忘，形也；不忘，德也；忘形易而忘德難也，故謂形爲所忘，德爲不忘也。不忘形而忘德者，此乃真實（志）〔忘〕②。斯德不形之義也。

〔四〕【注】遊於自得之場，放之而無不至者，才德全也。【疏】物我雙遣，形德兩忘，故放任乎變化之場，遨遊於至虚之域也。

〔五〕【注】此四者自然相生，其理已具。【疏】夫至人道邁三清而神遊六合，故藴智以救殃孽，約束以檢散心，樹德以接蒼生，工巧以利羣品。此之四事，凡類有之，大聖慈救，同塵順物也。【釋文】「而知」音智，下同。「爲孽」魚列反。司馬云：智慧生妖孽。「約爲膠」司馬云：約束而後有如膠漆。崔云：約誓所以爲膠固。「德爲接」司馬云：散德以接物也。「工爲商」

司馬云：工巧而商賈起。

〔六〕【注】自然已具，故聖人無所用其己也。【疏】惡，何也。至人不殃孽謀謨，何用智惠？不散亂彫斲，何用膠固？本不喪道，用德何爲？不貴難得之貨，無勞商賈。祇爲和光（和）〔利〕物，是故有之者也。【釋文】「惡用」音烏，下同。「不斲」陟角反。「無喪」息浪反。

〔七〕【注】言自然而稟之。【疏】鬻，食也。食，稟也。天，自然也。以前四事，蒼生有之，稟自天然，各率其性，聖人順之，故無所用己也。【釋文】「天鬻」音育，養也。「天食」音嗣，亦如字。

〔八〕【注】既稟之自然，其理已足。則雖沈思以免難，或明戒以避禍，物無妄然，皆天地之會，至理所趣。必自思之，非我思也；必自不思，非我不思也。或思而免之，或思而不免，或不思而免之，或不思而不免。凡此皆非我也，又奚爲哉？任之而自至也。【疏】稟之自然，各有定分。何須分外添足人情！違天任人，故至悔者也。【釋文】「受食」如字，又音嗣。「沈思」息嗣反，亦如字。「免難」乃旦反。

〔九〕【注】視其形貌若人。

〔一〇〕【注】掘若槁木之枝。【疏】聖人同塵在世，有生處之形容；體道虛忘，無是非之情慮。【釋文】「掘若」其勿反。「槁木」苦老反。

〔一一〕【注】類聚羣分，自然之道。【疏】和光混跡，羣聚世間。此解有人之形。【釋文】「羣分」

如字。

〔二〕【注】無情，故付之於物也。　【疏】譬彼靈真，絶無性識；既忘物我，何有是非！　此解無人之情故也。

〔三〕【注】形貌若人。　【疏】屬，係也。跡閔囂俗，形係人羣，與物不殊，故稱眇小也。此結有人之形耳。　【釋文】「眇」亡小反。簡文云：陋也。○慶藩案慧琳一切經音義九十八廣弘明集音卷十五引司馬云：眇，高視也。釋文闕。

〔四〕【注】無情，故浩然無不任。無不任者，有情之所未能也，故無情而獨③成天也。【疏】謷，高大貌也。謷然大教，萬境都忘，智德高深，凝照弘遠。故歎美大人，獨成自然之至。此結無人之情也。　【釋文】「謷乎」五羔反，徐五報反。簡文云：放也。今取遨遊義也。「獨成其天」如字。崔本天字作大，云：類同於人，所以爲小；情合於天，所以爲大。

〔校〕①趙諫議本作性。②忘字依正文改。③趙本獨作及。

惠子謂莊子曰：「人故无情乎〔一〕？」

〔一〕【疏】前文云，有人之形，無人之情。惠施引此語來質疑。莊子所言人者，必固無情慮乎？然莊惠二賢，並遊心方外，故常稟而爲論端。

莊子曰：「然〔一〕。」

〔一〕【疏】然，如是也。許其所問，故答云然。

惠子曰：「人而无情，何以謂之人〔一〕？」

〔一〕【疏】若無情智，何名爲人？此是惠施進責之辭，問於莊子。

莊子曰：「道與之貌，天與之形，惡得不謂之人〔一〕？」

〔一〕【注】人之生也，非情之所生也；生之所知，豈情之所知哉？故有情於爲離曠而弗能也，然離曠以無情而聰明矣；有情於爲賢聖而弗能也，然賢聖以無情而賢聖矣。豈直賢聖絶遠而離曠難慕哉？雖下愚聾瞽及雞鳴狗吠，豈有情於爲之，亦終不能也。不問遠之與近，雖去己一分，顔孔之際，終莫之得也。是以關之萬物，反取諸身，耳目不能以易任成功，手足不能以代司致業。故嬰兒之始生也，不以目求乳，不以耳向明，不以足操物，不以手求行。豈百骸無定司，形貌無素主，而專由情以制之哉！【疏】惡，何也。虚通之道，爲之相貌；自然之理，遺其形質。形貌具有，何得不謂之人？且形之將貌，蓋亦不殊。道與自然，互其文耳。欲顯明斯義，故重言之也。【釋文】「惡得」音烏。下惡得同。「吠」扶廢反。「一分」如字。「足操」七刀反。

惠子曰：「既謂之人，惡得无情〔一〕？」

〔一〕【注】未解形貌之非情也。【疏】既名爲人，理懷情慮。若無情識，何得謂之人？此是惠施未解形貌之非情。【釋文】「未解」音蟹。

莊子曰：「是非吾所謂情也〔一〕。吾所謂无情者，言人之不以好惡內傷其身〔二〕，常因自然而不益生也〔三〕。」

〔一〕【注】以是非爲情，則無是無非無好無惡者，雖有形貌，直是人耳，情將安寄！【疏】吾所言情者，是非彼我好惡憎嫌等也。若無是無非，雖有形貌，直是人耳，情將安寄！

〔二〕【注】任當而直前者，非情也。【疏】莊子所謂無情者，非木石其懷也，止言不以好惡緣慮分外，遂成性而內理其身者也。何則？蘊虛照之智，無情之情也。

〔三〕【注】止於當也。【疏】因任自然之理，以此爲常；止於所稟之涯，不知生分。

惠子曰：「不益生，何以有其身〔一〕？」

〔一〕【注】未明生之自生，理之自足。【疏】若不資益生道，何得有此身乎？未解生之自生，理之自足者也。

莊子曰：「道與之貌，天與之形〔一〕，无以好惡內傷其身〔二〕。今子外乎子之神，勞乎子之精，倚樹而吟，據槁梧而瞑〔三〕。天選子之形，子以堅白鳴〔四〕！」

〔一〕【注】生理已自足於形貌之中，但任之則身存。【疏】道與形貌，生理已足，但當任之，無勞措意也。

〔二〕【注】夫好惡之情，非所以益生，祇足以傷身，以其生之有分也。【疏】還將益以酬後問也。

【釋文】「无以好惡」呼報反。下烏路反。注同。「祇足」音支。

〔三〕【注】夫神不休於性分之内，則外矣；精不止於自生之極，則勞矣。故行則倚樹而吟，坐則據梧而睡，言有情者之自困也。【疏】槁梧，夾膝几也。惠子未遣筌蹄，耽内名理，疏外神識，勞苦精靈，故行則倚樹而吟詠，坐則隱几而談説，是以形勞心倦，疲怠而瞑者也。【釋文】「倚樹」於綺反。「據槁」苦老反。「梧」音吾。「而瞑」音眠。崔云：據琴而睡也。「而睡」垂臂反。

〔四〕【注】言凡子所爲，外神勞精，倚樹據梧，且吟且睡，此世之所謂情也。而云天選，明夫情①者非情之所生，而況他哉！故雖萬物萬形，云爲趣舍，皆在無情中來，又何用情於其間哉！【疏】選，授也。鳴，言説也。自然之道，授與汝形，夭壽妍醜，其理已定，無勞措意，分外益生。而子稟性聰明，辨析（明）〔名〕②理，執持己德，炫燿衆人。亦何異乎公孫龍作白馬論，云白馬非馬，堅守斯論，以此自多！信有其言而無其實，能伏衆人之口，不能伏衆人之心。今子分外誇談，即是斯之類也。【釋文】「天選」宣轉反，舊思緩反。

〔校〕①趙諫議本情作此。②名字依劉文典説改。

莊子集釋卷三上

内篇 大宗師第六〔一〕

〔一〕【注】雖天地之大，萬物之富，其所宗而師者無心也。【釋文】「大宗師」崔云：遺形忘生，當大宗此法也。

知天之所爲，知人之所爲者，至矣〔一〕。知天之所爲者，天而生也〔二〕；知人之所爲者，以其知之所知以養其知之所不知，終其天年而不中道夭者，是知之盛也〔三〕。

〔一〕【注】知天人之所爲者，皆自然也；則内放其身而外冥於物，與衆玄同，任之而無不至者也。

【疏】天者，自然之謂。至者，造極之名。天之所爲者，謂三景晦明，四時生殺，風雲舒卷，雷雨寒温也。人之所爲者，謂手捉腳行，目視耳聽，心知工拙，凡所施爲也。知天之所爲，悉皆自爾，非關修造，豈由知力！是以内放其身，外冥於物，浩然大觀，與衆玄同，窮理盡性，故稱爲至也。

〔二〕【注】天者，自然之謂也。夫爲爲者不能爲，而爲自爲耳；爲知者不能知，而知自知耳。自知耳，不知也，不知也則知出於不知矣；自爲耳，不爲也，不爲也則爲出於不爲矣。爲出於不爲，故以不爲爲主；知出於不知，故以不知爲宗。是故真人遺知而知，不爲而爲，自然而生，坐忘而得，故知稱絶而爲名去也。【疏】雲行雨施，川源岳瀆，非關人力，此乃天生，能知所知，並自然也。此解前知天之所爲。【釋文】「天而生」向崔本作失而生。「知稱」尺證反。

〔三〕【注】人之生也，形雖七尺而五常必具，故雖區區之身，乃舉天地以奉之。故天地萬物，凡所有者，不可一日而相無也。一物不具，則生者無由得生；一理不至，則天年無緣得終。然身之所有者，知或不知也；理之所存者，爲或不爲也。故知之所知者寡而身之所有者衆，爲之所爲者少而理之所存者博，在上者莫能器之而求其備焉。人之所知不必同而所爲不敢異，異則僞成矣，僞成而真不喪者，未之有也。或好知而不倦以困其百體，所好不過一枝而舉根俱弊，斯以其所知而害所不知也。若夫知之盛也，知人之所爲者有分，故任而不(强)〔彊〕也，知人之所知者有極，故用而不蕩也。故所知不以無涯自困，則一體之中，知與不知，闇相與會而俱全矣，斯以其所知養所不知者也。【疏】人之所爲，謂四肢百體各有御用也。知之所知者，謂目知於色，即以色爲所知也。知之所不知者，謂目能知色，不能知聲，即以聲爲所不知也。既而目爲手足而視，腳爲耳鼻而行，雖復無心相爲，而濟彼之功成矣。故眼耳鼻舌，四肢百體，更相役用，各有司存。心之明闇，亦有限極，用其分内，終不强知。斯以其知之所知以養其知之所不知也，故得盡其天年，不横夭折。能如是者，可謂知之盛美者也。【釋文】「不喪」息浪反，下皆同。「或好」呼報反。下同。「不强」其兩反。○盧文弨曰：今本書作彊。

雖然，有患〔一〕。夫知有所待而後當〔二〕，其所待者特未定也〔三〕。庸詎知吾所謂天之非人乎？所謂人之非天乎〔四〕？

〔一〕【注】雖知盛，未若遺知任天之無患也。【疏】知雖盛美，猶有患累，不若忘知而任獨也。

〔二〕【注】夫知者未能無可無不可，故必有待也。若乃任天而生者，則遇物而當也。

〔三〕【注】有待則無定也。【疏】夫知必對境，非境不當。境既生滅不定，知亦待奪無常。唯當境知兩忘，能所雙絶者，方能無可無不可，然後無患也已。

〔四〕【注】我生有涯，天也；心欲益之，人也。然此人之所謂耳，物無非〔天也〕①。天也者，自然者也；人皆自然，則治亂成敗，遇與不遇，非人爲也，皆自然耳。【疏】近取諸身，遠託諸物，知能運用，無非自然。是知天之與人，理歸無二。故謂天則人，謂人則天。凡庸之流，詎曉斯旨！所言吾者，莊生自稱。此則泯合人天，混同物我者也。【釋文】「庸詎」徐其庶反。「則治」直吏反。

〔校〕①天也二字依世德堂本補。

且有真人而後有真知〔一〕。何謂真人〔二〕？古之真人，不逆寡〔三〕，不雄成〔四〕，不謨士〔五〕。若然者，過而弗悔，當而不自得也〔六〕。若然者，登高不慄，入水不濡，入火不熱。是知之能登假於道者也若此。〔七〕

〔一〕【注】有真人，而後天下之知皆得其真而不可亂也。【疏】夫聖人者，誠能冥真合道，忘我遺物。懷兹聖德，然後有此真知，是以混一真人而無患累。真（知）〔人〕之狀，列在下文耳。

〔二〕【疏】假設疑問，庶顯其旨。

〔三〕【注】凡寡皆不逆，則所願者衆矣。【疏】寡，少也。引古御今，崇本抑末，虚懷任物，大順羣生，假令微少，曾不逆忤者也。

〔四〕【注】不恃其成而處物先。【疏】爲而不恃，長而不宰，豈雄據成績，欲處物先耶！

〔五〕【注】縱心直前而羣士自合，非謀謨以致之者也。【疏】虚夷忘淡，士衆自歸，非關運心謀謨招致故也。【釋文】「不謨」没乎反。

〔六〕【注】直自全當而無過耳，非以得失經心者也。【疏】天時已過，曾無悔吝之心；分命偶當，不以自得爲美也。○俞樾曰：過者，謂於事有所過失也。當者，謂行之而當也。在衆人之情，於事有所過失則悔矣，行之而當則自以爲得矣。真人不然。故曰過而弗悔，當而不自得也。正文明言過，郭注謂全當而無過，失之。

〔七〕【注】言夫知之登至於道者，若此之遠也。理固自全，非畏死也。故真人陸行而非避濡也，遠火而非逃熱也，無過而非措當也。故雖不以熱爲熱而未嘗赴火，不以濡爲濡而未嘗蹈水，不以死爲死而未嘗喪生。故夫生者，豈生之而生哉，成者，豈成之而成哉！故任之而無不至者，真人也，豈有概意於所遇哉！【疏】慄，懼也。濡，溼也。登，昇也。假，至也。真人達生死之不二，體安危之爲一，故能入水入火，曾不介懷，登高履危，豈復驚懼。真知之士，有此功能，昇至玄道，故得如是者也。【釋文】「不慄」音栗。「不濡」而朱反。「登假」更百反，至也。「遠火」于萬反。「有概」古愛反。

古之真人，其寢不夢〔一〕，其覺无憂〔二〕，其食不甘〔三〕，其息深深。真人之息以踵〔四〕，衆人之息以喉。屈服者，其嗌言若哇〔五〕。其耆欲深者，其天機淺〔六〕。

〔一〕【注】無意想也。

〔二〕【注】當所遇而安也。【疏】夢者，情意妄想也。而真人無情慮，絶思想，故雖寢寐，寂泊而不夢，以至覺悟，常適而無憂也。【釋文】「其覺」古孝反。

〔三〕【注】理當食耳。【疏】混迹人間，同塵而食，不耽滋味，故不知其美。

〔四〕【注】乃在根本中來者也。【疏】踵，足根也。真人心性和緩，智照凝寂，至於氣息，亦復徐遲。腳踵中來，明其深静也。【釋文】「深深」李云：内息之貌。○家世父曰：存息於無息之地，而後納之深，泊然寂然，無出無入，無往無來，鬱怒之所不能結，耆欲之所不能加，百骸九竅六藏，一不與爲灌輸，而退而寄之於踵，乃以養息於深微博厚而寓諸無窮。「以踵」章勇反。王穆夜云：起息於踵，遍體而深。

〔五〕【注】氣不平暢。【疏】嗌，喉也。哇，碍也。凡俗之人，心靈馳競，言語喘息，唯出咽喉。情躁氣促，不能深静，屈折起伏，氣不調和，咽喉之中恒如哇碍也。【釋文】「以喉」向云：喘悸之息，以喉爲節，言情欲奔競所致。「其嗌」音益。郭音厄，厄咽喉也。「若哇」獲媧反，徐胡卦反，又音絓。崔一音於佳反，結也，言咽喉之氣結礙不通也。簡文云：哇，嘔也。

〔六〕【注】深根寧極，然後反一，無欲也。【疏】夫耽耆諸塵而情欲深重者，其天然機神淺鈍故也。若使智照深遠，豈其然乎！【釋文】「其耆」市志反。

古之真人，不知説生，不知惡死〔一〕；其出不訢，其入不距〔二〕；翛然而往，翛然而來而已矣〔三〕。不忘其所始，不求其所終〔四〕；受①而喜之〔五〕，忘而復之〔六〕，是之謂不以心捐道，不以人助天。是之謂真人〔七〕。

〔一〕【注】與化爲體者也。【疏】氣聚而生，生爲我時；氣散而死，死爲我順。既冥變化，故不以悦惡存懷。【釋文】「説生」音悦。「惡死」烏路反。

〔二〕【注】泰然而任之也。【疏】時應出生，本無情於忻樂；時應入死，豈有意於距諱耶！【釋文】「不訢」音欣，又音祈。「不距」本又作拒，音巨。李云：欣出則營生，距入則惡死。

〔三〕【注】寄之至理，故往來而不難也。【疏】翛然，無係貌也。翛然獨化，任理遨遊，雖復死往生來，曾無意戀之者也。【釋文】「翛然」音蕭。本又作儵。徐音叔，郭與久反，李音悠。向云：翛然，自然無心而自爾之謂。郭崔云：往來不難之貌。司馬云：儵，疾貌。李同。○盧文弨曰：舊久譌冬，今從宋本正。

〔四〕【注】終始變化，皆忘之矣，豈直逆忘其生，而猶復探求死意也！【疏】始，生也。終，死也。

生死都遺，曾無滯著。豈直獨忘其生而偏求於死邪？終始均平，所遇斯適也。【釋文】「猶復」扶又反。下非復同。

〔五〕【注】不問所受者何物，遇之而無不適也。【疏】喜所遇也。

〔六〕【注】復之不由於識，乃至也。【疏】反未生也。

〔七〕【注】人生而靜，天之性也；感物而動，性之欲也。物之感人無窮，人之逐欲無節，則天理滅矣。真人知用心則背道，助天則傷生，故不爲也。【疏】是謂者，指斥前文，總結其旨也。捐，棄也。言上來智惠忘生，可謂不用取捨之心，捐棄虛通之道；亦不用人情分别，添助自然之分。能如是者，名曰真人也。【釋文】「捐」徐以全反。郭作揖，一入反。崔云：或作楫，所以行舟也。○盧文弨曰：揖舊譌楫。案下方云或作楫，則此當作揖。○俞樾曰：捐字誤。釋文云，郭作揖，崔云或作楫，所以行舟也，其義彌不可通。疑皆偝字之誤。偝即背字，故郭注曰，真人知用心則背道，助天則傷生。是郭所據本正作偝也。「則背」音佩。

〔校〕①趙諫議本受作愛。

若然者，其心志〔一〕，其容寂〔二〕，其顙頯〔三〕：淒然似秋〔四〕，煖然似春〔五〕，喜怒通四時〔六〕，與物有宜而莫知其極〔七〕。

〔一〕【注】所居而安爲志。【疏】若如以前不捐道等心，是心懷志力而能致然也。故老經云，强行者有志。○家世父曰：郭象注，所居而安爲志，應作其心志。説文：志，心之所之也。商書，若射之有志，孔疏云：如射之有志，志之所主，欲得中也。佛書性相如如，常住不遷，即此所謂其心志也。○慶藩案說文無志篆，所引當出字林字書。

〔二〕【注】雖行而無傷於靜。【釋文】「容家」本亦作寂。崔本作宋。○盧文弨曰：舊本譌家，今改正，說見前。本書作寂。

〔三〕【注】頯，大朴之貌。【疏】顙，額也。頯，大朴貌。夫真人降世，挺氣異凡，非直智照虛明，志力弘普，亦乃威容閑雅，相貌端嚴。日角月弦，即斯類也。【釋文】「其顙」息黨反。崔云：額也。「頯」徐去軌反，郭苦對反，李音仇，一音逵，權也。王云：質樸無飾也。向本作䫥，云：䫥然，大朴貌。廣雅云：䫥，大也。五罪反。

〔四〕【注】殺物非爲威也。【釋文】「淒然」七西反。

〔五〕【注】生物非爲仁也。【釋文】「煖然」音暄，徐況晚反。

〔六〕【注】夫體道合變者，與寒暑同其温嚴，而未嘗有心也。然有温嚴之貌，生殺之節，故寄名於喜怒也。【疏】聖人無心，有感斯應，威恩適務，寬猛逗機。同素秋之降霜，本無心於肅殺；似青春之生育，寧有意於仁惠！是以真人如雷行風動，木茂華敷，覆載合乎二儀，喜怒通乎四序。

〔七〕【注】無心於物，故不奪物宜；無物不宜，故莫知其極。【疏】真人應世，赴感隨時，與物交涉，必有宜便。而虛心慈愛，常善救人，量等太虛，故莫知其極。

故聖人之用兵也，亡國而不失人心〔一〕；利澤施乎萬世，不爲愛人〔二〕。故樂通物，非聖人也〔三〕；有親，非仁也〔四〕；天時，非賢也〔五〕；利害不通，非君子也〔六〕；行名失己，非士也〔七〕；亡身不真，非役人也〔八〕。若狐不偕、務光、伯夷、叔齊、箕子、胥餘、紀他、申徒狄，是役人之役，適人之適，而不自適其適者也〔九〕。

〔一〕【疏】堯攻叢支，禹攻有扈，成湯滅夏，周武伐殷，並上合天時，下符人事。所以興動干戈，弔民問罪，雖復殄亡邦國，而不失百姓歡心故也。【釋文】「亡國而不失人心」崔云：亡敵國而得其人心。

〔二〕【注】因人心之所欲亡而亡之，故不失人心也。夫白日登天，六合俱照，非愛人而照之也。故聖人之在天下，煖焉若春陽之自和，故蒙①澤者不謝；淒乎若秋霜之自降，故凋落者不怨也。【疏】利物滋澤，事等陽春，豈直一時，乃施乎萬世。而芻狗百姓，故無偏愛之情。

〔三〕【注】夫聖人無樂也，直莫之塞而物自通。【疏】夫懸鏡高臺，物來斯照，不迎不送，豈有情哉！大聖應機，其義亦爾。和而不唱，非謂樂通。故知授意於物，非聖人者也。

〔四〕【注】至仁無親，任理而自存。【疏】至仁無親，親則非至仁也。

〔五〕【注】時天者，未若忘時而自合之賢也。【疏】占玄象之虧盈，候天時之去就，此乃小智，豈是大賢者也！

〔六〕【注】不能一是非之塗而就利違害，則傷德而累當矣。【疏】未能一窮通，均利害，而擇情榮辱，封執是非者，身且不能自達，焉能君子人物乎！

〔七〕【注】善爲士者，遺名而自得，故名當其實而福應其身。【疏】矯行求名，失其己性，此乃流俗之人，非爲道之士。

〔八〕【注】自失其性而矯以從物，受役多矣，安能役人乎！【釋文】「行名」下孟反。「福應」應對之應。【疏】夫矯行喪真，求名亡己，斯乃受人驅役，焉能役人哉！

〔九〕【注】斯皆舍己效②人，徇彼傷我者也。【疏】姓狐，字不偕，古之賢人，又云，堯時賢人，不受堯讓，投河而死。務光，黄帝時人，身長七尺。又云：夏時人，餌藥養性，好鼓琴，湯讓天下不受，自負石沈於廬水。伯夷叔齊，遼西孤竹君之二子，神農之裔，姓姜氏。父死，兄弟相讓，不肯嗣位，聞西伯有道，試往觀焉。逢文王崩，武王伐紂，夷齊扣馬而諫，武王不從，遂隱於河東首陽山，不食其粟，卒餓而死。箕子，殷紂賢臣，諫紂不從，遂遭奴戮。胥餘者，箕子名也。又解：是楚大夫伍奢之子，名員，字子胥，吳王夫差之臣，忠諫不從，抉眼而死，尸沈於江。紀他者，姓紀，名他，湯時逸人也；聞湯讓務光，恐及乎己，遂將弟子陷於窾水而死。申徒狄聞之，因以踣河。此數子者，皆矯情僞行，亢志立名，分外波蕩，遂至於此。自餓自沈，促齡夭命，而芳名令譽，傳諸史籍。斯乃被他驅使，何能役人！悦樂衆人之耳目，焉能自適其情性耶！【釋文】「狐不偕」司馬云：古賢人也。「務光」皇甫謐云：黄帝時人，耳長七寸。「伯夷叔齊」孤竹君之二子。「箕子胥餘」司馬云：胥餘，箕子名也，見尸子。崔同。

又云：尸子曰：箕子胥餘，漆身爲厲，被髮佯狂。或云：尸子曰：比干也，胥餘其名。○慶藩案書微子正義、僖十五年左傳正義、論語十八正義，並引司馬云：箕子，名胥餘。與釋文異。「紀他」徒何反。「申徒狄」殷時人，負石自沈於河。崔本作司徒狄。「皆舍」音捨。下同。

〔校〕①世德堂本脱蒙字。②世德堂本效作殉。

古之真人，其狀義而不朋〔一〕，若不足而不承〔二〕；與乎其觚而不堅也〔三〕，張乎其虚而不華也〔四〕；邴邴乎其似喜乎①〔五〕！崔乎其不得已乎②〔六〕！滀乎進我色也〔七〕，與乎止我德也〔八〕；厲乎其似世乎③〔九〕！警乎其未可制也〔一〇〕；連乎其似好閉也〔一一〕，悗乎忘其言也〔一二〕。以刑爲體〔一三〕，以禮爲翼〔一四〕，以知爲時〔一五〕，以德爲循〔一六〕。以刑爲體者，綽乎其殺也〔一七〕；以禮爲翼者，所以行於世也〔一八〕；以知爲時者，不得已於事也〔一九〕；以德爲循者，言其與有足者至於丘也〔二〇〕；而人真以爲勤行者也〔二一〕。故其好之也一，其弗好之也一〔二二〕。其一也一，其不一也一〔二三〕。其一與天爲徒〔二四〕，其不一與人爲徒〔二五〕。天與人不相勝也，是之謂真人〔二六〕。

〔一〕【注】與物同宜而非朋黨。【疏】狀，迹也。義，宜也。降迹同世，隨物所宜，而虚己均平，曾無偏黨也。○俞樾曰：郭注訓義爲宜，朋爲黨，望文生訓，殊爲失之。此言其狀，豈言其德乎？義當讀爲峨，峨與義並從我聲，故得通用。天道篇而狀義然，義然即峨然也。朋讀爲嵋。易復象辭朋來无咎，漢書五行志引作嵋來无咎，是也。其狀峨而不嵋者，言其狀峨然高大而不崩壞也。廣雅釋詁：峨，高也；釋訓：峨峨，高也。高與大，義相近，故文選西京賦神山峨峨，薛綜注曰：峨峨，高大也。天道篇義然，即可以此說之。郭不知義爲峨之叚字，於此文則訓爲宜，於彼文則曰踶跂自持之貌，皆就本字爲說，失之。

〔二〕【注】沖虚無餘，如不足也；下之而無不上，若不足而不承也。【疏】韜晦沖虚，獨如神智不足；率性而動，（汛）〔汎〕然自得，故無所稟承者也。【釋文】「不承」如字。李云：迎也。又音拯。「不上」時掌反。

〔三〕【注】常遊於獨而非固守。【疏】觚，獨也。堅，固也。彷徨放任，容與自得，遨遊獨化之場而不固執之。【釋文】「與乎」如字，又音豫，同云：疑貌。○盧文弨曰：同當是向字之誤。「其觚」音孤。王云：觚，特立羣也。崔云：觚，棱也。○俞樾曰：郭注曰，常遊於獨而非固守，是讀觚爲孤，然與不堅之義殊不相應。釋文引崔云，觚，棱也，亦與不堅之義不應。殆皆非也。養生主篇技經肯綮之未嘗，而況大軱乎，釋文引崔云：不槃結骨。疑此觚字即彼軱字。骨之槃結，是至堅者也；軱而不堅，是謂真人。崔不知觚軱之同字，故前後異訓耳。○李楨曰：與乎其觚與張乎其虚對文，觚字太不倫。據注疏，觚訓獨。釋文引王云：觚，特立不倚也。並是孤字之義。知所據本必皆作孤，觚是叚借。爾雅釋地觚竹北户，釋文云：本又作孤。此觚孤互通之證。孤特者率方而有棱，故其字亦可借觚爲之。與乎二字，與下與乎止我德也複，疑此誤。注云常遊於獨，就遊字義求之，或元是⿺走與字，抑或是⿱與心字。説文：⿺走與，安行也。⿱與心，趣步⿱與心⿱與心也。並與遊義合。

〔四〕【注】曠然無懷，乃至於實。【疏】張，廣大貌也。靈府寬閒，與虚空等量，而智德真實，故不浮華。

〔五〕【注】至人無喜，暢然和適，故似喜也。【疏】邴邴，喜貌也。隨變任化，所遇斯適，實忘喜怒，故云似喜者也。【釋文】「邴邴」徐音丙，郭甫杏反。向云：喜貌。簡文云：明貌。

〔六〕【注】動静行止，常居必然之極。【疏】崔，動也。已，止也。真人凝寂，應物無方，迫而後動，非關先唱故，不得已而應之者也。【釋文】「崔乎」（于）〔千〕罪反，徐息罪反。郭且雷反。向云：動貌。簡文云：速貌。

〔七〕【注】不以物傷己也。【疏】滀，聚也。進，益也。心同止水，故能滀聚羣生。是以應而無情，惠而不費，適我益我，神色終無減損者也。【釋文】「滀乎」本又作傗，勑六反。司馬云：色憤起貌。王云：富有德充也。簡文云：聚也。

〔八〕【注】無所趨也。【疏】雖復應動隨世，接物逗機，而恒容與無爲，作於真德，所謂動而常寂者也。

〔九〕【注】至人無厲，與世同行，故若厲也。【疏】厲，危也。真人一於安危，冥於禍福，而和光同世，亦似厲乎。如孔子之困匡人，文王之拘羑里，雖遭危厄，不廢無爲之事也。【釋文】「厲乎」如字。崔本作廣，云：苞羅者廣也。○俞樾曰：郭注殊不可通。且如注意，當云世乎其似厲，不當反言其似世也。今案世乃泰之叚字。荀子榮辱篇憍泄者人之殃也，劉氏台拱補注曰：憍泄即驕泰之異文。荀子他篇或作汰，或作忲，或作泰，皆同。漏泄之泄，古多與外大害敗爲韻，亦讀如泰也。又引賈子簡泄不可以得士爲證。然則以世爲泰，猶以泄爲泰也。猛厲與驕泰，其義相應。釋文曰，厲，崔本作廣，廣大亦與泰義相應，泰亦大也。若以本字讀之，而曰似世，則皆不可通矣。○慶藩案厲當從崔本作廣者是。郭注訓與世同行，則有廣大之義。然既曰無厲，又曰若厲，殊失解義。經傳中厲廣二字，往往而混。如禮月令天子乃厲飾，淮南時則篇作廣飾。史記平津侯傳厲賢予祿，徐廣曰：厲亦作廣。儒林傳以廣賢材，漢書廣作厲。漢書地理志齊郡廣，說文水部注廣譌爲厲。皆其證。○又案俞氏云世爲泰之叚字，是也。古無泰字，其字作大。大世二字，古音義同，得通用也。禮曲禮不敢與世子同名，注：世，或爲大。春秋文〔三〕十〔一二〕年大室屋壞，公羊作世室。衛太叔儀，公羊作世叔儀。宋樂大心，公羊〔作〕樂世心。鄭子大叔，論語作世叔。皆其證。

〔一〇〕【注】高放而自得。【疏】聖德廣大，謷然高遠，超於世表，故不可禁制也。【釋文】「謷乎」五羔反，徐五到反。司馬云：志遠貌。王云：高邁於俗也。

〔一一〕【注】綿邈深遠，莫見其門。【疏】連，長也。聖德遐長，連綿難測。心知路絕，孰見其門，昏默音聲，似如關閉，不聞見人也。【釋文】「連乎」如字。李云：連，綿長貌。崔云：蹇連也，音輦。「似好」呼報反，下皆同。

〔一二〕【注】不識不知而天機自發，故悗然也。【疏】悗，無心貌也。放任安排，無爲虚淡，得玄珠於赤水，所以忘言。自此以前，歷顯真人自利利他内外德行。從此以下，明真人利物爲政之方也。【釋文】「悗乎」亡本反。字或作免。李云：無匹貌。王云：廢忘也。崔云：婉順也。

〔一三〕【注】刑者，治之體，非我爲。【釋文】「治之」直吏反。

〔一四〕【注】禮者，世之所以自行耳，非我制。【疏】用刑法爲治，政之體本；以禮樂爲御，物之羽儀。

〔一五〕【注】知者，時之動，非我唱。

〔一六〕【注】德者，自彼所循，非我作。【疏】循，順也。用智照機，不失時候；以德接物，俯順物情。以前略標，此以下解釋也。【釋文】「爲循」本亦作脩，兩得。○俞樾曰：陸氏以爲兩得，非。下文與有足者至于丘也，自〔以〕作循爲是。説文：循，順行也。若作脩則無義矣。○慶藩案作〔脩〕〔循〕是也。廣雅：循，述也。詩邶風傳：述，循也。隸書循脩字易混。易繫辭損德之脩也，釋文：馬作循。晉語曚瞍脩聲，王制正義作循聲。史記商君傳湯武不循古而王，索隱：商君書作脩古。管子九守篇循名而督實，今本譌作脩。皆其例。

〔一七〕【注】任治之自殺，故雖殺而寬。【疏】綽，寬也。所以用刑法爲治體者，以殺止殺，殺一懲萬，故雖殺而寬簡。是以惠者民之讐，法者民之父。【釋文】「綽乎」昌略反。崔本作淖。

〔一八〕【注】順世之所行，故無不行。【疏】禮雖忠信之薄，而爲御世之首，故不學禮無以立，非禮勿動，非禮勿言，人而無禮，胡不遄死。是故禮之於治，要哉！羽翼人倫，所以大行於世者也。

〔一九〕【注】夫高下相受，不可逆之流也；小大相羣④，不得已之勢也；曠然無情，羣知之府也。承百流之會，居師人之極者，奚爲哉？任時世之知，委必然之事，付之天下而已。【疏】隨機感以接物，運至知以應時，理無可視聽之色聲，事有不得已之形勢。故爲宗師者，曠然無懷，付之羣智，居必然之會，乘之以游者也。

〔二〇〕【注】丘者，所以本也；以性言之，則性之本也。夫物各有足，足於本也。付羣德之自循，斯與有足者至於本也，本至而理盡矣。【疏】丘，本也。以德接物，順物之性，性各有分，止分而足。順其本性，故至於丘也。○家世父曰：孔安國云，九州之志，謂之九丘，莊子則陽篇亦云丘里之言，是凡所居曰丘，顓頊遺墟，謂之帝丘。有足而能行，終必反其所居。循禮者，若所居之安，有足而必至也。

〔二一〕【注】凡此皆自彼而成，成之不在己，則雖處萬機之極，而常閒暇自適，忽然不覺事之經身，悗然不識言之在口。而人之大迷，真謂至人之爲勤行者也。【疏】夫至人者，動若行雲，止若谷神，境智洞忘，虚心玄應，豈有懷於爲物，情係於拯救者乎！而凡俗之人，觸塗封執，見舟航庶品，亭毒羣生，實謂聖人勤行不怠。詎知汾水之上，凝淡窅然？故〔前〕文云孰肯以物爲事也。【釋文】「常閒」音閑。

〔二二〕【注】常無心而順彼，故好與不好，所善所惡，與彼無二也。【疏】既忘懷於美惡，亦遺蕩於愛憎。故好與弗好，出自凡情，而聖智虚融，未嘗不一。

〔二三〕【注】其一也，天徒也；其不一也，人徒也。夫真人同天人，均彼我，不以其一異乎不一。【疏】其一，聖智也；其不一，凡情也。既而凡聖不二，故不一皆一之也。

〔二四〕【注】無有而不一者，天也。

〔二五〕【注】彼彼而我我者，人也。【疏】同天人，齊萬致，與玄天而爲類也。彼彼而我我，將凡庶而爲徒也。

〔二六〕【注】夫真人同天人，齊萬致。萬致不相非，天人不相勝，故曠然無不一，冥然無不在⑤，而玄同彼我也。【疏】雖復天無彼我，人有是非，確然論之，咸歸空寂。若使天勝人劣，豈謂齊乎！此又混一天人，冥同勝負。體此趣者，可謂真人者也。

〔校〕①闕誤引文如海成玄英張君房本喜乎作喜也。②又引文成張本重崔字，已乎作已也。③又世乎作世也。④趙諫議本羣作君。⑤宋本在作任。

死生，命也，其有夜旦之常，天也〔一〕。人之有所不得與，皆物之情也〔二〕。彼特以

天爲父，而身猶愛之，而況其卓乎〔三〕！人特以有君爲愈乎己，而身猶死之，而況其真乎〔四〕！

〔一〕【注】其有晝夜之常，天之道也。故知死生者命之極，非妄然也，若夜旦耳，奚所係哉！【疏】夫旦明夜闇，天之常道；死生來去，人之分命。天不能無晝夜，人焉能無死生。故任變隨流，我將於何係哉！【釋文】「夜旦」如字。崔本作靼，音怛。

〔二〕【注】夫真人在晝得晝，在夜得夜。以死生爲晝夜，豈有所不得！人之有所不得而憂娱在懷，皆物情耳，非理也。【疏】夫死生晝夜，人天常道，未始非我，何所係哉！而流俗之徒，逆於造化，不能安時處順，與變俱往，而欣生惡死，哀樂存懷。斯乃凡物之滯情，豈是真人之通智也！

〔三〕【注】卓者，獨化之謂也。夫相因之功，莫若獨化之至也。故人之所因者，天也；天之所生者，獨化也。人皆以天爲父，故晝夜之變，寒暑之節，猶不敢惡，隨天安之。況乎卓爾獨化，至於玄冥之境，又安得而不任之哉！既任之，則死生變化，惟命之從也。【疏】卓者，獨化之謂也。彼之衆人，稟氣蒼旻，而獨以天爲父，身猶愛而重之，至於晝夜寒温，不能返逆。況乎至道窈冥之鄉，獨化自然之境，生天生地，開闢陰陽，適可安而任之，何得拒而不順也！【釋文】「其卓」中學反。○慶藩案卓之言超也，絶也，獨也。字同趠，廣雅，趠絶。一作逴，玉篇：敕角切，蹇也。蹇者獨任一足，故謂之逴。李善西都賦注：逴躒，猶超絶也。匡謬正俗：逴者，謂超踰不依次第。又作踔。漢書河間獻王傳踔爾不羣，説苑君道篇踔然獨立。依説文當作䵵。禾部：䵵，特止。徐鍇〔曰〕：特止，卓〔止〕〔立〕也。卓趠逴踔䵵，古同聲通用。「敢惡」烏路反。「之竟」音境。

〔四〕【注】夫真者，不假於物而自然也。夫自然之不可避，豈直君命而已哉！【疏】愈，猶勝也。其真則向之獨化者也。人獨以君王爲勝己尊貴，尚殞身致命，不敢有避，而況玄道至極，自然之理，欲不從順，其可得乎！安排委化，固其宜矣。

泉涸，魚相與處於陸，相呴以濕，相濡①以沫，不如相忘於江湖〔一〕。**與其譽堯而非桀也，不如兩忘而化其道**〔二〕。**夫大塊載我以形，勞我以生，佚我以老，息我以死**〔三〕。**故善吾生者，乃所以善吾死也**〔四〕。

〔一〕【注】與其不足而相愛，豈若有餘而相忘！【疏】此起譬也。江湖浩瀚，游泳自在，各足深水，無復往還，彼此相忘，恩情斷絶。洎乎泉源旱涸，鱣鮪困苦，共處陸地，頳尾曝腮。於是吐沫相濡，呴氣相濕，恩愛往來，更相親附，比之江湖，去之遠矣。亦猶大道之世，物各逍遥，雞犬聲聞，不相來往。淳風既散，澆浪漸興，從理生教，聖迹斯起；矜蹩躠以爲仁，踶跂以爲義，父子兄弟，懷情相欺。聖人羞之，良有以也。故知魚失水所以呴濡，人喪道所以親愛之者也。【釋文】「泉涸」户各反，郭户格反。爾雅云：竭也。「相呴」况于、况付二反。「相濡」本又作濡，音儒，或一音如戍反。「以沫」音末。「相忘」音亡。下同。

〔二〕【注】夫非譽皆生於不足。故至足者，忘善惡，遺死生，與變化爲一，曠然無不適矣，又安知堯桀之所在耶！　【疏】此合喻。夫唐堯聖君，夏桀庸主，故譽堯善而非桀惡，祖述堯舜以勗將來，仁義之興，自茲爲本也。豈若無善無惡，善惡兩忘；不是不非，是非雙遣！然後出生入死，隨變化而遨遊；莫往莫來，履玄道而自得；豈與夫呴濡聖跡，同年而語哉！　【釋文】「譽堯」音餘。注同。

〔三〕【注】夫形生老死，皆我也。故形爲我載，生爲我勞，老爲我佚，死爲我息，四者雖變，未始非我，我奚惜哉！　【疏】大塊者，自然也。夫形是構造之物，生是誕育之始，老是耆艾之年，死是氣散之日。但運載有形，生必勞苦；老既無能，暫時閒逸；死滅還無，理歸停憩；四者雖變而未始非我，而我坦然何所惜耶！　【釋文】「大塊」苦怪反，又苦對反，徐胡罪反。○慶藩案文選郭景純江賦注引司馬云：大塊，自然也。釋文闕。「佚我」音逸。

〔四〕【注】死與生，皆命也。無善則死，有善則生，不獨善也。故若以吾生爲善乎？則吾死亦善也。　【疏】夫形生老死，皆我也。故以善吾生爲善者，吾死亦可以爲善矣。

〔校〕①趙諫議本作濡。

夫藏舟於壑，藏山於澤，謂之固矣〔一〕。然而夜半有力者負之而走，昧者不知也〔二〕。藏小大有宜，猶有所遯〔三〕。若夫藏天下於天下而不得所遯，是恒物之大情也〔四〕。特犯人之形而猶喜之。若人之形者，萬化而未始有極也〔五〕，其爲樂可勝計邪〔六〕！故聖人將遊於物之所不得遯而皆存〔七〕。善妖①善老，善始善終，人猶效之〔八〕，又況萬物之所係，而一化之所待乎〔九〕！

〔一〕【注】方言死生變化之不可逃，故先舉無逃之極，然後明之以必變之符，將任化而無係也。

【釋文】「於壑」火各反。

〔二〕【注】夫無力之力，莫大於變化者也；故乃揭天地以趨新，負山岳以舍故。故不暫停，忽已涉新，則天地萬物無時而不移也。世皆新矣，而自以爲故；舟日易矣，而視之若舊；山日更矣，而視之若前。今交一臂而失之，皆在冥中去矣。故向者之我，非復今我也。我與今俱往，豈常守故哉②！而世莫之覺，橫謂今之所遇可係而在，豈不昧哉！【疏】夜半闇冥，以譬真理玄邃也。有力者，造化也。夫藏舟船於海壑，正合其宜；隱山岳於澤中，謂之得所。然而造化之力，擔負而趨；變故日新，驟如逝水。凡惑之徒，心靈愚昧，真謂山舟牢固，不動歸然。豈知冥中貿遷，無時暫息。昨我今我，其義亦然也。○俞樾曰：山非可藏於澤，且亦非有力者所能負之而走，其義難通。山，疑當讀爲汕。爾雅釋器，罺謂之汕。詩南有嘉魚篇毛傳曰：汕，汕樔也，箋云：今之撩罟也。藏舟藏汕，疑皆以漁者言，恐爲人所竊，故藏之，乃世俗常有之事，故莊子以爲喻耳。○家世父曰：壑可以藏舟，澤之大可以藏山。然而大化之運行無窮，舉天地萬物，日夜推移，以舍故而即新，而未稍有止息。水負舟而立，水移即舟移矣；氣負山而行，氣運即山運矣。夜半者，惟行於無象無兆之中，而人莫之見也。○

慶藩案文選江文通雜體詩注引司馬云：舟，水物；山，陸居者。藏之壑澤，非人意所求，謂之固；有力者或能取之。釋文闕。【釋文】「乃揭」其列、其謁二反。

〔三〕【注】不知與化爲體，而思藏之使不化，則雖至深至固，各得其所宜，而無以禁其日變也。故夫藏而有之者，不能止其遯也；無藏而任化者，變不能變也。【疏】遁，變化也。藏舟於壑，藏山於澤，此藏大也；藏人於室，藏物於器，此藏小也。然小大雖異而藏皆得宜，猶念念遷流，新新移改。是知變化之道，無處可逃也。

〔四〕【注】無所藏而都任之，則與物無不冥，與化無不一。故無外無内，無死無生，體天地而合變化，索所遯而不得矣。此乃常存之大情，非一曲之小意。【疏】恒，常也。夫藏天下於天下者，豈藏之哉？蓋無所藏也。故能一死生，冥變化，放縱寰宇之中，乘造物以遨遊者，斯藏天下於天下也。既變所不能變，何所遯之有哉！此乃體凝寂之人物，達大道之真情，豈流俗之迷徒，運人間之小智耶！【釋文】「索所」所百反。

〔五〕【注】人形乃③是萬化之一遇耳，未足獨喜也。無極之中，所遇者皆若人耳，豈特人形可喜而餘物無樂耶！○慶藩案文選賈長沙（鵬）〔鵩〕④鳥賦注引司馬云：當復化而爲無。釋文闕。

【釋文】「無樂」音洛。下及注同。

〔六〕【注】本非人而化爲人，化爲人，失於故矣。失故而喜，喜所遇也。變化無窮，何所不遇！所遇而樂，樂豈有極乎！【疏】特，獨也。犯，遇也。夫大冶洪鑪，陶鑄羣品，獨遇人形，遂以爲樂。如人形者，其貌類無窮，所遇即喜，喜亦何極！是以唯形與喜，不可勝計。【釋文】「可勝」音升。

〔七〕【注】夫聖人遊於變化之塗，放於日新之流，萬物萬化，亦與之萬化，化者無極，亦與之無極，誰得遯之哉！夫於生爲亡而於死爲存，則何時而非存哉！【疏】夫物不得遯者，自然也，孰能逃於自然之道乎！是故聖人遊心變化之塗，放任日新之境，未始非我，何往不存耶！

〔八〕【注】此自均於百年之内，不善少而否老，未能體變化，齊死生也。然其平粹，猶足以師人也。【釋文】「善妖」崔本作狡，同。古卯反。本又作夭，於表反。簡文於橋反，云：異也。○盧文弨曰：今本作夭。○慶藩案妖字，正作夭。夭妖古通用。史記周本紀後宫童妾所棄妖子，徐廣曰：妖，一作夭。崔氏作狡，非也。「善少」詩照反。「否老」音鄙。本亦作鄙。「平粹」雖遂反。

〔九〕【注】此玄同萬物而與化爲體，故其爲天下之所宗也，不亦宜乎！【疏】係，屬也。夫人之識性，明暗不同。自有百年之中，一生之内，從容平淡，鮮有欣慼，至於壽夭老少，都不介懷。雖未能忘生死，但復無嫌惡，猶足以爲物師傅，人放效之。而況混同萬物，冥一變化。屬在至人，必資聖知，爲物宗匠，不亦宜乎！

〔校〕①世德堂本妖作夭，闕誤引張君房本作少。②趙諫議本無哉字。③趙本乃作方。④鵬字依文選改。

夫道，有情有信，无爲无形〔一〕；可傳而不可受〔二〕，可得而不可見〔三〕；自本自根，未有天地，自古以固存〔四〕；神鬼神帝，生天生地〔五〕；在太極之先而不爲高，在六極之下而不爲深，先天地生而不爲久，長於上古而不爲①老〔六〕。狶韋氏得之，以挈天地〔七〕；伏戲氏得之，以襲氣母〔八〕；維斗得之，終古不忒〔九〕；日月得之，終古不息〔一○〕；堪坏得之，以襲崐崙〔一一〕；馮夷得之，以遊大川〔一二〕；肩吾得之，以處大山〔一三〕；黄帝得之，以登雲天〔一四〕；顓頊得之，以處玄宫〔一五〕；禺强得之，立乎北極〔一六〕；西王母得之，坐乎少廣，莫知其始，莫知其終〔一七〕；彭祖得之，上及有虞，下及五伯〔一八〕；傅説得之，以相武丁，奄有天下，乘東維，騎箕尾，而比於列星〔一九〕。

〔一〕【注】有無情之情，故無爲也；有無常之信，故無形也。【疏】明鑒洞照，有情也。趣機若響，有信也。恬淡寂寞，無爲也。視之不見，無形也。

〔二〕【注】古今傳而宅之，莫能受而有之。【釋文】「可傳」直專反。注同。

〔三〕【注】咸得自容，而莫見其狀。【疏】寄言詮理，可傳也。體非量數，不可受也。方寸獨悟，可得也。離於形色，不可見也。

〔四〕【注】明無不待有而無也。【疏】自，從也。存，有也。虚通至道，無始無終。從（本）〔古〕②以來，未有天地，五氣未兆，大道存焉。故老經云有物混成，先天地生；又云迎之不見其首，隨之不見其後者也。

〔五〕【注】無也，豈能生神哉？不神鬼帝而鬼帝自神，斯乃不神之神也；不生天地而天地自生，斯乃不生之生也。故夫神③之果不足以神，而不神則神矣，功何足有，事何足恃哉！

【疏】言大道能神於鬼靈，神於天帝，開明三景，生立二儀，至無之力，有茲功用。斯乃不神而神，不生而生，非神之而神，生之而生者也。故老經云天得一以清，神得一以靈也。

〔六〕【注】言道之無所不在也，故在高爲無高，在深爲無深，在久爲無久，在老爲無老，無所不在，而所在皆無也。且上下無不格者，不得以高卑稱也；外内無不至者，不得以表裏名也；與化俱移者，不得言久也；終始常無者，不可謂老也。【疏】太極，五氣也。六極，六合也。且道在五氣之上，不爲高遠；在六合之下，不爲深邃；先天地生，不爲長久；長於敻古，不爲耆艾。言非高非深，非久非老，故道無不在而所在皆無者也。【釋文】「在大極」音泰。「之先」一本作之先未，崔本同。○盧文弨曰：今本作一本作先之，無未字。「先天」悉薦反。「長於」丁丈反。「稱也」尺證反。

〔七〕【疏】狶韋氏，文字已前遠古帝王號也。得靈通之道，故能驅馭羣品，提挈二儀。又作契字者，契，合也，言能混同萬物，符合二儀者也。【釋文】「狶韋氏」許豈反，郭褚伊反。李音豕。司馬云：上古帝王名。「以挈」徐苦結反，郭苦係反。司馬云：要也，得天地要也。崔云：成也。

〔八〕【疏】伏戲，三皇也，能伏牛乘馬，養伏犧牲，故謂之伏犧也。襲，合也。氣母者，元氣之母，應道也。爲得至道，故能畫八卦，演六爻，調陰陽，合元氣也。【釋文】「伏戲」音羲。崔本作伏戲氏。「以襲氣母」司馬云：襲，入也。氣母，元氣之母也。崔云：取元氣之本。

〔九〕【疏】維斗，北斗也，爲衆星綱維，故謂之維斗。忒，差也。古，始也。得於至道，故歷於終始，維持天地，心無差忒。【釋文】「維斗」李云：北斗，所以爲天下綱維。○盧文弨曰：今本天下作天之。「終古」崔云：終古，久也。鄭玄注周禮云：終古，猶言常也。「不忒」它得反，差也。崔本作代。

〔一〇〕【疏】日月光證於一道，故得終始照臨，竟無休息者也。

〔一一〕【疏】崐崘，山名也，在北海之北。堪坏，崐崘山神名也。襲，入也。堪坏人面獸身，得道入崐崘山爲神也。【釋文】「堪坏」徐扶眉反，郭孚杯反。崔作邳。司馬云：堪坏，神名，人面獸形。淮南作欽負。「崐崘」崐，或作峎，同。音昆。下力門反。崐崘，山名。

〔一二〕【疏】姓馮，名夷，弘農華陰潼鄉堤首里人也，服八石，得水仙。大川，黄河也。天帝錫馮夷爲河伯，故游處盟津大川之中也。【釋文】「馮夷」司馬云：清泠傳曰：馮夷，華陰潼鄉堤首人也。服八石，得水仙，是爲河伯。一云以八月庚子浴於河而溺死，一云渡河溺死。「大川」河也。崔本作泰川。

〔一三〕【疏】肩吾，神名也。得道，故處東岳爲太山之神。【釋文】「肩吾」司馬云：山神，不死，至孔子時。「大山」音泰，又如字。

〔一四〕【疏】黄帝，軒轅也。採首山之銅，鑄鼎於荆山之下，鼎成，有龍垂於鼎以迎帝，帝遂將羣臣及後宫七十二人，白日乘雲駕龍，以登上天，仙化而去。【釋文】「黄帝」崔云：得道而上天也。

〔一五〕【疏】顓頊，（皇）〔黄〕帝之孫，即帝高陽也，亦曰玄帝。年十二而冠，十五佐少昊，二十即位。採羽山之銅爲鼎，能召四海之神，有靈異。年九十七崩，得道，爲北方之帝。玄者，北方之色，故處於玄宫也。【釋文】「顓頊」音專。下許玉反。「玄宫」李云：顓頊，帝高陽氏。玄宫，北方宫也。月令曰：其帝顓頊，其神玄冥。

〔一六〕【疏】禺强，水神名也，亦曰禺京。人面鳥身，乘龍而行，與顓頊並軒轅之胤也。雖復得道，不居帝位而爲水神。水位北方，故位號北極也。【釋文】「禺强」音虞，郭語龍反。司馬云：山海經曰：北海之渚有神，人面鳥身，珥兩青蛇，踐兩赤蛇，名禺强。崔云：大荒經曰：北海之神，名曰禺强，靈龜爲之使。歸藏曰：昔穆王子筮卦於禺强。案海外經云：北方禺强，黑身手足，乘兩龍。郭璞以爲水神，人面鳥身。簡文云：北海神也，一名禺京，是黄帝之孫也。

〔一七〕【疏】少廣，西極山名也。王母，太陰之精也，豹尾，虎齒，善笑。舜時，王母遣使獻玉環，漢武帝時，獻青桃。顏容若十六七女子，甚端正，常坐西方少廣之山，不復生死，故莫知始終也。

【釋文】「西王母」山海經云：狀如人，狗尾，蓬頭，戴勝，善嘯，居海水之涯。漢武内傳云：西王母與上元夫人降帝，美容貌，神仙人也。「少廣」司馬云：穴名。崔云：山名。或云，西方空界之名。

〔一八〕【疏】彭祖，帝顓頊之玄孫也。封於彭城，其道可祖，故稱彭祖，善養性，得道者也。五伯者，昆吾爲夏伯，大彭豕韋爲殷伯，齊桓晉文爲周伯，合爲五伯。而彭祖得道，所以長年，上至有虞，下及殷周，凡八百年也。【釋文】「彭祖」解見逍遥篇。崔云：壽七百歲。或以爲仙，不死。「五伯」如字。又音霸。崔李云：夏伯昆吾，殷大彭豕韋，周齊桓晉文。

〔一九〕【注】道，無能也。此言得之於道，乃所以明其自得耳。自得耳，道不能使之得也；我之未得，又不能爲得也。然則凡得之者，外不資於道，内不由於己，掘然自得而獨化也。夫生之難也，猶獨化而自得之矣，既得其生，又何患於生之不得而爲之哉！故夫④爲生果不足以全生，以其生之不由於己爲也，而爲之則傷其真生也。【疏】武丁，殷王名也，號曰高宗。高宗夢得傅説，使求之天下，於陜州河北縣傅(嚴)〔巖〕板築之所而得之，相於武丁，奄然清泰。傅説，星精也。而傅説一星在箕尾上，然箕尾則是二十八宿之數，維持東方，故言乘東維、騎箕尾；而與角亢等星比並行列，故言比於列星。【釋文】「傅説」音悦。「得之以相」息亮反。「武丁奄有天下乘東維騎箕尾而比於列星」司馬云：傅説，殷相也。武丁，殷王高宗也。東維，箕斗之間，天漢津之東維也。星經曰：傅説一星在尾上，言其乘東維，騎箕尾之間也。崔云：傳說死，其精神乘東維，託龍尾，乃列宿。今尾上有傳說星。崔本此下更有其生無父母，死登假三年而形遯，此言神之無能名者也，凡二十二字。「掘然」其勿反。

〔校〕①世德堂本無爲字。②古字依正文改。③世德堂本神作人。④世德堂本無夫字。

南伯子葵問乎女偊曰：「子之年長矣，而色若（⿰子焉）〔孺〕子，何也〔一〕？」

〔一〕【疏】葵當爲綦字之誤，猶人間世篇中南郭子綦也。女偊，古之懷道人也。孺子，猶稚子也。女偊久聞至道，故能攝衛養生，年雖老，猶有童顏之色，駐彩之狀。既異凡人，是故子葵問其何以致此也。【釋文】「南伯子葵」李云：葵當爲綦，聲之誤也。「女偊」徐音禹，李音矩。一云，是婦人也。「年長」張丈反。○盧文弨曰：今本作丁丈反，與前後同。「⿰子焉子」本亦作孺，如喻反。李云：弱子也。○盧文弨曰：今本作孺，是正體。

曰：「吾聞道矣〔一〕。」

〔一〕【注】聞道則任其自生，故氣色全也。【疏】答云：聞道故得全生，是以反少還童，色如稚子。

南伯子葵曰：「道①可得學邪〔一〕？」

〔一〕【疏】覩其容色，既異常人，心懷景慕，故詢其方術也。

〔校〕①趙諫議本無道字。

曰：「惡！惡可！子非其人也〔一〕。夫卜梁倚有聖人之才而无聖人之道，我有聖人之道而无聖人之才〔二〕，吾欲以教之，庶幾其果爲聖人乎！不然，以聖人之道告聖人之才，亦易矣。吾猶守而告之〔三〕，參日而後能外天下〔四〕；已外天下矣，吾又守之，七日而後能外物〔五〕；已外物矣，吾又守之，九日而後能外生〔六〕；已外生矣，而後能朝徹〔七〕；朝徹，而後能見獨〔八〕；見獨，而後能无古今〔九〕；无古今，而後能入於不死不生〔一〇〕。殺①生者不死，生生者不生〔一一〕。其爲物，無不將也〔一二〕，無不迎也〔一三〕；無不毁也〔一四〕，無不成也〔一五〕。其名爲攖寧〔一六〕。攖寧也者，攖而後成者也〔一七〕。」

〔一〕【疏】惡惡可，言不可也。女偊心神内静，形色外彰。子葵見(有)〔其〕容貌，欣然請學。嫌其所問，故抑之謂非其人也。【釋文】「惡惡可」並音烏。下惡乎同。

〔二〕【疏】卜梁，姬姓也，倚，名也。虚心凝淡爲道，智用明敏爲才。言梁有外用之才而無内凝之道，女偊有虚淡之道而無明敏之才，各滯一邊，未爲通美。然以才方道，才劣道勝也。【釋文】「卜梁倚」魚綺反，又其綺反。李云：卜梁，姓；倚，名。

〔三〕【疏】庶，慕也。幾，近也。果，決也。夫上士聞道，猶藉勤行，若不勤行，道無由致。是故雖蒙教誨，必須修學，慕近玄道，決成聖人。若其不然，告示甚易，爲須修守，所以成難。然女偊久聞至道，内心凝寂，今欲傳告，猶自守之。況在初學，無容懈怠，假令口說耳聞，蓋亦何益。是以非知之難，行之難也。【釋文】「亦易」以豉反。

〔四〕【注】外，猶遺也。【疏】外，遺忘也。夫爲師不易，傳道極難。方欲教人，故凝神靜慮，修而守之，凡經三日。心既虛寂，萬境皆空，是以天下地上，悉皆非有也。【釋文】「參日」音三。

〔五〕【注】物者，朝夕所須，切己難忘。【疏】天下萬境疏遠，所以易忘；資身之物親近，所以難遺。守經七日，然後遺之。故郭注云，物者朝夕所須，切己難忘者也。

〔六〕【注】都遺也。【疏】隳體離形，坐忘我喪，運心既久，遺遣漸深也。

〔七〕【注】遺生則不惡死，不惡死故所遇即安，豁然無滯，見機而作，斯朝徹也。【疏】朝，旦也。徹，明也。死生一觀，物我兼忘，惠照豁然，如朝陽初啓，故謂之朝徹也。【釋文】「能朝」如字。李除遥反。下同。「徹」如字。郭司馬云：朝，旦也。徹，達妙之道。李云：夫能洞照，不崇朝而遠徹也。「不惡」烏路反。下同。「豁然」唤活反。

〔八〕【注】當所遇而安之，忘先後之所接，斯見獨者也。【疏】夫至道凝然，妙絶言象，非無非有，不古不今，獨往獨來，絶待絶對。覩斯勝境，謂之見獨。故老經云寂寞而不改。

〔九〕【注】與獨俱往。【疏】任造物之日新，隨變化而俱往，不爲物境所遷，故無古今之異。

〔一〇〕【注】夫係生故有死，惡死故有生。是以無係無惡，然後能無死無生。【疏】古今，會也。夫時有古今之異，法有生死之殊者，此蓋迷徒倒置之見也。時既運運新新，無今無古，故法亦不去不來，無死無生者也。會斯理者，其唯女偶之子耶！

〔一一〕【疏】殺，滅也；死，亦滅也。謂此死者未曾滅，謂此生者未曾生。既死既生，能入於無死無生，故體於法，無生滅也。法既不生不滅，而情亦何欣何惡耶！任之而無不適也。【釋文】「殺生者不死」李云：殺，猶亡也，亡生者不死也。崔云：除其營生爲殺生。「生生者不生」李云：矜生者不生也。崔云：常營其生爲生生。

〔一二〕【注】任其自將，故無不將。

〔一三〕【注】任其自迎，故無不迎。【疏】將，送也。夫道之爲物，拯濟無方，雖復不滅不生，亦而生而滅，是以迎無窮之生，送無量之死也。

〔一四〕【注】任其自毁，故無不毁。

〔一五〕【注】任其自成，故無不成。【疏】不送而送，無不毁滅；不迎而迎，無不生成也。

〔一六〕【注】夫與物冥者，物縈亦縈，而未始不寧也。【疏】攖，擾動也。寧，寂静也。夫聖人慈惠，道濟蒼生，妙本無名，隨物立稱，動而常寂，雖攖而寧者也。【釋文】「攖」郭音縈，徐於營反，李於盈反。崔云：有所繫著也。○家世父曰：趙岐孟子注：攖，迫也。物我生死之見迫於中，將迎成毁之機迫於外，而一無所動，其心乃謂之攖寧。置身紛紜蕃變交争互觸之地，而心固寧焉，則幾於成矣，故曰攖而後成。

〔一七〕【注】物縈而獨不縈，則敗矣。故縈而任之，則莫不曲成也②。【疏】既能和光同塵，動而常寂，然後隨物攖擾，善貸生成也。

〔校〕①闕誤引江南古藏本殺上有故字。②世德堂本也作矣。

南伯子葵曰：「子獨惡乎聞之〔一〕？」

〔一〕【疏】子葵怪女偊之談，其道高妙，故問「子於何處獨得聞之」？自斯已下，凡有九重，前六約教，後三據理，並是女偊告示子葵之辭也。

曰：「聞諸副墨之子〔二〕，副墨之子聞諸洛誦之孫〔三〕，洛誦之孫聞之瞻明〔三〕，瞻明聞之聶許〔四〕，聶許聞之需役〔五〕，需役聞之於謳〔六〕，於謳聞之玄冥〔七〕，玄冥聞之參寥〔八〕，參寥聞之疑始〔九〕。」

〔一〕【疏】諸，之也。副，副貳也。墨，翰墨也；翰墨，文字也。理能生教，故謂文字爲副貳也。夫魚必因筌而得，理亦因教而明，故聞之翰墨，以明先因文字得解故也。【釋文】「副墨」李云：可以副貳玄墨也。崔云：此已下皆古人姓名，或寓之耳，無其人。

〔二〕【疏】臨本謂之副墨，背文謂之洛誦。初既依文生解，所以執持披讀；次則漸悟其理，是故羅洛誦之。且教從理生，故稱爲子；而誦因教起，名之曰孫也。【釋文】「洛誦」李云：誦，通也。苞洛無所不通也。

〔三〕【疏】瞻，視也，亦至也。讀誦精熟，功勞積久，漸見至理，靈府分明。【釋文】「瞻明」音占。李云：神明洞徹也。

〔四〕【疏】聶，登也，亦是附耳私語也。既誦之稍深，因教悟理，心生歡悦，私自許當，附耳竊私語也。既聞於道，未敢公行，亦是漸登勝妙玄情者也。【釋文】「聶許」徐乃攝反。李云：許，與也。攝而保之，無所施與也。

〔五〕【疏】需，須也。役，用也，行也。雖復私心自許，智照漸明，必須依教遵循，勤行勿怠。懈而不行，道無由致。【釋文】「需役」徐音須，李音儒，云：儒弱爲役也。王云：需，待也。役，亭毒也。

〔六〕【疏】謳，歌謡也。既因教悟理，依解而行，遂使盛惠顯彰，謳歌滿路也。【釋文】「於」音烏，又如字。「謳」徐烏侯反。李香于反，云：謳，煦也，欲化之貌。王云：謳，歌謡也。

〔七〕【注】玄冥者，所以名無而非無也。【疏】玄者，深遠之名也。冥者，幽寂之稱。既德行内融，芳聲外顯，故漸階虚極，以至於玄冥故也。【釋文】「玄冥」李云：强名曰玄，視之冥然。向郭云：所以名無而非無也。

〔八〕【注】夫階名以至無者，必得無於名表。故雖玄冥猶未極，而又推寄於參寥，亦是玄之又玄也。【疏】參，三也。寥，絶也。一者絶有，二者絶無，三者非有非無，故謂之三絶也。夫玄冥之境，雖妙未極，故至乎三絶，方造重玄也。【釋文】「參」七南反。「寥」徐力彫反。李云：參，高也。高邈寥曠，不可名也。

〔九〕【注】夫自然之理，有積習而成者。蓋階近以至遠，研粗以至精，故乃七重而後及無之名，九重而後疑無是始也。【疏】始，本也。夫道，超此四句，離彼百非，名言道斷，心知處滅，雖復三絶，未窮其妙。而三絶之外，道之根本，（而）〔所〕謂重玄之域，衆妙之門，意亦難得而差言之矣。是以不本而本，本無所本，疑名爲本，亦無的可本，故謂之疑始也。【釋文】「疑始」李云：又疑無是始，則始非無名也。「研粗」七胡反。「七重」直龍反。下同。

子祀子輿子犁子來四人相與語曰：「孰能以无爲首，以生爲脊，以死爲尻，孰知死生存亡之一體者，吾與之友矣。」〔一〕四人相視而笑，莫逆於心，遂相與爲友〔二〕。

〔一〕【疏】子祀四人，未詳所據。觀其心跡，並方外之士，情同淡水，共結素交，敍莫逆於虛玄，述忘言於至道。夫人起自虛無，無則在先，故以無爲首；從無生有，生則居次，故以生爲脊；既生而死，死最居後，故以死爲尻；亦故然也。尻首離別，本是一身；而死生乃異，源乎一體。能達斯趣，所遇皆適，豈有存亡欣惡於其間哉！誰能知是，我與爲友也。【釋文】「子祀」崔云：淮南作子永，行年五十四而病傴僂。○慶藩案崔本作子永，是也。今本淮南精神篇作子求，與崔所見本異。顧千里曰：求當作永。抱朴子博喻篇曰子永歎天倫之偉，字正作永。永求形近，經傳中互誤者，不可枚舉。「子輿」本又作與，音餘。「子犁」禮兮反。「爲尻」苦羔反。

〔二〕【疏】目擊道存，故相見而笑；同順玄理，故莫逆於心也。

俄而子輿有病，子祀往問之〔一〕。曰：「偉哉夫造物者，將以予爲此拘拘也〔二〕！

曲僂發背，上有五管，頤隱於齊，肩高於頂，句贅指天。」陰陽之氣有沴〔三〕，其心閒而无事〔四〕，跰𨇤而鑑於井，曰：「嗟乎！　夫造物者又將以予爲此拘拘也〔五〕！」

〔一〕【疏】友人既病，須往問之，任理而行，不乖於方外也。

〔二〕【疏】偉，大也。造物，猶造化也。拘拘，攣縮不申之貌也。夫洪鑪大冶，造物無偏，豈獨將我一身故爲拘攣之疾！以此而言，無非命也。子輿達理，自歎此辭也。【釋文】「偉哉」韋鬼反。向云：美也。崔云：自此至鑑於井，皆子祀自説病狀也。「拘拘」郭音駒。司馬云：體拘攣也。王云：不申也。

〔三〕【注】沴，陵亂也。【疏】傴僂曲腰，背骨發露。既其俯而不仰，故藏腑並在上，頭低則頤隱於臍，(膊)〔髆〕聳則肩高於頂，而咽項句曲，大挺如贅。陰陽二氣，陵亂不調，遂使一身，遭斯疾篤。【釋文】「曲僂」徐力主反。「於頂」本亦作項。崔本作釘，音項。○盧文弨曰：舊作釘，音頂。今本作缸，音項。據宋本釘音項，疑釘爲缸之譌，參酌改正。「句」俱樹反，徐古侯反。「贅」徐之税反。「指天」李云：句贅，項椎也。其形似贅，言其上向也。「有沴」音麗，徐又徒顯反。郭奴結反，云：陵亂也。李同。崔本作壍，云：滿也。

〔四〕【注】不以爲患。【疏】死生猶爲一體，疾患豈復槩懷！故雖曲僂拘拘，而心神閒逸，都不以爲事。【釋文】「其心閒」音閑。崔以其心屬上句。

〔五〕【注】夫任自然之變者，無嗟也，與物嗟耳。【疏】跰𨇤，曳疾貌。言曳疾力行，照臨于井，既見己貌，遂使發傷嗟。尋夫大道自然，造物均等，豈偏於我，獨此拘攣？欲顯明物理，故寄玆嗟嘆也。【釋文】「跰䟢」步田反，下悉田反。崔本作邊鮮。司馬云：病不能行，故跰䟢也。「而鑑」古暫反。「曰嗟乎」崔云：此子輿辭。

子祀曰：「女惡之乎〔一〕？」

〔一〕【疏】淡水素交，契心方外，見其嗟嘆，故有驚疑。【釋文】「女惡」音汝。下同。下烏路反。

曰：「亡，予何惡〔一〕！浸假而化予之左臂以爲雞，予因以求時夜；浸假而化予之右臂以爲彈，予因以求鴞炙；浸假而化予之尻以爲輪，以神爲馬，予因以乘之，豈更駕哉！〔二〕且夫得者，時也〔三〕，失者，順也〔四〕；安時而處順，哀樂不能入也〔五〕。此古之所謂縣解也，而不能自解者，物有結之〔六〕。且夫物不勝天久矣，吾又何惡焉〔七〕！」

〔一〕【疏】亡，無也。存亡死生，本自無心。不嗟之嗟，何嫌惡之也！【釋文】「曰亡」如字。絶句。「予何惡」烏路反。下及注同。一音如字讀，則連亡字爲句。

〔二〕【注】浸，漸也。夫體化合變，則無往而不因，無因而不可也。【疏】假令陰陽二氣，漸而化我左右兩臂爲鷄爲彈，彈則求於鴞鳥，鷄則夜候天時。尻無識而爲輪，神有知而作馬，因漸漬而變化，乘輪馬以遨遊，苟隨任以安排，亦於何而不適者也。【釋文】「浸」子鴆反。向云：漸也。「予因以求時夜」一本無求字。「爲彈」徒旦反。「鴞」户驕反。「炙」章夜反。

〔三〕【注】當所遇之時，世謂之得。

〔四〕【注】時不暫停，順往而去，世謂之失。

〔五〕【疏】得者，生也，失者，死也。夫忽然而得，時應生也；倏然而失，順理死也。是以安於時則不欣於生，處於順則不惡於死。既其無欣無惡，何憂樂之入乎！【釋文】「哀樂」音洛。

〔六〕【注】一不能自解，則衆物共結之矣。故能解則無所不解，不解則無所而解也。【疏】處順忘時，蕭然無係，古昔至人，謂爲縣解。若夫當生慮死，而以憎惡存懷者，既內心不能自解，故爲外物結縛之也。【釋文】「縣」音玄。「解」音蟹。下及注同。〔同〕〔向〕①云：縣解，無所係也。

〔七〕【注】天不能無晝夜，我安能無死生而惡之哉！【疏】玄天在上，猶有晝夜之殊，況人居世間，焉能無死生之變！且物不勝天，非唯今日，我復何人，獨生憎惡！

〔校〕①向字依世德堂本及釋文原本改。

俄而子來有病，喘喘然將死，其妻子環而泣之〔一〕。子犂往問之，曰：「叱！避！无怛化〔二〕！」倚其戶與之語曰：「偉哉造化！又將奚以汝爲，將奚以汝適？以汝爲鼠肝乎？以汝爲蟲臂乎？」〔三〕

〔一〕【疏】環，繞也。喘喘，氣息急也。子輿語訖，俄頃之間，子來又病，氣奔欲死。既將屬纊，故妻子繞而哭之也。【釋文】「喘喘」川轉反，又尺軟反。崔本作惴惴。「環而」如字。徐音患。李云：繞也。

〔二〕【注】夫死生猶寤寐耳，於理當寐，不願人驚之，將化而死亦宜，無爲怛之也。【疏】叱，訶聲也。夫方外之士，冥一死生，而朋友臨終，和光往問。故叱彼親族，令避傍近，正欲變化，不欲驚怛也。【釋文】「叱避」昌失反。「无怛」丁達反。崔本作䩦，音怛。案怛，驚也。鄭衆注周禮考工記不能驚怛，是也。

〔三〕【疏】又，復也。奚，何也。適，往也。倚户觀化，與之而語。歎彼大造，弘普無私，偶爾爲人，忽然返化。不知方外適往何道，變作何物。將汝五藏爲鼠之肝，或化四支爲蟲之臂。任化而往，所遇皆適也。【釋文】「倚其」於綺反。「鼠肝」向云：委棄土壤而已。王云：取微蔑至賤。「蟲臂」臂，亦作腸。崔本同。

子來曰：「父母於子，東西南北，唯命之從。陰陽於人，不翅於父母〔一〕；彼近吾死而我不聽，我則悍①矣，彼何罪焉〔二〕！夫大塊載我以形，勞我以生，佚我以老，息我以死。故善吾生者，乃所以善吾死也〔三〕。今〔之〕②大冶鑄金，金踊躍曰『我且必爲鏌鋣』，大冶必以爲不祥之金。今一犯人之形，而曰『人耳人耳』，夫造化者必以爲不祥之人〔四〕。今一以天地爲大鑪，以造化爲大冶，惡乎往而不可哉〔五〕！」成③然寐，蘧然覺〔六〕。

〔一〕【注】自古或有能違父母之命者矣，未有能違陰陽之變而距晝夜之節者也。【疏】自此已下，是子來臨終答子犂之詞也。夫孝子侍親，尚驅馳唯命。況陰陽造化，何啻二親乎！故知違親之教，世或有焉；拒於陰陽，未之有也。【釋文】「不翅」徐詩知反。

〔二〕【注】死生猶晝夜耳，未足爲遠也。時當死，亦非所禁，而橫有不聽之心，適足悍逆於理以速其死。其死之速，由於我悍，非死之罪也。彼，謂死耳；在生，故以死爲彼。【疏】彼，造化也。而造化之中，令我近死。我惡其死而不聽從，則是我拒陰陽，逆於變化。斯乃咎在於我，彼何罪焉！郭注以死爲彼也。【釋文】「彼近」如字。「則悍」本亦作捍，胡旦反。又音旱。説文云：捍，抵也。

〔三〕【注】理常俱也。【疏】此重引前文，證成彼義。斯言切當，所以再出。其解釋文意，不異前旨。

〔四〕【注】人耳人耳，唯願爲人也。亦猶金之踊躍，世皆知金之不祥，而不能任其自化。夫變化之道，靡所不遇，今一遇人形，豈故爲哉？生非故爲，時自生耳。務而有之，不亦妄乎！【疏】祥，善也。犯，遇也。鏌鋣，古之良劍名也。昔吳人干將爲吳王造劍，妻名鏌鋣，因名雄劍曰干將，雌劍曰鏌鋣。夫洪鑪大冶，鎔鑄金鐵，隨器大小，悉皆爲之。而鑪中之金，忽然跳躑，殷勤致請，願爲良劍。匠者驚嗟，用爲不善。亦猶自然大冶，彫刻衆形，鳥獸魚蟲，種種皆作。偶爾爲人，遂即欣愛，鄭重啓請，願更爲人，而造化之中，用爲妖孽也。【釋文】「我且」如字。徐子餘反。「鏌」音莫。「鋣」似嗟反。鏌鋣，劍名。

〔五〕【注】人皆知金之有係爲不祥，故明己之無異於金，則所係之情可解，可解則無不可也。【疏】夫用二儀造化，一爲鑪冶，陶鑄羣物，錘鍛蒼生，磅礴無心，亭毒均等，所遇斯適，何惡何欣，安排變化，無往不可也。【釋文】「大鑪」劣奴反。「惡乎」音烏。「可解」如字，下同。

〔六〕【注】寤寐自若，不以死生累心。【疏】成然是閒放之貌，蘧然是驚喜之貌。寐，寢也，以譬於死也。覺是寤也，以況於生。然寤寐雖殊，何嘗不從容逸樂；死生乃異，亦未始不任命逍遥。此總結子來以死生爲寤寐者也。【釋文】「成然」如字，崔同。李云：成然，縣解之貌。本或作戌，音恤。簡文云：當作滅。本又作眓，呼括反，視高貌。本亦作俄然。「蘧然」李音渠。崔本作據，又其據反。蘧然，有形之貌。「覺」古孝反。向崔本此下更有發然汗出一句，云：無係則津液通也。崔云：榮衛和通，不以化爲懼也。

〔校〕①趙諫議本悍作捍。②之字依世德堂本删。③闕誤引古本成作眓，云：眓音呼聒切，高視貌。又音烘，曚眓，不明。

子桑户孟子反子琴張三人相與友，曰：「孰能相與於无相與，相爲於无相爲〔一〕？孰能登天遊霧，撓挑無極〔二〕；相忘以生，无所終窮〔三〕？」三人相視而笑，莫逆於心，遂相與爲友〔四〕。

〔一〕【注】夫體天地，冥變化者①，雖手足異任，五藏殊官②，未嘗相與而百節同和，斯相與於無相與也；未嘗相爲而表裏俱濟，斯相爲於無相爲也。若乃役其心志以卹手足，運其股肱以營五藏，則相營愈篤而外内愈困矣。故以天下爲一體者，無愛爲於其間也。【疏】此之三人，並方外之士，冥於變化，一於死生，志行既同，故相與交友。仍各率乃誠，述其情致云：誰能於虚無自然而相與爲朋友乎？斯乃無與而與，無爲而爲，非爲之而爲，與之而與者也。猶如五藏六根，四肢百體，各有司存，更相御用，豈有心於相與，情係於親疏哉！雖無意於相爲，而相濟之功成矣。故於無與而相與周旋，於無爲而爲交友者，其義亦然乎耳。【釋文】「相與」如字。崔云：猶親也。或一音豫。「相爲」如字，或一音于僞反。「愛爲」于僞反。

〔二〕【注】無所不任。【疏】撓挑，猶宛轉也。夫登昇上天，示清高輕舉；遨遊雲霧，表不滯其中；故能隨變化而無窮，將造物而宛轉者也。【釋文】「撓」徐而少反，郭許堯反。「挑」徐徒了反，郭李徒堯反。又作兆。李云：撓挑，猶宛轉也，宛轉玄曠之中。簡文云：循環之名。

〔三〕【注】忘其生，則無不忘矣，故能隨變任化，俱無所窮竟。【疏】終窮，死也。相與忘生復忘死，死生混一，故順化而無窮也。

〔四〕【注】若然者豈友哉？蓋寄明至親而無愛念之近情也。【疏】得意忘言，故相視而笑；智冥於境，故莫逆於心。方外道同，遂相與爲友也。

〔校〕①世德堂本變作而，趙諫議本無夫字者字。②世德堂本官作管。趙本此兩句作雖手足五臟異殊。

莫然有閒而子桑户死，未葬。孔子聞之，使子貢往侍①事焉〔一〕。或編曲，或鼓琴，相和而歌〔二〕曰：「嗟來桑户乎！嗟來桑户乎！而已反其真，而我猶爲人猗〔三〕！」子貢趨而進曰：「敢問臨尸而歌，禮乎〔四〕？」

〔一〕【疏】莫，無也。三人相視，寂爾無言。俄頃之閒，子桑户死。仲尼聞之，使子貢往而弔，仍令供給喪事，將迎賓客。欲顯方外方内，故寄尼父琴張。【釋文】「莫然」如字。崔云：定也。「有閒」如字。崔李云：頃也。本亦作爲閒。○慶藩案有，釋文作爲。爲閒即有閒矣。古爲有義通。孟子滕文公篇，將爲君子焉，將爲野人焉，趙岐注：爲，有也，雖小國亦有君子野人也。又弟子憮然爲閒，注：爲閒，有頃之閒也。又盡心篇爲閒不用，注：爲閒，有閒也。又梁惠王篇善推其所爲而已矣，說苑貴德篇引孟子爲作有。燕策故不敢爲辭說，新序雜事篇爲作有。皆其證。

〔二〕【疏】曲，薄也。或編薄織簾，或鼓琴歌詠，相和歡樂，曾無慼容。所謂相忘以生，方外之至也。【釋文】「編曲」必連反，字林布千反，郭父殄反，史記甫連反。李云：曲，蠶薄。「相和」胡卧反。

〔三〕【注】人哭亦哭，俗内之跡也。齊死生，忘哀樂，臨尸能歌，方外之至也。【疏】嗟來，歌聲也。桑户乎以下，相和之辭也。猗，相和聲也。夫從無出有，名之曰生；自有還無，名之曰死。汝今既還空寂，便是歸本反真，而我猶寄人閒，羈旅未還桑梓。欲齊一死生，而發斯猗歎者也。○李楨曰：嗟來是歌聲，卻是歎辭。釋名釋言語：嗟，佐也；言之不足以盡意，故發此聲以自佐也。來，哀也；（故）〔使〕②來入已哀之，故其言之低頭以招之也。孟子反子琴張歎桑户之得已反真，故爲此歌也。【釋文】「我猶」崔本作獨。「人猗」於宜反。崔云：辭也。「哀樂」音洛。

〔四〕【疏】方内之禮，貴在節文，隣里有喪，舂猶不相。況臨朋友之屍，曾無哀哭，琴歌自若，豈是禮乎？子貢怪其如此，故趨走進問也。

〔校〕①世德堂本侍作待。闕誤引張君房本作侍。②使字依釋名改。

二人相視而笑曰：「是惡知禮意〔一〕！」

〔一〕【注】夫知禮意者，必遊外以經内，守母以存子，稱情而直往也。若乃矜乎名聲，牽乎形制，則孝不任誠，慈不任實，父子兄弟，懷情相欺，豈禮之大意哉！【疏】夫大禮與天地同節，不拘制乎形名，直致任真，率情而往，況冥同生死，豈存哀樂於胸中！而子貢方内儒生，性猶偏執，唯貴麤跡，未契妙本。如是之人，於何知禮之深乎！爲方外所嗤，固其宜矣。【釋文】「惡知」音烏，下皆同。「稱情」尺證反。

子貢反，以告孔子，曰：「彼何人者邪？修行无有，而外其形骸，臨尸而歌，顔色不變，无以命之。彼何人者邪？」〔一〕

〔一〕【疏】命，名也。子貢使返，且告尼父云：彼二人情事難識，修己德行，無有禮儀，而忘外形骸，混同生死，臨喪歌樂，神形不變。既莫測其道，故難以名之。【釋文】「无以命之」崔李云：命，名也。

孔子曰：「彼，遊方之外者也；而丘，遊方之內者也〔一〕。外內不相及，而丘使女往弔之，丘則陋矣〔二〕。彼方且與造物者爲人，而遊乎天地之一氣〔三〕。彼以生爲附贅縣疣〔四〕，以死爲決疣①潰癰〔五〕，夫若然者，又惡知死生先後之所在〔六〕！假於異物，託於同體〔七〕；忘其肝膽，遺其耳目〔八〕；反覆終始，不知端倪〔九〕；芒然彷徨乎塵垢之外，逍遥乎无爲之業〔一〇〕。彼又惡能憒憒然爲世俗之禮，以觀衆人之耳目哉〔一一〕！」

〔一〕【注】夫理有至極，外內相冥，未有極遊外之致而不冥於內者也，未有能冥於內而不遊於外者也。故聖人常遊外以(宏)〔冥〕②內，無心以順有，故雖終日(揮)〔見〕③形而神氣無變，俯仰萬機而淡然自若。夫見形而不及神者，天下之常累也。是故覩其與羣物並行，則莫能謂之遺物而離人矣；覩其體化而應務，則莫能謂之坐忘而自得矣。豈直謂聖人不然哉？乃必謂至理之無此。是故莊子將明流統之所宗以釋天下之可悟，若直就稱仲尼之如此，或者將據所見以排之，故超聖人之內跡，而寄方外於數子。宜忘其所寄以尋述作之大意，則夫遊外(宏)〔冥〕內之道坦然自明，而莊子之書，故是涉俗蓋世之談矣。【疏】方，區域也。彼之二人，齊一死生，不爲教跡所拘，故遊心寰宇之外。而仲尼子貢，命世大儒，行裁非之義，服節文之禮，鋭意哀樂之中，遊心區域之內，所以爲異也。【釋文】「而淡」徒暫反。「而離」力智反，下同。「而應」應對之應。下同。「數子」所主反。「坦然」吐但反。○慶藩案文選謝靈運之郡初發都詩注、夏侯孝若東方朔贊注，並引司馬云：方，常也，言彼遊心于常教之外也。釋文闕。

〔二〕【注】夫弔者，方内之近事也，施之於方外則陋矣。【疏】玄儒理隔，内外道殊，勝劣而論，不相及逮。用區中之俗禮，弔方外之高人，芻狗再陳，鄙陋之甚也。【釋文】「使女」音汝。下同。

〔三〕【注】皆冥之，故無二也。【疏】達陰陽之變化，與造物之爲人；體萬物之混同，遊二儀之一氣也。○王引之曰：應帝王篇，予方將與造物者爲人，郭曰：任人之自爲。天運篇，丘不與化爲人，郭曰：夫與化爲人者，任其自化者也。案郭未曉人字之義。人，偶也；爲人，猶爲偶。中庸仁者人也，〔郭〕〔鄭〕④注：讀如相人偶之人，以人意相存偶之言。詩匪風箋：人偶能割亨者，人偶能輔周道治民者。聘禮注：每門輒揖者，以相人偶爲敬也。公食大夫禮注：每曲揖及當碑揖相人偶。是人與偶同義，故漢世有相人偶之語。淮南原道篇，與造化者爲人，義與此同。（高注：爲治也，非是。互見淮南。）齊俗篇曰：上與神明爲友，下與造化爲人。是其明證也。○慶藩案文選顏延年三月三日曲水詩序注引司馬云：造物者爲道。任彦昇到大司馬記室箋注、宣德皇后令注、陸佐公石闕銘注、沈休文齊故安陸昭王碑文注並引司馬云：造物，謂道也。釋文闕。

〔四〕【注】若疣之自縣，贅之自附，此氣之時聚，非所樂也。【釋文】「縣」音玄。注同。「疣」音尤。

〔五〕【注】若𤴯之自決，癰之自潰，此氣之自散，非所惜也。【疏】彼三子體道之人，達於死生，冥於變化。是以氣聚而生，譬疣贅附縣，非所樂也；氣散而死，若𤴯癰決潰，非所惜也。【釋文】「決」徐古穴反。「𤴯」胡亂反。〇盧文弨曰：今本正文亦作𤴯，音義作疣，胡虬反，恐臆改。「潰」胡對反。〇慶藩案慧琳一切經音義卷十六大方廣三戒經下引司馬云：浮熱爲疽，不通爲癰。卷三十持人菩薩經二、卷三十七準提陀羅尼經、九十五正誣經注引竝同。釋文闕。

〔六〕【注】死生代謝，未始有極，與之俱往，則無往不可，故不知勝負之所在也。【疏】先，勝也。後，劣也。夫疣贅𤴯癰，四者皆是疾，而氣有聚散，病無勝負。若以此方於生死，亦安知優劣之所在乎！

〔七〕【注】假，因也。今死生聚散，變化無方，皆異物也。無異而不假，故所假雖異而共成一體也。

【疏】水火金木，異物相假，衆諸寄託，共成一身。是知形體，由來虛僞。

〔八〕【注】任之於理而冥往也。【疏】既知形質虛假，無可欣愛，故能内則忘於臟腑，外則忘其根竅故也。

〔九〕【注】五藏猶忘，何物足識哉！未始有識，故能放任於變化之塗，玄同於反覆之波，而不知終始之所極⑤也。【疏】端，緒也。倪，畔也。反覆，猶往來也。終始，猶生死也。既忘其形質，隳體絀聰，故能去來生死，與化俱往。化又無極，故莫知端倪。【釋文】「反覆」芳服反。「端倪」本或作淣，同。音崖。徐音詣。

〔一〇〕【注】所謂無爲之業，非拱默而已；所謂塵垢之外，非伏於山林也。【疏】芒然，無知之貌也。彷徨逍遥，皆自得逸豫之名也。塵垢，色聲等有爲之物也。前既遺於形骸，此又忘於心智，是以放任於塵累之表，逸豫於清曠之鄉，以此無爲而爲事業也。【釋文】「芒然」莫剛反。李云：無係之貌。「彷」薄剛反。「徨」音皇。「塵垢」如字。崔本作塚坸，云：塚，音埄；坸，垢同。齊人以風塵爲埄堁。○盧文弨曰：舊埄作逢，今本作撻，乃埄字之譌，今改正。

〔一一〕【注】其所以觀示於衆人者，皆其塵垢耳，非方外之冥物也。【疏】憒憒，猶煩亂也。彼數子者，清高虚淡，安排去化，率性任真。何能强事節文，拘世俗之禮；威儀顯示，悦衆人之視聽哉！【釋文】「憒憒」工内反，説文、蒼頡篇並云：亂也。「以觀」古亂反，示也。注同。

〔校〕①世德堂本疢作疣，注同。②冥字依趙諫議本改。下同。世德堂本上冥字誤作私，下冥字誤作弘。③見字依世德堂本改。④鄭字依中庸注改。⑤世德堂本極作及。

子貢曰：「然則夫子何方之依〔一〕？」

〔一〕【注】子貢不聞性與天道，故見其所依而不見其所以依也。夫所以依者，不依也，世豈覺之哉！【疏】方内方外，淺深不同，未知夫子依從何道。師資起發，故設此疑。

孔子曰：「丘，天之戮民也〔一〕。雖然，吾與汝共之〔二〕。」

〔一〕【注】以方内爲桎梏，明所貴在方外也。夫遊外者依内，離人者合俗，故有天下者無以天下爲也。是以遺物而後能入羣，坐忘而後能應務，愈遺之，愈得之。苟居斯極，則雖欲釋之而理固自來，斯乃天人之所不赦者也。【疏】夫聖迹禮儀，乃桎梏形性。仲尼既依方内，則是自然之理，刑戮之人也。故德充符篇云，天刑之安可解乎。

〔二〕【注】雖爲世所桎梏，但爲與汝共之耳。明己恒自在外也。【疏】夫孔子聖人，和光接物，揚波同世，貴斯俗禮；雖復降跡方内，與汝共之，而遊心方外，蕭然無著也。

子貢曰：「敢問其方〔一〕。」

〔一〕【注】問所以遊外而共内之意。【疏】方，猶道也。問：「跡混域中，心遊方外，外内玄合，其道若何？」

孔子曰：「魚相造乎水，人相造乎道〔一〕。相造乎水者，穿池而養給；相造乎道者，无事而生定〔二〕。故曰，魚相忘乎江湖，人相忘乎道術〔三〕。」

〔一〕【疏】造，詣也。魚之所詣者，適性莫過深水；人之所至者，得意莫過道術。雖復情智不一，而相與皆然。此略標義端，次下解釋也。【釋文】「相造」七報反，詣也。下同。

〔二〕【注】所造雖異，其於由無事以得事，自方外以共内，然後養給而生定，則莫不皆然也。俱不自知耳，故成無爲也。【疏】此解釋前義也。夫江湖淮海，皆名天池。魚在大水之中，窟穴泥沙，以自資養供給也；亦猶人處大道之中，清虛養性，無事逍遥，故得性分静定而安樂也。【釋文】「穿池」本亦作地，崔同。○俞樾曰：定疑足字之誤。穿池而養給，無事而生足，兩句一律。給，亦足也。足與定，字形相似而誤。管子中匡篇：功定以得天與失天，其人事一也。今本定誤作足，與此正可互證。

〔三〕【注】各自足而相忘者，天下莫不然也。至人常足，故常忘也。【疏】此結釋前義也。夫深水游泳，各足相忘；道術内充，偏愛斯絶；豈與夫呴濡仁義同年而語哉！臨尸而歌，其義亦爾故也。【釋文】「相忘」音亡。下同。

子貢曰：「敢問畸人〔一〕。」

〔一〕【注】問向之所謂方外而不耦於俗者，又安在也。【疏】畸者，不耦之名也。修行無有，而疏外形體，乖異人倫，不耦於俗。敢問此人，其道如何？【釋文】「畸人」居宜反。司馬云：不耦也。不耦於人，謂闕於禮教也。李其宜反，云：奇異也。

曰：「畸人者，畸於人而侔於天〔一〕。故曰，天之小人，人之君子；人之君子，天之小人也〔二〕。」

〔一〕【注】夫與内冥者，遊於外也。獨能遊外以冥内，任萬物之自然，使天性各足而帝王道成，斯乃畸於人而侔於天也。【疏】自此已下，孔子答子貢也。侔者，等也，同也。夫不修仁義，不偶於物，而率其本性者，與自然之理同也。【釋文】「而侔」音謀。司馬云：等也，亦從也。

〔二〕【注】以自然言之，則人無小大①；以人理言之，則侔於天者可謂君子矣。【疏】夫懷仁履義爲君子，乖道背德爲小人也。是以行蹩躠之仁，用踶跂之義者，人倫謂之君子，而天道謂之小人也。故知子反琴張，不偶於俗，乃曰畸人，實天之君子。重言之者，復結其義也。

〔校〕①趙諫議本大作人。

顔回問仲尼曰：「孟孫才，其母死，哭泣无涕，中心不戚，居喪不哀。无是三者，以善處①喪〔一〕蓋魯國。固有无其實而得其名者乎？回壹②怪之〔二〕。」

〔一〕【疏】姓孟孫，名才，魯之賢人。體無爲之一道，知生死之不二，故能跡同方内，心遊物表。居母氏之喪，禮數不闕，威儀詳雅，甚有孝容；而淚不滂沱，心不悲戚，聲不哀痛。三者既無，不名孝子，而鄉邦之内，悉皆善之，云其處喪深得禮法也。【釋文】「孟孫才」李云：三桓後，才其名也。崔云：才，或作牛。○李楨曰：以善處喪絶句，文義未完，且嫌於不辭。下蓋魯國三字當屬上爲句，不當連下固有云云爲句。蓋與應帝王篇功蓋天下義同，言孟孫才以善處喪名蓋魯國。爾雅釋言：弇，蓋也。小爾雅廣詁：蓋，覆也。釋名釋言語：蓋，加也。並有高出其上之意，即此蓋字義也。

〔二〕【注】魯國觀其禮，而顏回察其心。【疏】蓋者，發語之辭也。哭泣縗絰，同域中之俗禮；心無哀戚，契方外之忘懷。魯人覩其外迹，故有善喪之名；顏子察其內心，知無至孝之實。所以一見孟孫才，遂生疑怪也。

〔校〕①世德堂本無處字。②世德堂本壹作一。

仲尼曰：「夫孟孫氏盡之矣，進於知矣〔一〕。唯簡之而不得〔二〕，夫已有所簡矣。孟孫氏不知所以生，不知所以死〔三〕；不知就先，不知就後〔四〕；若化爲物〔五〕，以待其所不知之化已乎〔六〕！且方將化，惡知不化哉？方將不化，惡知已化哉〔七〕？吾特與汝，其夢未始覺者邪〔八〕！且彼有駭形而无損心〔九〕，有旦宅而无情死〔一〇〕。孟孫氏特覺，人哭亦哭，是自其所以乃①〔一一〕。且也相與吾之耳矣〔一二〕，庸詎知吾所謂吾之乎〔一三〕？且汝夢爲鳥而厲乎天，夢爲魚而没於淵〔一四〕。不識今之言者，其覺者乎，其夢者乎〔一五〕？造適不及笑，獻笑不及排〔一六〕，安排而去化，乃入於寥天一〔一七〕。」

〔一〕【注】盡死生之理，應內外之宜者，動而以天行，非知之匹也。【疏】進，過也。夫孟孫氏窮哀樂之本，所以無樂無哀；盡生死之源，所以忘生忘死。既而本迹難測，故能合內外之宜；應物無心，豈是運知之匹者耶！【釋文】「應內」應對之應。

〔二〕【注】簡擇死生而不得其異，若春秋冬夏四時行耳。【疏】夫生來死去，譬彼四時，故孟孫簡擇，不得其異。

〔三〕【注】已簡而不得，故無不安，無不安，故不以生死槩意而付之自化也。【疏】雖復有所簡擇，竟不知生死之異，故能安於變化而不以哀樂槩懷也。

〔四〕【注】所遇而安。

〔五〕【注】不違化也。【疏】先，生也。後，死也。若，順也。既一於死生，故無去無就；冥於變化，故順化爲物也。

〔六〕【注】死生宛轉，與化爲一，猶乃忘其所知於當今，豈待所未知而豫憂者哉！【疏】不知之化，謂當來未化之事也。已，止也。見在之生，猶自忘遺；况未來之化，豈復逆憂！若用心預待，不如止而勿爲也。

〔七〕【注】已化而生，焉知未生之時哉！未化而死，焉知已死之後哉！故無所避就，而與化俱往②也。【疏】方今正化爲人，安知過去未化之事乎！正在生日未化而死，又安知死後之事乎！俱當推理直前，與化俱往，無勞在生憂死，妄爲欣惡也。【釋文】「惡知」音烏，下同。「焉知」於虔反。下皆同。

〔八〕【注】夫死生猶覺夢耳，今夢自以爲覺，則無以明覺之非夢也；苟無以明覺之非夢，則亦無以明生之非死矣。死生覺夢，未知所在，當其所遇，無不自得，何爲在此而憂彼哉！【疏】夢是昏睡之時，覺是了知之日。仲尼顏子，猶拘名教，爲昏於大夢之中，不達死生，未嘗暫覺者也。　【釋文】「覺者」古孝反。注、下皆同。

〔九〕【注】以③變化爲形之駭動耳，故不以死生損累其心。　【疏】彼之孟孫，冥於變化，假見生死爲形之驚動，終無哀樂損累心神也。　【釋文】「駭形」如字。崔作咳，云：有嬰兒之形。

〔一〇〕【注】以形骸之變爲旦宅之日新耳，其情不以爲死。　【疏】旦，日新也。宅者，神之舍也。以形之改變爲宅舍之日新耳，其性靈凝淡，終無死生之累者也。　【釋文】「旦宅」並如字。王云：旦暮改易，宅是神居也。李本作怛侘，上丹末反，下陟嫁反，云：驚惋之貌。崔本作靼宅。靼，怛也。

〔一一〕【注】夫常覺者，無往而有逆也，故人哭亦哭，正自是其所宜也④。　【疏】孟孫冥同生死，獨居覺悟，應於內外，不乖人理。人哭亦哭，自是順物之宜者也。　【釋文】「所以乃」崔本乃作惡。

〔一二〕【注】夫死生變化，吾皆吾之。既皆是吾，吾何失哉！未始失吾，吾何憂哉⑤！無逆，故人哭亦哭；無憂，故哭而不哀。　【疏】吾生吾死，相與皆吾，未始非吾，吾何所失！若以係吾爲意，何適非吾！

〔一三〕【注】靡所不吾也，故玄同外內，彌貫古今，與化日新，豈知吾之所在也！　【疏】庸，常也。凡常之人，識見淺狹，詎知吾之所謂無處非吾！假令千變萬化，而吾常在，新吾故吾，何欣何惡也！　【釋文】「庸詎」其庶反。下章同。

〔一四〕【注】言無往而不自得也。

〔一五〕【注】夢之時自以爲覺，則焉知今者之非夢耶，亦焉知其非覺耶？覺夢之化，無往而不可，則死生之變，無時而足惜也。【疏】厲，至也。且爲魚爲鳥，任性逍遥，處死處生，居然自得。而魚鳥既無優劣，死生亦何勝負而係之哉！孟孫妙達斯源，所以未嘗介意。又不知今之所論魚鳥者，爲是覺中而辯，爲是夢中而説乎？夫人夢中，自以爲覺；今之覺者，何妨夢中！是知覺夢生死，未可定也。

〔一六〕【注】所造皆適，則忘適矣，故不及笑也。排者，推移之謂也。夫禮哭必哀，獻笑必樂，哀樂存懷，則不能與適推移矣。今孟孫常適，故哭而不哀，與化俱往也。【疏】造，至也。獻，善也。排，推移也。夫所至皆適，斯亦適也，其常適何及歡笑然後樂哉！若從善事感己而後適者，此則不能隨變任化，與物推移也。今孟孫常適，故哭而不哀也。【釋文】「造適」七報反。注同。「獻笑」向云：獻，善也。王云：章也，意有適，章於笑，故曰獻笑。○家世父曰：造適者，以心取適而已，言笑皆忘也。獻笑者，以笑爲歡而已，推排皆化也。極推排之力而冥然安之，窮變化之用而超然去之，乃以游蕩於萬物之表而與天爲一。「及排」皮皆反。「必樂」音洛。下同。

〔一七〕【注】安於推移而與化俱去，故乃入於寂寥而與天爲一也。自此以上，至於子祀，其致一也。所執之喪異，故歌哭不同。【疏】所在皆適，故安任推移，未始非吾，而與化俱去。如此之人，乃能入於寥廓之妙門，自然之一道也。【釋文】「寥」本亦作廖，力彫反。李良救反。「天一」崔本作造敵不及笑，獻芥不及鼇，安排而造化不及眇，眇不及雄漂淪，雄漂淪不及篡笟，篡笟乃入於謬天一。「以上」時掌反。

〔校〕①朱桂曜本乃作盈。②世德堂本往作生。③世德堂本以作似。④趙諫議本無注首夫字，注末也字。⑤世德堂本是吾作自吾，兩哉字均作矣。

意而子見許由。許由曰：「堯何以資汝〔一〕？」

〔一〕【注】資者，給濟之謂也。【疏】意而，古之賢人。資，給濟之謂也。意而先謁帝堯，後見仲武。問云：「帝堯大聖，道德甚高，汝既謁見，有何敬授資濟之術，幸請陳説耳。」【釋文】「意而子」李云：賢士也。「資汝」資，給也。

意而子曰：「堯謂我：『汝必躬服仁義而明言是非〔一〕。』」

〔一〕【疏】躬，身也。仁則恩慈育物，義則斷割裁非，是則明賞其善，非則明懲其惡。此之四者，人倫所貴，汝必須己身服行，亦須明言示物。此是意而述堯教語之辭也。

許由曰：「而奚來爲軹〔一〕？夫堯既已黥汝以仁義，而劓汝以是非矣，汝將何以遊夫遥蕩恣睢轉徙之塗乎〔二〕？」

〔一〕【疏】而，汝也。奚，何也。軹，語助也。堯將教迹刑害於汝，瘡痕已大，何爲更來矣？【釋文】「爲軹」之是反，郭之忍反。崔云：軹，辭也。李云：是也。

〔二〕【注】言其將以刑教自虧殘，而不能復遊夫自得之場，無係之塗也。【疏】黥，鑿額也。劓，割鼻也。恣睢，縱任也。轉徙，變化也。塗，道也。夫仁義是非，損傷真性，其爲殘害，譬之刑戮。汝既被堯黥劓，拘束性情，如何復能遨遊自得，逍遥放蕩，從容自適於變化之道乎？言其不復能如是。【釋文】「黥」其京反。「劓」魚器反。李云：毁道德以爲仁義，不似黥乎！破玄同以爲是非，不似劓乎！「遥蕩」王云：縱散也。「恣」七咨反，又如字。「睢」郭李云：許維反，徐許鼻反。李王皆云：恣睢，自得貌。「復遊」扶又反。下同。

意而子曰：「雖然，吾願遊於其藩〔一〕。」

〔一〕【注】不敢復求涉中道也，且願遊其藩傍而已。【疏】我雖遭此虧殘，而庶幾之心靡替，不復敢當中路，願涉道之藩傍也。【釋文】「其藩」甫煩反，李音煩。司馬向皆云：崖也。崔云：域也。

許由曰：「不然。夫盲者无以與乎眉目顔色之好，瞽者无以與乎青黄黼黻之觀〔一〕。」

〔一〕【疏】盲者，有眼睛而不見物；瞽者，眼無眹縫如鼓皮也。作斧形謂之黼，兩已相背謂之黻。而盲瞽之人，眼睛已敗，既不能觀文彩青黄，亦不愛好眉目顔色。譬意而遭堯黥劓，情智已傷，豈能愛慕深玄，觀覽衆妙邪！【釋文】「盲者」本又作眇。崔本作目，云：目，或作刑。

刑，黥劓也。「以與」音豫。下同。「之好」如字，又呼報反。「黼黻」上音甫，下音弗。「觀」古亂反。

意而子曰：「夫无莊之失其美，據梁之失其力，黄帝之亡其知，皆在鑪捶①之間耳〔一〕。庸詎知夫造物者之不息我黥而補我劓，使我乘成以隨先生邪〔二〕？」

〔一〕【注】言天下之物，未必皆自成也，自然之理，亦有須冶鍛而爲器者耳。故此之三人，亦皆聞道而後忘其所務也。此皆寄言，以遣云爲之累耳。【疏】无莊，古之美人，爲聞道故，不復莊飾，而自忘其美色也。據梁，古之多力人，爲聞道守雌，故不勇其力也。黄帝，軒轅也，有聖知，亦爲聞道，故能忘遺其知也。鑪，竈也。錘，鍛也。以上三人，皆因聞道，然後忘其所務以契其真，猶如世間器物，假於鑪冶打鍛以成其用者耳。今何妨自然之理，令夫子教示於我，以成其道耶？故知自然造物，在鑪冶之間，則是有修學冶鍛之義也。【釋文】「无莊據梁」司馬云：皆人名。李云：无莊，无莊飾也。據梁，强梁也。「鑪」音盧。「捶」本又作錘。徐之睡反，又之蘂反，一音時蘂反。李云：錘，鴟頭頗口，句鐵以吹火也。崔云：盧謂之瓮。捶當作甀。盧甀之間，言小處也。甀音丈僞反。「鍛」丁亂反。

〔二〕【注】夫率性②直往者，自然也；往而傷性，性傷而能改者，亦自然也。庸詎知我③之自然當不息黥補劓，而乘可成之道以隨夫子耶？而欲棄而勿告，恐非造物之至也④。【疏】造物，猶造化也。我雖遭仁義是非殘傷情性，焉知造化之内，不補劓息黥，令我改過自新，乘可成之道，隨夫子以請益耶？乃欲棄而不教，恐乖造物者也。○慶藩案乘，猶載也。成，猶備也。與詩儀既成兮義同。黥劓則形體不備，息之補之，復完成矣。言造物者使我得遇先生，安知不使我載一成體以相隨耶？此兼采宣氏說，較郭訓爲長。

〔校〕①趙諫議本捶作錘。②趙本性作然。③世德堂本知我作我知。④世德堂本無也字。

許由曰：「噫！未可知也。我爲汝言其大略〔一〕。吾師乎！吾師乎！韲萬物而不爲義，澤及萬世而不爲仁〔二〕，長於上古而不爲老〔三〕，覆載天地刻彫衆形而不爲巧〔四〕。此所遊已〔五〕。」

〔一〕【疏】噫，嘆聲也。至道深玄，絶於言象，不可以心慮測，故嘆云未可知也。既請益慇懃，亦無容杜默，雖復不可言盡，爲汝梗概陳之。【釋文】「曰噫」徐音醫。李云：歎聲也。崔云：亂也。本亦作意，音同。又如字，謂呼意而名也。「我爲」于僞反。注同。

〔二〕【注】皆自爾耳，亦無愛爲於其間也，安所寄其仁義！【疏】吾師乎者，至道也。然至道不可心知，爲汝略言其要，即吾師是也。韲，碎也。至如素秋霜降，碎落萬物，豈有情斷割而爲義哉？青春和氣，生育萬物，豈有情恩愛而爲仁哉？蓋不然而然也。而許由師於至道，至道既其如是，汝何得躬服仁義耶？此略爲意而說息黥補劓之方也。【釋文】「韲」子兮反。司馬云：碎也。○盧文弨曰：說文作韲，亦作齏。陸每從敕，譌。今從隸省作韲。下並同。

〔三〕【注】日新也。【釋文】「長於」丁丈反。

〔四〕【注】自然，故非巧也。【疏】萬象之前，先有此道，智德具足，故義説爲長而實無長也。長既無矣，老豈有耶！欲明不長而長，老而不老，故長於上古而不爲老也。雖復天覆地載，而以道爲源，衆形彫刻，咸資造化，同禀自然，故巧名斯滅。既其無老無巧，無是無非，汝何所明言耶？

〔五〕【注】游於不爲而師於無師也。【疏】吾師之所遊心，止如此説而已。此則總結以前吾師之義是也。

顔回曰：「回益矣〔一〕。」

〔一〕【注】以損之爲益也。【疏】顔子禀教孔氏，服膺問道，覺己進益，呈解於師。損有益空，故以損爲益也。

仲尼曰：「何謂也〔一〕？」

〔一〕【疏】既言益矣，有何意謂？

曰：「回忘仁義矣〔一〕。」

〔一〕【疏】忘兼愛之仁，遣裁非之義，所言益者，此之謂乎！

曰：「可矣，猶未也〔一〕。」

〔一〕【注】仁者，兼愛之迹；義者，成物之功。愛之非仁，仁迹行焉；成之非義，義功見焉。存夫仁義，不足以知愛利之由無心，故忘之可也。但忘功迹，故猶未玄達也。【疏】仁義已忘，於理漸可；解心尚淺，所以猶未。【釋文】「功見」賢遍反。下文同。

他日，復見，曰：「回益矣〔一〕。」

〔一〕【疏】他日，猶異日也。空解日新，時更復見。所言進益，列在下文。【釋文】「他日」崔本作異日。下亦然。「復見」扶又反。下同。

曰：「何謂也〔一〕？」

〔一〕【疏】所言益者，是何意謂也？

曰：「回忘禮樂矣〔一〕。」

〔一〕【疏】禮者，荒亂之首，樂者，淫蕩之具，爲累更重，次忘之也。

曰：「可矣，猶未也〔一〕。」

〔一〕【注】禮者，形體之用，樂者，樂生之具。忘其具，未若忘其所以具也。【疏】虚心漸可，猶未至極也。【釋文】「樂生」音洛，又音嶽。

他日，復見，曰：「回益矣。」

曰：「何謂也〔一〕？」

〔一〕【疏】並不異前解也。

曰：「回坐忘矣〔一〕。」

〔一〕【疏】虛心無著，故能端坐而忘。坐忘之義，具列在下文。○慶藩案文選賈長沙鵩鳥賦注引司馬云：坐而自忘其身。釋文闕。

仲尼蹵然曰：「何謂坐忘〔一〕？」

〔一〕【疏】蹵然，驚悚貌也，忘遺既深，故悚然驚歎。坐忘之謂，厥義云何也？【釋文】「蹵然」子六反。崔云：變色貌。

顏回曰：「墮肢體，黜聰明〔一〕，離形去知，同於大通，此謂坐忘〔二〕。」

〔一〕【疏】墮，毀廢也。黜，退除也。雖聰屬於耳，明關於目，而聰明之用，本乎心靈。既悟一身非有，萬境皆空，故能毀廢四肢百體，屏黜聰明心智者也。【釋文】「墮」許規反。徐又待果反。

〔二〕【注】夫坐忘者，奚所不忘哉！既忘其迹，又忘其所以迹者，內不覺其一身，外不識有天地，然後曠然與變化爲體而無不通也。【疏】大通，猶大道也。道能通生萬物，故謂道爲大通也。外則離析於形體，一一虛假，此解墮肢體也。內則除去心識，悗然無知，此解黜聰明也。既而枯木死灰，冥同大道，如此之益，謂之坐忘也。【釋文】「去」起呂反。「知」音智。「坐忘」崔云：端坐而忘。○盧文弨曰：依次當在蹵然之前。

仲尼曰：「同則无好也〔一〕，化則无常也〔二〕。而果其賢乎！丘也請從而後也〔三〕。」

〔一〕【注】無物不同，則未嘗不適，未嘗不適，何好何惡哉！【釋文】「无好」呼報反。注同。「何惡」烏路反。

〔二〕【注】同於化者，唯化所適，故無常也。【疏】既同於大道，則無是非好惡；冥於變化，故不執滯守常也。

〔三〕【疏】果，決也。而，汝也。「忘遺如此，定是大賢。丘雖汝師，遂落汝後。從而學之，是丘所願。」撝謙退己，以進顏回者也。

子輿與子桑友，而霖①雨十日。子輿曰：「子桑殆病矣！」裹飯而往食之〔一〕。至子桑之門，則若歌若哭，鼓琴曰：「父邪！母邪！天乎！人乎！」有不任其聲而趨舉其詩焉〔二〕。

〔一〕【注】此二人相爲於無相爲者也。今裹飯而相食者，乃任之天理而自爾耳，非相爲而後往者也。【疏】雨經三日已上爲霖。殆，近也。子桑家貧，屬斯霖雨，近於餓病。此事不疑於方外之交，任理而往，雖復裹飯，非有相爲之情者也。【釋文】「霖雨」本又作淋，音林。左傳云：雨三日以往爲霖。「裹」音果。「食」音嗣。注同。

〔二〕【疏】任，堪也。趨，卒疾也。子桑既遭飢餧，故發琴聲，問此飢貧從誰而得，爲關父母？爲是人天？此則歌哭之辭也。不堪此舉，又卒爾詩詠也。【釋文】「有不任」音壬。「其聲而趨」七住反。「舉其詩焉」崔云：不任其聲，憊也；趨舉其詩，無音曲也。

〔校〕①趙諫議本作淋。

子輿入，曰：「子之歌詩，何故若是〔一〕？」

〔一〕【注】嫌其有情，所以趨出遠理也。【疏】一於死生，忘於哀樂，〔相與〕於無相與，方外之交。今子歌詩，似有怨望，故入門驚怪，問其所由也。

曰：「吾思夫使我至此極者而弗得也。父母豈欲吾貧哉？天无私覆，地无私載，天地豈私貧我哉？求其爲之者而不得也。然而至此極者，命也夫〔一〕！」

〔一〕【注】言物皆自然，無爲之者也。【疏】夫父母慈造，不欲飢凍；天地無私，豈獨貧我！思量主宰，皆是自然，尋求來由，竟無兆朕。而使我至此窮極者，皆我之賦命也，亦何惜之有哉！

莊子集釋卷三下

應帝王第七 內篇〔一〕

〔一〕【注】夫無心而任乎自化者，應爲帝王也。【釋文】崔云：行不言之教，使天下自以爲牛馬，應爲帝王者也。

齧缺問於王倪，四問而四不知〔一〕。齧缺因躍而大喜，行以告蒲衣子。

〔一〕【疏】四問而四不知，則齊物篇中四問也。夫帝王之道，莫若忘知，故以此義而爲篇首。老子云不以智治國國之德者也。【釋文】「齧缺」五結反。下丘悅反。「王倪」五兮反。「四問而四不知」向云：事在齊物論中。

蒲衣子曰：「而乃今知之乎〔一〕？有虞氏不及泰氏〔二〕。有虞氏，其猶藏①仁以要人；亦得人矣，而未始出於非人〔三〕。泰氏，其卧徐徐，其覺于于〔四〕；一以己爲馬，一以己爲牛〔五〕；其知情信〔六〕，其德甚真〔七〕，而未始入於非人〔八〕。」

〔一〕【疏】蒲衣子，堯時賢人，年八歲，舜師之，讓位不受，即被衣子也。齧缺得不知之妙旨，仍踴躍而喜歡，走以告於蒲衣子，述王倪之深義。蒲衣是方外之大賢，達忘言之至道，理無知而固久，汝今日乃知也？【釋文】「蒲衣子」尸子云：蒲衣八歲，舜讓以天下。崔云：即被衣，王倪之師也。淮南子曰：齧缺問道於被衣。

〔二〕【注】夫有虞氏之與泰氏，皆世事之迹耳，非所以迹者也。所以迹者，無迹也，世孰名之哉！未之嘗名，何勝負之有耶！然無迹者，乘羣變，履萬世，世有夷險，故迹有不及也。【疏】有虞氏，舜也。泰氏，即太昊伏羲也。三皇之世，其俗淳和；五帝之時，其風澆競。澆競則運知而養物，淳和則任真而馭宇，不及之義，驗此可知也。【釋文】「泰氏」司馬云：上古帝王也。崔云：帝王也。李云：大庭氏；又云：無名之君也。○慶藩案路史前紀七引司馬云：上古之帝王，無名之稱。與釋文所引小異。

〔三〕【注】夫以所好爲是人，所惡爲非人者，唯以是非爲域者也。夫能出於非人之域者，必入於無非人之境矣，故無得無失，無可無不可，豈直藏仁而要人也！【疏】夫舜，包藏仁義，要求士庶，以得百姓之心，未是忘懷，自合天下，故未出於是非之域。亦有作臧字者。臧，善也。善於仁義，要求人心者也。【釋文】「藏仁」才剛反。崔云：懷仁心以結人也。本亦作臧，作剛反，善也。簡文同。「以要」一遥反。注同。○家世父曰：有人之見存，而要人之仁行焉。無人之見存，出入鳥獸之羣而不亂；其(世)〔與〕人也(汛)〔汎〕乎相遇泯泯之中，而奚以要人爲！出於非人，忘非我之分矣。入於非人，人我之分之兩忘者，不以心應焉。爲馬爲牛，非獨忘人也，亦忘己也。「所好」呼報反。「所惡」烏路反。「之竟」音境。

〔四〕【疏】徐徐，寬緩之貌。于于，自得之貌。伏犧之時，淳風尚在，故卧則安閒而徐緩，覺則歡娛而自得也。【釋文】「徐徐」如字。崔本作袪袪。「其覺」古孝反。「于于」如字。司馬云：徐徐，安穩貌。于于，無所知貌。簡文云：徐徐于于，寐之狀也。◯慶藩案于于，即盱盱也。說文：盱，張目也。于與盱，聲近義同。淮南俶真篇，萬民睢睢盱盱然。魯靈光殿賦鴻荒朴略，厥狀睢盱，張載曰：睢盱，質朴之形。正與司馬注無所知意相合。（淮南覽冥篇卧倨倨，興盱盱，高注曰：盱盱，無智巧貌也。又淮南盱盱作眄眄。王氏讀書雜志據諸書證爲盱盱之僞，亦正與質朴無知同義。）

〔五〕【注】夫如是，又奚是人非人之有哉！斯可謂出於非人之域。【疏】忘物我，遺是非，或馬或牛，隨人呼召。人獸尚且無主，何是非之有哉！

〔六〕【注】任其自知，故情信。【疏】率其真知，情無虛矯，故實信也。

〔七〕【注】任其自得，故無僞。【疏】以不德爲德，德無所德，故不僞者也。

〔八〕【注】不入乎是非之域，所以絶於有虞之世。【疏】既率其情，其德不僞，故能超出心知之境，不入是非之域者也。

〔校〕①趙諫議本藏作臧。

肩吾見狂接輿。狂接輿曰：「日中始何以語女？」〔一〕

〔一〕【疏】肩吾接輿，已具前解。日中始，賢人姓名，即肩吾之師也。既是女師，有何告示？此是接輿發語以問故也。【釋文】「日」人實反。「中」音仲，亦如字。「始」李云：日中始，人姓名，賢者也。崔本無日字，云：中始，賢人也。○俞樾曰：釋文引李云，日中始，人姓名，賢者也。此恐不然。中始，人名，日，猶云日者也。謂日者中始何以語女也，文七年左傳，日衛不睦，襄二十六年傳，日其過此也，昭七年傳，日君以夫公孫段爲能任其事，十六年傳，日起請夫環，並與此日字同義。李以日中始三字爲人姓名，失之矣。崔本無日字。「以語」魚據反。「女」音汝。後皆同。

肩吾曰：「告我君人者以己出經式義度，人①孰敢不聽而化諸〔二〕！」

〔二〕【疏】式，用也。教我爲君之道，化物之方，必須己出智以經綸，用仁義以導俗，則四方氓庶，誰不聽從，遐遠黎元，敢不歸化耶！【釋文】「出經」絕句。司馬云：出，行也。經，常也。崔云：出典法也。「式義度人」絕句。式，法也。崔云：式，用也。用仁義以法度人也。○王念孫曰：釋文曰：出經絕句，式義度人絕句，引諸說皆未協。案此當以以己出經式義度爲句，人孰敢不聽而化諸爲句。義讀爲儀。義〔與〕儀，古字通。說文：義，己之威儀也。文侯之命父義和，鄭注：義讀爲儀。周官肆師治其禮儀，鄭注：故書儀爲義，鄭司農云：義讀爲儀。古者書儀但爲義，今時所爲義爲誼。小雅楚茨篇禮儀卒度，韓詩作義。周官大行人大客之儀，大戴禮朝事篇作義。樂記制之禮義，漢書禮樂志作儀。周語示民軌儀，大射儀注引作義。）儀，法也。（見周語注、淮南精神篇注、楚詞九歎注。）經式儀度，皆謂法度也，解者失之。

〔校〕①闕誤引張君房本度人作庶民。

狂①接輿曰：「是欺德也〔一〕；其於治天下也，猶涉海鑿河而使蚉負山也〔二〕。夫聖人之治也，治外乎〔三〕？正而後行〔四〕，確乎能其事者而已矣〔五〕。且鳥高飛以避矰弋之害，鼷鼠深穴乎神丘之下以避熏鑿之患〔六〕，而曾二蟲之無知〔七〕！」

〔一〕【注】以己制物，則物失其真。【疏】夫以己制物，物喪其真，欺誑之德非實道。【釋文】「欺德」簡文云：欺，（忘）〔妄〕②也。

〔二〕【注】夫寄當於萬物，則無事而自成；以一身制天下，則功莫就而任不勝也。【疏】夫溟海弘博，深廣難窮，而穿之爲河，必無成理。猶大道遐曠，玄絶難知，而鑿之爲義，其功難克。又蚉蟲至小，山岳極高，令其負荷，無由勝任。以智經綸，用仁理物，能小謀大，其義亦然。【釋文】「涉海鑿」待洛反。下同。郭粗鶴反。「河」李云：涉海必陷波，鑿河無成也。「蚉」音文。本亦作蝱，同。「不勝」音升。

〔三〕【注】全其性分之内而已。【疏】隨其分内而治之，必不分外治物。治乎外者，言不治之者也。

〔四〕【注】各正性命之分也。【疏】順其正性而後行化。

〔五〕【注】不爲其所不能。【疏】確，實也。順其實性，於事有能者，因而任之，止於分内，不論於外者也。【釋文】「確乎」苦學反。李云：堅貌。崔本作橐，音託。○慶藩案文選劉孝標辯命論注引司馬云：確乎，不移易。釋文闕。

〔六〕【注】禽獸猶各有以自存，故帝王任之而不爲，則自成也。【疏】矰，網也。弋，以繩係箭而射之也。鼷鼠，小鼠也。神丘，社壇也。鳥則高飛而逃網，鼠則深穴而避熏，斯皆率性自然，豈待教而遠害者也！鳥鼠既爾，在人亦然。故知式義出經，誣罔之甚矣。【釋文】「矰」則能反。李云：罔也。「之害」崔本作菑。「鼷」音兮。「熏」香云反。

〔七〕【注】言汝曾不知③此二蟲之各存而不待教乎！【疏】而，汝也。汝不曾知此二蟲，不待教令，而解避害全身者乎？既深穴高飛，豈無知耶！況在人倫，而欲出經式義，欺矯治物，不亦妄哉！

〔校〕①世德堂本無狂字。②妄字依世德堂本改。③世德堂本知作如。

天根遊於殷陽，至蓼水之上，適遭無名人而問焉，曰：「請問爲天下。」〔一〕

〔一〕【疏】天根無名，並爲姓字，寓言問答也。殷陽，殷山之陽。蓼水，在趙國界内。遭，遇也。天根遨遊於山水之側，適遇無名人而問之，請問之意，在乎天下。【釋文】「天根」崔（本）①

云：人姓名也。「遊於殷陽」李云：殷，山名。陽，山之陽。崔云：殷陽，地名。司馬云：殷，衆也，言向南遊也。或作殷湯。「蓼水」音了。李云：水名也。

〔校〕①本字依世德堂本及釋文原本删。

无名人曰：「去！汝鄙人也，何問之不豫①也〔一〕！予方將與造物者爲人〔二〕，厭，則又乘夫莽眇之鳥，以出六極之外，而遊无何有之鄉，以處壙埌之野〔三〕。汝又何帠以治天下感予之心爲〔四〕？」

〔一〕【注】問爲天下，則非起於大初，止於玄冥也。【疏】汝是鄙陋之人，宜其速去。所問之旨，甚不悦豫我心。【釋文】「不豫」司馬云：嫌不漸豫，太倉卒也。簡文云：豫，悦也。○盧文弨曰：今本作不預。○俞樾曰：爾雅釋詁：豫，厭也。楚詞惜誦篇行婞直而不豫兮，王逸注亦曰：豫，厭也。是豫之訓厭，乃是古義。無名人深怪天根之多問，故曰何問之不豫，猶云何許子之不憚煩也。簡文云，豫，悦也，殊失其義。「大初」音泰。

〔二〕【注】任人之自爲。【疏】夫造物爲人，素分各足，何勞作法，措意治之！既同於大通，故任而不助也。

〔三〕【注】莽眇，羣碎之謂耳。乘羣碎，馳萬物，故能出處常通，而無狹滯之地。【疏】莽眇，深遠之謂。壙埌，弘博之名。鳥則取其無迹輕昇。六極，猶六合也。夫聖人馭世，恬淡無爲，大順物情，有同造化。若其息用歸本，厭離世間，則乘深遠之大道，凌虛空而滅迹，超六合以放任，遊無有以逍遥，凝神智於射山，處清虚於曠野。如是，則何天下之可爲哉！蓋無爲者也。【釋文】「乘夫」音符。「莽」莫蕩反。崔本作猛。「眇」妙小反。莽眇，輕虚之狀也。崔云：猛眇之鳥首也，取其行而無迹。「壙」徐苦廣反。「埌」徐力黨反。李音浪。壙埌，无滯爲名也。崔云：猶曠蕩也。「无狹」户夾反。

〔四〕【注】言皆放之自得之場，則不治而自治也。【疏】夫放而任之，則物皆自化。有何帠術，輒欲治之？感動我心，何爲如此？【釋文】「帠」徐音藝，又魚例反。司馬云：法也。一本作寱，牛世反。崔本作爲。○俞樾曰：帠，未詳何字，以諸説參考之，疑帠乃臬字之誤，故有魚例反之音；而司馬訓法，亦即臬之義也。然字雖是臬，而義則非臬，當讀爲寱。寱，本從臬聲，古文以聲爲主，故或止作臬也。一本作寱者，破叚字而爲正字耳。一切經音義引通俗文曰：夢語謂之寱。無名人蓋謂天根所問皆夢語也，故曰汝又何寱以治天下感予之心爲？○慶藩案一切經音義四分律卷三十二引三蒼云：寱，(于)〔牛〕歲反，詭言也。詭言即與夢語無異。「而自治」直吏反。下文同。

〔校〕①世德堂本作預。

又復問〔一〕。

〔一〕【疏】天根未達，更請決疑。【釋文】「又復」扶又反。

无名人曰：「汝遊心於淡〔一〕，合氣於漠〔二〕，順物自然而無容私焉，而天下治

矣〔三〕。」

〔一〕【注】其任性而無所飾焉則淡矣。【釋文】「於淡」徒暫反，徐大敢反。

〔二〕【注】漠然静於性而止。【疏】可遊汝心神於恬淡之域，合汝形氣於寂寞之鄉，唯形與神，二皆虚静。如是，則天下不待治而自化者耳。【釋文】「於漠」音莫。

〔三〕【注】任性自生，公也；心欲益之，私也；容私果不足以生生，而順公乃全也。【疏】隨造化之物情，順自然之本性，無容私作法術，措意治之。放而任之，則物我全之矣。

陽子居見老聃，曰：「有人於此，嚮疾强梁，物徹疏明，學道不勌。如是者，可比明王乎〔一〕？」

〔一〕【疏】姓陽，名朱，字子居。問老子明王之道：假且有人，素性聰達，神智捷疾，猶如嚮應，涉事理務，强幹果決，鑒物洞徹，疏通明敏，學道精勤，曾無懈倦。如是之人，可得將明王聖帝比德否乎？【釋文】「陽子居」李云：居，名也。子，男子通稱。「嚮」許亮反。李許兩反。「疾强梁」崔云：所在疾强梁之人也。李云：敏疾如嚮也。簡文云：如嚮，應聲之疾，故是强梁之貌。「物徹疏明」司馬云：物，事也；徹，通也；事能通而開明也。崔云：無物不達，無物不明。「不勌」其眷反。

老聃曰：「是於聖人也，胥易技係，勞形怵心者也〔一〕。且（曰）〔也〕①虎豹之文來田，猨狙之便執斄之狗來藉。如是者，可比明王乎〔二〕？」

〔一〕【注】言此功夫，容身不得，不足以比聖王。　【疏】若將彼人比聖王，無異胥徒勞苦，改易形容。技術工巧，神慮劬勞，故形容變改；係累，故心靈怵惕也。　【釋文】「胥」如字。司馬云：疏也。簡文云：相也。「易」音亦。崔以豉反，云：相輕易也。簡文同。「技」徐其綺反。簡文云：藝也。「係」如字。崔本作繫，或作轂。簡文云：音繫。○盧文弨曰：轂，舊作繫，與上複。今定作轂，見漢書。○慶藩案鄭注周禮：胥徒，民給徭役者。易，讀如孟子易其田疇之易。胥易，謂胥徒供役治事。鄭注檀弓：易墓，謂治草木。易，猶治也。技係，若王制凡執技以事上者，不貳事，不移官，謂爲技所繫也。釋文云：司馬云，胥，疏也，簡文云，胥，相也，竝誤。「怵心」勑律反。

〔二〕【注】此皆以其文章技能係累其身，非涉虛以御乎無方也。　【疏】藉，繩也。猨狙，獮猴也。虎豹之皮有文章，故來田獵；獮猴以跳躍便捷，恒被繩拘；狗以執捉狐狸，每遭係頸。若以嚮疾之人類於聖帝，則此之三物，可比明王乎？　【釋文】「來田」李云：虎豹以皮有文章見獵也。田，獵也。「猨」音袁。「狙」七餘反。「之便」毗肩反，舊扶面反。「斄」音來，李音狸。崔云：旄牛也。「來藉」司馬云：藉，繩也，由捷見結縛也。崔云：藉，繫也。

〔校〕①也字惟覆宋本作曰，今依各本改。

陽子居蹵然曰：「敢問明王之治〔一〕。」

〔一〕【疏】既其失問，故驚悚變容，重請明王爲政，其義安在。【釋文】「蹵然」子六反，改容之貌。「之治」直吏反。下同。

老聃曰：「明王之治：功蓋天下而似不自己〔一〕，化貸萬物而民弗恃〔二〕；有莫舉名，使物自喜〔三〕；立乎不測〔四〕，而遊於无有者也〔五〕。」

〔一〕【注】天下若無明王，則莫能自得。令①之自得，實明王之功也。然功在無爲而還任天下。天下皆得自任，故似非明王之功。【疏】夫聖人爲政，功侔造化，覆等玄天，載周厚地，而功成不處，故非己爲之也。

〔二〕【注】夫明王皆就足物性，故人人皆云我自爾，而莫知恃賴於明王。【疏】誘化蒼生，令其去惡；貸借萬物，與其福善；而玄功潛被，日用不知，百姓謂我自然，不賴君之能。【釋文】「貸」吐代反。

〔三〕【注】雖有蓋天下之功，而不舉以爲己名，故物皆自以爲得而喜。【疏】莫，無也。舉，顯也。推功於物，不顯其名，使物各自得而懽喜適悦者也。

〔四〕【注】居變化之塗，日新而無方者也。

〔五〕【注】與萬物爲體，則所遊者虛也。不能冥物，則迕物不暇，何暇遊虛哉！【疏】無有，妙本也。樹德立功，神妙不測，而即迹即本，故常遊心於至極也。

〔校〕①世德堂本令作今。

鄭有神巫曰季咸〔一〕，知人之死生存亡，禍福壽夭，期以歲月旬日，若神。鄭人見之，皆棄而走〔二〕。列子見之而心醉，歸，以告壺子〔三〕，曰：「始吾以夫子之道爲至矣，則又有至焉者矣〔四〕。」

〔一〕【疏】鄭國有神異之巫，甚有靈驗，從齊而至，姓季名咸也。【釋文】「神巫曰季咸」李云：女曰巫，男曰覡。季咸，名。

〔二〕【注】不憙自聞死日也。【疏】占候吉凶，必無差失，剋定時日，驗若鬼神。不喜預聞凶禍，是以棄而走避也。【釋文】「不憙」許忌反。

〔三〕【疏】列子事跡，具逍遥篇，今不重解。壺子，鄭之得道人也。號壺子，名林，即列子之師也。列子見季咸小術，驗若鬼神，中心羨仰，恍然如醉，既而歸反，具告其師。【釋文】「心醉」向云：迷惑於其道也。「壺子」司馬云：名林，鄭人，列子師。

〔四〕【注】謂季咸之至又過於夫子。【疏】夫子，壺子也。至，極也。初始稟學，先生之道爲至，今見季咸，其道又極於夫子。此是禦寇心醉之言也。

壺子曰：「吾與汝既①其文，未既其實，而固得道與〔一〕？衆雌而无雄，而又奚卵焉〔二〕！而以道與世亢，必信，夫故使人得而相（女）〔汝〕②〔三〕。嘗試與來，以予示之〔四〕。」

〔一〕【疏】與，授也。既，盡也。吾比授汝，始盡文言，於其妙理，全未造實。汝固執文字，謂言得道，豈知筌蹄異於魚兔耶！　【釋文】「既其文」李云：既，盡也。「得道與」音餘。

〔二〕【注】言列子之未懷道也。　【疏】夫衆雌无雄，無由得卵。既文無實，亦何道之有哉！【釋文】「衆雌而无雄而又奚卵焉」司馬云：言汝受訓未熟，故未成，若衆雌无雄則无卵也。

〔三〕【注】未懷道則有心，有心而亢其一方，以必信於世，故可得而相之。　【疏】女用文言之道而與世間亢對，既無大智，必信彼小巫，是故季咸得而相女者也。　【釋文】「世亢」苦浪反。「必信」崔云：絶句。「相女」息亮反，注、下同。○盧文弨曰：今本作汝。

〔四〕【疏】夫至人凝遠，神妙難知，本迹寂動，非凡能測，故召令至，以我示之也。　【釋文】「示之」本亦作視。崔云：視，示之也。

〔校〕①闕誤引江南古藏本既作無。②汝字依世德堂本及盧校改。

明日，列子與之見壺子。出而謂列子曰：「嘻！子之先生死矣！弗活矣！不以旬數矣！吾見怪焉，見濕灰焉〔一〕。」

〔一〕【疏】嘻，歎聲也。子林示其寂泊之容，季咸謂其將死，先怪已彰，不過十日，弗活之兆，類彼濕灰也。　【釋文】「嘻」徐音熙，郭許意反。「旬數」所主反。

列子入，泣涕沾襟以告壺子。壺子曰：「鄉①吾示之以地文，萌乎不震不正②〔一〕。是殆見吾杜德機也〔二〕。嘗又與來〔三〕。」

〔一〕【注】萌然不動，亦不自正，與枯木同其不華，濕灰均於寂魄，此乃至人無感之時也。夫至人，其動也天，其静也地，其行也水流，其止也淵默。淵默之與水流，天行之與地止，其於不爲而自爾，一也。今季咸見其尸居而坐忘，即謂之將死；覩其神動而天隨，因謂之有生。誠〔能〕③應不以心而理自玄符，與變化升降而以世爲量，然後足爲物主而順時無極，故非相者所測耳。此應帝王之大意也。【疏】文，象也。震，動也。地以無心而寧静，故以不動爲地文也。萌然寂泊，曾不震動，無心自正，〔文〕〔又〕類傾頽，此是大聖無感之時，小巫謂之弗活也。而壺丘示見，義有四重：第一，示妙本虚凝，寂而不動；第二，示垂迹應感，動而不寂；第三，本迹相即，動寂一時；第四，本迹兩忘，動寂雙遣。此則第一妙本虚凝，寂而不動也。【釋文】「鄉吾」許亮反。本作嚮，亦作向，同。崔本作康，云：向也。「地文」與土同也。崔云：文，猶理也。「不震不正」並如字。崔本作不誫不止，云：如動不動也。○俞樾曰：列子黄帝篇作罪乎不誫不止，當從之。罪讀爲嶵。説文山部作嶵，云：山貌，是也。誫即震之異文。不誫不止者，不動不止也。故以嶵乎形容之，言與山同也。今罪誤作萌，〔正〕〔止〕誤作〔止〕〔正〕④，失其義矣。據釋文，則崔本作不誫不止，與列子同，可據以訂正。「誠應」應對之應。後同。

〔二〕【注】德機不發曰杜。【疏】殆，近也。杜，塞也。機，動也。至德之機，開而不發，示其凝淡，便爲濕灰。小巫庸瑣，近見於此矣。【釋文】「杜德機」崔云：塞吾德之機。

〔三〕【疏】前者伊妄言我死，今時重命，令遺更來也。

〔校〕①趙諫議本作歸。②闕誤引江南古藏本正作止。③能字依道藏本補。④止誤作正，依諸子平議改。

明日，又與之見壺子。出而謂列子曰：「幸矣子之先生遇我也！有瘳矣，全然有生矣〔一〕！吾見其杜權矣〔二〕。」

〔一〕【疏】此即第二，垂迹應感，動而不寂，示以應容，神氣微動，既殊槁木，全似生平。而濫以聖功，用爲己力，謬言遇我，幸矣有瘳也。【釋文】「有瘳」丑留反。

〔二〕【注】權，機也。今乃自覺昨日之所見，見其杜權，故謂之將死也。【疏】權，機也。前時一覩，有類濕灰，杜塞機權，全無應動。今日遇我，方得全生。小巫寡識，有茲叨濫者也。

列子入，以告壺子。壺子曰：「鄉吾示之以天壤〔一〕，名實不入〔二〕，而機發於踵〔三〕。是殆見吾善者機也〔四〕。嘗又與來。」

〔一〕【注】天壤之中，覆載之功見矣。比之地文，不猶〔卵〕〔外〕①乎！此應感之容也。【疏】壤，地也。示之以天壤，謂示以應動之容也。譬彼兩儀，覆載萬物，至人應感，其義亦然。【釋文】「功見」賢遍反。○慶藩案文選陸士衡演連珠注引司馬云：壤，地也。釋文闕。

〔二〕【注】任自然而覆載，則天機玄應，而名利之飾皆爲棄物也。【疏】雖復降迹同塵，和光利物，而名譽真實，曾不入於靈府也。

〔三〕【注】常在極上起。【疏】踵，本也。雖復物感而動，不失時宜，而此之神機，發乎妙本，動而常寂。

〔四〕【注】機發而善於彼，彼乃見之。【疏】示其善機，應此兩儀。季咸見此形容，所以謂之爲善。全然有生，則是見善之謂也。

〔校〕①外字依宋本改。

明日，又與之見壺子。出而謂列子曰：「子之先生不齊，吾无得而相焉。試齊，且復相之〔一〕。」

〔一〕【疏】此是第三，示本迹相即，動寂一時。夫至人德滿智圓，虚心凝照，本迹無別，動静不殊。其道深玄，豈小巫能測耶！謂齊其心迹，試相之焉。不敢的定吉凶，故言且復相者耳。【釋文】「不齊」側皆反，本又作齋。下同。「且復」扶又反。

列子入，以告壺子。壺子曰：「吾鄉示之以太沖莫勝〔一〕。是殆見吾衡氣機也〔二〕。鯢桓之審爲淵，止水之審爲淵，流水之審爲淵。淵有九名，此處三焉〔三〕。嘗又與來〔四〕。」

〔一〕【注】居太沖之極，浩然泊心而玄同萬方，故勝負莫得厝①其間也。【疏】沖，虚也。莫，無也。夫聖照玄凝，與太虚等量，本迹相即，動寂一時，初無優劣，有何勝負哉！【釋文】「泊心」白博反，又音魄。「得厝」七故反。字又作措，同。○盧文弨曰：今本作措。

〔二〕【注】無往不平，混然一之。以管闚天者，莫見其涯，故似不齊。【疏】衡，平也。即迹即本，無優無劣，神氣平等，以此應機。小巫近見，不能遠測，心中迷亂，所以請齊耳。【釋文】「管闚」去規反。

〔三〕【注】淵者，靜默之謂耳。夫水常無心，委順外物，故雖流之與止，鯢桓之與龍躍，常淵然自若，未始失其靜默也。夫至人用之則行，捨之則止，行止雖異而玄默一焉，故略舉三異以明之。雖波流九變，治亂紛如，居其極者，常淡然自得，泊乎忘爲也。【疏】此舉譬也。鯢，大魚也。桓，盤也。審，聚也。夫水體無心，動止隨物，或鯨鯢盤桓，或螭龍騰躍，或凝湛止住，或波流湍激。雖復漣漪清淡，多種不同，而玄默無心，其致一也。故鯢桓以方衡氣，止水以譬地文，流水以喻天壤，雖復三異，而虛照一焉。而言淵有九名者，謂鯢桓、止水、流水、（汛）〔氿〕②水、濫水、沃水、雍水、（文）〔汧〕③水、肥水，故謂之九也。並出列子，彼文具載，此略敍有此三焉也。【釋文】「鯢」五兮反。「桓」司馬云：鯢桓，二魚名也。簡文云：鯢，鯨魚也，桓，盤桓也。崔本作鯢拒，云：魚所處之方穴也。又云：拒，或作桓。「之審」郭如字。簡文云：處也。司馬云：審當爲蟠，蟠，聚也。崔本作潘，云：回流所鍾之域也。○俞樾曰：審，司馬云當爲蟠，蟠，聚也；崔本作潘，云回流所鍾之域也。今以字義求之，則實當爲瀋。說文水部：瀋，大波也，從水，旛聲。作潘者，字之省。司馬彪讀爲蟠，誤也。郭本作審，則失其字矣。又案列子黄帝篇云：鯢旋之潘爲淵，止水之潘爲淵，流水之潘爲淵，濫水之潘爲淵，沃水之潘爲淵，氿水之潘爲淵，雍水之潘爲淵，汧水之潘爲淵，肥水之潘爲淵，是爲九淵焉。九淵全列，然於上下文殊不相屬，疑爲它處之錯簡。莊子所見已然。雖不敢徑去，而實非本篇文義所繫，故聊舉其三耳。○家世父曰：釋文引崔本審作潘，云回流所鍾之域也。列子黄帝篇鯢旋之潘爲淵。字當作潘。説文：淵，回水也。管子度地篇水出地而不流，命曰淵。謂水回旋而潴爲淵，有物伏孕其中而成淵者，有止而不流者，有流而中渟爲淵者，水之渟滀，因其自然之勢而或流或止，皆積之以成淵焉，故曰太沖莫朕。侵尋(汛)〔汎〕溢，非人力之所施也。「淵有九名」淮南子云，有九旋之淵。許慎注云：至深也。「治亂」直吏反。

〔四〕【疏】欲示極玄，應須更召。

〔校〕①世德堂本作措。②氿字依列子改。③汧字依列子改。

明日，又與之見壺子。立未定，自失而走〔一〕。壺子曰：「追之〔二〕！」

〔一〕【疏】季咸前後虞度來相，未呈玄遠，猶有近見。今者第四，其道極深，本迹兩忘，動寂雙遣。聖心行虚，非凡所測，遂使立未安定，奔逸而走也。【釋文】「失而走」如字，徐音逸。

〔二〕【疏】既見奔逃，命令捉取。

列子追之不及。反，以報壺子曰：「已滅矣，已失矣，吾弗及已〔一〕。」

〔一〕【疏】驚迫已甚，奔馳亦速，滅矣失矣，莫知所之也。【釋文】「已滅」崔云：滅，不見也。

壺子曰：「鄉吾示之以未始出吾宗〔一〕。吾與之虛而委蛇〔二〕，不知其誰何〔三〕，因以爲弟靡，因以爲波流，故逃也〔四〕。」

〔一〕【注】雖變化無常，而常深根冥極也。【疏】夫妙本玄源，窈冥恍惚，超兹四句，離彼百非，不可以心慮知，安得以形名取！既絕言象，無的宗塗，不測所由，故失而走。

〔二〕【注】無心而隨物化。【釋文】「委」於危反。「蛇」以支反。委蛇，至順之貌。

〔三〕【注】(汎)〔汎〕然無所係也。【疏】委蛇，隨順之貌也。至人應物，虛己忘懷，隨順逗機，不執宗本；既不可名目，故不知的是何誰也。

〔四〕【注】變化穨靡，世事波流，無往而不因也。夫至人一耳，然應世變而時動，故相者無所措其目，自失而走。此明應帝王者無方也。【疏】穨者，放任；靡者，順從。夫上德無心，有感斯應，放任不務，順從於物，而揚波塵俗，隨流世間，因任前機，曾無執滯。千變萬化，非相者所知，是故季咸宜其逃逸也。【釋文】「爲弟」徐音穨，丈回反。「靡」弟靡，不窮之貌。崔云：猶遜伏也。○盧文弨曰：正字通弟作弟。後來字書亦因之，而於古無有也。類篇弟字下有徒回反一音，云：弟靡，不窮皃。正本此。列子黃帝篇作茅靡。「波流」如字。崔本作波隨，云：常隨從之。○王念孫曰：郭象曰，變化穨靡，世事波流，無往而不因。釋文曰，波流，崔本作波隨，云常隨從之。案作波隨者是也。蛇何靡隨爲韻。蛇，古音徒禾反。（委蛇之委，古音於禾反。委蛇，疊韻字也。召南羔羊篇委蛇委蛇，與皮紽爲韻。皮，古音婆。莊子庚桑楚篇與物委蛇，與爲波爲韻。爲，古音譌。委蛇，或作委佗。鄘風君子偕老篇委委佗佗，與珈河宜何爲韻。宜，古音俄。）靡，古音摩。（中孚九二，吾與爾靡之，與和爲韻。莊子知北遊篇安與之相靡，與化多爲韻。成二年左傳師至於靡笄之下，靡一音摩。史記蘇秦傳期年以出揣摩，鄒誕本作揣靡。）隨，古亦音徒禾反。（波隨疊韻。詩序男行而女不隨，老子前後相隨，管子白心篇天不始不隨，呂氏春秋審應篇人先我隨，韓子解老篇大姦作則小盜隨，淮南泰族篇上動而下隨，史記太史公自序主先而臣隨，並與和爲韻。又呂氏春秋任數篇無先有隨，與和多爲韻。賈子道術篇有端隨之，與和宜爲韻。淮南原道篇禍乃相隨，與多爲韻。說文：隨，從辵，隋聲。隋音佗果反。史記天官書，前列直斗口，三星隨北端兑，索隱曰：隨音他果反。）

然後列子自以爲未始學而歸〔一〕，三年不出。爲其妻爨，食豕如食人〔二〕。於事无與親〔三〕，彫琢復朴〔四〕，塊然獨以其形立〔五〕。紛而封哉①〔六〕，一以是終〔七〕。

〔一〕【疏】季咸逃逸之後，列子方悟己迷，始覺壺丘道深，神巫術淺。自知未學，請乞其退歸，習尚無爲，伏膺玄業也。

〔二〕【注】忘貴賤也。【疏】不出三年，屏於俗務。爲妻爨火，忘於榮辱。食豕如人，净穢均等。

【釋文】「爲其」于僞反。「妻爨」七判反。「食豕」音嗣。下同。

〔三〕【注】唯所遇耳。【疏】悟於至理，故均彼我，涉於世事，無親疏也。

〔四〕【注】去華取實。【疏】彫琢華飾之務，悉皆棄除，直置任真，復於朴素之道者也。【釋文】「彫琢」竹角反。「去華」羌呂反。

〔五〕【注】外飾去也。【疏】塊然，無情之貌也。外除彫飾，内遺心智，槁木之形，塊然無偶也。【釋文】「塊然」徐苦怪反，又苦對反。

〔六〕【注】雖動而真不散也。【疏】封，守也。雖復涉世紛擾，和光接物，而守於真本，確爾不移。【釋文】「紛而」芳云反。崔云：亂貌。「封哉」崔本作戎，云：封戎，散亂也。○李楨曰：紛而封哉，列子黄帝篇作份然而封戎。按封戎是也。六句並韻語。食豕二句，人親爲韻。彫琢二句，朴立爲韻。紛而二句，戎終爲韻。哉字，傳寫之譌。下四亦韻語。惟崔本不誤，與列子同。尚書公無困哉，漢書兩引作公無困我。此以我譌哉。亦是一證。

〔七〕【注】使物各自終。【疏】動不乖寂，雖紛擾而封哉；應不離真，常抱一以終始。

〔校〕①闕文引張君房本（封）〔紛〕下有然字。又一本作（粉）〔紛〕而封戎。

无爲名尸〔一〕，无爲謀府〔二〕；无爲事任〔三〕，无爲知主〔四〕。體盡无窮〔五〕，而遊无朕〔六〕；盡其所受乎天〔七〕，而无見得〔八〕，亦虚而已〔九〕。至人之用心若鏡〔一〇〕，不將不迎①，應而不藏〔一一〕，故能勝物而不傷〔一二〕。

〔一〕【注】因物則物各自當其名也。【疏】尸，主也。身尚忘遺，名將安寄，故無復爲名譽之主也。

〔二〕【注】使物各自謀也。【疏】虛淡無心，忘懷任物，故無復運爲謀慮於靈府耳。

〔三〕【注】付物使各自任。【疏】各率素分，恣物自爲，不復於事，任用於己。

〔四〕【注】無心則物各自主其知也。【疏】忘心絶慮，大順羣生，終不運知，以主於物。【釋文】「知主」音(知)〔智〕②。注同。

〔五〕【注】因天下之自爲，故馳萬物而無窮也。【疏】體悟真源，故能以智境冥會，故曰皆無窮也。

〔六〕【注】任物，故無迹。【疏】朕，迹也。雖遨遊天下，接濟蒼生，而晦迹韜光，故无朕也。【釋文】「无朕」直忍反。崔云：兆也。

〔七〕【注】足則止也。【疏】所稟天性，物物不同，各盡其能，未爲不足者也。

〔八〕【注】見得則不知止。【疏】夫目視之所見，雖見不見；得於分内之得，雖得不得。既不造意於見得，故雖見得而無見得也。

〔九〕【注】不虛則不能任羣實。【疏】所以盡於分内而無見得者，(自)直〔自〕虛心(忘)淡〔忘〕而已。

〔一〇〕【注】鑒物而無情。【疏】夫懸鏡高堂，物來斯照，至人虛應，其義亦然。

〔一一〕【注】來即應，去即止。【疏】將，送也。夫物有去來而鏡無迎送，來者即照，必不隱藏。亦猶聖智虛凝，無幽不燭，物感斯應，應不以心，既無將迎，豈有情於隱匿哉！【釋文】「應而不藏」如字。本又作臧，亦依字讀。

〔三〕【注】物來乃③鑒，鑒不以心，故雖天下之廣④，而無勞神之累。【疏】夫物有生滅，而鏡無隱顯，故常能照物而物不能傷。亦〔由〕〔猶〕聖人德合二儀，明齊三景，鑒照遐廣，覆載無偏。用心不勞，故無損害，爲其勝物，是以不傷。

〔校〕①世德堂本作逆。②智字依釋文原本及世德堂本改。③世德堂本乃作即。④趙諫議本作來照。

南海之帝爲儵，北海之帝爲忽，中央之帝爲渾沌〔一〕。儵與忽時相與遇於渾沌之地，渾沌待之甚善〔二〕。儵與忽謀報渾沌之德，曰：「人皆有七竅以視聽食息，此獨无有，嘗試鑿之〔三〕。」日鑿一竅，七日而渾沌死〔四〕。

〔一〕【疏】南海是顯明之方，故以儵爲有。北是幽闇之域，故以忽爲無。中央既非北非南，故以渾沌爲非無非有者也。【釋文】「儵」音叔。李云：喻有象也。「忽」李云：喻無形也。「渾」胡本反。「沌」徒本反。崔云：渾沌，無孔竅也。李云：清濁未分也。此喻自然。簡文云：儵忽取神速爲名，渾沌以合和爲貌。神速譬有爲，合和譬無爲。

〔二〕【疏】有無二心，會於非無非有之境，和二偏之心執爲一中之志，故云待之甚善也。

〔三〕【疏】儵忽二人，（由）〔猶〕懷偏滯，未能和會，尚起學心，妄嫌渾沌之無心，而謂穿鑿之有益也。

〔四〕【注】爲者敗之。【疏】夫運四肢以滯境，鑿七竅以染塵，乖渾沌之至淳，順有無之取舍；是以不終天年，中塗夭折。勗哉學者，幸勉之焉！故郭注云爲者敗之也。【釋文】「七竅」苦叫反。説文云：孔也。「七日而渾沌死」崔云：言不順自然，强開耳目也。

莊子集釋卷四上

外篇 駢拇第八〔一〕

〔一〕【釋文】舉事以名篇。

駢拇枝指，出乎性哉！而侈於德〔一〕。附贅縣疣，出乎形哉！而侈於性〔二〕。多方乎仁義而用之者，列於五藏哉！而非道德之正也〔三〕。是故駢於足者，連无用之肉也；枝於手者，樹无用之指也〔四〕；多方駢枝於五藏之情者，淫僻於仁義之行〔五〕，而多方①於聰明之用也〔六〕。

〔一〕【疏】駢，合也；〔拇，足〕大〔指〕②也；謂足大拇指與第二指相連，合爲一指也。枝指者，謂手大拇指傍枝生一指，成六指也。出乎性者，謂此駢枝二指，並稟自然，性命生分中有之。侈，多也。德，謂仁義禮智信五德也。言曾史稟性有五德，蘊之五藏，於性中非剩也。【釋文】「駢」步田反。廣雅云：並也。李云：併也。「拇」音母，足大指也。司馬云：駢拇，謂足拇指連第二指也。崔云：諸指連大指也。「枝指」如字。三蒼云：枝指，手有六指也。崔云：音歧，謂指有歧也。○盧文弨曰：歧當作岐，後人强分之。「而侈」昌是反，徐處豉反。郭云：多貌。司馬云：溢也。崔云：過也。「於德」崔云：德，猶容也。

〔二〕【注】夫長者不爲有餘，短者不爲不足，此則駢贅皆出於形性，非假物也。然駢與不駢，其性③各足，而此獨駢枝，則於衆以爲多，故曰侈耳。而惑者或云非性，因欲割而棄之，是道有所不存，德有所不載，而人有棄才，物有棄用也，豈是至治之意哉！夫物有小大，能有少多，所大即駢，所多即贅。駢贅之分，物皆有之，若莫之任，是都棄萬物之性也。【疏】附生之贅肉，縣係之小疣，並禀形以後方有，故出乎形哉而侈性者，譬離曠禀性聰明，列之藏府，非關假學，故無侈性也。【釋文】「附贅」章鋭反。廣雅云：疣也。釋名云：横生一肉，屬著體也。一云：瘤結也。「縣」音玄。「疣」音尤。「而侈於性」司馬云：性，人之本體也。駢拇，枝指，附贅，縣疣，此四者各出於形性，而非形性之正，於衆人爲侈耳。於形爲侈，於性爲多，故在手爲莫用之肉，於足爲無施之指也。王云：性者，受生之質；德者，全生之本。駢枝受生而有，不可多於德；贅疣形後而生，不可多於性。此四者以況才智德行。○俞樾曰：性之言生也。駢拇枝指，生而已然者也。故曰出乎性。附贅縣疣，成形之後而始有者也，故曰出乎形。德者，所以生者也。天地篇曰，物得以生謂之德，是也。駢拇枝指出乎性，而以德言之則侈矣；附贅縣疣出乎形，而以性言之則侈矣。崔云：德，猶容也，司馬云：性，人之本體也。混性與德與形而一之，殊失其旨。○家世父曰：釋文引王云：性者，受生之質；德者，全生之本。駢拇枝指，與生俱來，故曰出於性；附贅縣疣，形既具而後附焉，故曰出於形。「夫」音符。發句之端放此。「至治」直吏反。「之分」符問反。後可以意求。「物皆有之」之，或作定。

〔三〕【注】夫與物冥者，無多也。故多方於仁義者，雖列於五藏，然自一家之正耳，未能與物無方而各正性命，故曰非道德之正。夫方之少多，天下未之有限。然少多之差，各有定分，毫芒之際，即不可以相跂，故各守其方，則少多無不自得。而惑者聞多之不足以正少，因欲棄多而任少，是舉天下而棄之，不亦妄乎！【疏】方，道術也。言曾史之德，性多仁義，羅列藏府而施用之，此直一家之知，未能大冥萬物。夫能與物冥者，故當非仁非義而應夫仁義，不多不少而應夫多少，千變萬化，與物無窮，無所偏執，故是道德之正（言）〔也〕。【釋文】「五藏」才浪反，後皆同。黄帝素問云：肝心脾肺腎爲五藏。

〔四〕【注】直自性命不得不然，非以有用故然也。【疏】夫駢合之拇，無益於行步，故雖有此連，終成無用之肉；枝生於手指者，既不益操捉，故雖樹立此肉，終是無用之指也。欲明稟自然天性有之，非關助用而生也。

〔五〕【注】五藏之情，直自多方耳，而少者横復尚之，以至淫僻，而失至當於體中也。【疏】夫曾史之徒，性多仁義，以此情性，駢於藏府。性少之類，矯情慕之，務此爲行，求於天理，既非率性，遂成淫僻。淫者，耽滯；僻者，不正之貌。【釋文】「淫僻」本又作辟，匹亦反，徐敷赤反。注及篇末同。「於仁義之行」下孟反。崔云：駢枝贅疣，雖非性之正，亦出於形，不可去也。五藏之情，雖非道德之正，亦列於性，不可治也。今設仁義之教以治五藏之情，猶削駢枝贅疣也，既傷自然之理，更益其疾也。「横復」扶又反。(徐)〔除〕篇末注皆同。「至當」丁浪反。後皆倣此。

〔六〕【注】聰明之用，各有本分，故多方不爲有餘，少方不爲不足。然情欲之所蕩，未嘗不賤少而貴多也，見夫可貴而矯以尚之，則自多於本用而困其自然之性。若乃忘其所貴而保其素分，則與性無多而異方俱全矣。【疏】言離曠素分，足於聰明，性少之徒，矯情爲尚，以此爲用，不亦謬乎！

〔校〕①闕誤引張君房本方作□。②三字依釋文補。③世德堂本性作於。

是故駢於明者，亂五色，淫文章，青黄黼黻之煌煌非乎？而離朱是已〔一〕。多於聰者，亂五聲，淫六律，金石絲竹黄鐘①大吕之聲非乎？而師曠是已〔二〕。枝於仁者，擢德塞性以收名聲，使天下簧鼓以奉不及之法非乎？而曾史是已〔三〕。駢於辯者，纍瓦結繩竄句，遊心於堅白同異之間，而敝跬譽無用之言非乎？而楊墨是已〔四〕。故此皆多駢旁枝之道，非天下之至正也〔五〕。

〔一〕【疏】斧形謂之黼。兩己相背謂之黻。五色，青黄赤白黑也。青與赤爲文，赤與白爲章。煌煌，眩目貌也。豈非離朱乎？是也。已，助聲也。離朱，一名離婁，黄帝時明目人，百里察毫毛也。【釋文】「黼黻」音甫，下音弗。周禮云：白與黑謂之黼，黑與青謂之黻。「煌煌」音皇。廣雅云：光也。向崔本作韹。向云：馬氏音煌。毛詩傳云：皇皇，猶煌煌也。煌，又音晃。○盧文弨曰：舊作光光也，今據本書删一光字。「非乎」向云：非乎，言是也。「離朱」司馬云：黄帝時人，百步見秋毫之末，一云：見千里針鋒。孟子作離婁。「是已」向云：猶是也。

〔二〕【注】夫有耳目者，未嘗以慕聾盲自困也，所困常在於希離慕曠，則離曠雖性聰明，乃是亂耳目之主也。【疏】五聲，謂宫商角徵羽也。六律，黄鐘大吕姑洗蕤賓無射夾鐘之徒是也。六律陽，六吕陰，總十二也。金石絲竹匏土革木，此八音也。非乎，言滯著此聲音，豈非是師曠乎。師曠，字子野，晉平公樂師，極知音律。言離曠二子素分聰明，庸昧之徒横生希慕，既失本性，寧不困乎！然則離曠聰明，乃是亂耳目之主也。【釋文】「五聲」本亦作五音。「師曠」司馬云：晉賢大夫也，善音律，能致鬼神。史記云：冀州南和人，生而無目。

〔三〕【注】夫曾史性長於仁耳，而性不長者横復慕之，慕之而仁，仁已僞矣。天下未嘗慕桀跖而必慕曾史，則曾史之簧鼓天下，使失其真性，甚於桀跖也。【疏】枝於仁者，謂素分枝多仁義，（由）〔猶〕如生分中枝生一指也。擢用五德，既偏滯邪淫，仍閉塞正性。用斯接物，以收聚名聲，遂使蒼生馳動奔競，（由）〔猶〕如笙簧鼓吹，能感動於物欣企也。然曾史性長於仁義，而不長者横復慕之，捨短效長，故言奉不及之法也。擢，拔；謂拔擢僞德，塞其真性也。曾者，姓曾，名參，字子輿，仲尼之弟子。史者，姓史，名鰌，字子魚，衞靈公臣。此二人並稟性仁孝，故舉之。【釋文】「擢德」音濯。司馬云，拔也。○王念孫曰：塞與擢義不相類。塞當爲搴，擢，搴，皆謂拔取之也。廣雅云：搴，取也，（楚辭離騷注及史記叔孫通傳索隱引許慎，並與廣雅同。方言作攓，云：取也，南楚曰攓。說文作𢹎，云：拔取也。）拔也。（樊光注爾雅及李奇注漢書季布欒布田叔傳贊，並與廣雅同。）此言世之人皆擢其德，搴其性，務爲仁義以收名聲，非謂塞其性也。淮南俶真篇曰：俗世之學，擢德攓性，內愁五藏，外勞耳目，乃始招蟯振繾物之毫芒，搖消掉捎仁義禮樂，暴行越智於天下，以招號名聲於世。又曰：今萬物之來，擢拔吾性，攓取吾情。皆其證也。隸書手字或作扌，（若擧字作舉，拲字作奉之類。）故搴字或作搴，形與塞相似，因譌而爲塞矣。「簧鼓」音黃，謂笙簧也。鼓，動也。「曾史」曾參史鰌也。曾參行仁，史鰌行義。「跖」之石反。

〔四〕【注】夫騁其奇辯，致其危辭者，未曾容思於檮杌之口，而必競辯於楊墨之間，則楊墨乃亂羣言之主也。【疏】楊者，姓楊，名朱，字子居，宋人也。墨者，姓墨，名翟，亦宋人也，爲宋大夫；以其行墨之道，故稱爲墨。此二人並墨之徒，稟性多辯，咸能致高談危險之辭，鼓動物性，固執是非；（由）〔猶〕如緘結藏匿文句，使人難解，其游心學處，惟在堅執守白之論，是非同異之閒，未始出非人之域也。蹩躠，（由）〔猶〕自持也，亦用力之貌。譽，光贊也。楊墨之徒，並矜其小學，炫燿衆人，誇無用之言，惑於羣物。然則楊墨豈非亂羣之師乎？言即此楊墨而已也。【釋文】「纍」劣彼反。「瓦」危委反，向同，崔如字。一云：瓦當作丸。「結繩」(本)〔李〕②云：言小辯危詞，若結繩之纍瓦也。崔云：聚無用之語，如瓦之纍，繩之結也。「竄」七亂反。爾雅云：微也。一云藏也。「句」紀具反。司馬云：竄句，謂邪説微隱，穿鑿文句也。一音鉤。「敝」本亦作蹩。徐音婢，郭父結反，李步計反。司馬云：罷也。「跬」徐丘婢反，郭音屑。向崔本作趌。向丘氏反，云：近也。司馬同。李却垂反。一云：敝跬，分外用力之貌。「譽」音餘。○家世父曰：釋文，敝跬，分外用力之貌。今案跬譽猶云咫言。方言，半步爲跬。司馬法，一舉足曰跬。跬，三尺也。跬譽者，邀一時之近譽也。敝，如周禮弓人筋欲敝之敝，謂勞敝也。敝精罷神於近名而無實用之言，故謂之駢於辯。「楊墨」崔李云：楊朱墨翟也。「容思」息嗣反。「檮杌」上徒刀反。下音兀。

〔五〕【注】此數子皆師其天性，直自多駢旁枝，各自是一家之正耳。然以一正萬，則萬不正矣。故至正者不以己正天下，使天下各得其正而已。【疏】言此數子皆自天然聰明仁辯，(由)〔猶〕如合駢之拇，傍生枝指，稟之素分，豈由人爲！故知率性多仁，乃是多駢傍枝之道也。而愚惑之徒，捨己效物，求之分外，由而不已。然摇動物性，由此數人，以一正萬，故非天下至道正理也。【釋文】「此數」色主反。下文此數音同。

〔校〕①趙諫議本鐘作鍾。②李字依世德堂本及釋文原本改。

彼正正者，不失其性命之情〔一〕。故合者不爲駢〔二〕，而枝者不爲跂①〔三〕；長者不

爲有餘〔四〕，短者不爲不足〔五〕。是故鳧脛雖短，續之則憂；鶴脛雖長，斷之則悲〔六〕。故性長非所斷，性短非所續，無所去憂也〔七〕。意仁義其非人情乎〔八〕！彼仁人何其多憂也〔九〕？

〔一〕【注】物各任性，乃正正也。自此已下觀之，至正可見矣。【疏】以自然之正理，正蒼生之性命，故言正也。物各自得，故言不失也。言自然者即我之自然，所言性命者亦我之性命也，豈遠哉！故言正正者，以不正而正，正而不正（之無）言〔之〕也②。自此以上，明矯性之失；自此以下，顯率性之得也。○俞樾曰：上正字乃至字之誤。上文云故此皆多駢旁枝之道，非天下之至正也，此云彼至正者不失其性命之情，兩文相承。今誤作正正，義不可通。郭曲爲之説，非是。

〔二〕【注】以枝正合，乃謂合爲駢。

〔三〕【注】以合正枝，乃謂枝爲跂。【疏】以枝望合，乃謂合爲駢，而合實非駢；以合望枝，乃謂枝爲跂，而枝實非跂也。【釋文】「不爲跂」其知反。崔本作枝，音同。或渠支反。

〔四〕【注】以短正長，乃謂長有餘。

〔五〕【注】以長正短，乃謂短不足。【疏】長者，謂曾史離曠楊墨，並稟之天性，蘊蓄仁義，聰明俊辯，比之羣小，故謂之長，率性而動，故非有餘。短者，衆人比曾史等不及，故謂之短，然亦天機自張，故非爲不足。

〔六〕【注】各自有正，不可以此正彼而損益之。【疏】鳧，小鴨也。鶴，鶬之類也。脛，脚也。自然之理，亭毒衆形，雖復脩短不同，而形體各足稱事，咸得逍遥。而惑者方欲截鶴之長續鳧之短以爲齊，深乖造化，違失本性，所以憂悲。【釋文】「鳧」音符。「脛」形定反。釋名云：莖也，直而長，如物莖也。本又作踁。「鶴」户各反。「斷之」丁管反。下及注同。

〔七〕【注】知其性分非所斷續而任之，則無所去憂而憂自去也。【疏】夫稟性受形，僉有崖量，脩短明暗，素分不同。此如鳧鶴，非所斷續。如此，即各守分内，雖爲無勞去憂，憂自去也。【釋文】「去憂」起吕反。注去憂、去也同。

〔八〕【注】夫仁義自是人之情性，但當任之耳。【釋文】「意」如字。下同。亦作醫。

〔九〕【注】恐仁義非人情而憂之者，真可謂多憂也。【疏】噫，嗟歎之聲也。夫仁義之情，出自天理，率性有之，非由放效。彼仁人者，則是曾史之徒，不體真趣，横生勸獎，謂仁義之道可學而成。莊生深嗟此迷，故發噫歎。分外引物，故謂多憂也。（非）其〔非〕③人情乎者，是人之情性者也。

〔校〕①闕誤引江南古藏本云岐作跂。今本作跂，疑釋文云崔本作枝之枝係岐字之誤，故云或渠支反。②之無二字依劉文典補正本删，並以之字屬言字下。③其非依正文改。

且夫駢於拇者，決之則泣；枝於手者，齕之則啼。二者，或有餘於數，或不足於數，其於憂一也〔一〕。今世之仁人，蒿目而憂世之患〔二〕；不仁之人，決性命之情而饕

貴富〔三〕。故意仁義其非人情乎〔四〕！自三代以下者，天下何其囂囂也〔五〕？

〔一〕【注】謂之不足，故泣而決之；以爲有餘，故啼而齕之。夫如此，雖①羣品萬殊，無釋憂之地矣。唯各安其天性，不決駢而齕枝，則曲成而無傷，又何憂哉！【疏】齕者，齧斷也。決者，離析也。有餘於數，謂枝生六指也。不足於數，謂駢爲四指也。夫駢枝二物，自出天然，但當任置，未爲多少。而惑者不能忘淡，固執是非，謂枝爲有餘，駢爲不足，橫欲決駢齕枝，成於五數。既傷造化，所以泣啼，故決齕雖殊，其憂一也。【釋文】「齕」李音紇，恨發反，齧斷也。徐胡勿反。郭又胡突反。「啼」音提。崔本作諦。

〔二〕【注】兼愛之迹可尚，則天下之目亂矣。以可尚之迹，蒿令有患而遂憂之，此爲陷人於難而後拯之也。然今世正謂此爲仁也。【疏】蒿，目亂也。仁，兼愛之迹也。今世，猶末代。言曾史之徒，行此兼愛，遂令惑者捨己效人，希幸之路既開，耳目之用亂矣。耳目亂則患難生，於是憂其紛擾，還救以仁義。不知患難之所興，興乎聖迹也。【釋文】「蒿目」好羔反。司馬云：亂也。李云：蒿目，快性之貌。○盧文弨曰：今本快作決②。○俞樾曰：司馬與郭注共以蒿目二字爲句，解爲亂天下之目，義殊未安。蒿乃睢之叚字。玉篇目部：睢，庚鞠切，目明又望也。是睢爲望視之貌。仁人之憂天下，必爲之睢然遠望，故曰睢目而憂世之患。睢與蒿，古音相近，故得通用。詩靈臺篇白鳥翯翯，孟子梁惠王篇作鶴鶴，文選景福殿賦作睢睢。然則蒿之通作睢，猶翯之通作鶴與睢矣。周易文言傳：確乎其不可拔。說文土部曰：塙，堅不可拔也。即本易義。是確與塙通，亦其例也。「蒿令」力呈反，下同。「於難」乃旦反。「後拯」拯救之拯。

〔三〕【注】夫貴富所以可饕，由有蒿之者也。若乃無可尚之迹，則人安其分，將量力受任，豈有決己效彼以饕竊非望哉？【疏】饕，貪財也。素分不懷仁義者，謂之不仁之人也。意在貪求利禄，偷竊貴富，故絶己之天性，亡失分命真情，而矯性僞情，舍我逐物，良由聖迹可尚，故有斯弊者也。是知抱樸還淳，必須絶仁棄義。【釋文】「饕」吐刀反。杜預注左傳云：貪財曰饕。

〔四〕【疏】此重結前旨也。○慶藩案意讀爲抑。抑或作意，語詞也。論語學而篇抑與之與，漢石經作意。墨子非命篇意將以爲利天下乎，晏子春秋雜篇意者非臣之罪乎，漢書敍傳曰：其抑者從横之事復起於今乎。抑者與意者同，並與此句法一例。或言意者，或單言意，義亦同也。

〔五〕【注】夫仁義自是人情也。而三代以下，横共囂囂，棄③情逐迹，如將不及，不亦多憂乎！【疏】自，從也。三代，夏殷周也。囂囂，猶讙聒也。夫仁義者，出自性情。而三代以下，棄情徇迹，囂囂競逐，何愚之甚！是以夏行仁，殷行義，周行禮，即此囂囂之狀也。【釋文】「囂囂」許橋反，又五羔反。字林云：聲也。崔云：憂世之貌。

〔校〕①世德堂本雖作舉。②釋文原刻作快，世德堂本作決。③世德堂本棄作乘。

且夫待鉤繩規矩而正者，是削其性者也〔一〕；待繩約膠漆而固者，是侵其德者也〔二〕；屈折禮樂，呴俞仁義，以慰天下之心者，此失其常然也〔三〕。天下有常然。常然者，曲者不以鉤，直者不以繩，圓者不以規，方者不以矩，附離不以膠漆，約束不以纆索〔四〕。故天下誘然皆生而不知其所以生，同焉皆得而不知其所以得〔五〕。故古今不二，不可虧也〔六〕。則仁義又奚連連如膠漆纆索而遊乎道德之間爲哉〔七〕，使天下惑也〔八〕！

〔一〕【疏】鉤，曲；繩，直；規，圓；矩，方也。夫物賴鉤繩規矩而後曲直方圓也，此非天性也；（諭）〔喻〕人待教迹而後仁義者，非真性也。夫真率性而動，非假學也。故矯性僞情，舍己效物而行仁義者，是減削毀損於天性也。

〔二〕【疏】約，束縛也。固，牢也。侵，傷也。德，真智也。夫待繩索約束，膠漆堅固者，斯假外物，非真牢者也；喻學曾史而行仁者，此矯僞，非實性也。既乖本性，所以侵傷其德也。

〔三〕【疏】屈，曲也。折，截也。呴俞，猶嫗撫也。揉直爲曲，施節文之禮；折長就短，行漫澶之樂；嫗撫偏愛之仁，呴俞執迹之義。以此僞真，以慰物心，遂使物喪其真，人亡其本，既而棄本逐末，故失其真常自然之性者也。此則總結前文之失，以生後文之得也。【釋文】「屈」崔本作詘。「折」之熱反，謂屈折支體爲禮樂也。「呴」況於反，李況付反。本又作傴，於禹反。「俞」音臾，李音喻。本又作呴，音詡，謂呴喻顔色爲仁義之貌。

〔四〕【疏】夫天下萬物，各有常分。至如蓬曲麻直，首圓足方也，水則冬凝而夏釋，魚則春聚而秋散，斯出自天然，非假諸物，豈有鉤繩規矩膠漆纆索之可加乎！在形既然，於性亦爾。故知禮樂仁義者，亂天之經者也。又解：附離，離，依也。故漢書云：哀帝時附離董氏者，皆起家至二千石，注云：離，依之也。【釋文】「纆」音墨。廣雅云：索也。「索」悉各反。下同。

〔五〕【注】夫物有常然，任而不助，則泯然自得而不自覺也。【疏】誘然生物，稟氣受形，或方或圓，乍曲乍直，亭之毒之，各足於性，悉莫辨其然，皆不知所以生，豈措意於緣慮，情係於得失者乎！是知屈折呴俞，失其常也。

〔六〕【注】同物，故與物無二而常全。【疏】夫見始終以不一者，凡情之闇惑也；覩古今之不二者，聖智之明照也。是以不生而生，不知所以生，不得而得，不知所以得；雖復時有古今而法無虧損，千變萬化，常唯一也。

〔七〕【注】任道而得，則抱朴獨往，連連假物，無爲其閒也。【疏】奚，何也。連連，猶接續也。夫道德者，非有非無，不生不滅，不可以聖智求，安得以形名取！而曾史之類，性多於仁，以己率物，滯於名教，束縛既似緘繩，執固又如膠漆，心心相續，連連不斷。懷挾此行，遨遊道德之鄉者，譬猶以圓學方，以魚慕鳥，徒希企尚之名，終無功用之實，筌蹄不忘魚兔，又喪已陳芻狗，貴此何爲也！【釋文】「連連」司馬云：謂連續仁義，遊道德閒也。

〔八〕【注】仁義連連，祇足以惑物，使喪其真。【疏】仁義之教，聰明之迹，乖自然之道，亂天下之心。【釋文】「祇足」音支。「使喪」息浪反。下已喪同。

夫小惑易方，大惑易性〔一〕。何以知其然邪〔二〕？自虞氏招仁義以撓天下也，天下莫不奔命於仁義〔三〕，是非以仁義易其性與〔四〕？故嘗試論之，自三代以下者，天下莫不以物易其性矣〔五〕。小人則以身殉利，士則以身殉名，大夫則以身殉家，聖人則以身殉天下〔六〕。故此數子者，事業不同，名聲異號，其於傷性以身爲殉，一也〔七〕。臧與穀，二人相與牧羊而俱亡其羊〔八〕。問臧奚事，則挾筴讀書；問穀奚事，則博塞以遊。二人者，事業不同，其於亡羊均也〔九〕。伯夷死名於首陽之下，盜跖死利於東陵之上〔一〇〕，二人者，所死不同，其於殘生傷性均也〔一一〕，奚必伯夷之是而盜跖之非乎〔一二〕！天下盡殉也。彼其所殉仁義也，則俗謂之君子；其所殉貨財也，則俗謂之小人〔一三〕。其殉一也，則有君子焉，有小人焉；若其殘生損性，則盜跖亦伯夷已，又惡取君子小人於其間哉！〔一四〕

〔一〕【注】夫東西易方，於體未虧；矜仁尚義，失其常然，以之死地，乃大惑也。【疏】夫指南爲北，其迷尚小；滯迹喪真，爲惑更大。

〔二〕【疏】然，如是也。此即假設疑問以出後文。

〔三〕【注】夫與物無傷者，非爲仁也，而仁迹行焉；令萬理皆當者，非爲義也，而義功見焉；故當而無傷者，非仁義之招也。然而天下奔馳，棄我徇彼以失其常然。故亂心不由於醜而恒在美色，撓世不由於惡而恒由仁義，則仁義者，撓天下之具也。【疏】虞氏，舜也。招，取也。撓，亂也。自唐堯以前，猶懷質朴；虞舜以後，淳風漸散，故以仁義聖迹，招慰蒼生，遂使宇宙黎元，荒迷奔走，喪於性命，逐於聖迹。【釋文】「以撓」而小反，郭呼堯反，又許羔反。廣雅云：亂也。又奴爪反。○俞樾曰：國語周語好盡言以招人過，韋注曰：招，舉也。舊音曰，招音翹。漢書陳勝傳贊招八州而朝同列，鄧展曰：招，舉也。蘇林曰：招音翹。此文招字，亦當訓舉而讀爲翹，言舉仁義以撓天下也。郭注曰，故當而無傷者，非仁義之招也，然而天下奔馳，棄我殉彼，以失其常然，是讀如本字。然以仁義招人，不得反云招仁義，可知其非矣。「功見」賢遍反。

〔四〕【注】雖虞氏無易之〔之〕①情，而天下之性固以易矣。【疏】由是觀之，豈非用仁義聖迹撓亂天下，使天下蒼生，棄本逐末而改其天性耶？【釋文】「性與」音餘。此可以意消息，後皆倣此。

〔五〕【注】自三代以上，實有無爲之迹。無爲之迹，亦有爲者之所尚也，尚之則失其自然之素。故雖聖人有不得已，或以槃夷之事易垂拱之性，而況悠悠者哉！【疏】五帝以上，猶扇無爲之風；三代以下，漸興有爲之教。澆淳異世，步驟殊時，遂使捨己効人，易奪真性，殉物不及，不亦悲乎！注云或以槃夷之事易垂拱之性者，槃夷，猶創傷也。言夏禹以風櫛雨沐，手足胼胝，以此辛苦之事，易於無爲之業，居上既爾，下民亦然也。【釋文】「三代」夏殷周也。「以上」時掌反。「槃夷」並如字，謂創傷也。依字應作瘢痍。

〔六〕【注】夫鶉居而鷇食，鳥行而無章者，何惜而不殉哉！故與世常冥，唯變所適，其迹則殉世之迹也；所遇者或時有槃夷禿脛之變，其迹則傷性之迹也。然而雖揮斥八極而神氣無變，手足槃夷而居形者不擾，則奚殉哉？無殉也，故乃不殉其所殉，而迹與世同殉也。【疏】殉，從也，營也，求也，逐也，謂身所以從之也。夫小人貪利，廉士重名，大夫殉爲一家，帝王營於四海，所殉雖異，易性則同。然聖人與世常冥，其迹則殉，故有瘢痍禿脛之變，而未始累其神者也。【釋文】「殉」辭俊反，徐辭倫反。司馬云：營也。崔云：殺身從之曰殉。「鶉」音純，又音敦。「鷇」口豆反。「禿」吐木反。「揮斥」上音揮，下音赤。

〔七〕【疏】數子者，則前之三世以下四人也。事業者，謂利名〔家〕②天下不同也。名聲者，謂小人士大夫聖人異號也。言此四人，事業雖復不同，名聲異號也，其於殘生以身逐物，未始不均也。

〔八〕【疏】此仍前舉譬以生後文也。孟子云：臧，善學人；穀，孺子也。揚雄云：男壻婢曰臧；穀，良家子也。牧，養也。亡，失也。言此二人各耽事業，俱失其羊也。【釋文】「臧」作郎反。崔云：好書曰臧。方言云：齊之北鄙，燕之北郊，凡民男而壻婢謂之臧，女而婦奴謂之獲。張揖云：壻婢之子謂之臧，婦奴之子謂之獲。「與穀」如字。爾雅云：善也。崔本作轂，云：孺子曰轂。「牧羊」牧養之牧。

〔九〕【疏】奚，何也。册，簡也。古人無紙，皆以簡册寫書。行五道而投瓊曰博，不投瓊曰塞。問臧問穀，乃有書塞之殊，牧羊亡羊，實無復異也。【釋文】「挾」音協。「筴」字又作策，初革反。李云：竹簡也。古以寫書，長二尺四寸。「博塞」悉代反。塞，博之類也。漢書云：吾丘壽王以善格五待詔，謂博塞也。

〔一〇〕【疏】此下合譬也。伯夷叔齊，並孤竹君之子也。孤竹，神農氏之後也，姜姓。伯夷，名允，字公信；叔齊，名致，字公遠。夷長而庶，齊幼而嫡，父常愛齊，數稱之於夷。及其父薨，兄弟相讓，不襲先封。聞文王有德，乃往於周。遇武王伐紂，扣馬而諫，諫不從，走入首陽山，採薇爲糧，不食周粟，遂餓死首陽山。山在蒲州河東縣。蒲州城南三十里，見有夷齊廟墓，林木森踈。盜跖者，柳下惠之從弟，名跖，徒卒九千，常爲巨盜，故以盜爲名。東陵者，山名，又云即太山也，在齊州界，去東平十五里，跖死其上也。【釋文】「首陽」山名，在河東蒲坂縣。死，謂餓而死。「東陵」李云：謂泰山也。一云：陵名，今名東平陵，屬濟南郡。○慶藩案文選任彦昇王文憲集(字)〔序〕③注引司馬云：東陵，陵名，今屬濟南也。釋文闕。

〔一一〕【疏】伯夷殉名，死於首陽之下；盜跖貪利，殞於東陵之上。乃名利所殉不同，其於殘傷，未能相異也。

〔一二〕【注】天下之所惜者生也，今殉之太甚，俱殘其生，則所殉是非，不足復論。【疏】據俗而言，有美有惡；以道觀者，何是何非。故盜跖不必非，伯夷豈獨是。○慶藩案慧琳一切經音義卷八十九梁高僧傳四引司馬云：盜跖，兇惡人也。釋文闕。

〔一三〕【疏】此總結前文以成後義。但道喪日久，並非適當。今俗中盡殉，豈獨夷跖！從於仁義，未始離名；逐於貨財，固當走利。唯名與利，殘生之本，即非天理，近出俗情，君子小人，未可正據也。

〔一四〕【注】天下皆以不殘爲善，今均於殘生，則雖所殉不同，不足復計也。夫生奚爲殘，性奚爲易哉？皆由乎尚無爲之迹也。若知迹之由乎無爲而成，則絶尚去甚而反冥我極矣。堯桀將均於自得，君子小人奚〔辯〕〔辨〕④哉！【疏】惡，何也。其所殉名利，則有君子小人之殊；若殘生損性，曾無盜跖伯夷之異。此蓋俗中倒置，非關真極。於何而取君子，於何而辨小人哉？言無别也。【釋文】「又惡」音烏。「取君子小人於其間哉」崔本無小人於三字。

〔校〕①之字依王叔岷説補。②家字依正文補。③序字依文選改。④辨字依世德堂本改。

且夫屬其性乎仁義者，雖通如曾史，非吾所謂臧也〔一〕；屬其性於五味，雖通如俞兒，非吾所謂臧也〔二〕；屬其性乎五聲，雖通如師曠，非吾所謂聰也；屬其性乎五色，雖通如離朱，非吾所謂明也〔三〕。吾所謂臧者，非仁義之謂也，臧於其德而已矣〔四〕；吾所謂臧者，非所謂仁義之謂也，任其性命之情而已矣〔五〕；吾所謂聰者，非謂其聞彼也，自聞而已矣；吾所謂明者，非謂其見彼也，自見而已矣〔六〕。夫不自見而見彼，不自得而得彼者，是得人之得而不自得其得者也，適人之適而不自適其適者也〔七〕。夫適人之適而不自適其適，雖盜跖與伯夷，是同爲淫僻也〔八〕。余愧乎道德，是以上不敢爲仁義之操，而下不敢爲淫僻之行也〔九〕。

〔一〕【注】以此係彼爲屬。屬性於仁，殉仁者耳，故不善也。【疏】屬，係也。臧，善也。吾，莊生自稱也。夫捨己効人，得物喪我者，流俗之僞情也。故係我天性，學彼仁義，雖通達聖迹，如曾參史魚，乖於本性，故非論生之所善也。【釋文】「屬其」郭時欲反，謂係屬也。徐音燭，屬，著也。下皆同。

〔二〕【注】率性通味乃善。【疏】孟子云：俞兒，齊之識味人也。尸子云：俞兒和薑桂，爲人主上食。夫自無天素，効物得知，假令通似俞兒，非其善故也。【釋文】「雖通如楊墨」一本無此句。「俞兒」音揄，李式榆反。司馬云：古之善識味人也。崔云：尸子曰：膳俞兒和之以薑桂，爲人主上食。淮南云：俞兒狄牙，嘗淄澠之水而別之。一云：俞兒，黃帝時人。狄牙則易牙，齊桓公時識味人也。一云：俞兒亦齊人。淮南子一本作申兒，疑申當爲臾。

〔三〕【注】不付之於我而屬之於彼，則雖通之如彼，而我已喪矣。故各任其耳目之用，而不係於離曠，乃聰明也。【疏】夫離朱師曠，稟分聰明，率性而能，非關學致。今乃矯性僞情，捨己效物，雖然通達，未足稱善也。

〔四〕【注】善於自得，忘仁而仁。【疏】德，得也。夫達於玄道者，不易性以殉者也，豈復執已陳之芻狗，滯先王之蘧廬者哉！故當知其自知，得其自得，以斯爲善，不亦宜乎！

〔五〕【注】謂仁義爲善，則損身以殉之，此於性命還自不仁也。身且不仁，其如人何！故任其性命，乃能及人，及人而不累於己，彼我同於自得，斯可謂善也。【疏】夫曾參史魚楊朱墨翟，此四子行仁義者，蓋率性任情，稟之天命，譬彼駢枝，非由學得。而惑者覩曾史之仁義，言放效之可成；聞離曠之聰明，謂庶幾之必致；豈知造物而亭毒之乎！故王弼注易云，不性其情，焉能久行其致，斯之謂也。【釋文】「不累」劣僞反。後皆倣此。

〔六〕【注】夫絶離棄曠，自任聞見，則萬方之聰明莫不皆全也。【疏】夫希離慕曠，見彼聞他，心神馳奔，耳目竭喪，此乃愚闇，豈曰聰明！若聽耳之所聞，視目之所見，保分任真，不蕩於外者，即物皆聰明也。

〔七〕【注】此舍己効人者也，雖効之若人，而己已亡矣。【疏】夫不能視見之所見而見目以求離（未）〔朱〕之明，不能知知之所知而役知以慕史魚之義者，斯乃僞情學人之得，非謂率性自得己得也。既而僞學外顯，効彼悦人，作僞心勞，故不自適其適也。【釋文】「舍己」音捨。

〔八〕【注】苟以失性爲淫僻，則雖所失之塗異，其於失之一也。【疏】淫，滯也。僻，邪也。夫保分率性，正道也；尚名好勝，邪淫也。是以捨己逐物，開希幸之路者，雖伯夷之善，盜跖之惡，亦同爲邪僻也。重舉適人之適者，此疊前生後以起文勢故也。

〔九〕【注】愧道德之不爲，謝冥復之無迹，故絶操行，忘名利，從容吹累，遺我忘彼，若斯而已矣。

【疏】夫虛通之道，至忘之德，絶仁絶義，無利無名。而莊生妙體環中，遊心物表，志操絶乎仁義，心行忘乎是非；體自然之無有，愧道德之不爲。而言上下者，顯仁義淫僻之優劣也。而云余愧不敢者，示謙也。郭注云從容吹累者，從容，猶閒放；而吹累，動而無心也。吹，風也；累，塵；猶清風之動，微塵輕舉也。【釋文】「愧乎」崔本作𩲡，云：𩲡，愧同。「之行」下孟反。注同。「冥復」音服。「從容」七容反。「吹」如字，又昌僞反。字亦作炊。

莊子集釋卷四中

外篇 馬蹄第九〔一〕

〔一〕【釋文】舉事以名篇。

馬，蹄可以踐霜雪，毛可以禦風寒，齕草飲水，翹足而陸，此馬之真性也〔一〕。雖有義臺路寢，無所用之〔二〕。及至伯樂，曰：「我善治馬。」燒之，剔之，刻之，雒之，連之以羈馽，編之以皁棧，馬之死者十二三矣；〔三〕飢之，渴之，馳之，驟之，整之，齊之，前有橛飾之患，而後有鞭筴之威，而馬之死者已過半矣〔四〕。陶者曰：「我善治埴，圓者中規，方者中矩〔五〕。」匠人曰：「我善治木，曲者中鉤，直者應繩〔六〕。」夫埴木之性，豈欲中規矩鉤繩哉〔七〕？然且世世稱之曰「伯樂善治馬而陶匠善治埴木」，此亦治天下者之過也〔八〕。

〔一〕【注】駑驥各適於身而足。【疏】齕，齧也；踐，履；禦，捍；翹，舉也。夫蹄踐霜雪，毛禦風寒，飢即齕草，渴即飲水，逸豫適性，即舉足而跳躑，求稟乎造物，故真性豈願羈馽皁棧而爲服養之乎！況萬有參差，咸資素分，安排任性，各得逍遥，不矜不企，即生涯可保。【釋文】「馬」釋名云：武也。王弼注易云：在下而行者也。「蹄」音提。司馬云：馬足甲也。「禦」魚呂反。廣雅云：敵也。崔本作辟。「齕」恨發反，又胡切反。「翹」祁饒反。「足」崔本作尾。「而陸」司馬云：陸，跳也。字書作⿰馬坴。⿰馬坴，馬健也。○慶藩案釋文崔本作翹尾，引司馬云，陸，跳也。字書作⿰馬坴，馬健也。今案足作尾是也。文選〔郭景純〕江賦注引莊子正作尾，陸作踛，云：踛，音六。廣韻：踛，力竹切，翹踛也。踛依字當作踜。說文：踜，曲脛也，讀若逵。是踛即踜之異體。逵從辵坴，踛從足坴，古足辵之字多互用，形相似也。據選注所引，知陸乃踛之譌。「駑」音奴，惡馬也。「驥」音冀，千里善馬也。

〔二〕【注】馬之真性，非辭鞍而惡乘，但無羨於榮華。【疏】義，養也，謂是貴人養衛之臺觀也。亦言：義臺，猶靈臺也。路，大也，正也，即正寢之大殿也。言馬之爲性，欣於原野，雖有高臺大殿，無所用之。況清虛之士，淳樸之民，樂彼茅茨，安茲甕牖，假使丹楹刻桷，於我何爲！【釋文】「義」許宜反，又如字。徐音儀，崔本同。一本作羲。「臺」崔云：義臺，猶靈臺也。「路寢」路，正也，大也。崔云：路寢，正室。○慶藩案史記魏世家索隱引司馬云：義臺，臺名，釋文闕。○俞樾曰：義，徐音儀，當從之。周官肆師職鄭注曰：故書儀爲義，是義即古儀字也。儀臺，猶言容臺。淮南子覽冥篇容臺振而掩覆，高注曰：容臺，行禮容之臺。儀與容，異名同實，蓋是行禮儀之臺，故曰儀臺也。「而惡」烏路反。

〔三〕【注】有意治之，則不治矣。治之爲善，斯不善也。【疏】列子云：姓孫，名陽，字伯樂，秦穆公時善治馬人。燒，鐵炙之也。剔，謂翦其毛；刻，謂削其蹄；雒，謂著籠頭也。羈，謂連枝絆也；馽，謂約前兩腳也。皁，謂槽櫪也。棧，編木爲椗，安馬腳下，以去其濕，所謂馬床也。夫不能任馬真性，而橫見燒剔，既乖天理，而死者已多。況無心徇物，性命所以安全；有意治之，天年於焉夭折。【釋文】「伯樂」音洛，下同。伯樂，姓孫，名陽，善馭馬。石氏星經云：伯樂，天星名，主典天馬。孫陽善馭，故以爲名。「剔之」敕歷反。字林云：剃也。徐詩赤反。向崔本作鬄。向音郝。「雒之」音洛。司馬云：燒，謂燒鐵以爍之；剔，謂翦其毛；刻，謂削其甲；雒，謂羈雒其頭也。〇王念孫曰：司馬彪曰，雒，謂羈絡其頭也。案雒讀爲鉻，（音落。）字或作㓢，通作雒，又通作落。鉻之言落也，剔去毛鬣爪甲謂之鉻。說文曰：鉻，鬄也。廣雅曰：雒，剔也。吳子治兵篇說畜馬之法云：刻剔毛鬣，謹落四下。此云燒之剔之刻之雒之，語意略相似。司馬以鉻爲羈絡，非也。下文連之以羈馽，乃始言羈絡耳。〇家世父曰：司馬云：刻，謂削其甲；雒，謂羈雒其頭也。是通雒爲絡。疑上四者專就馬身言之，下文羈馽皁棧，始及銜勒之事。雒當爲烙，所謂火鍼曰烙也。杜甫詩：細看六印帶官字。六印，亦作火印。刻，謂鑿蹄；雒，謂印烙。燒之剔之以理其毛色，刻之雒之以存其表識。作絡者非也。〇俞樾曰：司馬彪解雒之曰，謂羈雒其頭也，是以雒爲絡之叚字。然下文連之以羈馽，乃始言羈絡之事，此恐非也。雒疑當爲烙。說文火部新附有烙字，曰：灼也。今官馬以火烙其皮毛爲識，即其事矣。「羈」居宜反。廣雅云：勒也。「馽」丁邑反，徐丁立反，絆也。李音述。本或作馵，非也。馵音之樹反。司馬向崔本並作䭰。向云：馬氏音竦。崔云：絆前兩足也。○盧文弨曰：舊本無音字，案例當有，今增。「編之」必然反。「皁」才老反，櫪也。一云：槽也。崔云：馬閑也。「棧」（士）〔土〕①板反。徐在簡反，又士諫反。編木作（靈）似〔靈〕牀曰棧，以禦濕也。崔云：木棚也。○盧文弨曰：靈即櫺字。濕當作溼，後人多混用。棚，疑當作棚。○慶藩案文選顏延年赭白馬賦注、潘安仁馬汧督誄注引司馬云：皁，櫪也。棧，若櫺牀，施之溼地也。釋文闕。「不治」直吏反。

〔四〕【注】夫善御者，將以盡其能也。盡能在於自任，而乃走作馳步，求其過能之用，故有不堪而多死焉。若乃任駑驥之力，適遲疾之分，雖則足迹接乎八荒之表，而衆馬之性全矣。而惑②者聞任馬之性，乃謂放而不乘；聞無爲之風，遂云行不如卧；何其往而不返哉！斯失乎莊生之旨遠矣。【疏】橛，銜也，謂以寶物飾於鑣也。帶皮曰鞭，無皮曰筴，俱是馬杖也。夫馳驟過分，飢渴失常，整之以衡扼，齊之以鑣轡，威之以鞭筴，而求其以分外之能，故駑駘不堪，而死已過半。聖智治物，其損亦然。【釋文】「驟」士救反。「橛」向徐其月反。司馬云：銜也。崔云：鑣也。「飾」徐音式。司馬云：排銜也，謂加飾於馬鑣也。○慶藩案文選潘安仁西征賦注引司馬云：橛，騑馬口中長銜也。與釋文異。○又案橛，一作橜。說文齣下曰：齣，馬口中橜也。史記索隱引周〔遷〕輿服志云：鉤逆上者爲橜，橜在銜中，以鐵爲之，大如雞子。漢書司馬相如傳張揖注曰：銜，馬勒銜也。橜，騑馬口長銜也。韓子姦劫弑臣篇無垂策之威，銜橛之備，雖造父不能以服馬，鹽鐵論刑德篇猶無銜橛而禦捍馬也，是銜與橛皆所以制馬者。「鞭」必然反。「筴」初革反。杜注左傳云：馬檛也。檛，音竹瓜反。

〔五〕【疏】範土曰陶。陶，化也，亦窰也。埴，黏也，亦土也。謂陶者善能調和水土而爲瓦器，運用方圓，必中規矩也。【釋文】「陶」道刀反，謂窰也。窰，音弋消反。「埴」徐時力反。崔云：土也。司馬云：埴土可以爲陶器。尚書傳云：土黏曰埴。釋名云：埴，職也。職音之食反。「中規」丁仲反。下皆同。

〔六〕【疏】鉤，曲也。繩，直也。謂匠人機巧，善能治木，木之曲直，必中鉤繩。【釋文】「應繩」應對之應。後不音者倣此。

〔七〕【疏】土木之性，稟之造物，不求曲直，豈慕方圓；陶者匠人，浪爲臧否。

〔八〕【注】世以任自然而不加巧者爲不善於治也，揉曲爲直，厲駑習驥，能爲規矩以矯拂其性，使死而後已，乃謂之善治也，不亦過乎！【疏】此總舉前文以合其譬。然世情愚惑，以治爲善，不治之爲僞，僞莫大焉。【釋文】「揉曲」汝久反。「矯」居兆反。「拂」房弗反。

〔校〕①士字依世德堂本及釋文原本改。②世德堂本惑作或。

吾意善治天下者不然〔一〕。彼民有常性，織而衣，耕而食，是謂同德〔二〕；一而不黨，命曰天放〔三〕。故至德之世，其行填填，其視顛顛〔四〕。當是時也，山无蹊隧，澤无舟梁〔五〕；萬物羣生，連屬其鄉〔六〕；禽獸成羣，草木遂長〔七〕。是故禽獸可係羈而遊，鳥鵲之巢可攀援而闚〔八〕。

〔一〕【注】以不治治之，乃善治也。【疏】然，猶如此也。莊子云：我意謂善治天下，不如向來陶匠等也。善治之術，列在下文。

〔二〕【注】夫民之德，小異而大同。故性之不可去者，衣食也；事之不可廢者，耕織也；此天下之所同而爲本者也。守斯道者，無爲之至也。【疏】彼民，黎首也。言蒼生皆有真常之性而不假於物也。德者，得也。率其真常之性，物各自足，故同德。郭象云，性之不可去者衣食，事之不可廢者耕織，此天下之所同而爲本也，守斯道也，無爲至矣。【釋文】「去者」羌吕反。

〔三〕【注】放之而自一耳，非黨也，故謂之天放。【疏】黨，偏也。命，名也。天，自然也。夫虛通一道，亭毒羣生，長之育之，無偏無黨。若有心治物，則乖彼天然，直置放任，則物皆自足，故名曰天放也。【釋文】「天放」如字。崔本作牧，云：養也。

〔四〕【注】此自足於内，無所求及之貌。【疏】塡塡，滿足之心。顛顛，高直之貌。夫太上淳和之世，遂初至德之時，心既遺於是非，行亦忘乎物我。所以守真内足，塡塡而處無爲；自不外求，顛顛而游於虛淡。【釋文】「塡塡」徐音田，又徒偃反。質重貌。崔云：重遲也。一云：詳徐貌。淮南作莫莫。「顛顛」丁田反。崔云：專一也。淮南作瞑瞑。

〔五〕【注】不求非望之利，故止於一家而足。【疏】蹊，徑；隧，道也。舟，船也。當是時，即至德之世也。人知守分，物皆淳樸，不伐不奪，徑道所以可遺；莫往莫來，船橋於是乎廢。【釋文】「蹊」徐音兮。李云：徑也。「隧」徐音遂。崔云：道也。

〔六〕【注】混茫而同得也，則與一世而淡漠焉，豈國異而家殊哉！【疏】夫混茫之世，淳和淡漠。故無情萬物，連接而共里閭；有識羣生，係屬而同鄉縣；豈國異政而家殊俗哉！【釋文】「連屬其鄉」王云：既無國異家殊，故其鄉連屬。「混」胡本反。「茫」莫剛反。「淡」徒暫反。「漠」音莫。

〔七〕【注】足性而止，無吞夷之欲，故物全。【疏】飛禽走獸不害，所以成羣；蔬草果木不伐，遂其盛茂。【釋文】「遂長」丁丈反，又直良反。「無吞」敦恩反，又音天。

〔八〕【注】與物無害，故物馴也。【疏】人無害物之心，物無畏人之慮。故山禽野獸，可羈係而遨遊；鳥鵲巢窠，可攀援而窺望也。【釋文】「攀」本又作扳，普班反。「援」音袁。廣雅云：牽也，引也。「闚」去規反。「物馴」似遵反，或音純。

夫至德之世，同與禽獸居，族與萬物並，惡乎知君子小人哉〔一〕！同乎无知，其德不離〔二〕；同乎无欲，是謂素樸〔三〕；素樸而民性得矣。〔四〕及至聖人〔五〕，蹩躠爲仁，踶跂爲義，而天下始疑矣；澶漫爲樂，摘僻爲禮，而天下始分矣〔六〕。故純樸不殘，孰爲犧尊！白玉不毁，孰爲珪璋〔七〕！道德不廢，安取仁義〔八〕！性情不離，安用禮樂〔九〕！五色不亂，孰爲文采！五聲不亂，孰應六律〔一〇〕！夫殘樸以爲器，工匠之罪也；毁道德以爲仁義，聖人之過也。〔一一〕

〔一〕【疏】夫殉物邪僻爲小人，履道方正爲君子。既而巢居穴處，將鳥獸而不分，含哺鼓腹，混羣物而無異：於何而知君子，於何而辨小人哉！【釋文】「惡乎」音烏。

〔二〕【注】知則離道以善也。【疏】既無分別之心，故同乎無知之理。又不（以）險德以求行，故抱一而不離也。【釋文】「不離」力智反。注皆同。

〔三〕【注】欲則離性以飾也。【疏】同遂初之無欲，物各清廉；異末代之浮華，人皆淳樸。【釋文】「素樸」普剥反。

〔四〕【注】無煩乎知欲也。【疏】夫蒼生所以失性者，皆由滯欲故也。既而無欲素樸，真性不喪，故稱得也。此一句總結已前至德之美者也。

〔五〕【注】聖人者，民得性之迹耳，非所以迹也。此云及至聖人，猶云及至其迹也。

〔六〕【注】夫聖迹既彰，則仁義不真而禮樂離性，徒得形表而已矣①。有聖人即有斯弊，吾若是何哉！【疏】自此以上，明淳素之德；自此以下，斥聖迹之失。及至聖人，即五帝已下行聖迹之人也。蹩躠，用力之貌。踶跂，矜恃之容。澶漫是縱逸之心，摘僻是曲拳之行。夫淳素道消，澆僞斯起。踶跂恃裁非之義，蹩躠夸偏愛之仁，澶漫貴奢淫之樂，摘僻尚浮華之禮，於是宇内分離，蒼生疑惑，亂天之經，自斯而始矣。【釋文】「蹩」步結反。向崔本作弊，音同。

「躠」本又作薛，悉結反。向崔本作殺，音同。一音素葛反。「踶」直氏反，向同，崔音緹。「跂」丘氏反，一音吕氏反，崔音技。李云：蹩躠踶跂，皆用心爲仁義之貌。○慶藩案踶，各本無訓。説文：踶，躛也。躛，踶（躛）②也。（段注：舊本譌作衛，今據踶字注及牛部衛字注改正。）「澶」本又作儃，徒旦反。又吐旦反。向崔本作但，音燀。「漫」武半反。向崔本作曼，音同。李云：澶漫，猶縱逸也。崔云：但曼，淫衍也。一云：澶漫，牽引也。「摘」敕歷反，又涉革反。「辟」匹壁反，向音檗，徐敷歷反，李父歷反。本或作僻，音同。李云：糾擿邪辟而爲禮也。一音婦赤反，法也。崔云：擿辟，多節。○盧文弨曰：今本作僻。○家世父曰：釋文引李曰，糾擿邪辟而爲禮也，崔云，擿辟，多節。擿辟，當作摘擗。王逸注楚詞：擗，析也。摘者，摘取之；擗者，分之；謂其煩碎也。「始分」如字。下分皆同。

〔七〕【疏】純樸，全木也。不殘，未彫也。孰，誰也。犧尊，酒器，刻爲牛首，以祭宗廟也。上鋭下方曰珪，半珪曰璋。此略舉譬喻，以明澆競之治也。【釋文】「犧尊」音羲。尊，或作樽。司馬云：畫犧牛象以飾樽也。王肅云：刻爲牛頭。鄭玄云：畫鳳皇羽飾尊，婆娑然也。音先河反。○盧文弨曰：今本作樽，俗③。「珪璋」音章。李云：皆器名也。鋭上方下曰珪，半珪曰璋。

〔八〕【疏】此合譬也。夫大道之世，不辨是非；至德之時，未論憎愛。無愛則人心自息，無非則本迹斯忘，故老經云大道廢，有仁義矣。

〔九〕【疏】禮以檢迹，樂以和心。情苟不散，安用和心！性苟不離，何勞檢迹！是知和心檢迹，由乎道喪也。【釋文】「情性不離」如字。别離也。○盧文弨曰：今本情性作性情。

〔一〇〕【注】凡此皆變樸爲華，棄本崇末，於其天素，有殘廢矣，世雖貴之，非其貴也。【疏】夫文采本由相間，音樂貴在相和。若各色各聲，不相顯發，則宮商黼黻，無由成用。此重起譬，卻證前旨。

〔一一〕【注】工匠則有規矩之制，聖人則有可尚之迹。【疏】此總結前義。夫工匠以犧尊之器殘淳樸之本，聖人以仁義之迹毁無爲之道，爲弊既一，獲罪宜均。

〔校〕①趙諫議本無矣字及注首夫字。②䙴字依説文删。③世德堂本作樽，本書依釋文改。

夫馬，陸居則食草飲水，喜則交頸相靡，怒則分背相踶。馬知已此矣〔一〕。夫加之以衡扼，齊之以月題，而馬知介倪闉扼鷙曼詭銜竊轡〔二〕。故馬之知而態至盜者，伯樂之罪也〔三〕。

〔一〕【注】御其真知，乘其自(陸)〔然〕①，則萬里之路可致，而羣馬之性不失。【疏】靡，摩也，順也。踶，蹈也。已，止也。夫物之喜怒，禀自天然，率性而動，非由矯僞。故喜則交頸而摩順，怒則分背而踶蹈，而馬之知解適盡於此，食草飲水，樂在其中矣。【釋文】「交頸」頸，領也。居郢反，又祁盈反。「相靡」如字。李云：摩也。一云：愛也。○慶藩案靡，古讀若摩，故與摩通。(見唐韻正。)漢書淮南衡山王傳亦其俗薄臣，下漸靡使然也。漸靡即漸摩。苟子性惡篇身日進於仁義而不自知也者，靡使然也。靡即摩也。（禮學記相觀而善之謂摩，鄭注：摩，相切磋也。）成二年左傳師至於靡笄之下，靡一音摩。史記蘇秦傳以出揣摩，鄒誕本作揣靡。靡讀爲摩。元戴侗六書故：靡與摩通。本書凡交近則相靡以信，亦讀靡爲摩。「相踶」大計反，又徒兮反，又徒祁反。李云：踶，蹋也。廣雅、字韻、聲類並同。通俗文云：小蹋謂之踶。「馬知」李音智。下同。

〔二〕【疏】衡，轅前横木也。扼，义馬頸木也。月題，額上當顱，形似月者也。介，獨也。倪，睥睨也。闉，曲也。鷙，抵也。曼，突也。詭，詐也。竊，盜也。夫馬之真知，唯欣放逸；不求服飾，豈慕榮華！既而加以月題，齊以衡扼，乖乎天性，不任困苦，是以譎詐萌出，睥睨曲頭綟扼，抵突御人。竊轡即盜脱籠頭，詭銜乃吐出其勒。良由乖損真性，所以矯僞百端者矣。【釋文】「衡扼」於革反。衡，轅前横木，縛軛者也。扼，义馬頸者也。「月題」徒兮反。司馬崔云：馬額上當顱如月形者也。「介」徐古八反。「倪」徐五圭反，郭五第反。李云：介倪，猶睥睨也。崔云：介出俾倪也。「闉」音因。「鷙」徐敕二反，郭音躓。「曼」武半反，郭武諫反。李云：闉，曲也。鷙，抵也。曼，突也。崔云：闉扼鷙曼，距扼頓遲也。司馬云：言曲頸於扼以抵突也。一云：鷙曼，旁出也。◯家世父曰：釋文引李云：介倪，猶睥睨也。闉，曲也。鷙，抵也。曼，突也。崔云，闉扼鷙曼，距扼頓遲也。司馬云，言曲頸於扼以抵突也，一云：鷙曼，旁出也。今案成二年左傳不介馬而馳之，杜預注：介，馬甲也。説文：俾，益也。

倪，俾也。言馬知甲之加其身。史記晉世家馬騺不能行。説文：騺，馬重貌。闉扼，猶言困扼；騺曼，猶言遲重；言馬被介而氣塞行滯，有決銜絶轡之憂，李云睥睨者，失之。「詭」九彼反。「銜」口中勒也。或云：詭銜，吐出銜也。「竊轡」齧轡也。崔云：詭銜竊轡，戾銜橛，盜鞎轡也。○盧文弨曰：舊鞎譌艱，今改正。説文：車前革曰鞎。

〔三〕【注】馬性不同而齊求其用，故有力竭而態作者。【疏】態，姦詐也。夫馬之真知，適於原野，馳驟過分，即矯詐心生，詭竊之態，罪歸伯樂也。【釋文】「態作」吐代反。

〔校〕①然字依王叔岷説改。

夫赫胥氏之時，民居不知所爲，行不知所之，含哺而熙，鼓腹而遊，民能以此矣〔一〕。及至聖人，屈折禮樂以匡天下之形，縣跂仁義以慰天下之心，而民乃始踶跂好知，争歸於利，不可止也。此亦聖人之過也〔二〕。

〔一〕【注】此民之真能也。【疏】之，適也。赫胥，上古帝王也；亦言有赫然之德，使民胥附，故曰赫胥，蓋炎帝也。夫行道之時，無爲之世，心絶緣慮，安居而無所爲；率性而動，遊行而無所往。既而含哺而熙戲，與嬰兒而不殊；鼓腹而遨遊，將童子而無别。此至淳之世，民能如此也。【釋文】「赫」本或作䓇，呼白反。「胥氏」司馬云：赫胥氏，上古帝王也。一云：有赫然之德，使民胥附，故曰赫胥，蓋炎帝也。○俞樾曰：釋文引司馬云，赫胥氏上古帝王也，此爲允當。又曰，一云有赫然之德，使民胥附，故曰赫胥，蓋炎帝也。此望文生訓，殊不足據。炎帝，即神農也。胠篋篇既云赫胥氏，又云神農氏，其非一人明矣。赫胥，疑即列子書所稱華胥氏。華與赫，一聲之轉耳。廣雅釋器：赫，赤也。而古人名赤者多字華。羊舌赤字伯華，公西赤字子華，是也。是華亦赤也。赤謂之赫，亦謂之華，可證赫胥之即華胥矣。「含哺」音步。

〔三〕【注】其過皆由乎迹之可尚也。【疏】夫屈曲折旋，行禮樂以正形體；高縣仁義，令企慕以慰心靈；於是始踶跂自矜，好知而興矯詐；經營利祿，爭歸而不知止。噫！聖迹之過者也。【釋文】「縣企」音玄。○盧文弨曰：今本作跂。○慶藩案文選傅長虞贈何劭王濟詩注引司馬云：企，望也。釋文闕。「踶」直氏反。「跂」丘氏反。「好知」呼報反。下音智。

外篇 胠篋第十〔一〕

〔一〕【釋文】舉事以名篇。

將爲胠篋探囊發匱之盜而爲守備，則必攝緘縢，固（扃）〔扃〕①鐍，此世俗之所謂知也。〔二〕然而巨盜至，則負匱揭篋擔囊而趨，唯恐緘縢扃鐍之不固也。然則鄉②之所謂知者，不乃爲大盜積者也〔三〕？

〔一〕【疏】胠，開；篋，箱；囊，袋；攝，收；緘，結；縢，繩也。扃，關鈕也；鐍，鎖鑰也。夫將爲開箱探囊之竊，發匱取財之盜，此蓋小賊，非巨盜者也。欲爲守備，其法如何？必須收攝箱囊，緘結繩約，堅固扃鐍，使不慢藏。此世俗之淺知也。【釋文】「胠」李起居反。史記作㩻。徐起法反，一音虛乏反。司馬云：從旁開爲胠。一云：發也。「篋」苦協反。「探」吐南反。「囊」乃剛反。「匱」其位反，櫃也。「必攝」如字。李云：結也。崔云：收也。「緘」古減反。「縢」向崔本作縢，同。徒登反。崔云：約也。案廣雅云：緘縢，皆繩也。「扃」古熒反。崔李云：關也。「鐍」古穴反。李云：紐也。崔云：環舌也。「知也」如字，又音智。下同。

〔二〕【注】知之不足恃也如此。【疏】夫攝緘縢固扃鐍者，以備小賊。然大盜既至，負揭而趨，更恐繩約關鈕之不牢，向之守備，翻爲盜資，是故俗知不足可恃。【釋文】「揭」徐其謁反，又音桀。三蒼云：舉也，擔也，負也。「擔」丁甘反。「而趨」七須反。李云：走也。「唯恐」丘用反。「鄉之」本又作向，亦作曏，同。許亮反。「爲大盜」于僞反。下及下注而爲同。「積者」如字，李子賜反。

〔校〕①依世德堂本及釋文原本改。以下均誤，不複出。②趙諫議本作向。

故嘗試論之，世俗之所謂知者，有不爲大盜積者乎？所謂聖者，有不爲大盜守者乎？〔一〕何以知其然邪〔二〕？昔者齊國鄰邑相望，雞狗之音相聞，罔罟之所布，耒耨之所刺，方二千餘里〔三〕。闔四竟之內，所以立宗廟社稷，治邑屋州閭鄉曲者，曷嘗不法聖人①哉〔四〕！然而田成子一旦殺齊君而盜其國〔五〕。所盜者豈獨其國邪？並與其聖知之法而盜之〔六〕。故田成子有乎盜賊之名，而身處堯舜之安〔七〕；小國不敢非，大國不敢誅，十二世有齊國〔八〕。則是不乃竊齊國，並與其聖知之法以守其盜賊之身乎〔九〕？

〔一〕【疏】夫體道大賢，言无的當，將欲顯忘言之理，故曰試論之。曰：夫世俗之人，知謨淺近，顯迹之聖，於理未深。既而意在防閑，更爲賊之聚積；雖欲官世，翻爲盜之守備。而（信）〔言〕有不爲者，欲明豈有不爲大盜積守乎，言其必爲盜積也。

〔二〕【疏】假設疑問，發明義旨。

〔三〕【疏】齊，即太公之後，封於營丘之地。逮桓公九合諸侯，一匡天下，百姓殷實，無出三齊。是以雞犬鳴吠相聞，鄰邑棟宇相望，罔罟布以事畋漁，耒耨刺以修農業。境土寬大，二千餘里，論其盛美，實冠諸侯。耒，犂也。耨，耡也。【釋文】「罔罟」音古，罔之通名。「耒」力對反，徐力猥反，郭呂匱反。李云：犂也。一云：耜柄也。「耨」乃豆反。李云：鋤也。或云：以木爲鋤柄。「所刺」徐七智反。

〔四〕【疏】夫人非土不立，非穀不食，故邑封土祠曰社，封稷祠曰稷。稷，五穀之長也。社，吐也，言能吐生萬物也。司馬法：六尺爲步，步百爲畝，畝百爲夫，夫三爲屋，屋三爲井，井四爲邑。又云：五家爲比，五比爲閭，五閭爲族，五族爲黨，五黨爲州，五州爲鄉。鄭玄云：二十五家爲閭，二千五百家爲州，萬二千五百家爲鄉也。闔，合也。曷，何也。闔四境之内，三齊之中，置此宗廟等事者，皆放效堯舜以下聖人，立邦國之法則也。【釋文】「闔」户臘反。

「四竟」音境。下之竟同。「治邑」直吏反。「屋」周禮：夫三爲屋。「州」五黨爲州，二千五百家也。「閭」五比爲閭，二十五家也。「鄉」五州爲鄉，萬二千五百家也。

〔五〕【注】法聖人者，法其迹耳。夫迹者，已去之物，非應變之具也，奚足尚而執之哉！執成迹以御乎無方，無方至而迹滯矣，所以守國而爲人守之也。【疏】田成子，齊大夫陳恒也，是敬仲七世孫。初，敬仲適齊，食（菜）〔采〕於田，故改爲田氏。魯哀公十四年，陳恒弑其君，君即簡公也。割安平至于郎邪，自爲封邑。至恒曾孫太公和，遷齊康公於海上，乃自立爲齊侯。自敬仲至莊公，凡九世知齊政；自太公至威王，三世爲齊侯；通計爲十二世。莊子，宣王時人，今不數宣王，故言十二世也。【釋文】「田成子」齊大夫陳恒也。「一旦」宋元嘉中本作一日。「殺」音試。「齊君」簡公也。春秋哀公十四年，陳恒殺之于舒州。「而盜其國」司馬云：謂割安邑以東至郎邪自爲封邑也。

〔六〕【注】不盜其聖法，乃無以取其國也。【疏】田恒所盜，豈唯齊國？先盜聖智，故得諸侯。是知仁義陳迹，適爲盜本也。【釋文】「聖知」音智。下同。

〔七〕【疏】田恒篡竊齊國，故有巨盜之聲名；而位忝諸侯，身處唐虞之安樂。

〔八〕【疏】子男之邦，不敢非毁；伯侯之國，詎能征伐！遂胤胄相繫，宗廟遐延。世歷十二，俱如前解。【釋文】「十二世有齊國」自敬仲至莊子，九世知齊政；自太公和至威王，三世爲齊侯，故云十二世也。○俞樾曰：釋文曰，自敬仲至莊子九世知齊政；自太公和至威王，三世爲齊侯，故云十二世。此説非也。本文是説田成子，不當追從敬仲數起。疑莊子原文本作世世有齊國，言自田成子之後，世有齊國也。古書遇重字，止於字下作二字以識之，應作世二有齊國。傳寫者誤倒之，則爲二世有齊國。於是其文不可通，而從田成子追數至敬仲適得十二世，遂臆加十字於其上耳。

〔九〕【注】言聖法唯人所用，未足以爲全當之具。【疏】揭仁義以竊國，資聖智以保身。此則重舉前文，以結其義也。【釋文】「以守」如字，舊音狩。

〔校〕①闕誤引張君房本聖人作聖智，下文善人不得聖人之道不立，跖不得聖人之道不行；則聖人之利天下也少；聖人生而大盗起；掊擊聖人；聖人已死；聖人不死；雖重聖人；是乃聖人之過也；彼聖人者天下之利器也；句内聖人並同。

嘗試論之，世俗之所謂至知者，有不爲大盗積者乎？所謂至聖者，有不爲大盗守者乎〔一〕？何以知其然邪〔二〕？昔者龍逢斬，比干剖，萇弘胣，子胥靡，故四子之賢而身不免乎戮〔三〕。故跖之徒問於跖曰：「盗亦有道乎〔四〕？」跖曰：「何適而无有道邪〔五〕！」夫妄意室中之藏，聖也；入先，勇也；出後，義也；知可否，知也；分均，仁也。五者不備而能成大盗者，天下未之有也。〔六〕由是觀之，善人不得聖人之道不立，跖不得聖人之道不行〔七〕；天下之善人少而不善人多，則聖人之利天下也少而害天下也多〔八〕。故曰，脣竭則齒寒，魯酒薄而邯鄲圍，聖人生而大盜起〔九〕。掊擊聖人，縱舍盜賊，而天下始治矣〔一〇〕。夫川竭而谷虚，丘夷而淵實。聖人已死，則大盜不起，〔一一〕天下平而无故矣〔一二〕。

〔一〕【疏】重結前義，以發後文也。

〔二〕【疏】假設疑問，以暢其旨也。

〔三〕【注】言暴亂之君，亦得據君人之威以戮賢人而莫之敢亢者，皆聖法之由也。向無聖法，則桀紂焉得守斯位而放其毒，使天下側目哉！【疏】龍逢，姓關，夏桀之賢臣，爲桀所殺。比干，王子也，諫紂，紂剖其心而視之。萇弘，周靈王賢臣。說苑云：晉叔向之殺萇弘也，萇弘數見於周，因（羣）〔佯〕遺書，萇弘謂叔向曰：「子起晉國之兵以攻周，以廢劉氏（以）〔而〕①立單氏。」劉子謂君曰：「此萇弘也。」乃殺之。胣，裂也。亦言：胣，刳腸；靡，爛也，碎也。言子胥遭戮，浮屍於江，令靡爛也。言此四子共有忠賢之行，而不免于戮刑者，爲無道之人，恃君人之勢，賴聖迹之威，故得躓頓忠良，肆其毒害。【釋文】「比干剖」普口反，謂割心也。崔本作節，云：支解也。「萇」直良反。「弘胣」本又作肔。徐勑紙反，郭詩氏反。崔云：讀若拖，或作施字。胣，裂也。淮南子曰：萇弘鈹裂而死。司馬云：胣，剔也。萇弘，周靈王賢臣也。案左傳，是周景王敬王之大夫，魯哀公三年六月，周人殺萇弘。一云：刳腸曰胣。「子胥靡」密池反，司馬如字，云：縻也。崔云：爛之於江中也。案子胥，伍員也，諫夫差，夫差不從，賜之屬鏤以死，投之江也。「焉得」於虔反。

〔四〕【疏】假設跖之徒類以發問之端。【釋文】「故跖」之石反。

〔五〕【疏】此即答前問意。道無不在，何往非道！道之所在，具列下文。○慶藩案何適而無有道邪，當作何適其有道邪。適與啻同。（秦策疑臣者不適三人，適與啻通。史記甘茂傳作疑臣者非特三人。）後人不知，誤以爲適齊適楚適秦之適，故改而無二字。呂氏春秋當務篇正作奚啻其有道也。（淮南道應篇奚適其有道也，今本作無道，亦後人所妄改。）

〔六〕【注】五者所以禁盜，而反爲盜資也。【疏】室中庫藏，以貯財寶，賊起妄心，斟量商度，有無必中，其驗若神，故言聖也。戮力同心，不避强禦，並爭先入，豈非勇也！矢石相交，不顧性命，出競居後，豈非義也！知可則爲，不可則止，識其安危，審其吉凶，往必克捷，是其智也。輕財重義，取少讓多，分物均平，是其仁也。五者則向之聖勇義智仁也。夫爲一盜，必資五德，五德不備，盜則不成。是知無聖智而成巨盜者，天下未之有也。【釋文】「之藏」才浪反，又如字。○慶藩案意，度也，與億同。禮運聖人耐以天下爲一家，以中國爲一人者，非意之也。管子小問篇君子善謀而小人善意，（以）〔臣〕②意之也。皆訓度之義。韓子解老篇前識者，無緣而忘意度也。（案忘即妄字之隸變。）王褒四子講德論君子執分寸而罔意度。（案罔即妄字之義。）少儀鄭注曰：測，意度也。意，本（又）作億，論語先進篇億則屢中，漢書貨殖傳作意。「知可」如字，本或作知可否。○盧文弨曰：今本有否字。「分均」符問反，又如字。

〔七〕【疏】聖人之道，謂五德也。以向如是(以)〔之〕理觀之，爲善之徒不履五德，則無由立身行道，盜跖之類不資聖智，豈得行其盜竊乎！

〔八〕【注】信哉斯言！斯言雖信，而猶不可亡聖者，猶天下之知未能都亡，故須聖道以鎮之也。羣知不亡而獨亡於聖知，則天下之害又多於有聖矣。然則有聖之害雖多，猶愈於亡聖之無治也。雖愈於亡聖，故未若都亡之無害也。甚矣，天下莫不求利而不能一亡其知，何其迷而失致哉！【疏】夫善惡二途，皆由聖智者也。伯夷守廉絜著名，盜跖恣貪殘取利。然盜跖之徒甚衆，伯夷之類蓋寡，故知聖迹利益天下也少而損害天下也多。【釋文】「無治」直吏反。下文始治同。

〔九〕【注】夫竭脣非以寒齒而齒寒，魯酒薄非以圍邯鄲而邯鄲圍，聖人生非以起大盜而大盜起。此自然相生，必至之勢也。夫聖人雖不立尚於物，而亦不能使物不尚也。故人無貴賤，事無真僞，苟效聖法，則天下吞聲而闇服之，斯乃盜跖之所至賴而以成其大盜者也。【疏】春秋左傳云，脣亡齒寒，虞虢之謂也。邯鄲，趙城也。昔楚宣王朝會諸侯，魯恭公後至而酒薄。宣王怒，將辱之。恭公曰：「我周公之胤，行天子禮樂，勳在周室。今送酒已失禮，方責其薄，無乃太甚乎！」遂不辭而還。宣王怒，興兵伐魯。梁惠王恒欲伐趙，畏魯救之。今楚魯有事，梁遂伐趙而邯鄲圍。亦(由)〔猶〕聖人生，非欲起大盜而大盜起，勢使之然也。【釋文】「魯酒薄而邯」音寒。「鄲」音丹。邯鄲，趙國都也。「圍」楚宣王朝諸侯，魯恭公後至而酒薄，宣王怒，欲辱之。恭公不受命，乃曰：「我周公之胤，長於諸侯，行天子禮樂，勳在周室。我送酒已失禮，方責其薄，無乃太甚！」遂不辭而還。宣王怒，乃發兵與齊攻魯。梁惠王常欲擊趙，而畏楚救。楚以魯爲事，故梁得圍邯鄲。言事相由也，亦是感應。宣王，名熊良夫，悼王之子。恭公，名奮，穆公之子。許慎注淮南云：楚會諸侯，魯趙俱獻酒於楚王。魯酒薄而趙酒厚，楚之主酒吏求酒於趙，趙不與。吏怒，乃以趙厚酒易魯薄酒，奏之。楚王以趙酒薄，故圍邯鄲也。○俞樾曰：此竭字當讀爲竭其尾之竭。說文豕篆說解曰：竭其尾，故謂之豕，是也。蓋竭之本義爲負舉，竭其尾即舉其尾也。此云脣竭者，謂反舉其脣以向上。③

〔一〇〕【注】夫聖人者，天下之所尚也。若乃絶其所尚而守其素朴，棄其禁令而代以寡欲，此所以掊擊聖人而我素朴自全，縱舍盜賊而彼姦自息也。故古人有言曰，閑邪存誠，不在善察；息淫去華，不在嚴刑；此之謂也。【疏】掊，打也。聖人，猶聖迹也。夫聖人者，智周萬物，道濟天下。今言掊擊者，亦示貶斥仁義絶聖棄智之意也。不貴難得之貨，故縱舍盜賊，不假嚴刑，而天下太平也。【釋文】「掊」普口反。「擊」徐古歷反。「縱舍」音捨，注同。「閑邪」似嗟反。「去華」起呂反。下注去欲、去其皆同。

〔一一〕【注】竭川非以虛谷而谷虛，夷丘非以實淵而淵實，絶聖非以止盜而盜止。故止盜在去欲，不在彰聖知。【疏】夫智惠出則姦僞生，聖迹亡則大盜息。猶如川竭谷虛，丘夷淵實，豈得措意，必至之宜。死，息也。【釋文】「聖人已死則大盜不起」向云：事業日新，新者爲生，故者爲死，故曰聖人已死也。乘天地之正，御日新之變，得實而損其名，歸真而忘其塗，則大盜息矣。

〔三〕【注】非唯息盜，爭尚之迹故都去矣。【疏】故，事也。絶聖棄智，天下太平，人歌擊壤，故無有爲之事。【釋文】「爭尚」爭鬭之爭。後皆同。

〔校〕①併字而字依説苑原文改。②臣字依管子原文改。③俞注原誤置疏文下，今依例改正。

聖人不死，大盜不止。雖重聖人而治天下，則是重利盜跖也。〔一〕爲之斗斛以量之，則並與斗斛而竊之；爲之權衡以稱之，則並與權衡而竊之；爲之符璽以信之，則並與符璽而竊之；爲之仁義以矯之，則並與仁義而竊之。〔二〕何以知其然邪？彼竊鉤者誅，竊國者爲諸侯，諸侯之門而仁義存焉，則是非竊仁義聖知邪〔三〕？故逐於大盜，揭諸侯，竊仁義並斗斛權衡符璽之利者，雖有軒冕之賞弗能勸，斧鉞之威弗能禁〔四〕。此重利盜跖而使不可禁者，是乃聖人之過也〔五〕。

〔一〕【注】將重聖人以治天下，而桀跖之徒亦資其法。所資者重，故所利不得輕也。【疏】若夫淳樸之世，恬淡無爲，物各歸根，人皆復命，豈待教迹而後冥乎！及至聖智不忘，大盜斯起，雖復貴聖法，治天下，無異重利盜跖。何者？所以夏桀肆其害毒，盜跖肆其貪殘者，由資乎聖迹故也。向無聖迹，夏桀豈得居其九五，毒流黎庶！盜跖何能擁卒數千，橫行天下！所資既重，所利不輕，以此而推，過由聖智也。【釋文】「聖人不死大盜不止」向云：聖人不死，言守故而不日新，牽名而不造實也。大盜不止，不亦宜乎！

〔二〕【注】小盜之所困，乃大盜之所資而利也。【疏】斛者，今之函，所以量物之多少。權，稱鎚也，衡，稱梁也，所以平物之輕重也。符者，分爲兩片，合而成一，即今之銅魚木契也。璽者，是王者之玉印，握之所以攝召天下也。仁，恩也；義，宜也。王者恩被蒼生，循宜作則，所以育養黔黎也。此八者，天下之利器也，不可相無也。夫聖人立教以正邦家，田成用之以竊齊國，豈非害於小賊而利大盜者乎！【釋文】「爲之斗斛以量之」向云：自此以下，皆所以明苟非其人，雖法無益。「權衡」李云：權，稱鎚；衡，稱衡也。鎚，音直僞反。「符璽」音徙。「矯之」居表反。

〔三〕【疏】鉤者，腰帶鉤也。夫聖迹之興，本懲惡勸善。今私竊鉤帶，必遭刑戮；公劫齊國，翻獲諸侯：仁義不存，無由率衆。以此而言，豈非竊聖迹而盜國邪？何以知其然者，假問也；彼竊以下，假答也。【釋文】「竊鉤」鉤，謂帶也。○王引之曰：存焉當爲焉存。焉，於是也。言仁義於是乎存也。呂氏春秋季春篇注曰：焉，猶於此也。聘禮記曰，及享發氣焉盈容，言發氣於是盈容也。月令曰，天子焉始乘舟，（今本焉字在上句乃告舟備具於天子之下，此後人不曉文義而妄改之。今據呂氏春秋季春篇、淮南時則篇訂正。）言天子於是始乘舟也。晉語曰，焉始爲令，言於是始爲令也。三年問曰，故先王焉爲之立中制節，言先王於是爲之立中制節也。（荀子禮論篇焉作安，楊倞曰：安，語助。或作安，或作案，荀子多用此字。焉安案，三字同義，詳見釋詞。）大荒南經曰，雲雨之山有木名曰欒，羣帝焉取藥，言羣帝於是取藥也。管子揆度篇曰，民財足，則君賦斂焉不窮，言賦斂於是不窮也。墨子非攻篇曰，天乃命湯於鑣宮，用受夏之大命，湯焉敢奉率其衆以鄉有夏之境，言湯於是敢伐夏也。楚辭九章曰，焉洋洋而爲客，又曰，焉舒情而抽信兮，言於是洋洋而爲客，於是舒情而抽信也。又僖十五年左傳，晉於是乎作爰田，晉於是乎作州兵，晉語作焉作轅田，焉作州兵。西周策，君何患焉，史記周本紀作君何患於是。是焉與於是同義。莊八年公羊傳，吾將以甲午之日然後祠兵於是，管子小問篇，且臣觀小國諸侯之不服者唯莒於是，是於是與焉同義。此四句以誅侯爲韻，門存爲韻，其韻皆在句末。史記游俠傳作竊鉤者誅，竊國者侯，侯之門，仁義存，是其明證也。

〔四〕【注】夫軒冕斧鉞，賞罰之重者也。重賞罰以禁盜，然大盜者又逐而竊之，則反爲盜用矣。所用者重，乃所以成其大盜也。大盜也者，必行以仁義，平以權衡，信以符璽，勸以軒冕，威以斧鉞，盜此公器，然後諸侯可得而揭也。是故仁義賞罰者，適足以誅竊鉤者也。【疏】逐，隨也。勸，勉也。禁，止也。軒，車也。冕，冠也。夫聖迹之設，本息姦宄，而田恒遂用其道而竊齊國，權衡符璽，悉共有之，晉揭諸侯，安然南面，胡可勸之以軒冕，威之以斧鉞者哉！小曰斧，大曰鉞。又曰黃金飾斧鉞。【釋文】「揭」其謁其列二反。「斧鉞」音越。○慶藩案慧琳一切經音義卷九十五正誣論三引司馬云：夏執黄戉，殷執白戚，周左仗黄戉，右秉白旄。釋文闕。「能禁」音今，又居鴆反。下不可禁同。

〔五〕【注】夫跖之不可禁，由所盜之利重也。利之所以重，由聖人之不輕也。故絶盜在賤貨，不在重聖也。【疏】盜跖所以擁卒九千横行天下者，亦賴於五德故也。向無聖智，豈得爾乎！是知驅馬掠人，不可禁制者，原乎聖人作法之過也。

故曰：「魚不可脱於淵，國之利器不可以示人〔一〕。」彼聖人者，天下之利器也〔二〕，非所以明天下也〔三〕。故絶聖棄知，大盜乃止〔四〕；擿玉毁珠，小盜不起〔五〕；焚符破璽，而民朴鄙〔六〕；掊斗折衡，而民不争〔七〕；殫殘天下之聖法，而民始可與論議〔八〕。擢亂六律，鑠絶竽瑟，塞瞽曠之耳，而天下始人含其聰矣；滅文章，散五采，膠離朱之目，而天下始人含其明矣；〔九〕毁絶鉤繩而棄規矩，攦工倕之指，而天下始人有其巧矣。故曰：「大巧若拙。」〔一〇〕削曾史之行，鉗楊墨之口，攘棄仁義，而天下之德始玄同矣〔一一〕。彼人含其明，則天下不鑠矣；人含其聰，則天下不累矣；〔一二〕人含其知，則天下不惑矣；人含其德，則天下不僻矣。〔一三〕彼曾、史、楊、墨、師曠、工倕、離朱，皆外立其德而以爚亂天下者也〔一四〕，法之所无用也〔一五〕。

〔一〕【注】魚失淵則爲人禽，利器明則爲盜資，故不可示人。【疏】脱，失也。利器，聖迹也。示，明也。魚失水則爲物所禽，利器明則爲人所執，故不可也。

〔二〕【注】夫聖人者，誠能絕聖棄知而反冥物極，物極各冥，則其迹利物之迹也。器猶迹耳，可執而用曰器也。【疏】聖人則堯舜文武等是也。○家世父曰：假聖人之知而收其利，天下皆假而用之，則固天下之利器矣。天下假聖人以爲利器，而惟懼人之發其覆也，（能）〔則〕無有能明之者也。

〔三〕【注】示利器於天下，所以資其盜賊。【疏】夫聖人馭世，應物隨時，揖讓干戈，行藏匪一，不可執固，明示天下。若執而行者，必致其弊，即燕噲白公之類是也。

〔四〕【注】去其所資，則未施禁而自止也。【疏】棄絕聖知，天下之物各守其分，則盜自息。

〔五〕【注】賤其所寶，則不加刑而自息也。【疏】藏玉於山，藏珠於川，不貴珠寶，豈有盜濫！【釋文】「擿玉」持赤反，義與擲字同。崔云：猶投棄之也。郭都革反。李云：刻也。

〔六〕【注】除矯詐之所賴者，則無以行其姦巧。【疏】符璽者，表誠信也。矯詐之徒，賴而用之，故焚燒毀破，可以反樸還淳而歸鄙野矣。

〔七〕【注】夫小平乃大不平之所用也。【疏】斗衡者，所以量多少，稱輕重也。既遭（斗）〔盜〕竊，翻爲盜資。掊擊破壞，合於古人之智守，故無忿爭。

〔八〕【注】外無所矯，則內全我朴，而無自失之言也。【疏】殫，盡也。殘，毀也。聖法，謂五德也。既殘三王，又毀五帝，蘧廬咸盡，芻狗不陳，忘筌忘蹄，物我冥極，然後始可與論重妙之境，議道德之遐也。【釋文】「殫」音丹，盡也。

〔九〕【注】夫聲色離曠，有耳目者之所貴也。受生有分，而以所貴引之，則性命喪矣。若乃毀其所貴，棄彼任我，則聰明各全，人含其真也。【疏】擢，拔也。鑠，消也。竽形與笙相似，並布管於匏內，施簧於管端。瑟長八尺一寸，闊一尺八寸，二十七絃，伏犧造也。夫耳淫宮徵，慕師曠之聰；目滯玄黃，希離朱之視；所以心神奔馳，耳目竭喪。既而拔管絕絃，銷經絕緯；毀黃華之曲，棄白雪之歌；滅黼黻之文，散紅紫之采。故膠離朱之目，除矯効之端；塞瞽曠之耳，去亂羣之師。然後人皆自得，物無喪我，極耳之所聽而反聽無聲，恣目之能視而內視無色，天機自張，無爲之至也，豈有明暗優劣於其間哉！是以天下和平，萬物同德。率己聞見，故人含其聰明。含，懷養也。【釋文】「鑠絕」郭李詩灼反，向徐音藥。崔云：燒斷之也。「竽」徐音于。「瑟」本亦作笙。「塞瞽曠」崔本塞作杜，云：塞也。○盧文弨曰：今本無瞽①字。「膠」音交，徐古孝反。「喪矣」息浪反。

〔一〇〕【注】夫以蜘蛛蛣蜣之陋，而布網轉丸，不求之於工匠，則萬物各有能也。所能雖不同，而所習不敢異，則若巧而拙矣。故善用人者，使能方者爲方，能圓者爲圓，各任其所能，人安其性，不責萬民以工倕之巧。故衆技以不相能似拙，而天下皆自能則大巧矣。夫用其自能，則規矩可棄而妙匠之指可攦也。【疏】鉤，曲；繩，直；規，圓；矩，方。工倕是堯工人，作規矩之法；亦云舜臣也。攦，折也，割也。工倕稟性機巧，運用鉤繩，割刻異端，述作規矩，遂令天下黔黎，誘然放效，舍己逐物，實此之由。若使棄規矩，絕鉤繩，攦割倕指，則人師分內，咸有其巧。譬猶蜘網蜣丸，豈關工匠人事，若天機巧也！（事）〔語〕出老經。【釋文】「攦」郭呂係反，又力結反，徐所綺反。李云：折也。崔云：撕之也。「工倕」音垂，堯時巧者也。一音睡。○盧文弨曰：舊本音譌名，據達生篇改正。「蜘」音知。「蛛」音誅。「蛣」起一反。「蜣」音羌。

〔一二〕【注】去其亂羣之率，則天下各復其所而同於玄德也②。【疏】削，除也。鉗，閉也。攘，卻也。玄，原也，道也。曾參至孝，史魚忠直，楊朱墨翟，稟性弘辯。彼四子者，素分天然，遂使天下學人，捨己效物，由此亂羣，失其本性。則削除忠信之行，鉗閉浮辯之口，攘去蹩躠之仁，棄擲踶跂之義。於是物不喪真，人皆自得，率性全理，故與玄道混同也。【釋文】「之行」下孟反。「鉗」李巨炎反，又其嚴反。「攘」如羊反。「之帥」本又作率，同。所類反。○盧文弨曰：今本作率。

〔一三〕【疏】鑠，消散也。累，憂患也。只爲自銜聰明，故憂患斯集，彼蒼生顛仆而銷散也。若能含抱聰明於內府而不銜於外者，則物皆適樂而無憂患也。【釋文】「不鑠」（朱）〔失〕③灼反。崔云：不消壞也。向音爍。

〔一四〕【疏】若能知於分內，養德而不蕩者，固當履環中之正道，游寓內而不惑，豈有倒置邪僻於其間哉！【釋文】「不僻」匹亦反。

〔一四〕【注】此數人者，所稟多方，故使天下躍而効之。効之則失我，我失由彼，則彼爲亂主矣。夫天下之大患者，失我也。【疏】以前數子，皆稟分過人，不能韜光匿燿，而揚波激俗，標名於外，引物從己，炫燿羣生。天下亡德而不反本，失我之原，斯之由也。【釋文】「爚」徐音藥。三蒼云：火光銷也。司馬崔云：散也。「此數」所主反。

〔一五〕【注】若夫法之所用者，視不過於所見，故衆目無不明；聽不過於所聞，故衆耳無不聰；事不過於所能，故衆技無不巧；知不過於所知，故羣性無不適；德不過於所得，故羣德無不當。安用立所不逮於性分之表，使天下奔馳而不能自反哉！【疏】夫率性而動，動必由性，此法之妙也。而曾史之徒，以己引物，既無益於當世，翻有損於將來，雖設此法，終無所用也。

〔校〕①世德堂本無瞽字，本書依釋文補。②趙諫議本無也字。③失字依世德堂本及釋文原本改。

子獨不知至德之世乎？昔者容成氏、大庭氏、伯皇氏、中央氏、栗陸氏、驪畜氏、軒轅氏、赫胥氏、尊盧氏、祝融氏、伏羲氏、神農氏，當是時也，民結繩而用之〔一〕，甘其食，美其服〔二〕，樂其俗，安其居〔三〕，鄰國相望，雞狗之音相聞，民至老死而不相往來〔四〕。若此之時，則至治已〔五〕。今遂至使民延頸舉踵曰，「某所有賢者」，贏糧而趣之，則內棄其親而外去其主之事，足跡接乎諸侯之境，車軌結乎千里之外〔六〕。則是上好知（也）〔之〕①過也〔七〕。

〔一〕【注】足以紀要而已。【疏】已上十二氏，並上古帝王也。當時既未有史籍，亦不知其次第前後。刻木爲契，結繩表信，上下和平，人心淳樸。故易云，上古結繩而治，後世聖人易之以書契。【釋文】「容成氏」司馬云：此十二氏皆古帝王。「驪」徐力池反，李音犂。「畜」徐敕六反。「伏戲」音羲。

〔二〕【注】適故常甘，當故常美。若思(失)〔夫〕②侈靡，則無時慊矣。【釋文】「慊」口簟反。

〔三〕【疏】止分，故甘；去華，故美；混同，故樂；恬淡，故安居也。【釋文】「樂其」音洛。

〔四〕【注】無求之至。【疏】境邑相比，相去不遠，雞犬吠聲，相聞相接。而性各自足，無求於世，卒於天命，不相往來，無爲之至。【釋文】「而不相往來」一本作不相與往來。檢元嘉中郭注本及崔向永和中本，並無與字。

〔五〕【疏】無欲無求，懷道抱德，如此時也，豈非至哉！【釋文】「至治」直吏反。注同。

〔六〕【注】至治之迹，猶致斯弊。【疏】贏，裹也。亦是至理之風，播而爲教，貴此文迹，使物學之。尚賢路開，尋師訪道，引頸舉足，遠適他方，軌轍交行，足跡所接，裹糧負戴，不憚千里，内則棄親而不孝，外則去主而不忠。至治之迹，遂致斯弊也。【釋文】「頸」如字。李巨盈反。「贏」音盈。崔云：裹也。廣雅云：負也。「糧」音良。「而趣」七于反，徐七喻反。○慶藩案軌，徹迹也。說文：軌，車徹也，從車，九聲。(案徹者通也，中空而通也。經傳多訓軌爲車轊頭，蓋軓字之譌。說文：軓，車軾前也，從車，凡聲。)車軌與足跡對文，則軌之爲車迹明矣。（攷工記匠人皆容力九軌，鄭注：軌，徹廣也。結，交也。）車跡可並列，亦可邪交。邪交則相接，結軌即結徹也。管子小匡篇車不結徹，徹，迹也。高注：結，交也。車輪之迹，往來縱横，彼此交錯，故曰結交也。史記司馬相如傳結軌（適）〔還〕轅，東鄉將報。索隱引張揖注：結，屈也，軌，車跡也。本西行，折而東之，則跡亦曲而東也。

〔七〕【注】上，謂好知之君。知而好之，則有斯過矣。【疏】尚至治之迹，好治物之智，故致斯也。

【釋文】「上好」呼報反。注下皆同。

〔校〕①之字依世德堂本改。②夫字依世德堂本改。

上誠好知而无道，則天下大亂矣〔一〕。何以知其然邪〔二〕？夫弓弩畢弋機變之知多，則鳥亂於上矣；鉤餌罔罟罾笱之知多，則魚亂於水矣；削格羅落罝罘之知多，則獸亂於澤矣；〔三〕知詐漸毒頡滑堅白解垢同異之變多，則俗惑於辯矣〔四〕。故天下每每大亂，罪在於好知〔五〕。故天下皆知求其所不知而莫知求其所已知者〔六〕，皆知非其所不善而莫知非其所已善者〔七〕，是以大亂。故上悖日月之明，下爍山川之精，中墮四時之施；惴①耎之蟲，肖翹之物，莫不失其性。甚矣夫好知之亂天下也！〔八〕自三代以下者是已，舍夫種種之民②而悦夫役役之佞，釋夫恬淡无爲而悦夫哼哼之意，哼哼已亂天下矣〔九〕！

〔一〕【疏】在上君王不能無爲恬淡，清虛合道，而以知能治物，物必弊之，故大亂也。老君云以知治國，國之賊也。

〔二〕【疏】假設疑問，出其所由。

〔三〕【注】攻之愈密，避之愈巧，則雖禽獸猶不可圖之以知，而況人哉！故治天下者唯不任知，任知無妙也。【疏】網小而柄，形似畢星，故名爲畢。以繩繫箭射，謂之弋。罟罾，皆網也。笱，曲梁也，亦筌也。削格爲之，即今之鹿角馬槍，以繩木羅落而取獸也。罝罘，兔網也。既以智治於物，寧無沸騰之患，故治國者必不可用智也。【釋文】「弩」音怒。「畢弋機變」李云：兔網曰畢，繳射曰弋，弩牙曰機。「之知」音智，下及注並下知詐皆同。「鉤餌」如志反。「罔罟罾」音曾。○盧文弨曰：今本罔作網③。「笱」音④鉤，釣鉤也。餌，魚餌也。廣雅云：罟謂之罔。罾，魚網也。爾雅云：嫠婦之笱謂之罶。○王念孫曰：鉤，本作釣，釣即鉤也，今本作鉤者，後人但知釣爲釣魚之釣，而不知其又爲鉤之異名，故以意改之耳。今案廣雅曰：釣，鉤也。田子方篇曰，文王觀於臧，見一丈夫釣，而其釣莫釣，非持其釣，有釣者也，常釣也。（以上六釣字，惟其釣與持其釣兩釣字指鉤而言，餘四釣字皆讀爲釣魚之釣。）鬼谷子摩篇曰，如操釣而臨深淵；淮南説山篇曰，操釣上山，揭斧入淵；説林篇曰，一目之羅不可以得鳥，無餌之釣不可以得魚；東方朔七諫曰，以直鍼而爲釣兮，又何魚之能得。是古人謂鉤爲釣也。又案釋文云，餌，如志反，罾，音曾；苟，音苟，此是釋餌罾笱三字之音。

下又云，釣，鉤也；餌，魚餌也。廣雅云，罟謂之网；罶，魚网也。爾雅云，嫠婦之笱謂之罶。此是釋釣餌網罟罶笱六字之義。後人既改正文釣字爲鉤，又改釋文笱音苟鉤釣鉤也六字爲笱音鉤釣鉤也，其失甚矣。又外物篇任公子爲大鉤巨緇，釋文：鉤，本亦作釣，亦當以作釣者爲是。文選七啓注、傅咸贈何劭王濟詩注、謝靈運七里瀨詩注及太平御覽資産部十四引此，並作釣也。又列子湯問篇，詹何以芒鍼爲釣，後人改釣爲鉤，不知御覽引此正作釣也。又下文投綸沈釣，今本釣作鉤，亦是後人所改。韻府羣玉釣字下引列子投綸沈釣，則所見本尚作釣也。又齊策，君不聞海大魚乎？網不能止，釣不能牽，後人改釣爲鉤，不知御覽鱗介部七引此正作釣，淮南人間篇亦作釣也。又淮南説山篇，人不愛江漢之珠而愛己之釣，高注云：釣，鉤也。後人既改正文釣字爲鉤，又改注文爲鉤釣也。〔則〕其謬滋甚，蓋後人不知釣爲鉤之異名，故以其所知改其所不知，古義寖亡矣。「削」七妙反。「格」古百反。李云：削格，所以施羅網也。「羅落罝」子斜反。「罘」本又作罦，音浮。爾雅云：鳥罟謂之羅，兔罟謂之罝，罬謂之罦，罦，覆車也。郭璞云：今翻車也。〇家世父曰：釋文引李云：削格，所以施羅網也。説文：格，木長貌。徐鍇曰：長枝爲格。削格，謂刮削之。鄭注周禮雍氏所謂（祚）〔柞〕⑤鄂也。書（傳）〔費誓〕杜乃擭。〔正義擭〕，捕獸機檻。左思吳都賦峭格周施，峭削義通。謂之格者，格拒之意，削格羅落，皆所以遮要禽獸。漢書鼂錯傳爲中周虎落，師古注：謂遮落之。削格既阱擭之擭也。羅落與上畢弋同文。玉篇云：弋，橛也，一作杙。爾雅釋宮，樴謂之杙，郭璞注：橜也。畢弋，謂施弋以張畢也。人間世狙猴之杙，則用以繫狙猴者。說文：率，捕鳥畢也。詩小雅畢之羅之。鳥罟亦謂之畢。李云：兔網曰畢，繳射曰弋，均失之。

〔四〕【注】上之所多者，下不能安其少也，性少而以逐多則迷也。【疏】智數詐僞，漸漬毒害於物也。頡滑，滑稽也，亦姦黠也。解垢，詐僞也。夫滑稽堅白之智，譎詭同異之談，諒有虧於真理，無益於世教，故遠觀譬於若訥，愚俗惑於小辯。【釋文】「漸毒」李云：漸漬之毒，不覺深也。崔云：漸毒，猶深害。○慶藩案知與智同，謂智故也。淮南主術注曰：故，巧。管子心術去知與故，荀子非十二子知而險，淮南原道偶(䁪)〔𥈭〕⑥智故，並此知字之義。漸，詐也。荀子議兵是漸之也，正論上凶險則下漸詐矣，皆欺詐之義。（李頤謂爲漸漬之毒，失之遠矣。）尚書民興胥漸，王念孫曰：漸，詐也，言小民方興爲詐欺，故下文曰罔中於信，以覆詛盟也。彼傳訓爲漸化，則與下文不屬。「頡」户結反。「滑」干八反。頡滑，謂難料理也。崔云：纏屈也。李音骨，滑稽也。一云：頡滑，不正之語也。「解」苦懈反。「垢」苦豆反。司馬崔云：解垢，隔角也。或云：詭曲之辭。

〔五〕【疏】每每，昏昏貌也。夫忘懷任物，則宇内清夷；執迹用智，則天下大亂。故知上下昏昏，由乎好智。【釋文】「每每」李云：猶昏昏也。○慶藩案每每即夢夢也。爾雅釋訓：夢夢訰訰，亂也。夢之爲每，猶甍之爲甒。（方言甒謂之(甑)〔甗〕⑦，郭注：今字作甍。）

〔六〕【注】不求所知而求所不知，此乃舍己效人而不止⑧其分也。【疏】所以知者，分内也；所不知者，分外也。舍内求外，非惑如何也！【釋文】「舍己」音捨，下文同。

〔七〕【注】善其所善，争尚之所由生也。【疏】所不善者，桀跖也；所以善者，聖迹也。盗跖行不善以據東陵，田恒行聖迹以竊齊國。故（藏）〔臧〕穀業異，亡羊趣同，或夷跖行殊，損性均也。愚俗之徒，妄生臧否，善與不善，誠未足定也。

〔八〕【注】夫吉凶悔吝，生於動者也。而知之所動，誠能摇蕩天地，運御羣生，故君人者，胡可以不忘其知哉！【疏】是以，仍上辭也。只爲上來用智執迹，故天下大亂。悖，亂也。爍，銷也。墮，壞也。附地之徒曰喘耎，飛空之類曰肖翹，皆輕小物也。夫執迹用智，爲害必甚，故能鼓動陰陽，摇蕩天地，日月爲之薄蝕，山川爲之崩竭，炎涼爲之愆敍，風雨所以不時，飛走水陸，失其本性，好知毒物，一至於此也。【釋文】「上悖」李郭云：必内反，又音佩。司馬云：薄食也。「下爍」失約反。崔云：消也。司馬云：崩竭也。崔向本作櫟，同。徐音藥。「中墮」許規反，毁也。「之施」始豉反。「惴」本亦作蝙，又作喘，川兖反。向音揣。「耎」耳轉反。崔云：蠉蝙動蟲也。一云：惴耎，謂無足蟲。「肖翹」音消，下音祁饒反。崔云：肖翹，植物也。李云：翾飛之屬也。

〔九〕【注】啍啍，以己誨人也。【疏】自，從也。三代，謂夏殷周也。種種，淳樸之人。役役，輕黠之貌。釋，廢也。啍啍，以己誨人也。夫上古至淳之世，素朴之時，像圜天而清虚，法方地而安静，並萬物而爲族，同禽獸之無知。逮乎散澆去淳，離道背德，而五帝聖迹已彰，三代用知更甚；舍淳樸之素士，愛輕黠之佞夫，廢無欲之自安，悦有心之誨物，已亂天下，可不悲乎！

【釋文】「種種」向章勇反。李云：謹慤貌。一云：淳厚也。「而説」音悦。下同。○盧文弨曰：今本作悦。「役役」李云：鬼黠貌。一云：有爲人也。「恬」徒謙反。「淡」徒暫反。徐大敢反。「啍啍」李之閏反，又之純反。郭音惇，以己誨人之貌。下同。司馬云：少智貌。徐許彭反，又許剛反。向本作哼，音亨。崔本上句作哼哼，少知而芒也。一云：啍啍，壯健之貌。○盧文弨曰：〔今本〕此與下俱作哼哼。案從享亦可得亨音。

〔校〕①趙諫議本作喘。②世德堂本民作機，趙本作民。③世德堂本作網，本書依釋文改。④釋文原本無音字。⑤柞字依周禮鄭注改。⑥睉字依淮南子改。⑦甗字依方言改。⑧趙本止作正。

莊子集釋卷四下

外篇　在宥第十一〔一〕

〔一〕【釋文】以義名篇。○慶藩案文選謝靈運九日從宋公戲馬臺集送孔令詩注引司馬云：在，察也。宥，寬也。釋文闕。

聞在宥天下，不聞治天下也〔一〕。在之也者，恐天下之淫其性也；宥之也者，恐天下之遷其德也。〔二〕天下不淫其性，不遷其德，有治天下者哉〔三〕！昔堯之治天下也，使天下欣欣焉人樂其性，是不恬也；桀之治天下也，使天下瘁瘁焉人苦其性，是不愉也〔四〕。夫不恬不愉，非德也。非德也而可長久者，天下无之。〔五〕

〔一〕【注】宥使自在則治，治之則亂也。人之生也直，莫之蕩，則性命不過，欲惡不爽。在上者不能無爲，上之所爲而民皆赴之，故有誘慕好欲而民性淫矣。故所貴聖王者，非貴其能治也，貴其無爲而任物之自爲也。【疏】宥，寬也。在，自在也。治，統馭也。寓言云，聞諸賢聖任物，自在寬宥，即天下清謐；若立教以馭蒼生，物失其性，如伯樂治馬也。【釋文】「聞在宥」音又，寬也。「則治」直吏反。下治亂同。「欲惡」烏路反。「好欲」呼報反。

〔二〕【疏】性者，稟生之理；德者，功行之名；故致在宥之言，以防遷淫之過。若不任性自在，恐物淫僻喪性也。若不宥之，復恐効他，其德遷改也。

〔三〕【注】無治乃不遷淫。【疏】性正德定，何勞布政治之哉！有政不及無政，有爲不及無爲。【釋文】「有治天下者哉」崔本作有治天下者材失，云：强治之，是材之失也。

〔四〕【注】夫堯雖在宥天下，其迹則治也。治亂雖殊，其於失後世之恬愉，使物爭尚畏鄙而不自得則同耳。故譽堯而非桀，不如兩忘也。【疏】恬，静也。愉，樂也。瘁，憂也。堯以德臨人，人歌擊壤，乖其静性也；桀以殘害於物，物遭憂瘁，乖其愉樂也。堯桀政代斯異，使物失性均也。【釋文】「人樂」音洛。「恬」徒謙反。「瘁瘁」在季反，病也。廣雅云：憂也。崔本作醉。「愉」音瑜，徐音喻。「故譽」音餘。

〔五〕【注】恬愉自得，乃可長久。【疏】堯以不恬溢人，桀以不愉取物，不合淳和之性；欲得長久，天下未之有也。

人大喜邪？毗於陽；大怒邪？毗於陰。陰陽並毗，四時不至，寒暑之和不成，其反傷人之形乎！使人喜怒失位，居處无常，〔一〕思慮不自得，中道不成章〔二〕，於是乎天下始喬詰卓鷙，而後有盜跖曾史之行。故舉天下以賞其善者不足，〔三〕舉天下以罰其惡者不給〔四〕，故天下之大不足以賞罰〔五〕。自三代以下者，匈匈焉終以賞罰爲事，彼何暇安其性命之情哉〔六〕！

〔一〕【疏】毗，助也。喜出於魂，怒出於魄，人稟陰陽，與二儀同氣。堯令百姓喜，毗陽暄舒；桀使人怒，助陰慘肅。人喜怒過分，則天失常，盛夏不暑，隆冬無霜。既失和氣，加之天災，人多疾病，豈非反傷形乎！不可有爲作法，必致殘傷也。【釋文】「毗於」如字。司馬云：助也。一云：並也。○俞樾曰：釋文，毗如字，司馬云，助也，一云，並也。然下文云，陰陽並毗，四時不至，寒暑之和不成，則訓（爲）①助已不可通，若訓並更爲失之矣。案此毗字當讀爲毗劉暴樂之毗。爾雅釋詁云，毗劉，暴樂也。合言之則曰毗劉，分言之則或止曰劉，詩桑柔篇捋采其劉是也；或止曰毗，此言毗於陽毗於陰是也。暴樂，毛公傳作爆爍。鄭氏箋云：捋采之則爆爍而疏。然則爆爍猶剥落也。喜屬陽，怒屬陰，故大喜則傷陽，大怒則傷陰。毗陰毗陽，言傷陰陽之和也，故四時不至，寒暑之和不成。若從司馬訓毗爲助，則下三句不貫矣。淮南子原道篇，人大怒破陰，大喜墜陽，正與此同義。

〔二〕【注】此皆堯桀之流，使物喜怒大過，以致斯患也。人在天地之中，最能以靈知喜怒擾亂羣生而振蕩陰陽也。故得失之間，喜怒集乎百姓之懷，則寒暑之和敗，四時之節差，百度昏亡，萬事失②落也。【疏】爲滯喜怒，遂使百姓謀慮失真，既乖憲章之法，斯敗也已。【釋文】「思慮」息嗣反。「大過」音泰。

〔三〕【注】慕賞乃善，故賞不能供。【釋文】「喬」向欽消反，或去夭反，郭音矯，李音驕。「詰」李去吉反，徐起列反。崔云：喬詰，意不平也。「卓」敕角反，郭丁角反，向音笮。「鷙」敕二反，李豬栗反，向豬立反，又敕栗反。崔云：卓鷙，行不平也。「之行」下孟反。

〔四〕【注】畏罰乃止，故罰不能勝。【疏】喬，詐僞也。詰，責問也。卓，獨也。鷙，猛也。於是喬僞詰責，卓爾不羣，獨懷鷙猛，輕陵於物，自堯爲始，次後有盜跖之惡，曾史之善，善惡既著，賞罰係焉。慕賞行善，懼罰止惡，舉天下斧鉞不足以罰惡，傾宇宙之藏不足以賞善。給，猶足也。【釋文】「能勝」音升。

〔五〕【疏】若忘賞罰，任真乃在足也。

〔六〕【注】忘賞罰而自善，性命乃大足耳。夫賞罰者，聖王之所以當功過，非以著勸畏也。故理至則遺之，然後至一可反也。而三代以下，遂尋其事迹，故匈匈焉與迹競逐，終以所寄爲事，性命之情何暇而安哉！【疏】匈匈，讙譁也，競逐之謂也。人懼斧鉞之誅，又慕軒冕之賞，心懷百慮，事出萬端，匈匈競逐而不知止。夏殷已來，其風漸扇，賞罰攖擾，終日荒忙，有何容暇安其性命！【釋文】「匈匈」音凶。

〔校〕①爲字依諸子平議刪。②趙諫議本失作夭，世德堂本作失。

而且說明邪？是淫於色也；說聰邪？是淫於聲也；〔一〕說仁邪？是亂於德也；說義邪？是悖於理也；〔二〕說禮邪？是相於技也；說樂〔也〕〔邪〕①？是相於淫也；〔三〕說聖邪？是相於藝也；說知邪？是相於疵也〔四〕。天下將安其性命之情，之八者，存可也，亡可也〔五〕；天下將不安其性命之情，之八者，乃始臠卷獊②囊而亂天下也〔六〕。而天下乃始尊之惜之，甚矣天下之惑也〔七〕！豈直過也而去之邪！乃齊戒以言之，跪坐以進之，鼓歌以儛之，吾若是何哉〔八〕！

〔一〕【疏】説，愛染也。淫，耽滯也。希離慕曠，爲滯聲色。【釋文】「而且」如字，徐子餘反。「説明」音悦。下同。

〔二〕【疏】德無憎愛，偏愛故亂德；理無是非，裁非故逆理。悖，逆也。【釋文】「是悖」必内反，徐蒲没反。

〔三〕【疏】禮者，擎跽曲拳，節文隆殺。樂者，咸池大夏，律吕八音。説禮乃助浮華技能，愛樂更助宫商淫聲。【釋文】「是相」息亮反，助也。下及注皆同。「於技」其綺反，李音歧。崔同，云：不端也。

〔四〕【注】當理無説，説之則致淫悖之患矣。相，助也。【疏】説聖迹，助世間之藝術；愛智計，益是非之疵病也。【釋文】「説知」音智。「於疵」疾斯反。

〔五〕【注】存亡無所在，任其所受之分，則性命安矣。【疏】八者，聰明仁義禮樂聖智是也。言人稟分不同，性情各異。離曠曾史，素分有者，存之可也；衆人性分本無，企慕乖真，亡之可也。

〔六〕【注】必存此八者，則不能縱任自然，故爲臠卷獊囊也。【疏】臠卷，不舒放之容也。獊囊，恖遽之貌也。天下羣生，唯知分外，不能安任，臠卷自拘，夸華人事，獊囊恖速，争馳逐物，由八者不忘，致斯弊者也。【釋文】「臠」力轉反。崔本作欒。「卷」卷勉反，徐居阮反。司馬云：臠卷，不申舒之狀也。崔同。一云：相牽引也。「獊」音倉。崔本作戕。「囊」如字。崔云：戕囊，猶搶攘。○盧文弨曰：今本獊作傖。

〔七〕【注】不能遺之，已爲誤矣。而乃復尊之以爲貴，豈不甚惑哉！【疏】前八者，亂天下之經，不能忘遺，已是大惑。方復尊敬，用爲楷模，痛惜甚也。【釋文】「乃復」扶又反。

〔八〕【注】非直由寄而過去也，乃珍貴之如此。【疏】八條之義，事同芻狗，過去之後，不合更收。誠禁致齊，明言執禮，君臣跪坐，更相進獻，鼓九韶之歌，舞大章之曲。珍重蘧廬，一至於此，莊生目擊，無柰之何也。【釋文】「而去」起慮反。「之邪」崔本唯此一字作邪，餘皆作咫。「齊戒」本又作齋，同。側皆反。「跪」其詭反，郭音危。

〔校〕①邪字依世德堂本改。②世德堂本作愴，注同。趙諫議本作傖。

故君子不得已而臨莅天下，莫若无爲。无爲也而後安其性命之情。〔一〕故貴以身於爲天下，則可以託天下；愛以身於爲天下，則可以寄天下〔二〕。故君子苟能无解其五藏，无擢其聰明〔三〕；尸居而龍見，淵默而雷聲〔四〕，神動而天隨〔五〕，從容无爲而萬物炊累焉〔六〕。吾又何暇治天下哉〔七〕！

〔一〕【注】無爲者，非拱默之謂也，直各任其自爲，則性命安矣。不得已者，非迫於威刑也，直抱道懷朴，任乎必然之極，而天下自賓也。【疏】君子，聖人也。不得已臨莅天下，恒自無爲。雖復無爲，非關拱默，動寂無心，而性命之情未始不安也。【釋文】「莅」音利，又音類。○家世父曰：言貴其身重於所以爲天下，愛其身甚於所以爲天下。惟貴惟愛，故無爲。

〔二〕【注】若夫輕身以赴利，棄我而殉物，則身且不能安，其如天下何！【疏】貴身賤利，內我外物，保愛精神，不蕩於世者，故可寄坐萬物之上，託化於天下也。

〔三〕【注】解擢則傷也。【疏】五藏，精靈之宅；聰明，耳目之用。若分辨五藏情識，顯擢聰明之用，則精神奔馳於內，耳目竭喪於外矣。【釋文】「无解」如字。一音蟹，散也。

〔四〕【注】出處默語，常無其心而付之自然。【疏】聖人寂同死尸寂泊，動類飛龍在天，豈有寂動理教之異哉！故寂而動，尸居而龍見，淵默而雷聲。欲明寂動動寂，理教教理，不一異也。

【釋文】「龍見」賢遍反。向崔本作睍，向音見，崔音睍。

〔五〕【注】神順物而動，天隨理而行。【疏】神者，妙萬物而爲言也，即動即寂，德同蒼昊，隨順生物也。○家世父曰：尸居龍見，不見而章；淵默雷聲，不動而變；神動天隨，無爲而成。

〔六〕【注】若游塵之自動。【疏】累，塵也。從容自在，無爲虛淡，若風動細塵，類空中浮物，陽氣飄颻，任運去留而已。【釋文】「從容」七容反。「炊」昌睡反，又昌規反。本或作吹，同。「累」劣僞反。司馬云：炊累，猶動升也。向郭云：如埃塵之自動也。

〔七〕【注】任其自然而已。【疏】物我齊混，俱合自然，何勞功暇，更爲治法也！

崔瞿問於老聃曰：「不治天下，安藏①人心？」

老聃曰：「女慎無攖人心〔一〕。人心排下而進上〔二〕，上下囚殺〔三〕，淖約柔乎剛彊〔四〕。廉劌彫琢，其熱焦火，其寒凝冰〔五〕。其疾俛仰之間而再撫四海之外〔六〕，其居也淵而靜，其動也縣而天〔七〕。僨驕而不可係者，其唯人心乎〔八〕！

〔一〕【注】攖之則傷其自善也。【疏】姓崔，名瞿，不知何許人也。既問：「在宥不治人心，何以履善？」答曰：「宥之放之，自合其理，作法理物，則攖撓人心。」〔人心〕列下文云。【釋文】「崔瞿」向崔本作臛。向求朱反。崔瞿，人姓名也。「老聃」吐藍反。「女慎」音汝。「攖」於營反，又於盈反。司馬云：引也。崔云：羈落也。

〔二〕【注】排之則下，進之則上，言其易搖蕩也。【疏】人心排他居下，進己在上，皆常情也。【釋文】「排」皮皆反。崔本作俳。「進上」時掌反。注及下同。「其易」以豉反。

〔三〕【注】無所排進，乃安全耳。【疏】溺心上下，爲境所牽，如禁之囚，攖煩困苦。【釋文】「囚殺」如字，徐所例反。言因殺萬物也。○家世父曰：上下囚殺，言詭上詭下，使其心拘囚噍殺，不自適也。淖約者矯揉，則剛可使柔，廉劌者徑遂，寒熱百變，水火兼施，攖之而遂至於不可遏。郭象注恐誤。

〔四〕【注】言能淖約，則剛彊者柔矣。【疏】淖約，柔弱也。矯情行於柔弱，欲制服於剛彊。

【釋文】「淖」昌略反，又直角反。

〔五〕【注】夫焦火之熱，凝冰之寒，皆喜怒並積之所生。若乃不彫不琢，各全其樸，則何冰炭之有哉！【疏】廉，務名也。劌，傷也。彫琢名行，欲在物前。若違情起怒，寒甚凝冰；順心生喜，熱踰焦火。【釋文】「廉劌」居衛反。司馬云：傷也。廣雅云：利也。「琢」丁角反。

〔六〕【注】風俗之所動也。【疏】逐境之心，一念之頃，已遍十方，況俛仰之間，不再臨四海哉！

〔七〕【注】靜之可使如淵，動之則係天而踊躍也。【疏】有欲之心，去無定準。偶爾而靜，如流水之遇淵潭；觸境而動，類高天之縣；不息動之，則係天踊躍。【釋文】「縣而天」音玄。向本無而字，云：希高慕遠，故曰縣天。

〔八〕【注】人心之變，靡所不爲。順而放之，則靜而自②通；治而係之，則跂而僨驕。僨驕者，不可禁之勢也。【疏】排下進上，美惡喜怒，僨發驕矜，不可禁制者，其在人心乎！【釋文】「僨」向粉問反。廣雅云：僵也。郭音奔。「驕」如字，又居表反。郭云：僨驕者，不可禁之勢。

〔校〕①世德堂本藏作臧。②世德堂本無自字。

昔者黃帝始以仁義攖人之心〔一〕，堯舜於是乎股無胈，脛無毛，以養天下之形，愁其五藏以爲仁義，矜其血氣以規法度。然猶有不勝也，〔二〕堯於是放讙兜於崇山，投三苗於三峗，流共工於幽都，此不勝天下也。〔三〕夫施及三王而天下大駭矣〔四〕。下有桀跖，上有曾史〔五〕，而儒墨畢起〔六〕。於是乎喜怒相疑〔七〕，愚知相欺〔八〕，善否相非〔九〕，誕信相譏〔一〇〕，而天下衰矣〔一一〕；大德不同，而性命爛漫矣〔一二〕；天下好知，而百姓求竭矣〔一三〕。於是乎釿鋸制焉，繩墨殺焉，椎鑿決焉〔一四〕。天下脊脊大亂，罪在攖人心。故賢者伏處大①山嵁巖之下，而萬乘之君憂慄乎②廟堂之上〔一五〕。

〔一〕【注】夫黃帝非爲仁義也，直與物冥，則仁義之迹自見。迹自見，則後世之心必自殉之，是亦黃帝之迹使物攖也。【疏】黃帝因宜作則，慈愛養民，實異偏尚之仁，裁非之義。後代之王，執其軌轍，蒼生名之爲聖，攖人之心自此始也。弊起後王，釁非黃帝。【釋文】「自見」賢遍反。下同。

〔二〕【疏】胈，白肉也。堯舜行黃帝之迹，心形瘦弊，股瘦無白肉，脛禿無細毛，養天下形容，安萬物情性，五藏憂愁於內，血氣矜莊於外，行仁義以爲規矩，立法度以爲楷模，尚不免流放凶族，則有不勝。【釋文】「股」音古。脛本曰股。「胈」畔末反，向父末反。李扶蓋反，云：白肉也。或云：字當作紱。紱，蔽膝也。崔云：胈，毦也。「脛」刑定反。○慶藩案矜其血氣，猶孟子言苦其心志也。矜者，苦也，訓見爾雅釋言篇。

〔三〕【疏】昔帝鴻氏有不才子，天下謂之渾沌，即讙兜也，爲黨共工，放南裔也。縉雲氏有不才子，天下謂之饕餮，即三苗也。爲堯諸侯，封三苗之國。國在左洞庭，右彭蠡，居豫章，近南岳。三峗，山名，在西裔，即秦州西羌地。少昊氏有不才子，天下謂之窮奇，即共工也，爲堯水官。

幽都在北方，即幽州之地。尚書有殛鯀，此文不備也。四人皆包藏凶惡，不遵堯化，故投諸四裔，是堯不勝天下之事。放四凶由舜，今稱堯者，其時舜攝堯位故耳。【釋文】「讙」音歡。「兜」(下)〔丁〕③侯反。「崇山」南裔也。堯六十年，放讙兜於崇山。「投三苗」崔本投作殺，尚書作竄。三苗者，縉雲氏之子，即饕餮也。「三峗」音危。本亦作危。三危，西裔之山也，今屬天水。堯六十六年，竄三苗於三危。「共工」音恭。共工，官名，即窮奇也。「幽都」李云：即幽州也。尚書作幽州，北裔也。堯六十四年，流共工於幽州。

〔四〕【注】夫堯舜帝王之名，皆其迹耳，我寄斯迹而迹非我也，故駭者自世。世彌駭，其迹愈粗，粗之與妙，自途之夷險耳，遊者豈常改其足哉！故聖人一也，而④有堯舜湯武之異。明斯異者，時世之名耳，未足以名聖⑤人之實也。故夫堯舜者，豈直一堯舜而已哉！是以雖有矜愁之貌，仁義之迹，而所以迹者故全也。【疏】施，延也。自黄帝逮乎堯舜，聖迹滯，物擾亂，延及三王，驚駭更甚。【釋文】「施及」以智反。崔云：延也。「大駭」駭，驚也。「愈粗」音麤。下同。

〔五〕【疏】桀跖行小人之行爲下，曾史行君子之行爲上。

〔六〕【疏】謂儒墨守迹，是非因之而起也。

〔七〕【疏】喜是怒非，更相疑貳。

〔八〕【疏】飾智驚愚，互爲欺侮。【釋文】「愚知」音智。下及注同。

〔九〕【疏】善與不善，彼此相非。

〔一〇〕【疏】誕虛信實，自相譏誚。

〔一一〕【注】莫能齊於自得。【疏】相仍糾紛，宇宙衰也。

〔一二〕【注】立小異而不止於分。【疏】喜怒是非，熾然大盛，故天年夭枉，性命爛漫。爛漫，散亂也。

〔一三〕【注】知無涯而好之，故無以供其求。【疏】聖人窮無涯之知，百姓焉不竭哉！【釋文】「好知」呼報反。注同。

〔一四〕【注】彫琢性命，遂至於此。【疏】繩墨，正木之曲直；禮義，示人之隆殺；椎鑿，穿木之孔竅；刑法，決人之身首。工匠運斤鋸以殘木，聖人用禮法以傷道。【釋文】「釿」音斤，本亦作斤。「鋸」音據。「制焉」釿鋸制，謂如肉刑也。「繩墨殺焉」並如字。崔云：謂彈正殺之。「椎」直追反。「鑿」在洛反。「決焉」古穴反，又苦穴反。崔云：肉刑，故用椎鑿。

〔一五〕【注】若⑥夫任自然而居當，則賢愚襲情而貴賤履位，君臣上下，莫匪爾極，而天下無患矣。斯迹也，遂⑦攖天下之心，使奔馳而不可止。故中知以下，莫不外飾其性以眩惑衆人，惡直醜正，蕃徒相引。是以任真者失其據，而崇僞者竊其柄，於是主憂於上，民困於下矣。【疏】脊脊，相踐籍也。一云亂，宇宙大亂，罪由聖知。君子道消，晦迹林藪，人君雖在廟堂，心恒憂慄，既無良輔，恐國傾危也。【釋文】「脊脊」音藉，在亦反，相踐藉也。本亦作脊脊。

廣雅云：肴，亂也。「大山」音泰，亦如字。「嵁」苦巖反，一音苦咸反，又苦嚴反。「巖」音嚴，語銜反。一音嵒，語咸（及）〔反〕⑧。○盧文弨曰：今本作岩⑨。○俞樾曰：釋文，大山，音泰，亦如字，當以讀如字爲是。此泛言山之大者，不必東嶽泰山也。嵁當爲湛。文選封禪文湛恩厖鴻，李注曰：湛，深也。湛巖，猶深巖，因其以山巖言，故變從水者而從山耳。山言其大，巖言其深，義正相應。學者不達其義，而音大爲泰，失之矣。田子方篇其神經乎大山而無介，入乎淵泉而不濡，釋文大音泰，失與此同。文選風賦緣泰山之阿，古詩冄冄孤生竹，結根泰山阿，夫風之所緣，竹之所生，非必泰山也。其原文應並作大山，泛言山之大者。後人誤讀爲泰，並改作泰耳。「以眩」玄遍反。「惡直」烏路反。「蕃徒」音煩。

〔校〕①趙諫議本大作太。②趙本無乎字。③丁字依世德堂本及釋文原本改。④世德堂本而作天，趙本而下有天字。⑤趙本聖作至。⑥世德堂本若作故。⑦世德堂本無遂字。⑧反字依世德堂本及釋文原本改。⑨世德堂本作岩，本書依釋文改。

今世殊死者相枕也，桁楊者相推也，刑戮者相望也〔一〕，而儒墨乃始離跂攘臂乎桎梏之間。意，甚矣哉！其無愧而不知恥也甚矣〔二〕！吾未知聖知之不爲桁楊椄槢也，仁義之不爲桎梏鑿枘也〔三〕，焉知曾史之不爲桀跖嚆矢也〔四〕！故曰『絶聖棄知而天下大治〔五〕』。」

〔一〕【疏】殊者，決定當死也。桁楊者，械也，夾腳及頸，皆名桁楊。六國之時及衰周之世，良由聖迹，黥劓五刑，遂使桁楊者盈衢，殊死者相枕，殘兀滿路。相推相望，明其多也。【釋文】「殊死」如字。廣雅云：殊，斷也。司馬云：決也。一云：誅也。字林云：死也。説文同。又云：漢令曰，蠻夷長有罪，當殊之。崔本作殀死。「相枕」之鴆反。「桁」户剛反。司馬云：腳長械也。「楊」向音陽。崔云：械夾頸及脛者，皆曰桁楊。

〔二〕【注】由腐儒守迹，故致斯禍。不思捐迹反一，而方復攘臂用迹以治迹，可謂無愧而不知恥之甚也。【疏】離跂，用力貌也。聖迹爲害物之具，而儒墨方復攘臂分外，用力於桎梏之間，執迹封教，救當世之弊，何荒亂之能極哉！故發噫歎息，固陋不已，無愧而不知恥也。【釋文】「離」力氏反，又力智反。「跂」丘氏反，又丘豉反。「攘」如羊反。「桎」之實反。「梏」古毒反。○慶藩案離跂即荀子榮辱篇離縱而跂訾之義，謂自異於衆也。「意」如字，又音醫。「無愧」崔本作醜。「腐」音輔。「方復」扶又反。

〔三〕【注】桁楊以椄槢爲管，而桎梏以鑿枘爲用。聖知仁義者，遠於罪之迹也。迹遠罪則民斯①尚之，尚之則矯②詐生焉，矯詐生而禦姦③之器不具者，未之有也。故棄所尚則矯詐不作，矯詐不作則桁楊桎梏廢矣，何鑿枘椄槢之爲哉！【疏】椄槢，械楔也。鑿，孔也。以物内孔中曰枘。械不楔不牢，梏無孔無用。亦猶憲章非聖迹不立，桀跖無仁義不行，聖迹是攖擾之原，仁義是殘害之本。【釋文】「椄」李如字，向徐音〔燮〕〔妾〕④，郭慈接反。「槢」郭李音習，向徐徒燮反。司馬云：椄槢，械楔。音息節反。崔本作㯰，云：讀爲牒，或作謵字。椄槢，梐梏梁也。淮南曰：大者爲柱梁，小者爲椄槢也。○慶藩案文選何平叔景福殿賦注引司馬〔云：〕槢，械楔也。與釋文異。（釋文槢上有椄字，楔下無也字。）「鑿」在洛反，又在報反。「枘」人鋭反。向本作内，音同。三蒼云：柱頭枘也。鑿頭廁木，如柱頭枘。「遠於」于萬反。下同。「而禦」魚吕反。本又作御，音同。

〔四〕【注】嚆矢，矢之猛者，言曾史爲桀跖之利用也。【疏】嚆，箭鏃有吼猛聲也。聖智是竊國之具，仁義爲凶暴之資，曾史爲桀跖利用猛箭，故云然也。【釋文】「焉知」於虔反。「嚆矢」許交反。本亦作嗃。向云：嚆矢，矢之鳴者。郭云：矢之猛者。字林云：嚆，大呼也。崔本作蒿，云：蕭蒿可以爲箭。或作矯，矯，梟也。崔本此下更有有無之相生也則甚，曾史與桀跖生有無也，又惡得無相轂也，凡二十四字。

〔五〕【注】去其所以攖也。【疏】絶竊國之具，棄凶暴之資，即宇内清平，言大治也。【釋文】「大治」直吏反。「去其」起吕反。

〔校〕①世德堂本作思，趙諫議本作斯。②趙本矯作驕。③世德堂本作奸。④妄字依世德堂本改，釋文原本亦誤燮。

黄帝立爲天子十九年，令行天下〔一〕，聞廣成子在於空同之（上）〔山〕①，故往見之〔二〕，曰：「我聞吾子達於至道，敢問至道之精。吾欲取天地之精，以佐五穀，以養民人〔三〕，吾又欲官陰陽，以遂羣生，爲之柰何〔四〕？」

〔一〕【疏】德化詔令，（寓）〔寓〕內大行。

〔二〕【疏】空同山，涼州北界。廣成，即老子別號也。【釋文】「廣成子」或云：即老子也。「空同」司馬云：當北斗下山也。爾雅云：北戴斗極爲空同。一曰：在梁國虞城東三十里。

〔三〕【疏】五穀，黍稷菽麻麥也。欲取窈冥之理，天地陰陽精氣，助成五穀，以養蒼生也。

〔四〕【疏】遂，順也。欲象陰陽設官分職，順羣生之性，問其所以。

〔校〕①山字依闕誤引張君房本及成疏改。

廣成子曰：「而所欲問者，物之質也〔一〕；而所欲官者，物之殘也〔二〕。自而治天下，雲氣不待族而雨，草木不待黃而落，日月之光益以荒矣〔三〕。而佞人之心翦翦者，又奚足以語至道〔四〕！」

〔一〕【注】問至道之精，可謂質也。【疏】而，汝也。欲播植五穀，官府二儀，所問粗淺，不過形質，乖深玄之致。是詆訶也。【釋文】「質也」廣雅云：質，正也。

〔二〕【注】不任其自爾而欲官之，故殘也。【疏】苟欲設官分職，引物從己，既乖造化，必致傷殘。

〔三〕【疏】族，聚也。分百官於陰陽，有心治萬物，必致凶災。雨風不調，炎涼失節，雲未聚而雨降，木尚青而葉落；槐檜薄蝕，三光昏晦，人心遭擾，玄象荒殆。【釋文】「雲氣不待族而雨」司馬云：族，聚也。未聚而雨，言澤少。「草木不待黃而落」司馬云：言殺氣多也。爾雅云：落，死也。「益以」崔本作蓋以。

〔四〕【疏】翦翦，狹劣之貌也。是汝諂佞之人，心甚狹劣，何能語至道也！【釋文】「佞人」如字。郭音寧。「翦翦」如字。郭司馬云：善辯也。一曰：佞貌。李云：淺短貌。或云：狹小之貌。

黄帝退，捐天下，築特室，席白茅，閒居三月，復往邀之〔一〕。

〔一〕【疏】黄帝退，清齊一心，舍九五尊位，築特室，避讙囂，藉白茅以絜净，閒居經時，重往請道。邀，遇也。【釋文】「捐」悦全反。「閒居」音閑。下注同。「復往」扶又反。「邀之」古堯反，要也。

廣成子南首而卧，黄帝順下風膝行而進，再拜稽首而問曰：「聞吾子達於至道，敢問，治身奈何而可以長久？」廣成子蹶然而起，曰：「善哉問乎〔二〕！來！吾語女至道。至道之精，窈窈冥冥；至道之極，昏昏默默〔三〕。无視无聽，抱神以静，形將自正〔三〕。必静必清，无勞女形，无摇女精，乃可以長生〔四〕。目无所見，耳无所聞，心无所知，女神將守形，形乃長生〔五〕。慎女内〔六〕，閉女外〔七〕，多知爲敗〔八〕。我爲女遂於大明之上矣，至彼至陽之原也；爲女入於窈冥之門矣，至彼至陰之原也〔九〕。天地有官，陰陽有藏〔一〇〕，慎守女身，物將自壯〔一一〕。我守其一以處其和，故我修身千二百歲矣，吾形未常衰〔八〕。」

〔一〕【注】人皆自修而不治天下，則天下治矣，故善之也。【疏】使人治物，物必攖煩，各各治身，天下清正，故善之。蹶然，疾起。【釋文】「南首」音狩。「蹶」其月反，又音厥，驚而起也。○慶藩案文選張景陽七命注引司馬云：蹶，疾起貌。釋文闕。「天下治」直吏反。

〔二〕【注】窈冥昏默，皆了無也。夫莊老之所以屢稱無者，何哉？明生物者無物而物自生耳。自生耳，非爲生也，又何有爲於已生乎！【疏】至道精微，心靈不測，故寄窈冥深遠，昏默玄絶。【釋文】「吾語」魚據反。下同。「女」音汝。後倣此。「窈窈」烏了反。

〔三〕【注】忘視而自見，忘聽而自聞，則神不擾而形不邪也。【疏】耳目無外視聽，抱守精神，境不能亂，心與形合，自冥正道。【釋文】「不邪」似嗟反。

〔四〕【注】任其自動，故閒静而不夭也。【疏】清神静慮，體無所勞，不緣外境，精神常寂，心閒形逸，長生久視。

〔五〕【注】此皆率性而動，故長生也。【疏】任視聽而無所見聞，根塵既空，心亦安静，照無知慮，應機常寂，神淡守形，可長生久視也。

〔六〕【注】全其真也。【疏】忘心，全（漠）〔真〕①也。

〔七〕【注】守其分也。【疏】絶視聽，守分也。

〔八〕【注】知無崖，故敗。【疏】不慎智慮，心神既困，耳目竭於外，何不敗哉！

〔九〕【注】夫極陰陽之原，乃遂於大明之上，入於窈冥之門也。【疏】陽，動也。陰，寂也。遂，出也。至人應動之時，智照如日月，名大明也。至陽之原，表從本降迹，故言出也。無感之時，深根寂然凝湛也。至陰之原，示攝迹歸本，故曰入窈冥之門。廣成示黃帝動寂兩義，故託陰陽二門也。【釋文】「我爲」于僞反。下同。

〔一〇〕【注】但當任之。

〔一一〕【疏】天官，謂日月星辰，能照臨四方，綱維萬物，故稱官也。地官，謂金木水火土，能維持動植，運載羣品，亦稱官也。陰陽二氣，春夏秋冬，各有司存，如藏府也。咸得隨任，無不稱適，何違造化，更立官府也！女但無爲，愼守女身，一切萬物，自然昌盛，何勞措心，自貽伊慼哉！【釋文】「物將自壯」側亮反。謂不治天下，則衆物皆自任，自任而壯也。

〔一二〕【注】取於盡性命之極，極長生之致耳。身不夭乃能及物也。【疏】保恬淡一心，處中和妙道，攝衛修身，雖有壽考之年，終無衰老之日。

〔校〕①真字依注文改。

黃帝再拜稽首曰：「廣成子之謂天矣〔一〕！」

〔一〕【注】天，無爲也。【疏】歎聖道之清高，可與玄天合德也。

廣成子曰：「來！余語女。彼其物无窮，而人皆以爲有終〔二〕；彼其物无測，而人皆以爲有極〔三〕。得吾道者，上爲皇而下爲王〔三〕；失吾道者，上見光而下爲土〔四〕。

今夫百昌皆生於土而反於土，故余將去女〔五〕，入无窮之門，以遊无極之野〔六〕。吾與日月參光，吾與天地爲常〔七〕。當我，緡乎！遠我，昬乎〔八〕！人其盡死，而我獨存乎〔九〕！」

〔一〕【疏】死生變化，物理無窮，俗人愚惑，謂有終始。

〔二〕【注】徒見其一變也。【疏】萬物不測，千變萬化，愚人迷執，謂有限極。○慶藩案無測，言無盡也。説文：測，深所至也。深所至，謂深之盡極處。吕氏春秋論人篇闊大淵深，不可測也，高注：測，盡極也。淮南原道篇水大不可極，深不可測，高注：測，盡也。无測有極，正對文言之。

〔三〕【注】皇王之稱，隨世之上下耳，其於得通變之道以應無窮，一也。【疏】得自然之道，上逢淳樸之世，則作羲農；下遇澆季之時，應爲湯武。皇王迹自夷險，道則一也。【釋文】「之稱」尺證反。

〔四〕【注】失無窮之道，則自信於一變而不能均同上下，故俯仰異心。【疏】喪無爲之道，滯有欲之心，生則覩於光明，死則便爲土壤。迷執生死，不能均同上下，故有兩名也。

〔五〕【注】土，無心者也。生於無心，故當反守無心而獨往也。【疏】夫百物昌盛，皆生於地，及其彫落，還歸於土。世間萬物，從無而生，死歸空寂。生死不二，不滯一方，今將去女任適也。【釋文】「百昌」司馬云：猶百物也。

〔六〕【注】與化俱也。【疏】反歸冥寂之本，入無窮之門；應變天地之間，遊無極之野。

〔七〕【注】都任之也。【疏】參，同也。與三景齊明，將二儀同久，豈千二百歲哉！

〔八〕【注】物之去來，皆不覺也。【疏】聖人無心若鏡，機當感發，即應機冥符，若前機不感，即昏然晦迹也。【釋文】「當我」如字。「緡乎」武巾反。郭音泯，泯合也。○家世父曰：釋文，緡，泯合也。緡昏字通，緡亦昏也。當我，鄉我而來；遠我，背我而去；任人之鄉背，而一以無心應之。「遠我」于萬反。「昏乎」如字，暗也。司馬云：緡昏，並無心之謂也。

〔九〕【注】以死生爲一體，則無往而非存。【疏】一死生，明變化，未始非我，無去無來，我獨存也。人執生死，故憂患之。

雲將東遊，過扶摇之枝而適遭鴻蒙。鴻蒙方將拊脾雀①躍而遊。〔一〕雲將見之，〔二〕倘然止，贄然立，曰：「叟何人邪？叟何爲此〔三〕？」

〔一〕【疏】雲將，雲主將也。鴻蒙，元氣也。扶摇，（木）神〔木〕②，生東海也。亦云風。遭，遇也。拊，拍也。爵躍，跳躍也。寓言也。夫氣是生物之元也，雲爲雨澤之本也，木是春陽之鄉，東爲仁惠之方。舉此四事，示君王御物，以德澤爲先也。【釋文】「雲將」子匠反。下同。李云：雲主帥也。「扶摇」扶，亦作夫，音符。李云：扶摇，神木也，生東海。一云：風也。○慶藩案初學記一、御覽八引司馬云：雲將，雲之主帥。釋文闕。「鴻蒙」如字。司馬云：自然元氣也。一云：海上氣也。「拊」孚甫反，一音甫。「脾」本又作髀，音陛。徐甫婢反，又甫婢反。「雀」本又作爵，同。將略反。「躍」司馬云：雀躍，若雀浴也。一云：如雀之跳躍也。

〔二〕【疏】怪其容儀殊俗，動止異凡，故問行李（也）〔之〕由，庶爲理物之道也。

〔三〕【疏】倘，驚疑貌。贄，不動也。叟，長老名也。【釋文】「倘」尺掌反，一音吐郎反，李吐黨反。司馬云：欲止貌。李云：自失貌。「贄」之二反，又豬立反，又魚列反。李云：不動貌。「叟」本又作傻，素口反，郭疏走反。司馬云：長者稱。

〔校〕①趙諫議本脾雀作髀爵，下同。②神木依釋文改。

鴻蒙拊脾雀躍不輟，對雲將曰：「遊〔一〕！」

〔一〕【疏】乘自然變化遨遊也。【釋文】「不輟」丁劣反。李云：止也。

雲將曰：「朕願有問也。」

鴻蒙仰而視雲將曰：「吁！」

雲將曰：「天氣不和，地氣鬱結〔一〕，六氣不調〔二〕，四時不節〔三〕。今我願合六氣之精以育羣生，爲之柰何〔四〕？」

〔一〕【疏】二氣不降不升，鬱結也。【釋文】「曰吁」況于反。亦作呼。○慶藩案釋文，吁亦作呼。呼吁，古通用字。說文：吁，驚〔語〕①也。文元年左傳呼役夫，杜注：呼，發聲也。堯典帝曰吁，傳曰：吁，疑怪之辭。驚疑之聲，亦發聲也。檀弓瞿然曰呼，釋文呼作吁。月令大雩帝，鄭注：雩，吁嗟求雨之祭。周官女巫疏引董仲舒曰：雩，求雨之術，呼嗟之歌。皆其例。「鬱結」如字。崔本作綰，音結。

〔二〕【疏】陰陽風雨晦明，此六氣也。

〔三〕【疏】春夏秋冬，節令愆滯其序。

〔四〕【疏】我欲合六氣精華以養萬物，故問也。

〔校〕①語字依說文補。

鴻蒙拊髀雀躍掉頭曰：「吾弗知！吾弗知〔一〕！」

〔一〕【疏】萬物咸稟自然，若措意治之，必乖造化，故掉頭不答。【釋文】「掉」徒弔反。

雲將不得問。又三年，東遊，過有宋之野而適遭鴻蒙。雲將大喜，行趨而進曰：「天忘朕邪？天忘朕邪？」再拜稽首，願聞於鴻蒙。〔一〕

〔一〕【疏】（故）〔敬〕如上天，再言忘朕，幸憶往事也。【釋文】「有宋」如字，國名也。本作宗者非。

鴻蒙曰：「浮遊，不知所求〔一〕；猖狂，不知所往〔二〕；遊者鞅掌，以觀无妄〔三〕。朕又何知〔四〕！」

〔一〕【注】而自得所求也。【疏】浮遊處世，無貪取也。

〔二〕【注】而自得所往也。【疏】無心妄行，無的當也。

〔三〕【注】夫内足者，舉目皆自正也。【疏】鴻蒙遊心之處寬大，涉見之物衆多，能觀之智，知所觀之境无妄也。鞅掌，衆多也。【釋文】「鞅掌」於丈反。毛詩傳云：鞅掌，失容也。今此言自得而正也。

〔四〕【注】以斯而已矣。【疏】浮遊猖狂，虛心任物，物各自正，我復何知！

雲將曰：「朕也自以爲猖狂，而民隨予①所往；朕也不得已於民，今則民之放也〔一〕。願聞一言〔二〕。」

〔一〕【注】夫乘物非爲迹而迹自彰，猖狂非招民而民自往，故爲民所放效而不得已也。【疏】我同鴻蒙，無心馭世，不得已臨人，人則隨我迹，便爲物放效也。【釋文】「之放」方往反，效也。注同。

〔二〕【疏】願聞要旨，庶決深疑。

〔校〕①趙諫議本予作子。

鴻蒙曰：「亂天之經，逆物之情，玄天弗成〔一〕；解獸之羣，而鳥皆夜鳴〔二〕；災及草木，禍及止①蟲〔三〕。意②，治人之過也〔四〕！」

〔一〕【注】若夫順物性而不治，則情不逆而經不亂，玄默成而自然得也。【疏】亂天然常道，逆物真性，即譎詐方起，自然之化不成也。

〔二〕【注】離其所以靜也。【疏】放效迹彰，害物災起，獸則驚羣散起，鳥則駭飛夜鳴。

〔三〕【注】皆坐而受害也。【疏】草木未霜零落，災禍及昆蟲。昆，明也，向陽啓蟄。【釋文】

「止蟲」如字。本亦作昆蟲。崔本作正蟲。「皆坐」才卧反。

〔四〕【注】夫有治之迹，亂之所由生也。【疏】天治斯滅，治人過也。【釋文】「意」音醫。本又作噫。下皆同。

〔校〕①趙諫議本止作昆。②趙本意作噫，下同。

雲將曰：「然則吾柰何〔一〕？」

〔一〕【疏】欲請不治之術。

鴻蒙曰：「意，毒哉〔一〕！僊僊①乎歸矣〔二〕。」

〔一〕【注】言治人之過深。【疏】重傷禍敗屢嘆。噫，歎聲。

〔二〕【注】僊僊，坐起之貌。嫌不能隤然通放，故遣使歸。【疏】僊僊，輕舉之貌。嫌雲將治物爲禍，故示輕舉，勸令息迹歸本。【釋文】「僊僊」音仙。

〔校〕①趙諫議本僊作仙。

雲將曰：「吾遇天難，願聞一言。」

鴻蒙曰：「意！心養〔一〕。汝徒處无爲，而物自化〔二〕。墮爾形體，吐爾聰明，倫與物忘〔三〕；大同乎涬溟〔四〕，解心釋神，莫然无魂〔五〕。萬物云云，各復其根，各復其根而不知〔六〕；渾渾沌沌，終身不離〔七〕；若彼知之，乃是離之〔八〕。无問其名，无闚其情，物固自生〔九〕。」

〔一〕【注】夫心以用傷，則養心者，其唯不用心乎！　【疏】養心之術，列在下文。

〔二〕【疏】徒，但也。但處心無爲而物自化。

〔三〕【注】理與物皆不以存懷，而闇付自然，則無爲而自化矣。　【疏】倫，理也。墮形體，忘身也。吐聰明，忘心也。身心兩忘，物我雙遣，是養心也。　【釋文】「墮」許規反。○王引之曰：吐當爲咄。咄與黜同。（徐無鬼篇黜耆欲，司馬本作咄。）韋昭注周語曰：黜，廢也。黜與墮，義相近。大宗師篇墮枝體，黜聰明，即其證也。隸書出字或省作士，（若敖省作敖，賣省作賣，款省作款之類。）故咄字或作吐，形與吐相似，因譌爲吐矣。（咄之譌作吐，猶吐之譌作咄。漢書外戚傳必畏惡吐棄我，漢紀吐譌作咄。）俞樾曰：吐當作杜，言杜塞其聰明也。

〔四〕【注】與物無際。　【疏】溟涬，自然之氣也。茫蕩身心大同，自然合體也。　【釋文】「涬」户頂反，又音幸。「溟」亡頂反。司馬云：涬溟，自然氣也。

〔五〕【注】坐忘任獨。　【疏】魂，好知爲也。解釋，遣蕩也。莫然，無知；滌蕩心靈，同死灰枯木，無知魂也。

〔六〕【注】不知而復，乃真復也。　【疏】云云，衆多也。衆多往來，生滅不離自然，歸根明矣，豈得用知然後復根矣哉！

〔七〕【注】渾沌無知而任其自復，乃能終身不離其本也。　【疏】渾沌無知而任獨，千變萬化，不離自然。【釋文】「渾渾」户本反。「沌沌」徒本反。「不離」力智反。下及注皆同。

〔八〕【注】知而復之①，與復乖矣。【疏】用知慕至本，乃離自然之性。

〔九〕【注】闚問則失其自生也。【疏】道離名言，理絶情慮。若以名問道，以情闚理，不亦遠哉！能遺情忘名，任于獨化，物得生理也。

〔校〕①世德堂本之作知。

雲將曰：「天降朕以德，示朕以默；躬身求之，乃今也得〔一〕。」再拜稽首，起辭而行。

〔一〕【注】知而不默，常自失也。【疏】降道德之言，示玄默之行，立身以來，方今始悟。

世俗之人，皆喜人之同乎己而惡人之異於己也〔一〕。同於己而欲之，異於己而不欲者，以出乎衆爲心也〔二〕。夫以出乎衆爲心者，曷常出乎衆哉〔三〕！因衆以寧所聞，不如衆技衆矣〔四〕。而欲爲人之國者，此攬乎三王之利而不見其患者也〔五〕。此以①人之國僥倖也，幾何僥倖而不喪人之國乎〔六〕！其存人之國也②，無萬分之一；而喪人之國也，一不成而萬有餘喪矣〔七〕。悲夫，有土者之不知也〔八〕！

〔一〕【疏】染習之人，迷執日久，同己喜懽，異己嫌惡也。【釋文】「而惡」烏路反。

〔二〕【注】心欲出羣爲衆儁也。【疏】夫是我而非彼，喜同而惡異者，必欲顯己功名，超出羣衆。○家世父曰：出乎衆者，以才智加人而人皆順之。抑不知己之出乎衆乎，衆之出乎己乎？因衆之所同而同之，因衆之所異而異之，以爲衆也，則夫喜人之同而惡人之異，猶之異同乎衆也。喜與怒固不因己而因衆，而一據之以爲己，此所以爲惑也。

〔三〕【注】衆皆以出衆③爲心，故所以爲衆人也。若我亦欲出乎衆，則與衆無異而不能相出矣。夫衆皆以相出爲心，而我獨無往而不同，乃大殊於衆而爲衆主也。【疏】人以競先出乎衆爲心，此是恒物鄙情，何能獨超羣外！同其光塵，方大殊於衆而爲衆傑。

〔四〕【注】吾一人之所聞，不如衆技多，故因衆則寧也。若不因衆，則衆之千萬，皆我敵也。【疏】用衆人技能，因衆人聞見，即無忿競。所謂明者爲之視，智者爲之謀也。【釋文】「因衆以寧所聞」因衆人之所聞見，委而任之，則自寧安。「不如衆技」其綺反。「衆矣」若役我之知達衆人，衆人之技多於我矣，安得而不自困哉！

〔五〕【注】夫欲爲人之國者，不因衆之自爲而以己爲之者，此爲徒求三王主物之利而不見己爲之患也。然則三王之所以利，豈爲之哉？因天下之自爲而任耳。【疏】用一己偏執爲國者，徒求三王主物之利，不知爲喪身之大患也。【釋文】「此攬」音覽。本亦作覽。

〔六〕【疏】儌，要也。以皇王之國利要求非分，爲一身之幸會者，未嘗不身遭殞敗。萬不存一，故云幾何也。【釋文】「儌」古堯反。徐古了反，字或作徼。「倖」音幸。一云：儌倖，求利不止之貌。○慶藩案僥，要也，求也。釋文或作徼，徼亦求也。（見呂覽頌民篇高注。）「幾何」居豈反。郭巨機反，「不喪」息浪反。下及注同。

〔七〕【注】己與天下，相因而成者也。今以一己而專制天下，則天下塞矣，己豈通哉！故一身既不成，而萬方有餘喪矣。【疏】以僥倖之心爲帝王之主，論存則固無一成，語亡則有餘敗也。【釋文】「萬分」如字，又扶問反。

〔八〕【疏】此一句傷嘆君王不知僥倖爲弊矣。

〔校〕①闕誤引江南古藏本此以作以此因。②世德堂本無此句。③世德堂本無衆字。

夫有土者，有大物也〔一〕。有大物者，不可以物；物〔二〕而不物，故能物物〔三〕。明乎物物者之非物也，豈獨治天下百姓而已哉！出入六合，遊乎九州〔四〕，獨往獨來，是謂獨有〔五〕。獨有之人，是謂至貴〔六〕。

〔一〕【疏】九五尊高，四海弘巨，是稱大物也。

〔二〕【注】不能用物而爲物用，即是物耳，豈能物物哉！不能物物，則不足以有大物矣。【疏】苟求三王之國，不能任物自爲，翻爲物用。己自是物，焉能物物！斷不可也。

〔三〕【注】夫用物者，不爲物用也。不爲物用，斯不物矣，不物，故物天下之物，使各自得也。【疏】不爲物用而用於物者也。○家世父曰：有物在焉，而見以爲物而物之，終身不離乎物，所見之物愈大而身愈小，不見有物而物皆效命焉。夫且不見有物，又奚以物之大小爲哉！

○俞樾曰：郭斷不可以物物五字爲句，失其讀矣。此當讀不可以物爲句，物而不物爲句。

〔四〕【注】用天下之自爲，故馳萬物而不窮。【疏】聖人通自然，達造化，運百姓心知，用羣生耳目，是知物物非物也。豈獨戴黄屋，坐汾陽，佩玉璽，治天下哉？固當排六合，陵太清，超九州，遊姑射矣。

〔五〕【注】人皆自異而已獨羣遊，斯乃獨往獨來者也。獨有斯獨，可謂獨有矣。【疏】有注釋也。

〔六〕【注】夫與衆玄同，非求貴於衆，而衆人不能不貴，斯至貴也。若乃信其偏見而以獨異爲心，則雖同於一致，故是俗中之一物耳，非獨有者也。未能獨有，而欲饕竊軒冕，冒取非分，衆豈歸之①哉！故非至貴也。【疏】（人皆自異而已獨與羣遊，斯乃獨往獨來者也。獨有斯獨，可謂獨有矣。②）人欲出衆而已獨遊，衆無此能，故名獨有。獨有之人，蒼生樂推，百姓荷戴。以斯爲主，可謂至尊至貴也。【釋文】「饕」吐刀反。「冒」亡北反，又亡報反。

〔校〕①世德堂本之下有也字。②人皆至有矣二十七字，注文混入，當删。

大人之教，若形之於影，聲之於響①〔一〕。有問而應之，盡其所懷〔二〕，爲天下配〔三〕。處乎无響〔四〕，行乎无方〔五〕。挈汝適復之撓撓〔六〕，以遊无端〔七〕；出入无旁〔八〕，與日无始〔九〕；頌論形軀，合乎大同〔一〇〕，大同而无己〔一一〕。無己，惡乎得有有〔一二〕！覩有者，昔之君子〔一三〕；覩无者，天地之友〔一四〕。

〔一〕【注】百姓之心，形聲也；大人之教，影響也。大人之於天下何心哉？猶影響之隨形聲耳。

【疏】大人，聖人也。無心感應，應不以心，故百姓之心，形聲也；大人之教，影響也。【釋文】「於嚮」許丈反。本又作響。注及下同。

〔二〕【注】使物之所懷各得自盡也。【疏】聖人心隨物感，感又稱機，盡物懷抱。

〔三〕【注】問者爲主，應故爲配。【疏】配，匹也，先感爲主，應者爲匹也。

〔四〕【注】寂以待物。【疏】處，寂也。無感之時，心如枯木，寂無影響也。

〔五〕【注】隨物轉化。【疏】行，應機也。逗機不定方所也。

〔六〕【注】撓撓，自動也。提挈萬物，使復歸自動之性，即無爲之至也。【疏】撓撓，自動也。逗機無方，還欲提挈汝等羣品，令歸自本性，則無爲至也。【釋文】「挈」苦結反。廣雅云：持(包)〔也〕②。「撓撓」而小反。○俞樾曰：郭注未得其解。爾雅釋詁：適，往也。然則適復，猶往復也。撓撓，亂也。廣雅釋詁：撓，亂也。重言之則爲撓撓矣。適復之撓撓，此世俗之人所以不能獨往獨來也。惟大人則提挈其適復之撓撓者而與之共遊於無端，故曰挈汝適復之撓撓以遊無端。二句本止一句，郭失其解，並失其讀矣。

〔七〕【注】與化俱，故無端。【疏】遊，心與自然俱遊，故無朕迹之端崖。

〔八〕【注】玄同無表。【疏】出入塵埃生死之中，玄同造物，無邊可見。

〔九〕【注】與日新俱，故無始也。【疏】與日俱新，故無終始。

〔一〇〕【注】其形容與天地無異。【疏】(贊)頌，〔贊〕；論，語。聖人盛德軀貌，與二儀大道合同，外不闚乎宇宙，内不有其己身也。

〔一一〕【注】有己則不能大同也。　【疏】合二儀，同大道，則物我俱忘也。

〔一二〕【注】天下之難無者己也。己既無矣，則羣有不足復有之。　【疏】己既無矣，物焉有哉！

【釋文】「惡」音烏。「足復」扶又反。

〔一三〕【注】能美其名者耳。　【疏】行仁義，禮君臣者，不離有爲君子也。

〔一四〕【注】覩無則任其獨生也。　【疏】覩無爲之妙理，見自然之正性，二儀非有，萬物盡空，翻有入無，故稱爲友矣。

〔校〕①趙諫議本作響，世德堂本作嚮，注同。依釋文應作嚮。②也字依世德堂本改。

賤而不可不任者，物也；卑而不可不因者，民也〔一〕；匿而不可不爲者，事也〔二〕；麤而不可不陳者，法也〔三〕；遠而不可不居者，義也〔四〕；親而不可不廣者，仁也〔五〕；節而不可不積者，禮也〔六〕；中而不可不高者，德也〔七〕；一而不可不易者，道也〔八〕；神而不可不爲者，天也〔九〕。故聖人觀於天而不助〔一〇〕，成於德而不累〔一一〕，出於道而不謀〔一二〕，會於仁而不恃〔一三〕，薄於義而不積〔一四〕，應於禮而不諱〔一五〕，接於事而不辭〔一六〕，齊於法而不亂〔一七〕，恃於民而不輕〔一八〕，因於物而不去〔一九〕。物者莫足爲也，而不可不爲〔二〇〕。不明於天者，不純於德〔二一〕；不通於道者，無自而可〔二二〕；不明於道者，悲夫〔一三〕！

〔一〕【注】因其性而任之則治，反其性而淩之則亂。夫民物之所以卑而賤者，不能因任故也。是以任賤者貴，因卑者尊，此必然之符也。【疏】民雖居下，各有功能；物雖輕賤，咸負材用。物無棄材，人無棄用，庶咸亨也。【釋文】「則治」直吏反。

〔二〕【注】夫事藏於彼，故匿也。彼各自爲，故不可不爲，但當因任耳。【疏】匿，藏也。事有隱顯，性有工拙，或顯於此，或隱於彼，或工於此，或拙於彼，但當任之，悉事濟也。【釋文】「匿而」女力反。

〔三〕【注】法者妙事之迹也，安可以迹麤而不陳妙事哉！【疏】法，言教也。以教望理，理妙法粗，取諭筌蹄，故順陳説故也。

〔四〕【注】當乃居之，所以爲遠。【疏】義雖去道疏遠，苟其合理，應須取斷。

〔五〕【注】親則苦偏，故廣乃仁耳。【疏】親（雖）〔則〕①偏愛狹劣，周普廣愛，乃大仁也。

〔六〕【注】夫禮節者，患於係一，故物物體之，則積而周矣。【疏】積，厚也。節，文也。夫禮貴尚往來，人情乖薄，故外示折旋，内敦積厚，此真禮也。

〔七〕【注】事之下者，雖中非德。【疏】中，順也。修道之人，和光處世，卑順於物，而志行清高，涅而不緇其德也。【釋文】「中而不可不高者德也」中者，順也。順其性而高也。

〔八〕【注】事之難者，雖一非道，況不一哉！【疏】妙本一氣，通生萬物，甚自簡易，其唯道乎！

【釋文】「不易」以豉反。下注同。

〔九〕【注】執意不爲，雖神非天，況不神哉！【疏】神功不測，顯晦無方，逗機無滯，合天然也。

〔一〇〕【注】順其②自爲而已。【疏】聖人觀自然妙理，大順羣物而不助其性分。此下釋前文。

〔一一〕【注】自然與高會也。【疏】能使境智冥會，上德既成，自無瑕累也。

〔一二〕【注】不謀而一，所以爲易。【疏】顯出妙一之道，豈得待（顯）謀而後説！

〔一三〕【注】恃則不廣。【疏】老經云，爲而不恃。仁慈博愛，貴在合宜，故無恃賴。

〔一四〕【注】率性居遠，非積也。【疏】先王蘧廬，非可寶重，已陳芻狗，豈積而留！

〔一五〕【注】自然應禮，非由忌諱。【疏】妙本湛然，迹應於禮，豈拘忌諱！○俞樾曰：諱讀爲違。違諱並從韋聲，故廣雅釋詁曰：諱，避也。韋昭注周語、晉語，並曰：違，避也。是二字聲近義通。應於禮而不諱，即不違也。郭注曰，自然應禮，非由忌諱，則失之迂曲矣。

〔一六〕【注】事以（禮）〔理〕③接，能否自任，應動而動，無所辭讓。【疏】混俗揚波，因事接物，應機不取，亦無辭讓。【釋文】「應動」憶升反。

〔一七〕【注】御粗以妙，故不亂也。【疏】因於物性，以法齊之，故不亂也。

〔一八〕【注】恃其自爲耳，不輕用也。【疏】民惟邦本，本固而邦寧，故恃藉不敢輕用也。

〔一九〕【注】因而就任之，不去其本也。【疏】順黔黎之心，因庶物之性，雖施於法教，不令離於性本。

〔二〇〕【注】夫爲者，豈以足爲故爲哉？自體此爲，故不可得而止也。【疏】物之稟性，功用萬殊，如蜣蜋轉丸，蜘蛛結網，出自天然，非關假學。故素無之而不可强爲，性中有者不可不爲也。

【釋文】「物者莫足爲也」分外也。「而不可不爲」分内也。

〔二一〕【注】不明自然則有爲，有爲而德不純也。【疏】闇自然之理，則澆薄之德不純也。

〔二二〕【注】不能虚己以待物，則事事失會。【疏】滯虚玄道性，故觸事面牆，諒無從而可也。

〔二三〕【疏】闇天人之理，惑君臣之義，所作顛蹶，深可悲傷。

〔校〕①則字依注文改。②世德堂本無其字。③理字依世德堂本改。

何謂道？有天道，有人道。无爲而尊者，天道也；〔一〕有爲而累者，人道也〔二〕。主者，天道也〔三〕；臣者，人道也〔四〕。天道之與人道也，相去遠矣〔五〕，不可不察也〔六〕。

〔一〕【注】在上而任萬物之自爲也。【疏】無事無爲，尊高在上者，合自然天道也。

〔二〕【注】以有爲爲累者，不能率其自得也。【疏】司職有爲，事累繁擾者，人倫之道。

〔三〕【注】同乎天之任物，則自然居物上。【疏】君在上任物，合天道無爲也。

〔四〕【注】各當所任。

〔五〕【注】君位無爲而委百官，百官有所司而君不與焉。二者俱以不爲而自得，則君道逸，臣道勞，勞逸之際，不可同日而論之也。【疏】君位尊高，委之宰牧；臣道卑下，竭誠奉上；故君道逸，臣道勞，不可同日而語也。【釋文】「不與」音豫。

〔六〕【注】不察則君臣之位亂矣。　【疏】天道君而無爲，人道臣而有事。尊卑有隔，勞逸不同，各守其分，則君臣咸無爲也。必不能鑒理，即勞逸失宜，君臣亂矣。（夫二儀生育，變化無窮，形質之中，最爲廣大，而新新變化，念念推遷，實爲等均，所謂亭之毒之也。）①

〔校〕①夫二儀以下三十七字，係下卷天地篇首二句疏文混入，當删。

莊子集釋卷五上

外篇 天地第十二〔一〕

〔一〕【釋文】以事名篇。

天地雖大，其化均也〔一〕；萬物雖多，其治一也〔二〕；人卒雖衆，其主君也〔三〕。君原於德而成於天〔四〕，故曰，玄古之君天下，无爲也，天德而已①矣〔五〕。

〔一〕【注】均於不爲而自化也。【疏】夫二儀生育，覆載無窮，形質之中，最爲廣大；而新新變化，其狀不殊，念念遷謝，實惟均等，所謂亭之也。故云天地與我並生。【釋文】「天地」釋名云：天，顯也，高顯在上也；又坦也，坦然高遠也；地，底也，其體底下，載萬物也。禮統云：天地者，元氣之所生，萬物之祖也。易說云：元氣初分，清輕上爲天，濁重下爲地。

〔二〕【注】一以自得爲治。【疏】夫四生萬物，其類最繁，至於率性自得，斯理唯一，所謂毒之也。故又云萬物與我爲一。【釋文】「其治」直吏反。注同，下官治並注亦同。

〔三〕【注】天下異心，無心者主也。【疏】黔首卒隸，其數雖多，主而君者，一人而已。無心因任，允當斯位。【釋文】「人卒」尊忽反。

〔四〕【注】以德爲原，無物不得。得者自得，故得而不謝，所以成天也。【疏】原，本也。夫君主人物，必須以德爲宗；物各自得，故全成自然之性。【釋文】「君原」原，本也。

〔五〕【注】任自然之運動。【疏】玄，遠也。古之君，謂三皇已前帝王也。言玄古聖君，無爲而治天下也，蓋何爲哉！此引古證今，成天德之義也。

〔校〕①趙諫議本已作止。

以道觀言而天下之君正〔一〕，以道觀分而君臣之義明〔二〕，以道觀能而天下之官治〔三〕，以道汎觀而萬物之應備〔四〕。故通於天地者，德也〔五〕；行於萬物者，道也①〔六〕；上治人者，事也〔七〕；能有所藝者，技也〔八〕。技兼於事，事兼於義，義兼於德，德兼於道，道兼於天〔九〕。故曰，古之畜天下者，无欲而天下足，无爲而萬物化〔一〇〕，淵靜而百姓定〔一一〕。記曰：「通於一而萬事畢〔一二〕。无心得而鬼神服〔一三〕。」

〔一〕【注】無爲者，自然爲君，非邪也。【疏】以虛通之理，觀應物之數，而無爲因任之君，不用邪僻之言者，故理當於正道。○家世父曰：言者，名也。正其君之名，天下自然聽命焉。故曰名之必可言也，一衷諸道而已矣。【釋文】「非邪也」似嗟反。本又作爲。

〔二〕【注】各當其分，則無爲位上，有爲位下也。【疏】夫君道無爲，而臣道有事，尊卑勞逸，理固不同。譬如首自居上，足自居下，用道觀察，分義分明。

〔三〕【注】官各當其所能則治矣。【疏】夫官有高卑，能有優劣，能受職則物無私得，是故天下之官治也。

〔四〕【注】無爲也，則天下各以其無爲應之。【疏】夫大道生物，性情不同，率己所以，悉皆備足，或走或飛，咸應其用，不知所以，豈復措心！故以理徧觀，則庶物之應備。

〔五〕【注】萬物莫不皆得，則天地通。【疏】通，同也。同兩儀之覆載，與天地而俱生者，德也。

〔六〕【注】道不塞其所由，則萬物自得其行矣。【疏】至理無塞，恣物往來，同行萬物，故曰道也。

〔七〕【注】使人人自得其事。【疏】雖則治人，因其本性，物各率能，咸自稱適，故事事有宜而天下治也。

〔八〕【注】技者，萬物之末用也。【疏】率其本性，自有藝能，非假外爲，故真技術也。【釋文】「技也」其綺反。注、下同。

〔九〕【注】夫本末之相兼，猶手臂之相包，故一身和則百節皆適，天道順則本末俱暢。【疏】兼，帶也，濟也，歸也。夫藝能之技，必須帶事。不帶於事，技術何施也！事苟失宜，（事）〔技〕便無用。（難）〔雖〕行於義，不可乖德；雖有此德，理須法道虛通；（故）〔雖〕曰虛通，終歸自然之術。斯乃理事相包，用不同耳。是故示本能攝末，自淺之深之義。

〔一〇〕【疏】夫兼天所以無爲，兼道所以無欲。故古之帝王養畜羣庶者，何爲哉？蓋無欲而蒼生各足，無爲而萬物自化也。

〔一一〕【疏】一人垂拱而玄默，百姓則比屋而可封。故老經云我好静而民自正。

〔一二〕【疏】一，道也。夫事從理生，理必包事，本能攝末，故知一，萬事畢。語在西升經，莊子引以爲證。【釋文】「記曰」書名也，云老子所作。

〔一三〕【注】一無爲而羣理都舉。【疏】夫迹混人間之事，心證自然之理，而窮原徹際，妙極重玄者，故在於顯則爲人物之所歸，處於幽則爲神鬼之所服。

〔校〕①闕誤引江南古藏本此二句作故通於天者道也，順於地者德也，行於萬物者義也。

夫子曰：「夫道，覆載萬物者也，洋洋乎大哉！君子不可以不刳心焉〔一〕。无爲爲之之謂天〔二〕，无爲言之之謂德〔三〕，愛人利物之謂仁〔四〕，不同同之之謂大〔五〕，行不崖異之謂寬〔六〕，有萬不同之謂富〔七〕。故執德之謂紀〔八〕，德成之謂立〔九〕，循於道之謂備〔一〇〕，不以物挫志之謂完〔一一〕。君子明於此十者，則韜乎其事心之大也〔一二〕，沛乎其爲萬物逝也〔一三〕。若然者，藏金於山，藏①珠於淵〔一四〕，不利貨財〔一五〕，不近貴富〔一六〕；不樂壽，不哀夭〔一七〕；不榮通，不醜窮〔一八〕；不拘一世之利以爲已私分〔一九〕，不以王天下爲已處顯〔二〇〕。顯則明〔二一〕，萬物一府，死生同狀〔二二〕。」

〔一〕【注】有心則累其自然，故當刳而去之。【疏】夫子者，老子也。莊子師老君，故曰夫子也。刳，去也，洒也。虛通之道，包羅無外，二儀待之以覆載，萬物得之以化生，何莫由斯，最爲物本。歎洋洋之美大，以勗當世之君王，可不法道之無爲，洗去有心之累者邪！【釋文】「夫子」司馬云：莊子也。一云：老子也。此兩夫子曰，元嘉本皆爲别章，崔本亦爾。「覆載」芳富反。「洋洋」音羊，又音詳。「不刳」口吳反，又口侯反。崔本作軒，云：寬悦之貌。「而去」起吕反。

〔二〕【注】不爲此爲，而此爲自爲，乃天道。【疏】無爲爲之，率性而動也。天機自張，故謂之天。此不爲爲也。

〔三〕【注】不爲此言，而此言自言，乃真德。【疏】寂然無説而應答無方，譬縣鏡高堂，物來斯照，語默不殊，故謂之德也。此不言而言者也。

〔四〕【注】此任其性命之情也。【疏】慈若雲行，愛如雨施，心無偏執，德澤弘普，措其性命，故謂之仁也。

〔五〕【注】萬物萬形，各止其分，不引彼以同我，乃成大耳。【疏】夫刻彫衆形，而性情各異，率其素分，僉合自然，任而不割，故謂之大也。

〔六〕【注】玄同彼我，則萬物自容，故有餘。【疏】夫韜光晦迹，而混俗揚波，若樹德不異於人，立行豈殊於物！而心無崖際，若萬頃之波，林藪蒼生，可謂寬容矣。

〔七〕【注】我無不同，故能獨有斯萬。【疏】位居九五，威誇萬乘，任庶物之不同，順蒼生之爲異，而羣性咸得，故能富有天下也。

〔八〕【注】德者，人之綱要。【疏】能持已前之德行者，可謂羣物之綱紀也。

〔九〕【注】非德而成者，不可謂立。　【疏】德行既成，方可立功而濟物也。

〔一〇〕【注】夫道非偏物也。　【疏】循，順也。能順於虚通，德行方足。　【釋文】「循」音旬，或作脩。

〔一一〕【注】内自得也。　【疏】挫，屈也。一毁譽，混榮辱，不以世物屈節，其德完全。　【釋文】「挫」作卧反。

〔一二〕【注】心大，故事無不容也。　【疏】韜，包容也。君子賢人，肆於已前十事，則能包容物務，心性寬大也。　【釋文】「韜」吐刀反。廣雅云：藏也。○俞樾曰：郭注未得事字之義。事心，猶立心也，言其立心之大也。禮記郊特牲篇鄭注曰：事，猶立也。釋名曰：事，傳也；傳，立也。並其證也。如郭注，則是心足以容事而非事心矣。吕氏春秋論人篇，事心乎自然之塗，亦以事心連文，義與此同，足證郭注之誤。

〔一三〕【注】德澤滂沛，任萬物之自往也。　【疏】逝，往也。心性寬閒，德澤滂沛，故爲羣生之所歸往也。　【釋文】「沛」普貝反。字林云：流也。「物逝」崔本逝作啓，云：開也。「滂沛」普旁反。

〔一四〕【注】不貴難得之物。　【疏】若如前行，便是無爲，既不羨於榮華，故不貴於寶貨。是以珠生於水，不索故藏之於淵；金出於山，不求故韜之於岳也。

〔一五〕【注】乃能忘我，況貨財乎！　【疏】雖得珠玉，尚不貪以資身；常用貨財，豈復將爲利也！

〔一六〕【注】自來寄耳，心常去之遠也。【疏】寄去寄來，不哀不樂，故外疏遠乎軒冕，內不近乎富貴也。【釋文】「不近」附近之近。

〔一七〕【注】所謂縣解。【疏】假令壽年延永，不以爲樂，性命夭促，不以爲哀。【釋文】「不樂」音洛。「縣解」上音玄，下音蟹。

〔一八〕【注】忘壽夭於胸中，況窮通之間哉！【疏】富貴榮達，不以爲榮華；貧賤窒塞，不以爲醜辱。壽夭（嘗）〔尚〕不以措意，榮辱之情，豈容介懷！

〔一九〕【注】皆委之萬物也。【疏】光臨宇宙，統御天下，四海珍寶，總繫一人而行，不利貨財，委之萬國，豈容拘束入己，用爲私分也！

〔二〇〕【注】忽然不覺榮之在身。【疏】覆育黔黎，王領天下，而推功於物，忘其富貴，故不以己大而榮顯也。【釋文】「不以王」于況反。下王德並同。

〔二一〕【注】不顯則默而已②。【疏】明，彰也。雖坐汾陽，喪其天下，必也顯智，豈曰韜光也！

〔二二〕【注】蛻然無所在也。【疏】忘於物我，故萬物可以爲一府；冥於變化，故死生同其形狀。死生無變於己，況窮通夭壽之間乎！【釋文】「蛻然」始銳反，又音悅。

〔校〕①闕誤引張君房本藏作沈。②趙諫議本已作止。

夫子曰：「夫道，淵乎其居也，漻乎其清也〔一〕。金石不得，无以鳴〔二〕。故金石有聲，不考不鳴〔三〕。萬物孰能定之〔四〕！夫王德之人，素逝而恥通於事〔五〕，立之本原而

知通於神〔六〕。故其德廣〔七〕，其心之出，有物採之〔八〕。故形非道不生，生非德不明〔九〕。存形窮生，立德明道，非王德者邪〔一〇〕！蕩蕩乎！忽然出，勃然動，而萬物從之乎！此謂王德之人〔一一〕。視乎冥冥，聽乎无聲〔一二〕。冥冥之中，獨見曉焉；无聲之中，獨聞和焉〔一三〕。故深之又深而能物焉〔一四〕，神之又神而能精焉〔一五〕；故其與萬物接也，至无而供其求〔一六〕，時騁而要其宿，大小，長短，脩遠〔一七〕。」

〔一〕【疏】至理深玄，譬猶淵海，漻然清絜，明燭（鬢）〔鬚〕眉。淵則歎其居寂以深澄，漻則歎其雖動而恒絜也。本亦作君字者。【釋文】「漻」李良由反，徐力蕭反，廣雅下巧反，云：清貌。

〔二〕【注】聲由寂彰。【疏】鳴由寂彰，應由真起也。

〔三〕【注】因以喻體道者物感而後應也。【疏】考，擊也。夫金石之內，素蘊宮商，若不考擊，終無聲響。亦（由）〔猶〕至人之心，實懷聖德，物若不感，無由顯應。前託淵水以明至道，此寄金石以顯聖心。

〔四〕【注】應感無方。【疏】喻彼明鏡，方茲虛谷，物來斯應，應而無心。物既脩短無窮，應亦方圓無定。○家世父曰：淵穆澄清之中，而天機自動焉。夫機之動也，有所以動之者也，而動無常。金石無常矣，而韶夏濩武，由所動而樂生焉，所以動之者，物莫能定也。

〔五〕【注】任素而往耳，非好通於事也。【疏】素，真也。逝，往也。王德不驕不（務）〔矜〕，任真而往，既抱朴以清高，故羞通於物務。【釋文】「非好」呼報反。

〔六〕【注】本立而知不逆。【疏】神者，不測之用也。常在理上，往而應物也。不測之神，知通於物，此之妙用，必資於本。欲示本能起用，用不乖本義也。【釋文】「而知」音智。注同。

〔七〕【注】任素通神，而後彌廣。【疏】夫清素無爲，任真而往，神知通物，而恒立本原，用不乖體，動不傷寂。德行如是，豈非大中之道耶！

〔八〕【注】物採之而後出耳，非先物而唱也。【疏】採，求也。夫至聖虛懷，而物我斯應，自非物求聖德，無由顯出聖心。聖心之出，良由物採。欲〔示〕和而不唱，不爲物先。

〔九〕【疏】形者，七尺之身；生者，百齡之命；德者，能澄之智；道者，可通之境也。道能通生萬物，故非道不生；德能鑒照理原，故非德不明。老經云，道生之，德畜之也。

〔一〇〕【疏】存，任也。窮，盡也。任形容之妍醜，盡生齡之夭壽，立盛德以匡時，用至道以通物。能如是者，其唯王德乎！

〔一一〕【注】忽，勃，皆無心而應之貌。動出無心，故萬物從之，斯蕩蕩矣。故能存形窮生，立德明道而成王德也。【疏】蕩蕩，寬平之名。忽，勃，無心之貌。物感而動，逗機而出，因循任物，物則從之。（猶）〔由〕具衆美，故爲王德也。

〔一二〕【疏】至道深玄，聖心凝寂，非色不可以目視，絶聲不可以耳聽。

〔一三〕【注】若夫視聽而不寄之於寂，則有闇昧而不和也。【疏】雖復冥冥非色，而能陶甄萬象，乃云寂寂無響，故能諧韻八音。欲明從體起用，功能如是者也。

〔一四〕【注】窮其原而後能物物。【疏】即有即無，即寂即應，遺之又遺，故深之又深。既而窮理盡性，故能物衆物也。

〔一五〕【注】極至順而後能盡妙。【疏】神者，不測之名。應寂相即，有無洞遺，既而非測非不測，亦〔非非〕不〔非〕測，乃是神之精妙。

〔一六〕【注】我確斯而都任彼，則彼求自供。【疏】遺之又遺，乃曰至無。而接物無方，隨機稱適，千差萬品，求者即供，若縣鏡高堂，物來斯照也。【釋文】「而供」音恭，本亦作恭。「確」苦學反。「斯」音賜，又如字。

〔一七〕【注】皆恣而任之，會其所極而已。【疏】騁，縱也。宿，會也。若夫體故至無，所以隨求稱適，故能順時因任，應物多方，要在會歸而不滯一。故或大或小，乍短乍長，乃至脩遠，恣其來者，隨彼機務，悉供其求，應病以藥，理無不當。

黃帝遊乎赤水之北，登乎崑崙之丘而南望，還①歸，遺其玄珠〔一〕。使知索之而不得〔二〕，使離朱索之而不得〔三〕，使喫詬索之而不得也〔四〕。乃使象罔，象罔得之〔五〕。黃帝曰：「異哉！象罔乃可以得之乎〔六〕？」

〔一〕【注】此寄明得真之所由。【疏】赤是南方之色，心是南方之藏。水性流動，位在北方。譬迷心緣鏡，闇無所照，故言赤水北也。崑丘，身也。南是顯明之方，望是觀見之義，玄則疏遠之目，珠乃珍貴之寶。欲明世間羣品，莫不身心迷妄，馳騁耽著，無所覺知，闇似北方，動如流水，迷真喪道，實此之由。今欲返本還源，祈真訪道，是以南望示其照察，還歸表其復命，故先明失真之處，後乃顯得道之方。所顯方法，列在下文。【釋文】「赤水」李云：水出崑崙山下。「還歸」音旋。「玄珠」司馬云：道真也。○慶藩案文選劉孝標廣絶交論注引司馬云：赤水，(而)〔水〕②假名，玄珠，喻道也，與釋文異。

〔二〕【注】言用知不足以得真。【疏】索，求也。故絶慮不可以心求也。【釋文】「使知」音智。注及下皆同。「索之」所白反。下同。

〔三〕【疏】非色，不可以目取也。

〔四〕【注】聰明喫詬，失真愈遠。【疏】喫詬，言辨也。離言不可以辨索。【釋文】「喫」口懈反。「詬」口豆反。司馬云：喫詬，多力也。○家世父曰：廣韻，喫，同噄。噄，聲也；詬，怒也，怒亦聲也。集韻云喫詬力諍者是也。知者以神索之，離朱索之形影矣，喫詬索之聲聞矣，是以愈索而愈遠也。象罔者，若有形，若無形，故曰眸而得之。即形求之不得，去形求之亦不得也。釋文引司馬云，喫詬，多力也，誤。

〔五〕【疏】罔象，無心之謂。離聲色，絶思慮，故知與離朱自涯而反，喫詬言辨，用力失真，唯罔象無心，獨得玄珠也。

〔六〕【注】明得真者非用心也，象罔然即真也。【疏】離婁迷性，恃明目而喪道，軒轅悟理，歎罔象而得珠。勸諸學生，故可以不離形去智，黜聰隳體也。

〔校〕①趙諫議本還作旋。②水字依胡刻本文選注改。

堯之師曰許由，許由之師曰齧缺，齧缺之師曰王倪，王倪之師曰被衣〔一〕。

〔一〕【疏】已上四人，並是堯時隱士，厭穢風塵，懷道抱德，清廉潔己，不同人世，堯知其賢，欲讓天下。莊生示有承禀，故具列其師資也。【釋文】「王倪」徐五兮反。「被衣」音披。

堯問於許由曰：「齧缺可以配天乎〔一〕？吾藉王倪以要之〔二〕。」

〔一〕【注】謂爲天子。

〔二〕【注】欲因其師以要而使之。【疏】配，合也。藉，因也。堯云：「齧缺之賢者，有合天位之德，庶因王倪，遥能屈致。」情事不決，故問許由。【釋文】「要之」一遥反。注同。

許由曰：「殆哉圾乎天下〔一〕！齧缺之爲人也，聰明叡知，給數以敏，其性過人〔二〕，而又乃以人受天〔三〕。彼審乎禁過，而不知過之所由生〔四〕。與之配天乎？彼且乘人而無天〔五〕，方且本身而異形〔六〕，方且尊知而火馳〔七〕，方且爲緒使〔八〕，方且爲物絯〔九〕，方且四顧而物應〔一〇〕，方且應衆宜〔一一〕，方且與物化〔一二〕而未始有恒〔一三〕。夫何足以配天乎？雖然，有族，有祖〔一四〕，可以爲衆父，而不可以爲衆父父〔一五〕。治，亂之率也〔一六〕，北面之禍也〔一七〕，南面之賊也〔一八〕。」

〔一〕【注】圾，危也。　【疏】殆，近也。圾，危也。若要齧缺，讓萬乘，危亡之徵，其則不遠也。

【釋文】「圾」本又作岌，五急反，又五合反。郭李云：危也。

〔二〕【注】聰敏過人，則使人跂之，屢傷於民也。　【疏】叡，聖也。給，捷也。敏，速也。夫聖人治天下也，冕旒垂目，黈纊塞耳，所以杜聰明，不欲多聞多見。今齧缺乃内懷聖知，外眩聰明，詞鋒捷辯，計數弘遠，德行性識，所作過人；其迹既彰，必以爲患。危亡之狀，列在已下。

【釋文】「給數」音朔。

〔三〕【注】用知以求復其自然。　【疏】物之喪真，其日已久，乃以心智之術，令復其初，故自然之性失之遠矣。

〔四〕【注】夫過生於聰知，而又役知以禁之，其過彌甚矣。故曰，無過在去知，不在於强禁。

【疏】過之所由生者，知也。言齧缺但知審禁蒼生之過患，而不知患生之由智也。　【釋文】「在去」起吕反。「於强」其丈反。

〔五〕【注】若與之天下，彼且遂使後世任知而失真。　【疏】若與天位，令御羣生，必運乎心智，伐乎天理，則物皆喪己，無復自然之性也。

〔六〕【注】夫以萬物爲本，則羣變可一而異形可同。斯迹也，將遂使後世由己以制物，則萬物乖矣。　【疏】方，將也。夫聖人無心，因循任物。今齧缺以己身爲本，引物使歸，令天下異形從我之化。物之失性，實此之由，後世之患，自斯而始也。【釋文】「方且」如字。凡言方且者，言方將有所爲也。

〔七〕【注】賢者當位於前，則知見尊於後，奔競而火馳也。【疏】夫不能忘智以任物，而尊知以御世，遂將徇迹，捨己効人，馳驟奔逐，其速如火矣。

〔八〕【注】將興後世事役之端。【疏】緒，端也。使，役也。不能無爲，而任知御物，後世勞役，自此爲端。

〔九〕【注】將遂使後世拘牽而制物。【疏】絯，礙也。不能用道以通人，方復任智以礙物也。【釋文】「物絯」徐戶隔反，廣雅公才反，云：束也。與郭義同。今用廣雅音。○家世父曰：釋文引廣雅云，絯，束也。疑絯當爲該。廣韻：該，備也，兼也。漢書律曆志該藏萬物，太玄經萬物該兼。緒使者，其緒餘足〔以〕役（役）〔使〕羣倫。物絯者，其機緘足以包羅萬物。

〔一〇〕【注】將遂使後世指麾以動物，令應（工）〔上〕①務。【疏】方將顧盼四方，撫安萬國，令彼之氓黎，應我之化法。【釋文】「令應」力呈反。

〔一一〕【注】將遂使後世不能忘善，而利仁以應宜也。【疏】用一己之知，應衆物之宜，既非無心，未免危殆矣。

〔一二〕【注】將遂使後世與物相逐，而不能自得於內。【疏】將我已知，施與物衆，令庶物從化，物既失之，我亦未得也。

〔一三〕【注】此皆盡當時之宜也，然今日受其德，而明日承其弊矣，故曰未始有恒。【疏】以智理物，政出多門，前荷其德，後遭其弊，既乖淳古，所以無恒。

〔一四〕【注】其事類可得而祖效。【疏】族，藪也。夫齧缺隱居山藪，高尚其志，不能混迹，未足配天。而混俗之中，罕其輩類，故志尚清遐，良可效耳。○家世父曰：族者，比類之迹也。祖者，生物之原也。從其比類而合之，則萬物統於一，而主宰夫物者羣生之歸也；從其生物之原而求之，則萬物託始於無，而生物者枝流之衍也。未究乎生物之原，而竊竊焉比類以求合，而治亂緜以生，君臣之禍緜以起矣。

〔一五〕【注】衆父父者，所以迹也。【疏】父，君也。言齧缺高尚無爲，不夷乎俗，雖其道可述，適可爲衆人之父，而未可爲父父也。父父者，堯也。夫堯寄坐萬物之上，而心馳乎姑射之山，往見四子之時，即在汾陽之地。是以即寂而動，即動而寂，無爲有爲，〔有〕爲無爲（有），有無一時，動寂相即，故可爲君中之君，父中之父。所爲窮理盡性，玄之又玄，而爲衆父之父，故其宜矣。故郭注云，衆父父者所以迹也。

〔一六〕【注】言非但治主，乃爲亂率。【疏】率，主也。若用智理物，當時雖治，於後必亂。二塗皆以智爲率。【釋文】「治亂」直吏反。注同。「之率」色類反。注同。又色律反。

〔一七〕【注】夫桀紂非能殺賢臣，乃賴聖知之迹以禍之。【疏】桀紂賴聖知以殺賢臣，故聖知是北面之禍也。

〔一八〕【注】田桓非能殺君，乃資仁義以賊之。　【疏】田桓資仁義以殺主，故仁義南面之賊。注云，田桓非能殺君，乃資仁義以賊之。　【釋文】「殺君」音試。本又作弑，音同。

〔校〕①上字依宋本改。

堯觀乎華。華封人曰：「嘻，聖人！請祝聖人。」〔一〕

〔一〕【疏】華，地名也，今華州也。封人者，謂華地守封疆之人也。嘻，歎聲也。封人見堯有聖人之德，光臨天下，請祝願壽富，多其男子。　【釋文】「華」胡化反，又胡花反。司馬云：地名也。「封人」司馬云：守封疆人也。「曰嘻」音熙。「請祝」之又反，又州六反。

「使聖人壽。」堯曰：「辭。」「使聖人富。」堯曰：「辭。」「使聖人多男子。」堯曰：「辭。」〔一〕

〔一〕【疏】夫富壽多男子，實爲繁擾，而能體之者，不廢無爲。故寄彼二人，明茲三患。辭讓之旨，列在下文。

封人曰：「壽，富，多男子，人之所欲也。女獨不欲，何邪？」〔一〕

〔一〕【疏】前之三事，人之大欲存焉。女獨致辭，有何意謂？　【釋文】「女獨」音汝。後同。

堯曰：「多男子則多懼，富則多事，壽則多辱。是三者，非所以養德也，故辭。」〔一〕

〔一〕【疏】夫子嗣扶疏，憂懼斯重；財貨殷盛，則事業實繁；命壽延長，則貽困辱。三者未足養無爲之德，適可以益有爲之累，所以並辭。

封人曰：「始也我以女爲聖人邪，今然君子也〔一〕。天生萬民，必授之職。多男子而授之職，則何懼之有！〔二〕富而使人分之，則何事之有〔三〕！夫聖人，鶉居〔四〕而鷇食〔五〕，鳥行而无彰〔六〕；天下有道，則與物皆昌〔七〕；天下无道，則脩德就閒〔八〕；千歲厭世，去而上僊〔九〕；乘彼白雲，至於帝鄉〔一〇〕；三患莫至，身常无殃；則何辱之有〔一一〕！」

〔一〕【疏】我始言女有無雙照，便爲體道聖人；今既舍有趣無，適是賢人君子也。

〔二〕【注】物皆得所而志定也。【疏】天地造化爲萬物，各有才能，量才授官，有何憂懼！

〔三〕【注】寄之天下，故無事也。【疏】百姓豐饒，四海殷實，寄之羣有而不以私焉，斯事無爲也。

〔四〕【注】無意而期安也。【釋文】「鶉」音淳。「居」鶉居，謂無常處也。又云：如鶉之居，猶言野處。

〔五〕【注】仰物而足。【疏】鶉，鶕鶉也，野居而無常處。鷇者，鳥之子，食必仰母而足。聖人寢處儉薄，譬彼鶕鶉；供膳裁充，方茲鷇鳥。既無心於侈靡，豈有情於滋味乎！【釋文】「鷇」口豆反。「食」爾雅云：生哺，鷇。鷇食者，言仰物而足也。○盧文弨曰：舊生譌主，今改正。

〔六〕【注】率性而動，非常迹也。【疏】彰，文迹也。夫聖人灰心滅智而與物俱冥，猶如鳥之飛行，無踪跡而可見也。

〔七〕【注】猖狂妄行而自蹈大方也。【疏】運屬清夷，則撫臨億兆；物來感我，則應時昌盛。郭注云猖狂妄行，恐乖文旨。

〔八〕【注】雖湯武之事，苟順天應人，未爲不閒也。故無爲而無不爲者，非不閒也。【疏】時逢擾亂，則混俗韜光，脩德隱迹，全我生道，嘉遁閒居，逍遥遁世。所謂隱顯自在，用捨隨時。【釋文】「就閒」音閑。注同。

〔九〕【注】夫至人極壽命之長，任窮（理）〔通〕①之變，其生也天行，其死也物化，故云厭世而上僊也。【疏】夫聖人達生死之不二，通變化之爲一，故能盡天年之脩短，厭囂俗以消升。何必鼎湖之舉，獨爲上僊，安期之壽，方稱千歲！【釋文】「上僊」音仙。

〔一〇〕【注】氣之散，無不之。【疏】精靈上升，與太一而冥合，乘雲御氣，屆於天地之鄉。

〔一一〕【疏】三患，前富壽多男子也。夫駕造物而來往，乘變化而遨遊，三患本自虛無，七尺來從非有，殃辱之事，曾何足云！

〔校〕①通字依王叔岷説改。

封人去之。堯隨之，曰：「請問。」〔一〕

〔一〕【疏】請言既訖，封人於是去之。堯方悟其非，所以請問。

封人曰：「退已①〔一〕！」

〔一〕【疏】所疑已決，宜速退歸。

〔校〕①闕誤引江南古藏本已作紀。

堯治天下，伯成子高立爲諸侯。堯授舜，舜授禹，伯成子高辭爲諸侯而耕。〔一〕禹往見之，則耕在野。禹趨就下風，立而問焉，曰：「昔堯治天下，吾子立爲諸侯。堯授舜，舜授予，而吾子辭爲諸侯而耕，敢問，其故何也？」〔二〕

〔一〕【疏】伯成子高，不知何許人也，蓋有道之士。【釋文】「伯成子高」通變經云：老子從此天地開闢以來，吾身一千二百變，後世得道，伯成子高是也。

〔二〕【疏】唐虞之世，南面稱孤，逮乎有夏，退耕於野。出處頓殊，有何意謂？

子高曰：「昔堯治天下，不賞而民勸，不罰而民畏〔一〕。今子賞罰而民且不仁，德自此衰，刑自此立，後世之亂自此始矣〔二〕。夫子闔行邪？无落吾事！」俋俋乎耕而不顧〔三〕。

〔一〕【疏】夫賞罰者，所以著勸畏也。而堯以無爲爲治，物物從其化，故百姓不待其褒賞而自勉行善，無勞刑罰而畏惡不爲。此顯堯之聖明，其德如是。

〔二〕【疏】盛行賞罰，百姓猶不仁，至德既衰，是以刑書滋起，故知將來之亂，從此始矣。

〔三〕【注】夫禹時三聖相承，治成德備，功美漸去，故史籍無所載，仲尼不能閒，是以雖有天下而不與焉，斯乃有而無之也。故考其時而禹爲最優，計其人則雖三聖，故一堯耳。時無聖人，故天下之心俄然歸啓。夫至公而居當者，付天下於百姓，取與之非己，故失之不求，得之不辭，忽然而往，侗然而來，是以受非毀於廉節之士而名列於三王，未足怪也。莊子因斯以明堯之弊，弊起於堯而釁成於禹，況後世之無聖乎！寄遠跡於子高，便①棄而不治，將以絶聖而反一，遺知而寧極耳。其實則未聞也。夫莊子之言，不可以一途詰，或以黃帝之迹禿堯舜之脛，豈獨貴堯而賤禹哉！故當遺其所寄，而録其絶聖棄智之意焉。【疏】闔，何不也。落，廢也。俋俋，耕地之貌。伯成謂禹爲夫子。「夫子何不行去耶！莫廢我農事。」於是用力而耕，不復顧盼也。夫三聖相承，蓋無優劣，但澆淳異世，故其迹不同。郭注云弊起於堯而釁成於禹者，欲明有聖不如無聖，有爲不及無爲，故尚遠迹，以明絶聖棄智者耳。【釋文】「闔」本亦作盍，胡臘反。「无落」落，猶廢也。「俋俋」徐於執反，又直立反。李云：耕貌。一云：耕人行貌。又音秩，又於十反。字林云：勇壯貌。「治成」直吏反。「能閒」閒廁之閒。「不與」音豫。「侗」音洞，又音同。

〔校〕①趙諫議本便作使。

泰初有无，无有无名〔一〕；一之所起，有一而未形〔二〕。物得以生，謂之德〔三〕；未形者有分，且然无閒，謂之命〔四〕；留動而生物，物成生理，謂之形〔五〕；形體保神，各有儀則，謂之性〔六〕。性脩反德，德至同於初〔七〕。同乃虛，虛乃大〔八〕。合喙鳴〔九〕；喙鳴合，與天地爲合〔一〇〕。其合緡緡，若愚若昏〔一一〕，是謂玄德，同乎大順〔一二〕。

〔一〕【注】無有，故無所名。【疏】泰，太；初，始也。元氣始萌，謂之太初，言其氣廣大，能爲萬物之始本，故名太初。太初之時，惟有此無，未有於有。有既未有，名將安寄！故無有無名。【釋文】「泰初」易説云：氣之始也。

〔二〕【注】一者，有之初，至妙者也，至妙，故未有物理之形耳。夫一之所起，起於至一，非起於無也。然莊子之所以屢稱無於初者，何哉？初者，未生而得生，得生之難，而猶上不資於無，下不待於知，突然而自得此生矣，又何營生於已生以失其自生哉！【疏】一（應）〔者〕道也，有一之名而無萬物之狀。

〔三〕【注】夫無不能生物，而云物得以生，乃所以明物生之自得，任其自得，斯可謂德也。【疏】德者，得也，謂得此也。夫物得以生者，外不資乎物，内不由乎我，非無非有，不自不他，不知所以生，故謂之德也。

〔四〕【疏】雖未有形質，而受氣以有素分，然且此分脩短，㲉乎更無閒隙，故謂之命。【釋文】「有分」符問反。「无閒」如字。○家世父曰：一陰一陽之謂道，繼之者善也，成之者性也。物得其生，所謂繼之者善也，未有德之名也。至凝而爲命，而性含焉，所謂成之者性也。命立而各肖乎形，踐形而乃反乎性，各有儀則，盡性之功也。莊生於此蓋亦得其恍惚。

〔五〕【疏】畱，静也。陽動陰静，氤氳升降，分布三才，化生萬物，物得成就，生理具足，謂之形也。

【釋文】「畱動」畱，或作流。

〔六〕【注】夫德形性命，因變立名，其於自爾一也。【疏】體，質；保，守也。稟受形質，保守精神，形則有醜有妍，神則有愚有智。既而宜循軌則，各自不同，素分一定，更無改易，故謂之性也。

〔七〕【注】恒以不爲而自得之。【疏】率此所稟之性，脩復生初之德，故至其德處，同於太初。

〔八〕【注】不同於初，而中道有爲，則其懷中故爲有物也，有物而容養之德小矣。【疏】同於太初，心乃虚豁；心既虚空，故能包容廣大。

〔九〕【注】無心於言而自言者，合於喙鳴。【疏】喙，鳥口也。心既虚空，迹復冥物，故其説合彼鳥鳴。鳥鳴既無心於是非，聖言豈有情於憎愛！【釋文】「喙」丁豆反，又充芮喜穢二反。

〔一〇〕【注】天地亦無心而自動。【疏】言既合於鳥鳴，德亦合於天地。天地無心於覆載，聖人無心於言説，故與天地合也。

〔一一〕【注】坐忘而自合耳，非照察以合之。【疏】緡，合也。聖人内符至理，外順羣生，唯迹與本，罄無不合，故曰緡緡。是混俗揚波，同塵萬物，既若愚迷，又如昏暗。又解：既合喙鳴，又合天地，亦是緡緡。【釋文】「緡緡」武巾反。

〔二〕【注】德玄而所順者大矣。【疏】總結已前，歎其美盛。如是之人，可謂深玄之德，故同乎太初，大順天下也。

夫子問於老聃曰：「有人治道若相放，可不可，然不然〔一〕。辯者有言曰，『離堅白若縣寓〔二〕。』若是則可謂聖人乎〔三〕？」

〔一〕【注】若相放效，强以不可爲可，不然爲然，斯矯其性情也。【疏】師於老聃，所以每事請答。汎論無的，故曰有人。布行政化，使人效放，以己制物，物失其性，故己之可者，物或不可，己之然者，物或不然，物之可然，於己亦爾也。【釋文】「夫子」仲尼也。「相方」如字，又甫往反。本亦作放，甫往反。注同①。「强以」其兩反。

〔二〕【注】言其高顯易見。【疏】堅白，公孫龍守白論也。孔穿之徒，堅執此論，當時獨步，天下無敵。今辯者云：我能離析堅白之論，不以爲辯，雄辯分明，如縣日月於區宇。故郭注云言其高顯易見也。【釋文】「縣」音玄。「寓」音宇，司馬云：辯明白若縣室在人前也。「易見」以豉反。

〔三〕【疏】結前問意。「如是之人，得爲聖否？」

〔校〕①世德堂本作相放，甫往反，注同。本作作方，如字，又甫往反。

老聃曰：「是胥易技係勞形怵心者也〔一〕。執留①之狗成思，猿狙之便自山林來〔二〕。丘，予告若，而所不能聞與而所不能言。凡有首有趾无心无耳者衆〔三〕，有形者與无形无狀而皆存者盡无〔四〕。其動，止也；其死，生也；其廢，起也。此又非其所以也〔五〕。有治在人〔六〕，忘乎物，忘乎天，其名爲忘己〔七〕。忘己之人，是之謂入於天〔八〕。」

〔一〕【疏】胥，相也。言以是非更相易奪，用此技藝係縛其身，所以疲勞形體，怵惕心慮也。此答前問意。技，有本或作枝字者，言是非易奪，枝分葉派也。【釋文】「技係」其綺反。

〔二〕【注】言此皆失其常然也。【疏】猿狙，獮猴也。執捉狐狸之狗，多遭係頸而獵，既不自在，故成愁思。猿猴本居山林，逶迤放曠，爲（挑）〔跳〕攫便捷，故失其常處。狸，有本作貍者，竹鼠也。【釋文】「執留」如字。本又作（狸）〔貍〕，音同。一本作（留）〔狸〕②，亦如字。司馬云：貍③，竹鼠也。一云：執留之狗，謂有能故被留係，成愁思也。○家世父曰：釋文，留如字，一本作狸，司馬云，狸，竹鼠也。疑狸不當爲鼠。秋水篇騏驥驊騮一日而馳千里，捕鼠不如狸狌，非鼠可知。如司馬説，字當作鼦。説文：鼦，竹鼠也。埤雅：一名竹鼦。郭璞山海經注其音如留牛，亦引此文執留之狗爲證，則此本作留。然山海經自謂留牛，此自謂竹鼠，亦未宜混而一之。司馬一云，執留之狗，謂有能故被留繫。説文：留，止也，謂繫而止之。熟玩文義，言狗留繫思，脱然以去。猨狙之在山林，號爲便捷矣，而可執之以來，皆失其性者也。於執狸之説無取，當從司馬後説。「猿」音袁。「狙」七徐反。「之便」婢面反，徐扶面反。司馬云：言便捷見捕。

〔三〕【注】首趾，猶始終也。無心無耳，言其自化。【疏】若，而，皆汝也。首趾，終始也。理絶言辯，故不能聞言也。又不可以心慮知，耳根聽，故言無心無耳也。凡有識無情，皆曰終始，故言衆也。咸不能以言説，悉不可以心知，汝何多設猿狙之能，高張懸寓之辯，令物效己，豈非過乎！

〔四〕【注】言有形者善變，不能與無形無狀者並存也。故善治道者，不以故自持也，將順日新之化而已。【疏】有形者，身也；無形者，心也。汝言心與身悉存，我以理觀照，盡見是空也。

〔五〕【注】此言動止死生，盛衰廢興，未始有恒，皆自然而然，非其所用而然，故放之而自得也。【疏】時有動静，物有死生，事有興廢，此六者，自然之理，不知所以然也。豈關人情思慮，倣效能致哉！但任而順(之)物之自當也。

〔六〕【注】不在乎主自用。【疏】人各(有)率性而動，天機自張，非(猶)〔由〕主教。

〔七〕【注】天物皆忘，非獨忘己，復何(所)④有哉？【疏】豈惟物務是空，抑亦天理非有。唯事與理，二種皆忘，故能造乎非有非無之至也。【釋文】「復何」扶又反。

〔八〕【注】人之所不能忘者，己也，己猶忘之，又奚識哉！斯乃不識不知而冥於自然。【疏】入，會也。凡天下難忘者，己也，而己尚能忘，則天下有何物足存哉！是知物我兼忘者，故冥會自然之道也。○家世父曰：有首有趾，人物之所同也；無心而不能慮事，若鳥獸是也；無耳而不能聞聲，若蟲魚是也。其動止，其死生，其廢起，一皆天地之化機也。化機之在天地，不窮於物，無形無狀，推移動盪天地之中者，皆化機也。而有治在人，人其多事矣乎！强物以從治，不如忘己而聽諸物之適然也。○慶藩案此言唯忘己之人能與天合德也。管子白心篇尹注：天地，忘形者也。能效天地者，其唯忘己乎！與此同意。

〔校〕①趙諫議本留作狸。②猫字狸字依釋文本改。③世德堂本作狸，此依釋文原本。④所字依趙本删。

將閭葂見季徹曰：「魯君謂葂也曰：『請受教。』辭不獲命，既已告矣，未知中否，請嘗薦之〔一〕。吾謂魯君曰：『必服恭儉，拔出公忠之屬而无阿私，民孰敢不輯〔二〕！』」

〔一〕【疏】薦，獻也。蔣閭及季，姓也。葂，徹，名也。此二賢未知何許人也，未詳所據。魯君，魯侯也，伯禽之後，未知的是何公。魯公見葂，請受治國之術，雖復辭不得免君之命，遂告魯君爲政之道。當時率爾，恐不折中，敢陳所告，試獻吾賢。必不宜，幸希鍼艾。【釋文】「將」一本作蔣。「閭」力於反。「葂」字亦作莬，音免，又音晚，郭音問。將閭葂，人姓名也。一云：姓將閭，名莬。或云：姓蔣，名閭葂也。「季徹」人姓名也，蓋季氏之族。「魯君」或云：

定公。「知中」丁仲反。

〔二〕【疏】阿，曲也。孰，誰也。輯，和也。夫爲政之道，先須躬服恭敬，儉素清約，然後拔擢公平忠節之人，銓衡質直無私之士，獻可替否，共治百姓，則蕃境無虞，域中清謐，民歌擊壤，誰敢不和！【釋文】「不輯」音集。爾雅云：和也。又側立反。郭思魚反。

季徹局局然笑曰：「若夫子之言，於帝王之德，猶螳蜋之怒臂以當車軼，則必不勝任矣〔一〕。且若是，則其自爲處危，其觀臺〔二〕多，物將往〔三〕，投迹者衆〔四〕。」

〔一〕【注】必服恭儉，非忘儉而儉也；拔出公忠，非忘忠而忠也。故雖無阿私，而不足以勝矯詐之任也。【疏】局局，俛身而笑也。夫必能恭儉，拔出公忠，此皆僞情，非忘淡者也。故以此言爲南面之德，何異乎螳蜋怒臂以敵車轍！用小擬大，故不能任也。【釋文】「局局」其玉反。一云：大笑之貌。「螳蜋」音堂郎。「車軼」音轍。○慶藩案釋文軼音轍，是也。轍，車轍也。古轍字通作軼。戰國策車軼之所至，注：軼，音轍。（說文無轍篆，轍即徹也。）史記文帝紀結軼於道，注亦音轍。漢書文帝紀作結轍，是其證。「不勝」音升。注同。

〔二〕【注】此皆自處高顯，若臺觀之可覩也。【疏】夫恭儉公忠，非能忘淡，適自顯燿以炫衆。人既高危，必遭隳敗，猶如臺觀峻聳，處置危縣，雖復行李觀見，而崩毀非久。【釋文】「自爲遽」其據反。本又作處。○盧文弨曰：今本作處。「觀臺」古亂反。注同。

〔三〕【注】將使物不止於本性之分，而矯跂自多以附之。【疏】觀臺高迥，人競觀之，立行自多，物争歸湊。○家世父曰：觀臺多，言使民觀象受法，其事繁也。郭象以危其觀臺斷句，恐誤。

〔四〕【注】亢足投迹，不安其本步也。【疏】顯燿動物，物不安分，故舉足投迹，企踵者多也。

蔣閭葂覤覤然驚曰：「葂也汒若於夫子之所言矣〔一〕。雖然，願先生之言其風也〔二〕。」

〔一〕【疏】覤覤，驚貌也。汒，無所見也。乍聞高議，率爾驚悚，思量不悟，所以汒然矣。【釋文】「覤覤」許逆反，又生責反。或云：驚懼之貌。「汒若」本或作芒。武剛反，郭武蕩反。

〔二〕【疏】風，教也。我前所陳，深爲乖理，所願一言，庶爲法教。○俞樾曰：風當讀爲凡，猶云言其大凡也。風本從凡聲，故得通用。

季徹曰：「大聖之治天下也，摇蕩民心，使之成教易俗，舉滅其賊心而皆進其獨志，若性之自爲，而民不知其所由然〔一〕。若然者，豈兄堯舜之教民，溟涬然弟之哉〔二〕？欲同乎德而心居矣〔三〕。」

〔一〕【注】夫志各有趣，不可相效也。故因其自摇而摇之，則雖摇而非爲也；因其自蕩而蕩之，則雖蕩而非動也。故其賊心自滅，獨志自進，教成俗易，悶然無迹，履性自爲而不知所由，皆云我自然矣。（舉，皆也）①。【疏】夫聖治天下，大順羣生，乘其自摇而作法，因其自蕩而成教；是以教成而迹不顯，俗易而物不知，皆除滅其賊害之心，而進脩獨化之志。不動於物，故若性之自爲；率性而動，故不知其所由然也。舉，皆也。【釋文】「舉滅」舉，皆也。「悶然」音門。

〔二〕【注】溟涬，甚貴之謂也。不肯多謝堯舜而推之爲兄也。【疏】溟涬，甚貴之謂也。若前方法，以教蒼生，則治合淳古，物皆得性，詎須獨貴堯舜而推之爲兄邪！此意揖讓之風，不讓唐虞矣。【釋文】「豈兄」元嘉本作豈足。「溟」亡頂反。「涬」户頂反。

〔三〕【注】居者，不逐於外也，心不居則德不同也。【疏】居，安定之謂也。夫心馳分外，則觸物參差；虚夷静定，則萬境唯一。故境之異同，在心之静亂耳。是以欲將堯舜同德者，必須定居其心也。

〔校〕①舉皆也三字係釋文誤入，依趙諫議本删。

子貢南遊於楚，反於晉，過漢陰，見一丈人方將爲圃畦，鑿隧而入井，抱甕而出灌，搰搰然用力甚多而見功寡。〔一〕子貢曰：「有①械於此，一日浸百畦，用力甚寡而見功多，夫子不欲乎〔二〕？」

〔一〕【疏】水南曰陰，種蔬曰圃，埒中曰畦。隧，地道也。搰搰，用力貌也。丈人，長者之稱也。子貢南遊荆楚之地，塗經漢水之陰，遂與丈人更相汎答。其抑揚詞調，具在文中。莊子因託二賢以明稱混沌。【釋文】「圃」布户反，又音布，園也。李云：菜蔬曰圃。「畦」〔曰〕〔户〕②圭反。李云：埒中曰畦。説文云：五十畝曰畦。「隧」音遂。李云：道也。「甕」烏送反。字亦作瓮。「搰搰」苦骨反，徐李苦滑反，郭忽滑反。用力貌。一音胡没反。

〔二〕【疏】槭，機器也。子貢既見丈人力多而功少，是以教其機器，庶力少功多。輒進愚誠，未知欲否？【釋文】「有槭」户戒反。字林作械③。李云：器械也。「浸」子鴆反。司馬云：灌也。

〔校〕①闕誤引張君房本有下有機字。②户字依世德堂本及釋文原本改。③械疑摵字之誤。

爲圃者卬①而視之曰：「柰何〔一〕？」曰：「鑿木爲機，後重前輕，挈水若抽，數如泆湯，其名爲②槔〔二〕。」爲圃者忿然作色而笑曰：「吾聞之吾師，有機械者必有機事，有機事者必有機心。機心存於胸中，則純白不備；純白不備，則神生不定；神生不定者，道之所不載也。吾非不知，羞而不爲也〔三〕。」

〔一〕【疏】柰何，猶如何，(謂)〔請〕其方法也。【釋文】「卬而」音仰。本又作仰。

〔二〕【疏】機，關也。提挈其水，灌若抽引，欲論數疾，似泆湯之騰沸，前輕後重，即今之所用桔槔也。【釋文】「挈水」口節反。「若抽」敕留反。李云：引也。司馬崔本作流。「數如」所角反，徐所録反。「泆湯」音逸。本或作溢。李云：疾速如湯沸溢也。司馬本作佚蕩，亦言其往來數疾如佚蕩。佚蕩，唐佚也。「槔」本又作橋，或作皋，同。音羔，徐居橋反。司馬李云：桔槔也。

〔三〕【注】夫用時之所用者，乃純備也。斯人欲脩純備，而抱一守古，失其旨也。【疏】夫有機關之器者，必有機動之務；有機動之務者，必有機變之心。機變存乎胸府，則純粹素白不圓備矣。純粹素白不圓備，則精神懸境，生滅不定。不定者，至道不載也，是以羞而不爲。此未體真脩，故抱一守白者也。【釋文】「吾師」謂老子也。

〔校〕①趙諫議本卬作仰。②闕誤引張君房本爲作桔。

子貢瞞然慙，俯而不對〔一〕。

〔一〕【疏】瞞，羞怍之貌也。既失所言，故不知何答也。【釋文】「瞞」武版反，又亡安反。字林云：目眥平貌。李〔作憪〕天典反，慙貌。一音門，又亡干反。司馬本作憮，音武。崔本作撫。

有閒，爲圃者曰：「子奚爲者邪〔一〕？」

〔一〕【疏】有閒，俄頃也。奚，何也。問子貢：「汝是誰門徒？作何學業？」

曰：「孔丘之徒也〔一〕。」

〔一〕【疏】答，宣尼之弟子也。○慶藩案一切經音義二十五引司馬云：徒，弟子也。釋文闕。

爲圃者曰：「子非夫博學以擬聖，於于以蓋衆，獨弦哀歌以賣名聲於天下者乎〔一〕？汝方將忘汝神氣，墮汝形骸，而庶幾乎〔二〕！而身之不能治，而何暇治天下乎！子往矣，无乏吾事〔三〕！」

〔一〕【疏】於于，佞媚之謂也。言汝博學贍聞，擬似聖人，諂曲佞媚，以蓋羣物；獨坐弦歌，抑揚哀歎，執斯聖迹，賣彼名聲，歷聘諸國，徧行天下。【釋文】「於于」並如字。本或作唹吁，音同。司馬云：夸誕貌。一云：行仁恩之貌。「以蓋衆」司馬本蓋作善。○家世父曰：應帝王，其卧徐徐，其覺于于。説文：于，於也，象氣之舒。是於于字同，於于，猶于于也。

〔二〕【注】不忘不墮，則無庶幾之道。【疏】幾，近也。汝忘遺神氣，墮壞形骸，身心既忘，而後庶近於道。【釋文】「墮」許規反。

〔三〕【疏】而，汝也。乏，闕也。夫物各自治，則天下理矣；以己理物，則大亂矣。如子貢之德，未足以治身，何容應聘天下！理宜速往，無廢吾業。【釋文】「无乏」乏，廢也。

子貢卑陬失色，項項然不自得，行三十里而後愈〔一〕。

〔一〕【疏】卑陬，慙怍之貌。項項，自失之貌。既被詆訶，顔色自失，行三十里，方得復常。【釋文】「卑陬」走侯反，徐側留反。李云：卑陬，愧懼貌。一云：顔色不自得也。「項項」本又作旭旭，許玉反。李云：自失貌。

其弟子曰：「向之人何爲者邪？夫子何故見之變容失色，終日不自反邪？」〔一〕

〔一〕【疏】反，復也。子貢之門人謂賜爲夫子也。「向見之人，脩何藝業，遂使先生一覩，容色失常，竟日崇朝，神氣不復？」門人怪之，所以致問。【釋文】「向之」許亮反。本又作鄉，音同。後倣此。

曰：「始吾以爲天下一人耳〔一〕，不知復有夫人也〔二〕。吾聞之夫子，事求可，功求成。用力少，見功多者，聖人之道。〔三〕今徒不然。執道者德全，德全者形全，形全者神全。神全者，聖人之道也。託生與民並行而不知其所之，汒乎淳備哉！功利機巧必忘夫人之心。〔四〕若夫人者，非其志不之，非其心不爲。雖以天下譽之，得其所謂，謷然不顧；以天下非之，失其所謂，儻然不受。天下之非譽，无益損焉，是謂全德之人哉！我之謂風波之民。〔五〕」

〔一〕【注】謂孔丘也。

〔二〕【疏】昔來稟學，宇内唯夫子一人；今逢丈人，道德又更深遠，所以卑慙不能自得也。既未體乎真假，實謂賢乎仲尼也。【釋文】「復有」扶又反。「夫人」音符。下夫人同。

〔三〕【注】聖人之道，即用百姓之心耳。【疏】夫事以適時爲可，功以能遂爲成。故力少而見功多者，則是適時能遂之機。子貢述昔時所聞，以爲聖人之道。

〔四〕【注】此乃聖王之道，非夫人道也。子貢聞其假修之説而服之，未知純白者之同乎世也。【疏】今丈人問余，則不如此。言執持道者則德行無虧，德全者則形不虧損，形全者則精神專一。神全者則寄迹人間，託生同世，雖與羣物並行，而不知所往，芒昧深遠，不可測量。故其操行淳和，道德圓備，不可以此功利機巧語其心也。斯乃聖人之道，非假修之術。子貢未悟，妄致斯談。【釋文】「汒乎」莫剛反。「之心」心，或作道。

〔五〕【注】此宋榮子之徒，未足以爲全德。子貢之迷没於此人，即若列子之心醉於季咸也。【疏】謷〔是〕誕慢之容，儻是無心之貌。丈人志氣淳素，不任機巧，心懷寡欲，不務有爲。縱令舉世讚譽，稱爲〔斯〕〔有〕德，知爲無益，曾不顧盼；舉世非毁，聲名喪失，達其無損，都不領受；既毁譽不動，可謂全德之人。夫水性雖澄，逢風波起，我心不定，類彼波瀾，故謂之風波之民也。郭注云，此宋榮子之徒，未足以爲全德。子貢之迷没於此人，即若列子之心醉於季咸。【釋文】「譽之」音餘，下同。「謷然」五羔反。司馬本作警。「儻然」本亦作黨。司馬本作儻，同。敕蕩反，郭吐更反。

反於魯，以告孔子。孔子曰：「彼假脩渾沌氏之術者也〔一〕；識其一，不知其二〔二〕；治其内，而不治其外〔三〕。夫明白入素，无爲復朴，體性抱神，以遊世俗之間者，汝將固驚邪〔四〕？且渾沌氏之術，予與汝何足以識之哉〔五〕！」

〔一〕【注】以其背今向古，羞爲世事，故知其非真渾沌也。【疏】子貢自魯適楚，反歸於魯，以其情事，咨告孔子。夫渾沌者，無分别之謂也。既背今向古，所以知其〔不〕〔非〕真渾沌氏之術也。【釋文】「渾」胡本反。「沌」徒本反。「背今」音佩。

〔二〕【注】徒識脩古抱灌之朴，而不知因時任物之易也。【疏】識其一，謂〔向〕古而不移也。不知其二，謂不能順今而適變。【釋文】「之易」以豉反。

〔三〕【注】夫真渾沌，都不治也，豈以其外内爲異而偏有所治哉！　【疏】抱道守素，治内也；不能隨時應變，不治外也。

〔四〕【注】此真渾沌也，故與世同波而不自失，則雖遊於世俗而泯然無迹，豈必使汝驚哉！

【疏】夫心智明白，會於質素之本；無爲虛淡，復於淳朴之原。悟真性而抱精淳，混囂塵而遊世俗者，固當江海蒼生，林藪萬物，鳥獸不駭，人豈驚哉！　而言汝將固驚者，明其（必）不〔必〕驚也。○俞樾曰：固讀爲胡。胡固皆從古聲，故得通用。汝將胡驚邪，言汝與真渾沌遇則不驚也。郭注曰，故與世同波而不自失，則雖遊於世俗而泯然無迹，豈必使汝驚哉！　正得其意。古書胡字或以故字爲之。管子侈靡篇，公將有行，故不送公，墨子尚賢中篇，故不察尚賢爲政之本也，皆以故爲胡之證。禮記哀公問篇鄭注曰：固，猶故也。是以固爲胡，猶以故爲胡矣。

〔五〕【注】在彼爲彼，在此爲此，渾沌玄同，孰識之哉？　所識者常識其迹耳。　【疏】夫渾沌無心，妙絶智慮，假令聖賢特達，亦何足識哉！　明恍惚深玄，故推之於情意之表者也。

諄芒將東之大壑，適遇苑風於東海之濱〔一〕。苑風曰：「子將奚之〔二〕？」

〔一〕【疏】諄，淳也。苑，小風也，亦言是扶摇大風也。濱，涯；大壑，海也。諄芒苑風，皆寓言也。莊生寄此二人，明於大道，故假爲賓主，相值海涯。　【釋文】「諄」郭之倫反，又述倫反。

「芒」本或作汒，武剛反。李云：望之諄諄，察之芒芒，故曰諄芒。一云：姓名也。或云：霧氣也。「大壑」火各反。李云：大壑，東海也。「苑風」本亦作宛。徐於阮反。李云：小貌，謂遊世俗也。一云：苑風，人姓名。一云：扶揺大風也。「之濱」音賓。○慶藩案釋文苑亦作宛，苑宛字同也。淮南俶真篇形苑而神壯，高誘注：苑，枯病也，苑讀南陽宛之宛。

曰：「將之大壑〔一〕。」

〔一〕【疏】奚，何也。之，往也。借問諄芒，有何游往。

曰：「奚爲焉〔一〕？」

〔一〕【疏】欲往東海。

曰：「夫大壑之爲物也，注焉而不滿，酌焉而不竭；吾將遊焉〔一〕。」

〔一〕【疏】又問何所求訪。

〔一〕【疏】夫大海泓宏，深遠難測，百川注之而不溢，尾閭泄之而不乾。以譬至理，而其義亦然。故雖寄往滄溟，實乃游心大道也。【釋文】「酌焉」一本作取焉。

苑風曰：「夫子无意於横目之民乎？願聞聖治〔一〕。」

〔一〕【疏】五行之内，唯民横目，故謂之横目之民。且諄芒東游，臨於大壑，觀其深遠，而爲治方。苑風既察此情，因發斯問：「夫子豈無意於黔首？願聞聖化之法也。」【釋文】「横目之民」李云：倮蟲之屬，欲令其治之也。「願聞」本或依司馬本作問，下同。「聖治」直吏反。下皆同。

諄芒曰：「聖治乎？官施而不失其宜，拔舉而不失其能〔一〕，畢見其情事而行其所爲〔二〕，行言自爲而天下化〔三〕，手撓顧指，四方之民莫不俱至，此之謂聖治〔四〕。」

〔一〕【疏】施令設官，取得宜便，拔擢薦舉，不失才能。如此則天下太平，彝倫攸敍，聖治之術，在乎兹也。【釋文】「官施」始支反，又始智反。司馬云：施政布教，各得其宜。

〔二〕【注】皆因而任之。【疏】夫所乖舛，事業多端，是以步驟殊時，澆淳異世。故治之者莫先任物，必須覩見其情事而察其所爲，然後順物而行，則無不當也。

〔三〕【注】使物爲之，則不化也。【疏】所有施行之事，教令之言，咸任物自爲，而不使物從己。如此，則宇内蒼生自然從化。

〔四〕【注】言其指麾顧眄而民各至其性也，任其自爲故。【疏】撓，動也。言動手指揮，舉目顧眄，則四方款附，萬國來朝。聖治功能，其義如是。有本作頣字者，言用頣指揮，四方皆服。此中凡有三人：一聖，二德，三神。以上聖治，以下次列德神二人。【釋文】「手撓」而小反，又而了反。司馬云：動也。一云：謂指麾四方也。「顧指」如字。向云：顧指者，言指麾顧（眄）〔盼〕①而治也。或音頣。本亦作頣，以之反，謂舉頣指揮也。○慶藩案手撓顧指，二義對文。注指麾承手撓言，顧盼承顧指言，故疏以動手舉目分釋四字。如向云顧指者言指麾顧盼，失其義矣。顧指，目顧其人而指使之。左思吳都賦搴旗若顧指，劉逵注：謂顧指如意。此言顧指，與漢書貢禹傳目指氣使同義。（師古注曰：動目以指物，出氣以使人。）

〔校〕①盼字依釋文原本改。

「願聞德人〔一〕。」

〔一〕【疏】前之聖治，已蒙敷釋；德人之義，深所願聞。

曰：「德人者，居无思，行无慮〔一〕，不藏是非美惡〔二〕。四海之內共利之之謂悅，共給之之爲安〔三〕；怊乎若嬰兒之失其母也，儻乎若行而失其道也〔四〕。財用有餘而不知其所自來，飲食取足而不知其所從，此謂德人之容〔五〕。」

〔一〕【注】率自然耳。【疏】妙契道境，得無所得，故曰德人。德人凝神端拱，寂爾無思，假令應物行化，曾無謀慮。

〔二〕【注】無是非於胸中而任之天下。【疏】懷道抱德，物我俱忘，豈容蘊蓄是非，包藏善惡邪！

【釋文】「美惡」烏路反。

〔三〕【注】無自私之懷也。【疏】夫德人惠澤弘博，徧覃羣品，故貨財將四海共同，資給與萬民無別，是〔以〕普天慶悅，率土安寧。○慶藩案謂悅與爲安對文。謂，猶爲也。古謂爲字同義互用。

〔四〕【疏】夫嬰兒失母，心怊悵而無所依；行李迷途，神儻莽而無所據。用斯二事，以況德人也。

【釋文】「怊乎」音超。字林云：悵也。徐尺遙反，郭音條。「儻乎」敕黨反。司馬本作儻。

〔五〕【注】德者，神人迹也，故曰容。【疏】寡欲止分，故財用有餘；不貪滋味，故飲食取足；性命無求，故不知所從來也。都結前義，故云德之容。【釋文】「德人之容」羊凶反。或云：依注當作客。

「願聞神人〔一〕。」

〔一〕【注】願聞所以迹也。【疏】德者，神人之迹耳，願聞所以迹也。

曰：「上神乘光，與形滅亡〔一〕，此謂照曠〔二〕。致命盡情，天地樂而萬事銷亡〔三〕，萬物復情，此之謂混冥〔四〕。」

〔一〕【注】乘光者乃無光。【疏】乘，用也。光，智也。上品神人，用智照物，雖復光如日月，即照而亡，隳體黜聰，心形俱遣，是故與形滅亡者也。

〔二〕【注】無我而任物，空虚無所懷者，非闇塞也。【疏】智周萬物，明逾三景，無幽不燭，豈非曠遠！

〔三〕【注】情盡命至，天地樂矣。事不妨樂，斯無事矣。【疏】窮性命之致，盡生化之情，故寄天地之間而未嘗不逍遥快樂。既達物我虚幻，是以萬事銷亡。【釋文】「天地樂」音洛。注同。「銷亡」徐音消。

〔四〕【注】情復而混冥無迹也。【疏】夫忘照而照，照與三景高明；忘生而生，生將二儀並樂。故能視萬物之還原，覩四生之復命，是以混沌無分而冥同一道也。【釋文】「混冥」胡本反。

門無鬼與赤張滿稽觀於武王之師〔一〕。赤張滿稽曰：「不及有虞氏乎！故離此患也〔二〕。」

〔一〕【疏】門與赤張，姓也。無鬼，滿稽，名也。二千五百人爲師，師，衆也。武王伐紂，兵渡孟津，時則二人共觀。【釋文】「門无鬼」司馬本作無畏，云：門，姓；無畏，字也。「赤張滿」本或作蒲。「稽」古兮反。李云：門，赤張，氏也。無鬼，滿稽，名也。

〔二〕【疏】離，遭也。虞舜以揖讓御時，武王以干戈濟世。而揖讓干戈，優劣懸隔。以斯商度，至有不及之言。而兵者不祥之器，故遭殘殺之禍也。

門无鬼曰：「天下均治而有虞氏治之邪？其亂而後治之與〔一〕？」

〔一〕【注】言二聖俱以亂故治之，則揖讓之與用師，直是時異耳，未有勝負於其間也。【疏】均，平也。若天下太平，物皆得理，則何勞虞舜作法治之！良由堯年將滅，其德日衰，故讓重華，令其緝理也。【釋文】「均治」直吏反。下及注均治並同。「之與」音餘。本又作邪。「復何」扶又反。下章注同。

赤張滿稽曰：「天下均治之爲願，而何計以有虞氏爲〔一〕！有虞氏之藥瘍也〔二〕，禿而施髢，病而求醫〔三〕。孝子操藥以脩慈父，其色燋然，聖人羞之①〔四〕。

〔一〕【注】均治則願各足矣，復何爲計有虞氏之德而推以爲君哉！許無鬼之言是也。【疏】宇內清夷，志願各足，則何須計有虞氏之德而推之爲君！此領悟無鬼之言，許其有理也。

〔二〕【注】天下皆患創亂，故求虞氏之藥。【疏】瘍，頭瘡也。夫身上患創，故求醫療，亦猶世逢紛擾，須聖人治之。是以不病則無醫，不亂則無聖。【釋文】「瘍」音羊。李云：頭創也。言創以喻亂，求虞氏藥治之。司馬云：疕瘍也。○王引之曰：藥，古讀曜，（説見唐韻正。）聲與療相近。方言：愮，療治也。江湘郊會謂醫治之曰愮，或曰療。注：愮，音曜。與藥古字通。故中鑒俗嫌篇云：藥者，療也。襄三十一年左傳不如吾聞而藥之也。家語正論篇同，王肅注：藥，療也。詩大雅板篇，不可救藥，韓詩外傳藥作療。藥療字，古同義通用。「患創」初良反。

〔三〕【疏】鬢髮如雲，不勞施髢；幸無疾恙，豈假醫人！是知天下清平，無煩大聖。此之二句，總結前旨也。【釋文】「禿」吐木反。「髢」大細反。司馬云：髲也。又吐帝反。郭②音毛。李云：髦，髮也。

〔四〕【注】明治天下者，非以爲榮。【疏】操，執也。脩，理也。憔然，憔悴貌。夫孝子之治慈父，既不伐其功績；聖人之救禍亂，豈務矜以榮顯！事不得已，是故羞之。【釋文】「操藥」七刀反。「憔然」將遙反，又音樵。

〔校〕①闕誤引張君房本羞之作所羞也。②郭下疑脱作髦二字。

至德之世，不尚賢〔一〕，不使能〔二〕；上如標枝〔三〕，民如野鹿〔四〕；端正而不知以爲義，相愛而不知以爲仁〔五〕，實而不知以爲忠，當而不知以爲信〔六〕，蠢動而相使，不以爲賜〔七〕。是故行而（爲）〔無〕①迹〔八〕，事而無傳〔九〕。」

〔一〕【注】賢當其位，非尚之也。【疏】夫不肖與賢，各當其分，非尚之以別賢。

〔二〕【注】能者自爲，非使之也。【疏】巧拙習性，不相夸企，非尚而使之。

〔三〕【注】出物上而不自高也。【疏】君居民上，恬淡虛忘，猶如高樹之枝，無心榮貴也。【釋文】「如標」方小反，徐方遥反，又方妙反。言樹杪之枝無心在上也。「校」胡孝反，李音較。一本作枝。○盧文弨曰：今本校作枝。

〔四〕【注】放而自得也。【疏】上既無爲，下亦淳樸，譬彼野鹿，絶君王之禮也。

〔五〕【疏】端直其心，不爲邪惡，豈識裁非之義！率乎天理，更相親附，寧知偏愛之仁者也！

〔六〕【注】率性自然，非由知也。【疏】率性成實，不知此實爲忠；任真當理，豈將此當爲信！

〔七〕【注】用其自動，故動而不謝。【疏】賜，蒙賴也。蠢動之物，即是精爽之類，更相驅使，理固自然。譬彼股肱，方兹耳目，既無心於爲造，豈有情於蒙賴！無爲理物，其義亦然。【釋文】「蠢」郭處允反，動也。

〔八〕【注】（王）〔主〕②能任其自行，故無迹也。【疏】君民淳樸，上下和平，率性而動，故無迹之可記。

〔九〕【注】各止其分，故不傳教於彼也。【疏】方之首足，各有職司，止其分内，不相傳習。迹既昧矣，事亦滅焉。【釋文】「无傳」丈專反。

〔校〕①無字依宋本及各本改。②主字依道藏本改。

孝子不諛其親，忠臣不諂其君，臣子之盛也〔一〕。親之所言而然，所行而善，則世俗謂之不肖子；君之所言而然，所行而善，則世俗謂之不肖臣。而未知此其必然邪〔二〕？世俗之所謂然而然之，所謂善而善之，則不謂之道①諛之人也。然則俗故嚴於親而尊於君邪〔三〕？謂己道人，則勃然作色；謂己諛人，則怫然作色〔四〕。而終身道人也，終身諛人也〔五〕，合譬飾辭聚衆也，是終始本末不相②坐〔六〕。垂衣裳，設采色，動容貌，以媚一世，而不自謂道諛，與夫人之爲徒，通是非，而不自謂衆人，愚之至也〔七〕。知其愚者，非大愚也；知其惑者，非大惑也。大惑者，終身不解；大愚者，終身不靈〔八〕。三人行而一人惑，所適者猶可致也，惑者少也；二人惑則勞而不至，惑者勝也。而今也以天下惑，予雖有祈嚮，不可得也。不亦悲乎〔九〕！

〔一〕【疏】善事父母爲孝。諛，僞也。諂，欺也。不以正求人謂之諂。爲臣爲子，事父事君，不諂不諛，盡忠盡孝，此乃臣子之盛德也。【釋文】「不諛」羊朱反，郭貽附反。「不諂」勑檢反。

〔二〕【注】此直違俗而從君親，故俗謂不肖耳，未知至當正在何許。【疏】不肖，猶不似也。君父言行，不擇善惡，直致隨時，曾無諫争之心，故世俗之中，實爲不肖，未知正理的在何許也。

【釋文】「不肖」音笑。

〔三〕【注】言俗不爲尊嚴於君親而從俗，俗不謂之諂，明尊嚴不足以服物，則服物者更在於從俗也。是以聖人未嘗獨異於世，必與時消息，故在皇爲皇，在王爲王，豈有背俗而用我哉！【疏】嚴，敬也。此明違從不定也。世俗然善，則諫争是也。夫違俗從親，謂之道諛，而違親從俗，豈非諂佞耶！且有逆有順，故見是見非，而違順既空，未知正在何處，又違親從俗，豈謂尊嚴君父！【釋文】「之道」音導。下同。○慶藩案道人即諂人也。漁父篇曰，希意道言謂之諂，道與諂同義。荀子不苟篇非諂諛也，賈子先醒篇君好諂諛而惡至言，韓詩外傳並作道諛。諂與道，聲之轉。「豈有背」音佩。

〔四〕【注】世俗遂以多同爲正，故謂之道諛，則作色不受。【釋文】「則勃」步忽反。「謂己諛人」本又作衆人。下同。司馬云：衆人，凡人也。「則佛」符弗反，郭敷謂反。

〔五〕【注】亦不問道理，期於相善耳。【疏】勃，佛，皆嗔貌也。道，達也，謂其諂佞以媚君親也。言世俗之人，謂己諂佞，即作色而怒，不受其名，而終身道諛，舉世皆爾。

〔六〕【注】夫合譬飾辭，應受道諛之罪，而世復以此得人以此聚衆亦爲從俗者，恒不見罪坐也。【疏】夫合於譬喻，飾於浮詞，人皆競趨，故以聚衆，能保其終始，合其本末；衆既從之，故不相罪坐也。譬，本有作璧字者，言合珪璧也。【釋文】「相坐」才卧反。注同。

〔七〕【注】世皆至愚，乃更不可不從。【疏】黄帝垂衣裳而天下治，上衣下裳，以象天地，紅紫之色，間而爲彩，用此華飾，改動容貌，以媚一世，浮僞之人，不謂道諛，翻且從君諂佞。此乃與夫流俗之人而徒黨，更相彼此，通用是非，自謂殊於衆人，可謂愚癡之至。【釋文】「與夫」音符。

〔八〕【注】夫聖人道同而帝王殊迹者，誠世俗之惑不可解，故隨而任之。【疏】解，悟也。靈，知也。知其愚惑者，聖人也。隨而任之，故（愚）非（愚）惑也。大愚惑者，凡俗也，識闇鄙，觸境生迷，所以竟世終身不覺悟也。【釋文】「不解」音蟹，又佳買反。「不靈」本又作無靈。司馬云：靈，曉也。

〔九〕【注】天下都惑，雖我有求嚮至道之情而終不可得。故堯舜湯武，隨時而已。【疏】適，往也。致，至也。惑，迷也。祈，求也。夫三人同行，一人迷路，所往之方，猶自可至，惑少解多故也；二人迷則神勞而不至，迷勝悟劣故也。今宇内皆惑，莊子雖求向至道之情，無由能致，故可悲傷也。【釋文】「祈嚮」許亮反。司馬云：祈，求也。○俞樾曰：祈字無義。司馬云，祈，求也。則但云予雖祈嚮足矣。郭注云，雖我有求嚮至道之情，則又增出情字，殆皆非也。祈疑所字之誤，言天下皆惑，予雖有所嚮往，不可得也。祈所字形相似，故誤耳。下同。

〔校〕①趙諫議本道作導，下同。②闕誤引張君房本相下有罪字。

大聲不入於里耳〔一〕，折楊皇荂，則嗑然而笑〔二〕。是故高言不止於衆人之心〔三〕，至言不出，俗言勝也〔四〕。以二缶鍾惑，而所適不得矣〔五〕。而今也以天下惑，予雖有祈嚮，其庸可得邪〔六〕！知其不可得也而强之，又一惑也，故莫若釋之而不推〔七〕。不推，誰其比憂〔八〕！厲之人夜半生其子，遽取火而視之，汲汲然唯恐其似己也〔九〕。

〔一〕【注】非委巷之所尚也。【釋文】「大聲」司馬云：謂咸池六英之樂也。

〔二〕【注】俗人得嘖曲，則同聲動笑也。【疏】大聲，謂咸池大韶之樂也，非下里委巷之所聞。折楊皇華，蓋古之俗中小曲也，玩狎鄙野，故嗑然動容，同聲大笑也。昔魏文侯聽於古樂，悦焉而睡，聞鄭衛新聲，欣然而喜，即其事也。【釋文】「折楊」之列反。「皇荂」況于反，又撫于反。本又作華，音花。司馬本作里華。「嗑然」許甲反。李云：折楊皇華，皆古歌曲也。嗑，笑聲也。本又作嗌，烏邈反。司馬本作榼。「嘖曲」仕責反。本又作嗑。

〔三〕【注】不以存懷。【疏】至妙之談，超出俗表，故謂之高言。適可藴羣聖之靈府，豈容止於衆人之智乎！大聲不入於里耳，高言固不止於衆心。

〔四〕【注】此天下所以未曾用聖而常自用也。【疏】出，顯也。至道之言，淡而無味，不入委巷之耳，豈止衆人之心！而流俗之言，飾詞浮僞，猶如折楊之曲，喜聽者多。俗説既其當塗，至言於乎隱蔽，故齊物云，言隱於榮華。

〔五〕【注】各自信據，故不知所之。【疏】踵，足也。夫迷方之士，指北爲南，而二惑既生，垂腳不行，一人亦無由獨進，欲達前所，其可得乎！此復釋前惑者也。【釋文】「以二缶鍾」缶應作垂，鍾應作踵，言垂腳空中，必不得有之適也。司馬本作二垂鍾，云：鍾，注意也。「所適」司馬云：至也。○家世父曰：釋文缶應作垂，鍾應作踵，言垂腳空中，必不得有所適也。司馬本作二垂鍾。今案説文：缶，瓦器也，所以盛酒漿。鍾，酒器也。小爾雅：釜二有半謂之藪，藪二有半謂之缶，缶二謂之鍾。缶鍾皆量器也，缶受四斛，鍾受八斛。以二缶鍾惑，謂不辨缶鍾二者所受多寡也，持以爲量，茫乎無所適從矣。上文一人惑，二人惑，據人言之；此以二缶鍾惑，據事言之。盡人皆惑，而誰與明之！操量器而惑，不足與定數。舉天下之大而皆惑也，誰與舉而指之！自分兩義。○俞樾曰：二缶鍾之文，未知何義。釋文云，缶應作垂，鍾應作踵，言垂腳空中，必不得有之適也。此於莊子之意不合。所適，謂所之也。郭注曰，各自信據，故不知所之，是也。如陸氏説，則以適爲適意之適，當云不得其適，不當云所適不得也。今案鍾當作踵，而二則一字之誤，缶則企字之誤。企下從止，缶字俗作缶，其下亦從止，兩形相似，因致誤耳。文選歎逝賦注引字林曰：企，舉踵也。一切經音義十五引通俗文曰：舉踵曰企。然則企踵猶舉踵也。人一企踵，不過步武之間耳，然以一企踵惑，則已不得其所適矣。故下云而今也以天下惑，予雖有所嚮，其庸可得邪！以天下惑，極言其地之大；以一企踵惑，極言其地之小也。上文二人惑則勞而不至，惑者勝也。而今也以天下惑，予雖有所嚮，不可得也。以天下對二人言，則以人之多寡言；此以天下對一企踵言，則以地之廣狹言。一企踵誤爲二缶鍾，則不得其義矣。

〔六〕【疏】夫二人垂踵，所適尚難，況天下皆迷，如何得正！故雖有求向之心，其用固不可得。此釋前不亦悲乎，傷歎既深，所以鄭重。

〔七〕【注】即而同之。【疏】釋，放也。迷惑既深，造次難解，而强欲正者，又是一愚，莫若放而不推，則物我安矣。【釋文】「而强」其丈反。下注同。

〔八〕【注】趣〔令〕〔舍〕①得當時之適，不强推之令解也，則相與無憂於一世矣。【疏】比，與也。若任物解惑，棄而不推，則彼此逍遥，憂患誰與也！【釋文】「比憂」毗志反。司馬本作鼻，云：始也。「趣令」力呈反，下同。「令解」音蟹。

〔九〕【注】厲，惡人也。言天下皆不願爲惡，及其爲惡，或迫於苛役，或迷而失性耳。然迷者自思復，而厲者自思善，故我無爲而天下自化。【疏】厲，醜病人。遽，速也。汲汲，匆迫貌。言醜人半夜生子，速取火而看之，情意匆忙，恐其似己。而厲醜惡之甚，尚希改醜以從妍，欲明愚惑之徒，豈不厭迷以思悟耶！釋之不推，自無憂患。【釋文】「厲」音賴，又如字。○家世父曰：厲之人夜半生其子，别出一義以收足上意。以己同俗，亦喜俗之同乎己，不知其非也。厲者生子，而懼其似己，於此顧不求同焉，惟自知其厲也。然則其同於俗也，與其强己以同於厲無以異也，而懵然不辨其非，亦唯其不知焉而已。「遽」巨據反。本或作遽，音同。

「汲汲」音急。「苛役」音河。

〔校〕①舍字依趙諫議本改。

百年之木，破爲犧尊，青黃而文之，其斷在溝中。比犧尊於溝中之斷，則美惡有間矣，其於失性一也〔一〕。跖與曾史，行義有間矣，然其失性均也〔二〕。且夫失性有五〔三〕：一曰五色亂目，使目不明〔四〕；二曰五聲亂耳，使耳不聰〔五〕；三曰五臭薰鼻，困惾中顙〔六〕；四曰五味濁口，使口厲爽〔七〕；五曰趣舍滑心，使性飛揚〔八〕此五者，皆生之害也〔九〕。而楊墨乃始離跂自以爲得，非吾所謂得也〔一〇〕。夫得者困，可以爲得乎？則鳩鴞之在於籠也，亦可以爲得矣〔一一〕。且夫趣舍聲色以柴其內，皮弁鷸冠搢笏紳修以約其外〔一二〕，內支盈於柴柵，外重纆繳，睆睆然在纆繳之中而自以爲得，則是罪人交臂歷指而虎豹在於囊檻，亦可以爲得矣〔一三〕。

〔一〕【疏】犧，刻作犧牛之形，以爲祭器，名曰犧尊也。間，別。既削刻爲牛，又加青黃文飾，其一斷棄之溝瀆，不被收用。若將此兩斷相比，則美惡有殊，其於失喪木性一也。此且起譬也。

【釋文】「犧」音羲，又素河反。○慶藩案毛傳曰：犧尊有沙飾（者）〔也〕①。（見詩閟宮篇。）鄭司農曰：犧尊飾以翡翠。（見周官司尊彝注。）後鄭曰：犧讀如沙，（見禮明堂位正義。）刻畫鳳凰之象於尊，其羽形婆娑然。王念孫引高注淮南俶真篇曰：犧尊，猶疏鏤之尊。然則犧尊者，刻而畫（畫）〔之〕②爲象物之形，在六尊之中，最爲華美。故古人言文飾之盛者，獨舉犧尊。今案或曰有沙飾者，或曰飾以翡翠，或曰刻畫鳳凰之象於尊，或曰疏鏤之尊，説雖不同，其於雕鏤之義則一。至阮諶禮圖云：犧尊飾以牛，於尊腹之上畫爲牛之形，則因犧從牛，望文生義矣。「其斷」徒亂反。下同。本或作故。

〔二〕【疏】此合譬也。桀跖之縱凶殘，曾史之行仁義，雖復善惡之迹有別，而喪真之處實同。

〔三〕【疏】迷情失性，抑乃多端，要且而言，其數有五。

〔四〕【疏】五色者，青黄赤白黑也，流俗躭貪，以此亂目，不能見理，故曰不明也。

〔五〕【疏】五聲，謂宮商角徵羽也。淫滯俗聲，不能聞道，故曰不聰。

〔六〕【疏】五臭，謂羶薰香鯹腐。惾，塞也，謂刻賊不通也。言鼻躭五臭，故壅塞不通而中傷顙額也。外書呼香爲臭也。故易云其臭如蘭；道經謂五香，故西升經云香味是宛也。【釋文】「困」如字。本或作悃，音同。「惾」子公反。郭音俊，又素奉反。李云：困惾，猶刻賊不通也。「中」丁仲反。「顙」桑蕩反。

〔七〕【疏】五味，謂酸辛甘苦鹹也。厲，病；爽，失也。令人著五味，穢濁口根，遂使鹹苦成痾，舌失其味，故言厲爽也。【釋文】「濁口」本又作噣，音同。○慶藩案大雅思齊箋曰：厲，病也。逸周書謚法篇曰：爽，傷也。（廣雅同。）使口厲爽，病傷滋味也。（見淮南精神篇。高誘注作爽傷，文子九守篇作使口生創，皆後人妄改。）

〔八〕【疏】趣，取也。滑，亂也。順心則取，違情則舍，撓亂其心，使自然之性馳競不息，輕浮躁動，故曰飛揚也。【釋文】「滑心」李音骨。本亦作嗗。

〔九〕【疏】總結前之五事，皆是伐命之刀，害生之斧，是生民之巨害也。

〔一〇〕【疏】離跂，用力貌也。言楊朱墨翟，各擅己能，失性害生，以此爲得，既乖自然之理，故非莊生之所得也。【釋文】「離」力智（也）〔反〕③。「跂」丘豉反。

〔一一〕【疏】夫仁義禮法約束其心者，非真性者也。既僞其性，則遭困苦。若以此困而爲得者，則何異乎鳩鴞之鳥在樊籠之中，偁其自得者也！

〔一二〕【疏】皮弁者，以皮爲冠也。鷸者，鳥名也，似鶩，紺色，出鬱林；取其翠羽飾冠，故謂之鷸冠。此鳥，知天文者爲之冠也。搢，插也。笏，猶珪，謂插笏也。紳，大帶也。脩，長裙也。此皆以飾朝服也。夫浮僞之徒，以取舍爲業，故聲色諸塵柴塞其内府，衣冠搢笏約束其外形，背無爲之道，乖自然之性，以此爲得，何異鳩鴞也！【釋文】「鷸」尹必反，徐音述。本又作鴥，音同，鳥名也。一名翠，似燕，紺色，出鬱林，取其羽毛以飾冠。○慶藩案說文：鷸，知天將雨鳥也。案鷸即翠鳥也。禮記：知天文冠鷸。玉篇、爾雅、釋文、漢書五行志，鷸並聿述二音。匡謬正俗曰：案鷸水鳥，天將雨即鳴，古人以其知天時，乃爲象此鳥之形，使掌天文者冠之。鷸，音聿。亦有術音，故禮之衣服圖及蔡邕獨斷謂爲術氏冠。亦（音）〔因〕鷸音轉爲術耳。此釋文鷸又作鵴。案漢書輿服志引記曰知天者冠述，説苑修文篇作冠鉥，蓋因鷸有述音，故或作鵴，或作述，或作鉥耳。「笏」音忽。「紳」音申，帶也。

〔一三〕【疏】支，塞也。盈，滿也。柵，籠也。纆繳，繩也。睆睆，視貌也。夫以取舍塞滿於内府，故方柴柵；紳搢約束於外形，取譬繳繩。既外内困弊如斯，而自以爲得者，則何異有罪之人，交臂歷指，以繩反縛也！又類乎虎豹遭陷，困於囊檻之中，憂危困苦，莫斯之甚，自以爲得，何異此乎！【釋文】「柴柵」楚格反，郭音策。「外重」直龍反。「纆」音墨。「繳」音灼，郭古弔反。「睆睆」環版反，又户鰥反。李云：窮視貌。一云：眠目貌。「交臂歷指」司馬云：交臂，反縛也。歷指，猶歷樓貌。「檻」户覽反。

〔校〕①也字依毛傳原文改。②之字依經義述聞改。③依世德堂本及釋文原本改。

莊子集釋卷五中

外篇 天道第十三〔一〕

〔一〕【釋文】以義名篇。

天道運而无所積，故萬物成〔二〕；帝道運而无所積，故天下歸〔三〕；聖道運而无所積，故海内服〔三〕。明於天，通於聖，六通四辟於帝王之德者，其自①爲也，昧然无不靜者矣〔四〕。聖人之靜也，非曰靜也善，故靜也〔五〕；萬物无足以鐃心者，故靜也〔六〕。水靜則明燭鬚眉，平中準，大匠取法焉〔七〕。水靜猶明，而況精神！聖人之心靜乎！天地之鑑也，萬物之鏡也〔八〕，夫虚靜恬淡寂漠无爲者，天地之平而道德之至②〔九〕，故帝王聖人休焉〔一〇〕。休則虚，虚則實，實者倫③矣〔一一〕。虚則靜，靜則動，動則得矣〔一二〕。靜則无爲，无爲也則任事者責矣〔一三〕。无爲則俞俞，俞俞者憂患不能處，年壽長矣〔一四〕。夫虚靜恬淡寂漠无爲者，萬物之本也〔一五〕。明此以南鄉，堯之爲君也；明此以北面，舜之爲臣也〔一六〕。以此處上，帝王天子之德也；以此處下，玄聖素王之道也〔一七〕。以此退居而閒游江海，山林之士服〔一八〕；以此進爲而撫世，則功大名顯而天下一也〔一九〕。静而聖，動而王〔二〇〕，无爲也而尊〔二一〕，樸素而天下莫能與之争美〔二二〕。夫明白於天地之德者，此之謂大本大宗，與天和者也〔二三〕；所以均調天下，與人和者也〔二四〕。與人和者，謂之人樂；與天和者，謂之天樂〔二五〕。

〔一〕【疏】運，動也，轉也。積，滯也，蓄也。言天道運轉，覆育蒼生，照之以日月，潤之以雨露，鼓動陶鑄，曾無滯積，是以四序回轉，萬物生成也。【釋文】「無所積」積，謂滯積不通。

〔二〕【疏】王者法天象地，運御羣品，散而不積，施化無方，所以六合同歸，八方款附。

〔三〕【注】此三者，皆恣物之性而無所牽滯也。【疏】聖道者，玄聖素王之道也。隨應垂迹，制法立教，舟航有識，拯濟無窮，道合於天，德同於帝，出處不一，故有帝聖二道也。而運智救時，亦無滯蓄，慈造弘博，故海内服也。

〔四〕【注】任其自爲，故雖六通四辟而無傷於静也。【疏】六通，謂四方上下也。四辟者，謂春秋冬夏也。夫唯照天道之無爲，洞聖情之絶慮，通六合以生化，順四序以施爲，以此而總萬乘，可謂帝王之德也。任物自動，故曰自爲；晦迹韜光，其猶昧闇，動不傷寂，故無不静也。【釋文】「六通」謂六氣，陰陽風雨晦明。「四辟」毗赤反，謂四方開也。「眛」音妹。○盧文弨曰：今本作昧。

〔五〕【注】善之乃静，則有時而動也。【疏】夫聖人〔以〕〔之〕所以虚静者，直形同槁木，心若死灰，亦不知静之故静也。若以静爲善美而有情於爲静者，斯則有時而動矣。

〔六〕【注】斯乃自得也。【疏】妙體二儀非有，萬境皆空，是以參變同塵而無喧撓，非由飭勵而得静也。【釋文】「鐃心」乃孝反，又女交反，一音而小反。

〔七〕【疏】夫水，動則波流，止便澄静，懸鑒洞照，與物無私，故能明燭鬚眉，清而中正，治諸邪枉，可爲準的，縱使工倕之巧，猶須倣水取平。故老經云，上善若水。此舉喻言之義。【釋文】「中準」丁仲反。○盧文弨曰：今本作准④。「大匠」或云：天子也。

〔八〕【注】夫有其具而任其自爲，故所照無不洞明。【疏】夫聖人德合二儀，智周萬物，豈與夫無情之水同日論邪！水静猶明燭鬚眉，況精神聖人之心静乎！是以鑒天地之精微，鏡萬物之玄賾者，固其宜矣。此合譬也。

〔九〕【注】凡不平不至者，生於有爲。【疏】虚静恬淡寂漠無爲，四者異名同實者也。歎無爲之美，故具此四名，而天地以此爲平，道德用兹爲至也。【釋文】「淡」徒暫反。○慶藩案至與質同。至，實也。禮雜記使某實，鄭注：實當爲至。史記蘇秦傳趙得講於魏，至公子延，索隱曰：至當爲質。漢書東方朔傳非至數也，師古曰：至，實也。刻意篇正作道德之質。

〔一〇〕【注】未嘗動也。【疏】息慮，故平至也。

〔一一〕【注】倫，理也。【疏】既休慮息心，乃與虚空合德；與虚空合德，則會於真實之道；真實之道，則自然之理也。

〔一二〕【注】不失其所以動。【疏】理虚静寂，寂而能動，斯得之矣。

〔一三〕【注】夫無爲也，則羣才萬品，各任其事而自當其責矣。故曰巍巍乎舜禹之有天下而不與焉，此之謂也。【疏】任事，臣也，言臣下各有任職之事也。夫帝王任智，安静無爲，則臣下職任，各司憂責。斯則主上無爲而臣下有事，故冕旒垂目而不與焉。【釋文】「巍巍」魚歸反。「不與」音預。

〔一四〕【注】俞俞然，從容自得之貌。【疏】俞俞，從容和樂之貌也。夫有爲滯境，塵累所以攖其心；無爲自得，憂患不能處其慮。俞俞和樂，故年壽長矣。【釋文】「俞俞」羊朱反。廣雅云：喜也。又音喻。「從容」七容反。

〔一五〕【注】尋其本皆在不爲中來。【疏】此四句萬物根源，故重舉前言，結成其（美）〔義〕也。

〔一六〕【疏】夫揖讓之美，無出唐虞；君臣之盛，莫先堯舜；故舉二君以明四德，雖南面北面，而平至一焉。【釋文】「南鄉」許亮反。本亦作嚮。

〔一七〕【注】此皆無爲之至也。有其道爲天下所歸而無其爵者，所謂素王自貴也。【疏】用此無爲而處物上者，天子帝堯之德也；用此虚淡而居臣下者，玄聖素王之道也。夫有其道而無其爵者，所謂玄聖素王，自貴者也，即老君尼父是也。【釋文】「素王」往況反。注同。

〔一八〕【疏】退居，謂晦迹隱處也。用此道而退居，故能游玩山水，從容閒樂，是以天下隱士無不服從，即巢許之流是也。【釋文】「而閒」音閑。

〔一九〕【注】此又其次也。故退則巢許之流，進則伊望之倫也。夫無爲之體大矣，天下何所不（無）⑤爲哉！故主上不爲冢宰之任，則伊吕静而司尹矣；冢宰不爲百官之所執，則百官静而御事矣；百官不爲萬民之所務，則萬民静而安其業矣；萬民不易彼我之所能，則天下之彼我静而自得矣。故自天子以下至於庶人，下及昆蟲，孰能有爲而成哉！是故彌無爲而彌尊也。【疏】進爲，謂顯迹出仕也。夫妙體無爲而同塵降迹者，故能撫蒼生於仁壽，弘至德於聖朝，著莫測之功名，顯阿衡之政績。是以天下大同，車書共軌，盡善盡美，其唯伊望之倫乎！

〔二〇〕【注】時行則行，時止則止。

〔二一〕【注】自然爲物所尊奉。【疏】其應静也，玄聖素王之尊；其應動也，九五萬乘之貴；無爲也而尊，出則天子，處則素王。是知道之所在，孰敢不貴也！

〔二二〕【注】夫美配天者，唯樸素也。【疏】夫淳樸素質，無爲虚静者，實萬物之根本也。故所尊貴，孰能與之争美也！

〔二三〕【注】天地以無爲爲德，故明其宗本，則與天地無逆也。【疏】夫靈府明静，神照絜白，而德合於二儀者，固可以宗匠蒼生，根本萬有，冥合自然之道，與天和也。

〔二四〕【注】夫順天所以應人也，故天和至而人和盡也。【疏】均，平也。調，順也。且應感無心，方之影響，均平萬有，大順物情，而混迹同塵，故與人和也。

〔二五〕【注】天樂適則人樂足矣。【疏】俯同塵俗，且適人世之懽；仰合自然，方欣天道之樂也。

【釋文】「人樂」音洛，下同。

〔校〕①闕誤引張君房本自下有然字。②闕誤引張君房本至下有也字。③闕誤引張君房本倫作備。④世德堂本作准，本書依釋文改。⑤無字依世德堂本删。

莊子曰：「吾師乎！吾師乎！韲萬物而不爲戾〔一〕，澤及萬世而不爲仁〔二〕，長於上古而不爲壽〔三〕，覆載天地刻彫衆形而不爲巧〔四〕，此之謂天樂〔五〕。故曰：『知天樂者，其生也天行，其死也物化〔六〕。靜而與陰同德，動而與陽同波〔七〕。』故知天樂者，无天怨，无人非，无物累，无鬼責〔八〕。故曰：『其動也天，其靜也地〔九〕，一心定而王天下；其鬼不祟，其魂不疲〔一〇〕，一心定而萬物服〔一一〕。』言以虚靜推於天地，通於萬物，此之謂天樂〔一二〕。天樂者，聖人之心，以畜天下也〔一三〕。」

〔一〕【注】變而相雜，故曰韲。自韲耳，非吾師之暴戾。【疏】韲，碎也。戾，暴也。莊子以自然至道爲師，再稱之者，歎美其德。言我所師大道，亭毒生靈，假令韲萬物，亦無心暴怒，故素秋摇落而彫零者不怨。此明雖復斷裁而非義也。【釋文】「韲」子兮反。「爲戾」力計反，暴也。

〔二〕【注】仁者，兼愛之名耳；無愛，故無所稱仁。【疏】仁者，偏愛之迹也。言大道開闔天地，造化蒼生，慈澤無窮而不偏愛，故不爲仁。

〔三〕【注】壽者，期之遠耳；無期，故無所稱壽。【疏】豈但長於上古，抑乃象帝之先。既其不滅不生，復有何夭何壽也！郭注云，壽者，期之遠耳。【釋文】「長於」丁丈反。章末同。

〔四〕【注】巧者，爲之妙耳；皆自爾，故無所稱巧。【疏】乘二儀以覆載，取萬物以刻彫，而二儀以生化爲巧，萬物以自然爲用。生化既不假物，彫刻豈假他人！是以物各任能，人皆率性，則工拙之名於斯滅矣。郭注云，巧者，爲之妙耳。

〔五〕【注】忘樂而樂足。【疏】所在任適，結成天樂。【釋文】「天樂」音洛。章内同。

〔六〕【疏】既知天樂非哀樂，即知生死無生死。故其生也同天道之四時，其死也混萬物之變化也。

〔七〕【疏】妙本虛凝，將至陰均其寂泊；應迹同世，與太陽合其波流。

〔八〕【疏】德合於天，故無天怨；行順於世，故無人非；我冥於物，故物不累我；我不負幽顯，有何鬼責也！

〔九〕【注】動静雖殊，無心一也。【疏】天地，以結動静無心之義也。

〔一〇〕【注】常無心，故王天下而不疲病。【疏】境智冥合，謂之爲一。物不能撓，謂之爲定。祇爲定於一心，故能王於萬國。既無鬼責，有何禍祟！動而常寂，故魂不疲勞。【釋文】「而王」往況反。注及下王天同。「祟」雖遂反，徐息類反。李云：禍也。

〔一一〕【疏】一心凝寂者類死灰，而静爲躁君，故萬物歸服。

〔一二〕【注】我心常静，則萬物之心通矣。通則服，不通則叛。【疏】所以一心定而萬物服者，祇言用虛静之智，推尋二儀之理，通達萬物之情，隨物變轉而未嘗不適，故謂之天樂也。

〔一三〕【注】聖人之心所以畜天下者奚爲哉？天樂而已。【疏】夫聖人之所以降迹同凡，合天地之至樂者，方欲畜養蒼生，亭毒羣品也。【釋文】「畜天」許六反。注同。

夫帝王之德，以天地爲宗，以道德爲主，以无爲爲常〔一〕。无爲也，則用天下而有餘〔二〕；有爲也，則爲天下用而不足〔三〕。故古之人貴夫无爲也。上无爲也，下亦无爲也，是下與上同德，下與上同德則不臣；下有爲也，上亦有爲也，是上與下同道，上與下同道則不主〔四〕。上必无爲而用天下，下必有爲爲天下用，此不易之道也〔五〕。故古之王天下者，知雖落天地，不自慮也〔六〕；辯雖彫萬物，不自説也〔七〕；能雖窮海内，不自爲也〔八〕。天不産而萬物化，地不長而萬物育〔九〕，帝王无爲而天下功〔一〇〕。故曰莫神於天，莫富於地，莫大於帝王〔一一〕。故曰帝王之德配天地〔一二〕。此①乘天地，馳萬物，而用人羣之道也〔一三〕。

〔一〕【疏】王者宗本於天地，故覆載無心；君主於道德，故生而不有；雖復千變萬化而常自無爲。

盛德如此，堯之爲君也。

〔二〕【注】有餘者，閒暇之謂也。

〔三〕【注】不足者，汲汲然欲爲物用也。欲爲物用，故可得而臣也，及其爲臣，亦有餘也。【疏】

不足者，汲汲之辭。有餘者，閒暇之謂。言君上無爲，智照寬曠，御用區宇，而閒暇有餘；臣下有爲，情慮狹劣，各有職司，爲君所用，匪懈在公，猶恐不足。是知無爲有事，勞逸殊塗。

〔四〕【注】夫工人無爲於刻木而有爲於用斧，主上無爲於親事而有爲於用臣。臣能親事，主能用臣；斧能刻木而②工能用斧；各當其能，則天理自然，非有爲也。若乃主代臣事，則非主矣；臣秉主用，則非臣矣。故各司其任，則上下咸得而無爲之理至矣。【疏】無爲者，君德也；有爲者，臣道也。若上下無爲，則臣僭君德；上下有爲，則君濫臣道。君濫臣道，則非主矣；臣僭君德，豈曰臣哉！於是上下相混，君臣冒亂，既乖天然，必招危禍。故無爲之言，不可不察。無爲，君也。古之人貴夫無爲。郭注此文，甚有辭理。

〔五〕【注】無爲之言，不可不察也。夫用天下者，亦有用之爲耳。然自得此爲，率性而動，故謂之無爲也。今之爲天下用者，亦自得耳。但居下者親事，故雖舜禹爲臣，猶稱有爲。故對上下，則君靜而臣動；比古今，則堯舜無爲而湯武有事。然各用其性而天機玄發，則古今上下無爲，誰有爲也！【疏】夫處上爲君，則必須無爲任物，用天下之才能；居下爲臣，亦當親事有爲，稱所司之職任；則天下化矣。斯乃百王不易之道。

〔六〕【疏】謂三皇五帝淳古之君也。知照明達，籠落二儀，而垂拱無爲，委之臣下，知者爲謀，故不自慮也。【釋文】「知雖」音智。下愚知同。

〔七〕【疏】弘辯如流，彫飾萬物，而付之司牧，終不自言也。【釋文】「自説」音悦。

〔八〕【注】夫在上者，患於不能無爲而代人臣之所司。使咎繇不得行其明斷，后稷不得施其播殖，則羣才失其任而主上困於役矣。故冕旒垂目而付之天下，天下皆得其自爲，斯乃無爲而無不爲者也，故上下皆無爲矣。但上之無爲則用下，下之無爲則自用也。【疏】藝術才能冠乎海内，任之良佐而不與焉，夫何爲焉哉？玄默而已。故老經云，是謂用人之力。【釋文】「咎」音羔。「繇」音遥。「明斷」丁亂反。

〔九〕【注】所謂自爾。【疏】天無情於生産而萬物化生，地無心於長成而萬物成育，故郭注云，所謂自然也。

〔一〇〕【注】功自彼成。【疏】王者同兩儀之含育，順四序以施生，任萬物之自爲，故天下之功成矣。○王念孫曰：案如郭解，則功下須加成字而其義始明。不知功即成也，言無爲而天下成也。（中庸曰，無爲而成。）爾雅曰：功，成也。大戴禮盛德篇曰，能成德法者爲有功。周官稾人，乃入功於司弓矢及繕人，鄭注曰：功，成也。管子五輔篇曰，大夫任官辯事，官長任事守職，士脩身功材。功材，謂成材也。荀子富國篇曰，百姓之力，待之而後功，謂待之而後成也。萬物化，萬物育，天下功，相對爲文，是功爲成也。

〔一一〕【疏】夫日月明晦，雲雷風雨，而蔭覆不測，故莫神於天。囊括川原，包容岳瀆，運載無窮，故莫富於地。位居九五，威跨萬乘，日月照臨，一人總統，功德之大，莫先王者。故老經云，域中四大，王居其一焉。

〔一二〕【注】同乎天地之無爲也。

〔一三〕【疏】配，合也。言聖人之德，合天地之無爲。道也。

【疏】達覆載之無主，是以乘馭兩儀；循變化之往來，故能驅馳萬物；任黔黎之才，用人羣之道也。

〔校〕①世德堂本無此字。②道藏本無而字。

本在於上，末在於下〔一〕；要在於主，詳在於臣〔二〕。三軍五兵之運，德之末也〔三〕；賞罰利害，五刑之辟，教之末也〔四〕；禮法度數，形名比詳，治之末也〔五〕；鐘鼓之音，羽旄之容，樂之末也〔六〕；哭泣衰絰，隆殺之服，哀之末也〔七〕。此五末者，須精神之運，心術之動，然後從之者也〔八〕。

〔一〕【疏】本，道德也。末，仁義也。言道德淳樸，治之根本，行於上古；仁義澆薄，治之末葉，行於下代。故云，本在於上，末在於下也。【釋文】「本在於上末在於下」李云：本，天道；末，人道也。

〔二〕【疏】要，簡省也。詳，繁多也。主道逸而簡要，臣道勞而繁冗。繁冗，故有爲而奉上；簡要，故無爲而御下也。

〔三〕【疏】五兵者，一弓，二殳，三矛，四戈，五戟也。運，動也。夫聖明之世，則偃武修文；逮德下衰，則偃文修武。偃文修武，則五兵動亂；偃武修文，則四民安業。德之本末，自此可知也。

〔四〕【疏】賞者，軒冕榮華，故利也。罰者，誅殘戮辱，故害也。辟，法也。五刑者，一劓，二墨，三刖，四宮，五大辟。夫道喪德衰，浮僞日甚，故設刑辟以被黎元，既虧理本，適爲教末也。

【釋文】「之辟」毗赤反。

〔五〕【疏】禮法者，五禮之法也。數者，計算；度〔者〕，丈尺；形者，容儀；名者，字諱；比者，校當；詳者，定審。用此等法以養蒼生，治乖淳古，故爲治末也。【釋文】「比詳」毗志反。下同。一音如字，云：比較詳審。「治之」直吏反。下治之至、注至治之道同。

〔六〕【疏】樂者，和也。羽者，鳥羽；旄者，獸毛；言采鳥獸之羽毛以飾其器也。夫帝王之所以作樂者，欲上調陰陽，下和時俗也。古人聞樂即知國之興亡，治世亂世，其音各異。是知大樂與天地同和，非羽毛鐘鼓者也。自三代以下，澆浪荐興，賞鄭衛之淫聲，棄雲韶之雅韻，遂使羽毛文采，盛飾容儀，既非咸池之本，適是濮水之末。

〔七〕【疏】經者，實也。衰，摧也。上曰〔衰〕〔服〕，下曰裳。在首在腰，二俱有經。隆殺者，言禮有斬衰、齊衰、大功、小功、緦麻五等，哭泣衣裳，各有差降。此是教迹外儀，非情發於衷，故哀之末也。【釋文】「衰」音崔。「絰」田結反。「隆殺」所界反。

〔八〕【注】夫精神心術者，五末之本也。任自然而運動，則五事之末不振而自舉也。【疏】術，能也；心之所能，謂之心術也。精神心術者，五末之本也。言此之五末，必須精神心智率性而動，然後從於五事，即非矜矯者也。

末學者，古人有之，而非所以先也〔一〕。君先而臣從，父先而子從，兄先而弟從，長先而少從，男先而女從，夫先而婦從〔二〕。夫尊卑先後，天地之行也，故聖人取象焉〔三〕。天尊，地卑，神明之位也；春夏先，秋冬後，四時之序也〔四〕。萬物化作，萌區有狀〔五〕；盛衰之殺，變化之流也〔六〕。夫天地至神①，而有尊卑先後之序，而況人道乎〔七〕！宗廟尚親，朝廷尚尊，鄉黨尚齒，行事尚賢，大道之序也〔八〕。語道而非其序者，非其道也〔九〕；語道而非其道者，安取道②〔一〇〕！

〔一〕【注】所以先者本也。　【疏】古之人，謂中古人也。先，本也。五末之學，中古有之，事涉澆僞，終非根本也。

〔二〕【疏】夫尊卑先後，天地之行也。　【釋文】「長先而少」詩照反。

〔三〕【注】言③此先後雖是人事，然皆在至④理中來，非聖人之所作也。　【疏】天地之行者，謂春夏先，秋冬後，四時行也。夫天地雖大，尚有尊卑，況在人倫，而無先後！是以聖人象二儀之造化，觀四序之自然，故能篤君臣之大義，正父子之要道也。

〔四〕【疏】天尊，地卑，不刊之位也。春夏先，秋冬後，次序慜乎。舉此二條，足明萬物。

〔五〕【疏】夫萬物變化，未始暫停，或起或伏，乍生乍死，千族萬種，色類不同，而萌兆區分，各有形狀。　【釋文】「萌區」曲俱反。

〔六〕【疏】夫春夏盛長，秋冬衰殺，或變生作死，或化故成新，物理自然，非關措意，故隨流任物而所造皆適。

〔七〕【注】明夫尊卑先後之序，固有物之所不能無也。【疏】二儀生育，有不測之功，萬物之中，最爲神化，尚有尊卑先後，況人倫之道乎！

〔八〕【注】言非但人倫所尚也。【疏】宗廟事重，必據昭穆，以嫡相承，故尚親也。朝廷以官爵爲尊卑，鄉黨以年齒爲次第，行事擇賢能用之，此理之必然，故云大道之序。【釋文】「朝廷」直遥反。

〔九〕【疏】議論道理而不知次第者，雖有語言，終非道語；既失其序，不堪治物也。

〔一〇〕【注】所以取道，爲〔其〕有序〔也〕⑤。【疏】既不識次第，雖語非道，於何取道而行理之邪！

〔校〕①闕誤引張君房本神下有也字。②闕誤引文如海本道下有哉字。③趙諫議本無言字。④趙本無至字。⑤其字也字依宋本及道藏本補。世德堂本作爲有序也，無其字。

是故古之明大道者，先明天而道德次之〔一〕，道德已明而仁義次之〔二〕，仁義已明而分守次之〔三〕，分守已明而形名次之〔四〕，形名已明而因任次之〔五〕，因任已明而原省次之〔六〕，原省已明而是非次之〔七〕，是非已明而賞罰次之〔八〕。賞罰已明而愚知處宜，貴賤履位〔九〕；仁賢不肖襲情〔一〇〕，必分其能，必由其名〔一一〕。以此事上〔一二〕，以此畜下，以此治物，以此修身〔一三〕，知謀不用，必歸其天，此之謂大平，治之至也〔一四〕。

〔一〕【注】天者，自然也。自然既明，則物得其道也。【疏】此重開大道次序之義。言古之明開大道之人，先明自然之理。爲自然是道德之本，故道德次之。

〔二〕【注】物得其道而和，理自適也。【疏】先德後仁，先仁後義，故仁義次之。

〔三〕【注】理適而不失其分也。【疏】既行兼愛之仁，又明裁非之義，次令各守其分，不相爭奪也。

〔四〕【注】得分而物物之名各當其形也。【疏】形，身也。各守其分，不相傾奪，次勸修身，致其名譽也。

〔五〕【注】無所復改。【疏】雖復勸令修身以致名譽，而皆須因其素分，任其天然，不可矯性僞情以要令聞也。

〔六〕【注】物各自任，則罪責除也。【疏】原者，恕免；省者，除廢。雖復因任其本性，而不無其僭過，故宜布之愷澤，宥免其辜也。【釋文】「原省」所景反。原，除；省，廢也。

〔七〕【注】各以得性爲是，失性爲非。【疏】雖復赦過宥罪，而人心漸薄，次須示其是非，以爲鑒誡也。

〔八〕【注】賞罰者，失得之報也。夫至治之道，本在於天而末極於斯。【疏】是非既明，臧否斯見，故賞善罰惡，以勗黎元也。

〔九〕【注】官①各當其才也。【疏】用此賞罰，以次前序而爲治方者，智之明暗，安處各得其宜，才之高下，貴賤咸履其位也。

〔一〇〕【注】各自行其所能之情。【疏】仁賢，智也；不肖，愚也。襲，用也。主上聖明，化導得所，雖復賢愚各異，而咸用本情，終不舍己効人，矜夸炫物也。

〔一一〕【注】無相易業。【疏】夫性性不同，物物各異，藝能固別，才用必分，使之如器，無不調適也。【釋文】「必分」方云反。

〔一二〕【注】名當其實，故由名而實不濫也。【疏】夫名以召實，而（由）〔當〕實故名。若使實不（當）〔由〕②名，則名過其實。今明名實相稱，故云必由其名也。

〔一三〕【疏】以，用也。言用以前九法，可以爲臣事上，爲君畜下，外以治物，内以脩身也。

〔一四〕【疏】至默無爲，委之羣下，塞聰閉智，歸之自然，可謂太平之君，至治之美也。【釋文】「知謀」音智。「大平」音泰。

〔校〕①世德堂本官作言。②當由二字依注文互易。

故書曰：「有形有名。」形名者，古人有之，而非所以先也〔一〕。古之語大道者，五變而形名可舉，九變而賞罰可言也〔二〕。驟而語形名，不知其本也〔三〕；驟而語賞罰，不知其始也〔四〕。倒道而言，迕道而說者，人之所治也，安能治人〔五〕！驟而語形名賞罰，此有知治之具，非知治之道〔六〕；可用於天下，不足以用天下；此之謂辯士，一曲之人也〔七〕。禮法數度，形名比詳，古人有之，此下之所以事上，非上之所以畜下也〔八〕。

〔一〕【疏】先，本也。言形名等法，蓋聖人之應迹耳，不得已而用之，非所以迹也。書者，道家之書，既遭秦世焚燒，今檢亦無的據。

〔二〕【注】自先明天以下，至形名而五，至賞罰而九，此自然先後之序也。【疏】夫爲治之體，必隨世汙隆，世有澆淳，故治亦有寬急。是以五變九變，可舉可言。苟其不失次序，則是太平至治也。

〔三〕【疏】驟，數也，速也。季世之人，不知倫序，數語形名，以爲治術，而未體九變，以自然爲宗，但識其末，不知其本也。

〔四〕【疏】速論賞罰，以此馭時，唯見枝條，未知根本。始，猶本也，互其名耳。

〔五〕【注】治人者必順序。【疏】迕，逆也。不識治方，不知次序，顛倒道理，迕逆物情，適可爲物所治，豈能治物也！【釋文】「迕道」音悟。司馬云：横也。「而説」徐音悦，又如字。

〔六〕【注】治道先明天，不爲棄賞罰也，但當不失其先後之序耳。【疏】夫形名賞罰，此乃知治之具，度非知治之要道也。

〔七〕【注】夫用天下者，必大通順序之道。【疏】若以形名賞罰可施用於天下者，不足以用於天下也。斯乃苟飾華辭浮游之士，一節曲見偏執之人，未可以識通方，悟於大道者也。

〔八〕【注】寄此事於羣才，斯乃畜下也。【疏】重疊前語。古人有之，但寄羣才而不親預，故是臣下之術，非主上養民之道。總結一章之意，以明本末之旨歸也。

昔者舜問於堯曰：「天王之用心何如〔一〕？」

〔一〕【疏】天王，猶天子也。舜問於堯爲帝王之法，若爲用心以合大道也。

堯曰：「吾不敖无告〔一〕，不廢窮民〔二〕，苦死者，嘉孺子而哀婦人〔三〕。此吾所以用心已〔四〕。」

〔一〕【注】無告者，所謂頑民也。【疏】敖，侮慢也。無告，謂頑愚之甚，無堪告示也。堯答舜云：「縱有頑愚之民，不堪告示，我亦殷勤教誨，不敖慢棄舍也。」故老經云，不善者吾亦善之。敖亦有作教字者，今不用也。【釋文】「不敖」五報反。

〔二〕【注】恒加恩也。【疏】百姓之中有貧窮者，每加拯恤，此心不替也。

〔三〕【疏】孺子，猶稚子也。哀，憐也。民有死者，輒悲苦而慰之。稚子小兒，婦人孤寡，並皆矜愍善嘉養恤也。

〔四〕【疏】已，止也。總結以前，用答舜問。「我之用心，止盡於此。」

舜曰：「美則美矣，而未大也〔一〕。」

〔一〕【疏】用心爲治，美則美矣，其道狹劣，未足稱大。既領堯答，因發此譏。

堯曰：「然則何如〔一〕？」

〔一〕【疏】堯既被譏，因茲請益，「治道之大，其術如何？」

舜曰：「天德而出寧〔一〕，日月照而四時行，若晝夜之有經，雲行而雨施矣〔二〕。」

〔一〕【注】與天合德，則雖出而静。　【疏】化育之方，與玄天合德，迹雖顯著，心恒寧静。

〔二〕【注】此皆不爲而自然也。　【疏】經，常也。夫日月盛明，六合俱照，春秋涼暑，四序運行，晝夜昏明，雲行雨施，皆天地之大德，自然之常道者也。既無心於偏愛，豈有情於養育！帝王之道，其義亦然。　【釋文】「雨施」始豉反。

堯曰：「膠膠擾擾乎〔一〕！子，天之合也；我，人之合也〔二〕。」

〔一〕【注】自嫌有事。　【疏】膠膠，擾擾，皆擾亂之貌也。領悟此言，自嫌多事，更相發起，聊此撝謙。　【釋文】「膠膠」交卯反。司馬云：和也。「擾擾」而小反。司馬云：柔也。案如注意，膠膠擾擾，動亂之貌。

〔二〕【疏】堯自謙光，推讓於舜，故言子之盛德，遠合上天，我之用心，近符人事。夫堯舜二君，德無優劣，故寄此兩聖以顯方治耳。

夫天地者，古之所大也〔一〕，而黄帝堯舜之所共美也〔二〕。故古之王天下者，奚爲哉？天地而已矣〔三〕。

〔一〕【疏】自此已下，莊生之辭也。夫天覆地載，生育羣品，域中四大，此當一焉。故引古證今，歎美其德。

〔二〕【疏】唯天爲大，唯堯則之。故知軒頊唐虞，皆以德合天地爲其美也。

〔三〕【疏】言古之懷道帝王，何爲者哉？蓋無心順物，德合二儀而已矣。【釋文】「之王」往況反。

孔子西藏書於周室。子路謀曰：「由聞周之徵藏史有老聃者，免而歸居，夫子欲藏書，則試往因焉〔一〕。」

〔一〕【疏】姓仲，名由，字子路，宣尼弟子也。宣尼覩周德已衰，不可匡輔，故將己所修之書，欲藏於周之府藏，庶爲將來君王治化之術，故與門人謀議，詳其可否。老君，姓李，名聃，爲周徵藏史，猶今之祕書官，職典墳籍。見周室版蕩，所以解免其官，歸休静處。故子路咨勸孔子，何不暫試過往，因而問焉。【釋文】「藏書」司馬云，藏其所著書也。「徵藏」才浪反。司馬云：徵藏，藏名也。一云：徵，典也。「史」藏府之史。「老聃」吐甘反。或云：老聃是孔子時老子號也。「免而歸」言老子見周之末不復可匡，所以辭去也。

孔子曰：「善。」

往見老聃，而老聃不許〔一〕，於是繙十二經以説〔二〕。

〔一〕【疏】老子知欲藏之書是先聖之已陳芻狗，不可久留，恐亂後人，故云不許。

〔二〕【疏】孔子删詩書，定禮樂，修春秋，贊易道，此六經也；又加六緯，合爲十二經也。委曲敷演，故繙覆説之。【釋文】「繙」敷袁反。徐又音盤，又音煩。司馬〔云〕：煩寃也。「十二經」説者云：詩書禮樂易春秋六經，又加六緯，合爲十二經也。一説云：易上下經並十翼爲十二。又一云：春秋十二公經也。「以説」如字，又始鋭反。絶句。

老聃中其説，曰：「大①謾，願聞其要〔一〕。」

〔一〕【疏】中其説者，許其有理也。大謾者，嫌其繁謾太多，請簡要之術也。【釋文】「老聃中」丁仲反。「其説」如字。絶句。「曰大」音泰，徐敕佐反。「謾」末旦反，郭武諫反。

〔校〕①趙諫議本大作太。

孔子曰：「要在仁義〔一〕。」

〔一〕【疏】經有十二，乃得繁盈，切要而論，莫先仁義也。

老聃曰：「請問，仁義，人之性邪〔一〕？」

〔一〕【疏】問：「此仁義率性不乎？」

孔子曰：「然。君子不仁則不成，不義則不生。仁義，真人之性也，又將奚爲矣〔一〕？」

〔一〕【疏】然，猶如此。言仁義是人之天性也。賢人君子，若不仁則名行不成，不義則生道不立。故知仁義是人之真性，又將何爲是疑之也邪？

老聃曰：「請問，何謂仁義〔一〕？」

〔一〕【疏】前言仁義是人之真性，今之重問，請解所由也。

孔子曰：「中心物愷，兼愛无私，此仁義之情也〔一〕。」

〔一〕【注】此常人之所謂仁義者也，故寄孔老以正之。【疏】愷，樂也。忠誠之心，願物安樂，慈愛平等，兼濟無私，允合人情，可爲世教也。【釋文】「中心物」本亦作勿。「愷」開待反。司馬云：樂也。

老聃曰：「意，幾乎後言！夫兼愛，不亦迂乎〔一〕！无私焉，乃私也〔二〕。夫子若欲使天下无失其牧乎〔三〕？則天地固有常矣，日月固有明矣，星辰固有列矣〔四〕，禽獸固有羣矣，樹木固有立矣〔五〕。夫子亦放德而行，循道而趨，已至矣〔六〕；又何偈偈乎揭仁義，若擊鼓而求亡子焉〔七〕？意，夫子亂人之性也〔八〕！」

〔一〕【注】夫至仁者，無愛而直前也。【疏】意，不平之聲也。幾，近也。迂，曲也。後發之言，近乎浮僞，故興意歎，以（長）〔表〕不平。夫至人推理直前，無心思慮，而汝存情兼愛，不乃私曲乎！【釋文】「曰意」於其反。司馬云：不平聲也。下同。「幾乎」音機。司馬本作頎，云：頎，長也，後言長也。○盧文弨曰：舊本後作復①，未詳。「迂乎」音于。

〔二〕【注】世所謂無私者，釋己而愛人。夫愛人者，欲人之愛己，此乃甚私，非忘公而公也。【疏】夫兼愛於人，欲人之愛己也，此乃甚私，何公之有邪！

〔三〕【疏】牧，養也。欲使天下蒼生咸得本性者，莫若上下各各守分，自全恬養，則大治矣。牧有本作放字者，言君王但放任羣生，則天下太平也。【釋文】「牧乎」司馬云：牧，養也。

〔四〕【疏】夫天地覆載，日月照臨，星辰羅列，此並自然之理也，非關人事。豈唯三種，萬物悉然，但當任之，莫不備足，何勞措意，妄爲矜矯也！

〔五〕【注】皆已②自足。【疏】有識禽獸，無情草木，各得生立，各有羣分，豈資仁義，方獲如此！

〔六〕【注】不待於兼愛也。【疏】循，順也。放任己德而逍遥行世，順於天道而趨步人間，人間至極妙行，莫過於此也。【釋文】「放德」方往反。

〔七〕【注】無由得之。【疏】偈偈，勵力貌也。揭，擔負也。亡子，逃人也。言孔丘勉勵身心，擔負仁義，强行於世，以教蒼生，何異乎打擊大鼓而求覓亡子，是以鼓聲愈大而亡者愈離，仁義彌彰而去道彌遠，故無由得之。【釋文】「偈偈」居謁反，又巨謁反。或云：用力之貌。「揭仁」其謁反，又音桀。

〔八〕【注】事至而愛，當義而止，斯忘仁義者也，常念之則亂真矣。【疏】亡子不獲，罪在鳴鼓；真性不明，過由仁義；故發噫歎，總結之也。

〔校〕①釋文原本及世德堂本均作復。②世德堂本已作以。

士成綺見老子而問曰：「吾聞夫子聖人也，吾固不辭遠道而來願見，百舍重趼而不敢息〔一〕。今吾觀子，非聖人也。鼠壤有餘蔬〔二〕，而棄妹之者，不仁也〔三〕，生熟不盡於前〔四〕，而積斂无崖〔五〕。」

〔一〕【疏】姓士，字成綺，不知何許人。舍，逆旅也。趼，腳生泡漿創也。成綺素聞老子有神聖之德，故不辭艱苦，慕義遠來。百經旅舍，一不敢息，塗路既遥，足生重趼。【釋文】「士成綺」如字，又魚紙反。士成綺，人姓名也。「願見」賢遍反。下同。「百舍」司馬云：百日止宿也。「重」直龍反。「趼」古顯反。司馬云：胝也。胝，音陟其反。許慎云：足指約中斷傷爲趼。○慶藩案釋文引許説，本淮南脩務篇注。淮南引莊子作重趼，趼即趼字之誤也。高注云：趼，足生胝也。趼，又讀若繭。賈子勸學篇百舍重繭，宋策墨子百舍重繭，（高注：重繭，累胝也。）皆叚繭作趼也。

〔二〕【注】言其不惜物也。【疏】昔時藉甚，謂是至人；今日親觀，知無聖德。見其鼠穴土中，有餘殘蔬菜。嫌其穢惡，故發此譏也。【釋文】「餘蔬」所居反，又音所。司馬云：蔬讀曰糈。糈，粒也。鼠壤内有遺餘之粒，穢惡過甚也。一云：如鼠之堆壤，餘益蔬外也。

〔三〕【注】無近恩，故曰棄。【疏】妹，猶昧也。闇昧之徒，應須誘進，棄而不教，豈曰仁慈也！【釋文】「棄妹」一本作妹之者。「不仁」釋名云：妹，末也。謂末學之徒，須慈誘之，乃見棄薄，不仁之甚也。

〔四〕【注】至足，故恒有餘。【疏】生，謂粟帛；熟，謂飲食。充足之外，不復槩懷，所以飲食資財，目前狼藉。且大聖寬弘而不拘小節，士成庸瑣，以此爲非。細碎之間，格量真聖，可謂以螺酌海，焉測淺深也！【釋文】「生熟」司馬云：生，膾也。一云：生熟，謂好惡也。

〔五〕【注】萬物歸懷，來者受之，不小立界畔也。【疏】既有聖德，爲物所歸，故供給聚斂，略無涯(峙)〔涘〕，浩然無心，積散任物也。【釋文】「而積」子亦反，李子賜反。「斂」力檢反，李狸黯反。

老子漠然不應〔一〕。

〔一〕【注】不以其言槩意。【疏】塵垢之言，豈曾入耳！漠然虛淡，何足介懷！

士成綺明日復見，曰：「昔者吾有刺於子，今吾心正卻矣，何故也〔一〕？」

〔一〕【注】自怪刺譏之心，所以壞也。【疏】卻，空也，息也。昨日初來，妄生譏刺，今時思省，方覺己非，所以引過責躬，深懷慚悚。心之空矣，不識何耶。【釋文】「復見」扶又反。「有刺」(于)〔千〕①賜反。「正卻」去逆反。或云：息也。

〔校〕①千字依釋文原本改。

老子曰：「夫巧知神聖之人，吾自以爲脱焉〔一〕。昔者子呼我牛也而謂之牛，呼我馬也而謂之馬〔二〕。苟有其實，人與之名而弗受〔三〕，再受其殃〔四〕。吾服也恒服〔五〕，吾非以服有服〔六〕。」

〔一〕【注】脱，過去也。【疏】夫巧智神聖之人者，蓋是迹，非所以迹也。「汝言我欲於聖人乎？我於此久以免脱，汝何爲乃謂我是聖非聖耶？」老君欲抑成綺之譏心，故示以息迹歸本也。

郭注云，脱，過去也，謂我於聖已得過免而去也。　【釋文】「夫巧」苦教反，又如字。「知」音智。「爲脱」徒活反。注同。

〔二〕【注】隨物所名。

〔三〕【注】有實，故不以毁譽經心也。　【釋文】「毁譽」音餘，下同。

〔四〕【注】一毁一譽，若受之於心，則名實俱累，斯所以再受其殃也。　【疏】昨日汝唤我作牛，我即從汝唤作牛，唤我作馬，我亦從汝唤作馬，我終不拒。且有牛馬之實，是一名也。人與之名，諱而不受，是再殃也。譏刺之言，未甚牛馬，是尚不諱，而況非乎！

〔五〕【注】服者，容行之謂也。不以毁譽自殃，故能不變其容。　【疏】郭注云，服者，容行之謂也。老君體道大聖，故能制服身心，行行容受，呼牛呼馬，唯物是從，此乃恒常，非由措意也。【釋文】「容行」如字。

〔六〕【注】有爲爲之，則不能恒服。　【疏】言我率性任真，自然容受，非關有心用意，方得而然。必也用心，便成矯性，既其有作，豈曰無爲！

士成綺鴈行避影，履行遂進而問：「修身若何〔一〕？」

〔一〕【疏】成綺自知失言，身心慙愧，於是鴈行斜步，側身避影，隨逐老子之後，不敢履躡其迹，仍徐進問，請修身之道如何。

老子曰：「而容崖然〔一〕，而目衝然〔二〕，而顙頯然〔三〕，而口闞然〔四〕，而狀義然〔五〕，似繫馬而止也〔六〕。動而持〔七〕，發也機〔八〕，察而審〔九〕，知巧而覩於泰〔一〇〕，凡以爲不信〔一一〕。邊竟①有人焉，其名爲竊〔一二〕。」

〔一〕【注】進趨不安之貌。【疏】而，汝也。言汝莊飾容貌，夸駭於人，自爲崖岸，不能舒適。

〔二〕【注】衝出之貌。【疏】心既不安，目亦馳動，故左盼右睇，睢盱充詘也。

〔三〕【注】高露發美之貌。【疏】頯頯高亢，顯露華飾，持此容儀，矜敖於物。【釋文】「頯頯」上息黨反，下去軌反。本又作顯，如字。司馬本作魌。

〔四〕【注】虓豁之貌。【疏】郭注云，虓豁之貌也。謂志性强梁，言語雄猛，夸張虓豁，使人可畏也。【釋文】「闞」郭許覽反，又火斬反，又火暫反。「虓」火交反。「豁」火括反。

〔五〕【注】踶跂自持之貌。【疏】義，宜也。踶跂驕豪，實乖典禮，而修飾容狀，自然合宜也。【釋文】「踶」直氏反。「跂」去氏反。○慶藩案義讀爲峨。義然，峨然也。說詳俞氏大宗師篇平議。郭訓成疏兩失之。

〔六〕【注】志在奔馳。【疏】形雖矜莊，而心性諠躁，猶如逸馬被繫，意存奔走。

〔七〕【注】不能自舒放也。【疏】馳情逐境，觸物而動，不能任適，每事拘持。

〔八〕【注】趨捨速也。【疏】機，弩牙也。攀緣之心，遇境而發，其發猛速，有類弩牙。

〔九〕【注】明是非也。【疏】不能虛遣，違順兩忘，而明察是非，域心審定。

〔一〇〕【注】泰者，多於本性之謂也。巧於見泰，則拙於抱朴。【疏】泰，多也。不能忘巧忘知，觀無爲之一理，而詐知詐巧，見有爲之多事。

〔一一〕【注】凡此十事，以爲不信性命而蕩夫毀譽，皆非修身之道也。【疏】信，實也。言此十事，皆是虛詐之行，非真實之德也。○家世父曰：郭象云，凡此十事，以爲不信性命而蕩夫毀譽，於文多一轉折。凡以爲不信，言凡所爲皆出於矯揉，與自然之性不相應，故謂之不信。容也，目也，顙也，口也，狀也，一有矜持，若縶馬而制其奔突，不能自信於心也。動而發，一其機應之，而相勝以知巧，不能自信於外也。微分兩義，不得爲十事。

〔一二〕【注】亦如②汝所行，非正人也。【疏】竊，賊也。邊蕃境域，忽有一人，不憚憲章，但行竊盜。內則損傷風化，外則阻隔蕃情，蠹政害物，莫斯之甚。成綺之行，其猥亦然，舉動睢盱，猶如此賊也。【釋文】「邊竟」音境。「有人焉其名爲竊」邊垂之人，不聞知禮樂之正，縱有言語，偶會墳典，皆是竊盜所得，其道何足語哉！司馬云：言遠方嘗有是人。

〔校〕①趙諫議本竟作境。②世德堂本如作知。

夫子曰：「夫道，於大不終，於小不遺，故萬物備〔一〕。廣廣乎其无不容也，淵①乎其不可測也〔二〕。形德仁義，神之末也，非至人孰能定之〔三〕！夫至人有世，不亦大乎！而不足以爲之累〔四〕。天下奮棅而不與之偕〔五〕，審乎無假而不與利遷〔六〕，極物之真，能守其本〔七〕，故外天地，遺萬物，而神未嘗有所困也〔八〕。通乎道，合乎德〔九〕，退仁義〔一〇〕，賓禮樂〔一一〕，至人之心有所定矣〔一二〕。」

〔一〕【疏】莊周師老君，故呼爲夫子也。終，窮也。二儀雖大，猶在道中，不能窮道之量；秋毫雖小，待之成體，此則於小不遺。既其能小能大，故知備在萬物。

〔二〕【疏】既大無不包，細無不入，貫穿萬物，囊括二儀，故廣廣歎其寬博，淵乎美其深遠。○慶藩案廣廣，猶言曠曠也。曠曠者，虚無人之貌。漢書五行志，師出過時，玆謂廣，李奇曰：廣，音曠。曠與廣，古字義通。（漢書武五子傳，横術何廣廣兮，蘇林曰：廣，音曠。（薛瓚曰：術，道路也。）

〔三〕【疏】夫形德仁義者，精神之末迹耳，非所以迹也，救物之弊，不得已而用之。自非至聖神人，誰能定其粗妙耶！

〔四〕【注】用世，故不患其大也。【疏】聖人威跨萬乘，王有世界，位居九五，不亦大乎！而姑射汾陽，忘物忘己，即動即寂，何四海之能累乎！

〔五〕【注】静而順之。【疏】棅，權也。偕，居也。社稷顛覆，宇内崩離，趨世之人，奮動權棅，必静而自守，不與並逐也。【釋文】「奮棅」音柄。司馬云：威權也。李丑倫反。一本作楝。○家世父曰：釋文引司馬云：棅，威權也。説文：柄，柯也。柄，或（從）〔作〕棅。管子山權數篇此之謂國權，此謂君棅。操國計之盈虚，謂之國權。制人事之重輕，謂之君棅。棅者，所藉以制事者也。大者制大，小者制小，相與奮起以有爲於世，皆有所借者也。説文：㕙，借也。無所假則無爲，無爲則因以爲弟靡，因以爲波流，而隨物以遷焉。無假而不與利遷，斯之謂無爲而無不爲。郭象云，任真而直往，非也。

〔六〕【注】任真而直往也。【疏】志性安静，委命任真，榮位既不關情，財利豈能遷動也！

〔七〕【疏】夫聖人靈鑒洞徹，窮理盡性，斯極物之真者也。而應感無方，動不傷寂，能守其本。

〔八〕【疏】雖復握圖御寓，總統羣方，而忘外二儀，遺棄萬物，是以爲既無爲，事既無事，心閒神王，何困弊之有！

〔九〕【疏】淡泊之心，通乎至道，虚忘之智，合乎上德，斯乃境智相會，能（斯）〔所〕冥符也。

〔一〇〕【注】進道德也。

〔一一〕【注】以情性爲主也。【疏】退仁義之澆薄，進道德之淳和，擯禮樂之浮華，主無爲之虚淡。○俞樾曰：賓當讀爲擯，謂擯斥禮樂也，與上句退仁義一律。郭注曰，以性情爲主也，則以本字讀之，其義轉迂。達生篇曰，賓於鄉里，逐於州部，此即假賓爲擯之證。○慶藩案俞説是也。古賓擯音同，音同之字，往往叚借爲義。周禮司儀，賓拜送幣，釋文云：賓，音擯。本書徐無鬼篇，賓於寡人，司馬本賓作擯，即其證。

〔一二〕【注】定於無爲也。【疏】恬淡無爲而用不乖寂，定矣。

〔校〕①闕誤引江南古藏本重淵字。

世之所貴道者書也〔一〕，書不過語，語有貴也。語之所貴者意也〔二〕，意有所隨。意之所隨者，不可以言傳也〔三〕，而世因貴言傳書。世雖貴之①，我猶不足貴也，爲其貴非其貴也〔四〕。故視而可見者，形與色也；聽而可聞者，名與聲也。悲夫，世人以形色名聲爲足以得彼之情！夫形色名聲果不足以得彼之情〔五〕，則知者不言，言者不知，而世豈識之哉〔六〕！

〔一〕【疏】道者，言説；書者，文字。世俗之人，識見浮淺，或託語以通心，或因書以表意，持（許）〔誦〕往來，以爲貴重，不知無足可言也。

〔二〕【疏】所以致書，貴宣於語，所以宣語，貴表於意也。

〔三〕【疏】隨，從也。意之所出，從道而來，道既非色非聲，故不可以言傳説。【釋文】「言傳」丈專反。後同。

〔四〕【注】其貴恒在意言之表。【疏】夫書以載言，言以傳意，而末世之人，心靈暗塞，遂貴言重書，不能忘言求理。故雖貴之，我猶不足貴者，爲言書糟粕，非可貴之物也。故郭注云，其貴恒在意言之表。【釋文】「爲其」于僞反。

〔五〕【注】得彼〔之〕②情，唯忘言遺書者耳。【疏】夫目之所見，莫過形色，耳之所聽，唯在名聲。而世俗之人，不達至理，謂名言聲色，盡道情實。豈知玄極，視聽莫偕！愚惑如此，深可悲歎。郭注云，得彼之情，唯忘言遺書者耳。

〔六〕【注】此絶學去知之意也。【疏】知道者忘言，貴德者不知，而聾俗愚迷，豈能識悟！唯當達者方體之矣。【釋文】「知者」如字。下同。或並音智。「去尚」起吕反。

〔校〕①世德堂本之下有哉字。②之字依宋本及疏補。

桓公讀書於堂上。輪扁斲輪於堂下，釋椎鑿而上，問桓公曰：「敢問，公之所讀者①何言邪〔一〕？」

〔一〕【疏】桓公，齊桓公也。輪，車輪也。扁，匠人名也。斲，雕斫也。釋，放也。齊君翫讀，輪扁打車，貴賤不同，事業各異，乃釋放其具，方事質疑。欲明至道深玄，不可傳（集）〔説〕，故寄桓公匠者，略顯忘言之致也。【釋文】「桓公」李云：齊桓公也，名小白。「輪扁」音篇，又符殄反。司馬云：斲輪人也，名扁。「斲」陟角反。「椎」直追反。「而上」時掌反。

〔校〕①世德堂本者作爲。

公曰：「聖人之言也〔一〕。」

〔一〕【疏】所謂憲章文武，祖述堯舜，是聖人之言。

曰：「聖人在乎〔一〕？」

〔一〕【疏】又問：「聖人見在以不？」

公曰：「已死矣〔一〕。」

〔一〕【疏】答曰：「聖人雖死，厥教尚存焉。」

曰：「然則君之所讀者，古人之糟魄已夫〔一〕！」

〔一〕【疏】（夫）酒滓曰糟，漬糟曰粕。夫醇酎比乎道德，糟粕方之仁義，已陳芻狗，曾何足云！【釋文】「糟」音遭。李云：酒滓也。「魄」普各反。司馬云：爛食曰魄。一云：糟爛爲魄。本又作粕，音同。許慎云：粕，已漉麤糟也。或普白反，謂魂魄也。「已夫」音符。絶句。或如字。○慶藩案釋文，魄，本又作粕，即司馬本也。文選陸士衡文賦〔注〕引司馬云：爛食曰粕。

桓公曰：「寡人讀書，輪人安得議乎！有説則可，无説則死〔一〕。」

〔一〕【疏】貴賤禮隔，不可輕言，庸委之夫，輒敢議論。説若有理，方可免辜，如其無辭，必獲死罪。

輪扁曰：「臣也以臣之事觀之。斲輪，徐則甘而不固，疾則苦而不入。不徐不疾，得之於手而應於心，口不能言，有數存焉於其間。〔一〕臣不能以喻臣之子，臣之子亦不能受之於臣，是以行年七十而老斲輪〔二〕。古之人與其不可傳也死矣，然則君之所讀者，古人之糟魄已夫〔三〕！」

〔一〕【疏】甘，緩也。苦，急也。數，術也。夫斲輪失所則〔不〕①牢固，若使得宜，則口不能言也。況之理教，其義亦然。【釋文】「甘」如字，又音酣。司馬云：甘者，緩也。苦者，急也。「有數」李云：色注反，數，術也。○盧文弨曰：案前後俱作色主反，此注字疑譌。

〔二〕【注】此言物各有性，教學之無益也。【疏】喻，曉也。輪扁之術，不能示其子，輪扁之子，亦不能禀受其教，是以行年至老，不免斤斧之勞。故知物各有性，不可倣效。

〔三〕【注】當古②之事，已滅③於古矣，雖或傳之，豈能使古在今哉！古不在今，今事已變，故絶學任性，與時變化而後至焉。【疏】夫聖人制法，利物隨時，時既不停，法亦隨變。是以古人古法淪殘於前，今法今人自興於後，無容執古聖迹行乎今世。故知所讀之書，定是糟粕也。【釋文】「人與」如字，又一音餘。「可傳」直專反。注同。

〔校〕①不字依正文補。②趙諫議本古作今。③趙本滅作減。

莊子集釋卷五下

外篇 天運第十四〔一〕

〔一〕【釋文】以義名篇。天運，司馬作天員。

「天其運乎〔一〕？地其處乎〔二〕？日月其争於所乎〔三〕？孰主張是〔四〕？孰維綱是〔五〕？孰居无事推而行是〔六〕？意者其有機緘而不得已邪〔七〕？意者其運轉而不能自止邪〔八〕？雲者爲雨乎？雨者爲雲乎〔九〕？孰隆施①是〔一〇〕？孰居无事淫樂而勸是〔一一〕？風起北方，一西一東，有②上彷徨，孰嘘吸是？孰居无事而披拂是〔一二〕？敢問何故〔一三〕？」

〔一〕【注】不運而自行也。【疏】言天稟陽氣，清浮在上，無心運行而自動。【釋文】「其運」爾雅云：運，徙也。廣雅云：轉也。○慶藩案運，釋文司馬本作員，運員二字，古通用也。越語廣運百里，韋注曰：東西爲廣，南北爲運。西山經作廣員百里。墨子非命上篇譬猶運鈞之上而立朝夕者也，中篇運作員。運，古又讀若云。云與員通。管子戒篇四時云下而萬物化，云即運字。説文，鴆，一名運日，劉逵吴都賦注運日作云日。云即員也。書泰誓雖則云然，漢書韋賢傳注作員然。詩出其東門聊樂我員，釋文：員，本作云。商頌景員維何，鄭箋：員，古文作云。皆其證。

〔二〕【注】不處而自止也。【疏】地稟陰氣，濁沈在下，亦無心寧静而自止。

〔三〕【注】不争所而自代謝也。【疏】晝夜照臨，出没往來，自然如是。既無情於代謝，豈有心於争處！

〔四〕【疏】孰，誰也。是者，指斥前文也。言四時八節，雲行雨施，覆育蒼生，亭毒羣品，誰爲主宰而施張乎？此一句解天運也。

〔五〕【注】皆自爾。【疏】山岳産育，川源流注，包容萬物，運載無窮，春生夏長，必無差忒。是誰維持綱紀，故得如斯？此一句解地處也。

〔六〕【注】無則無所能推，有則各自有事。然則無事而推行是者誰乎哉？各自行耳。【疏】夫日月代謝，星辰朗耀，各有度數，咸由自然。誰安居無事，推算而行之乎？此一句解日月争所。已前三者，並假設疑問，顯發幽微。故知皆自爾耳，無物使之然也。【釋文】「推而」如字，一音吐回反。司馬本作誰。

〔七〕【疏】機，關也。緘，閉也。玄冬肅殺，夜(霄)〔宵〕暗昧，以意億度，謂有主司關閉，事不得已，致令如此。以理推者，皆自爾也。方地不動，其義亦然也。【釋文】「緘」古咸反，徐古陷反。司馬本作咸，云：引也。

〔八〕【注】自爾，故不可知也。【疏】至如青春氣發，萬物皆生，晝夜開明，六合俱照，氣序運轉，致兹生育，尋其理趣，無物使然。圓天運行，其義亦爾也。

〔九〕【注】二者俱不能相爲，各自爾也。【疏】夫氣騰而上，所以爲雲；雲散而下，流潤成雨。然推尋始末，皆無攸肇，故知二者不能相爲。【釋文】「爲雨」于僞反。下及注同。

〔一〇〕【疏】隆，興也。施，廢也。言誰興雲雨而洪注滂沱，誰廢甘澤而致兹亢旱也。【釋文】「隆施」音弛，式氏反。○俞樾曰：此承上雲雨而言。隆當作降，謂降施此雲雨也。書大傳隆谷，鄭注曰：隆讀如龐降之降。蓋隆從降聲，古音本同。荀子天論篇隆禮尊賢而王，韓詩外傳隆作降。齊策歲八月降雨下，風俗通義祀典篇降作隆。是古字通用之證。

〔一一〕【疏】誰安居無事，自勵勸彼，作此淫雨而快樂邪？司馬本作倦字。【釋文】「淫樂」音洛，又音嶽。「而勸」司馬本勸作倦，云：讀曰隨，言誰無所作，在隨天往來，運轉無已也。

〔一二〕【疏】彷徨，迴轉之貌也。噓吸，猶吐納也。披拂，猶扇動也。北方陰氣，起風之所，故云北方。夫風吹無心，東西任適，或彷徨而居空裏，或噓吸而在山中，拂披升降，略無定準。孰居無事而爲此乎？蓋自然也。【釋文】「有上」時掌反。「彷」薄皇反。「徨」音皇。司馬本作旁皇，云：旁皇，飆風也。「噓」音虛。「吸」許急反。「披」芳皮反。「拂」芳弗反，郭扶弗反。披拂，風貌。司馬本作翇。

〔一三〕【注】設問所以自爾之故。　【疏】此句總問以前有何意故也。

〔校〕①闕誤引李氏本施作弛。②闕誤引張君房本有作在。

巫咸祒曰：「來！吾語女。天有六極五常〔一〕，帝王順之則治，逆之則凶〔二〕。九洛之事，治成德備，監照下土〔三〕，天下戴之，此謂上皇〔四〕。」

〔一〕【注】夫物事之近，或知其故，然尋其原以至乎極，則無故而自爾也。自爾則無所稍問其故也，但當順之。【疏】巫咸，神巫也，爲殷中宗相。祒，名也。六極，謂六合，四方上下也。五常，謂五行，金木水火土，人倫之常性也。言自然之理，有此六極五常，至於日月風雲，例皆如此，但當任之，自然具足，何爲措意於其間哉！【釋文】「巫咸祒」赤遥反，郭音條，又音紹。李云：巫咸，殷相也。祒，寄名也。「吾語」魚據反。「女」音汝。後皆同。「六極」司馬云：四方上下也。○俞樾曰：六極五常，疑即洪範之五福六極也。常與祥，古字通。儀禮士虞禮記薦此常事，鄭注曰：古文常爲祥，是其證也。説文示部：祥，福也。然則五常即五福也。下文曰，九洛之事，治成德備，其即謂禹所受之洛書九類乎！

〔二〕【注】夫假學可變，而天性不可逆也。【疏】夫帝王者，上符天道，下順蒼生，垂拱無爲，因循任物，則天下治矣。而逆萬國之歡心，乖二儀之和氣，所作凶(勃)〔悖〕，則禍亂生也。

〔三〕【疏】九洛之事者，九州聚落之事也。言王者應天順物，馭用無心，故致天下太平，人歌擊壤。九州聚落之地，治定功成；八荒夷狄之邦，道圓德備。既合二儀，覆載萬物；又齊三景，照臨下土。○家世父曰：此言天之運自然而已，帝王順其自然，以道應之，天地亦受裁成焉，而風雨調，四時序。九洛之事，即禹所受之九疇也。莊子言道有不詭於聖人者，此類是也。

〔四〕【注】順其自然故也。【疏】道合自然，德均造化，故衆生樂推而不厭，百姓荷戴而不辭，可謂返樸還淳，上皇之治也。

商大宰蕩問仁於莊子〔一〕。莊子曰：「虎狼，仁也〔二〕。」

〔一〕【疏】宋承殷後，故商即宋國也。大宰，官號，名盈，字蕩。方欲決己所疑，故問仁於莊子。【釋文】「商大」音泰，下文大息同。「宰蕩」司馬云：商，宋也，大宰，官也，蕩，字也。

〔二〕【疏】仁者，親愛之迹。夫虎狼猛獸，猶解相親，足明萬類皆有仁性也。

曰：「何謂也〔一〕？」

〔一〕【疏】大宰未達深情，重問有何意謂。

莊子曰：「父子相親，何爲不仁〔一〕？」

〔一〕【疏】父子親愛，出自天然，此乃真仁，何勞再問！

曰：「請問至仁〔一〕。」

〔一〕【疏】虎狼親愛，厥義未弘，故請至仁，庶聞深旨。

莊子曰：「至仁無親〔一〕。」

〔一〕【注】無親者，非薄德之謂也。夫人之一體，非有親也；而首自在上，足自處下，府藏居内，皮毛在外；外内上下，尊卑貴賤，於其體中各任其極，而未有親愛於其間也。然至仁足矣，故五親六族，賢愚遠近，不失分於天下者，理自然也，又奚取於有親哉！【疏】夫至仁者，忘懷絶慮，與大虚而同體，混萬物而爲一，何親疏之可論乎！泊然無心而順天下之親疏也。

【釋文】「府藏」才浪反。

大宰曰：「蕩聞之，無親則不愛，不愛則不孝。謂至仁不孝，可乎？〔一〕」

〔一〕【疏】夫無愛無親，便是不孝。謂至仁不孝，於理可乎？商蕩不悟深旨，遂生淺惑。莊生爲其顯折，義列下文。【釋文】「蕩聞之」一本蕩作盈，崔本同。或云：盈，大宰字。

莊子曰：「不然。夫至仁尚矣，孝固不足以言之〔一〕。此非過孝之言也，不及孝之言也〔二〕。夫南行者至於郢，北面而不見冥山，是何也？則去之遠也〔三〕。故曰：以敬孝易，以愛孝難〔四〕；以愛孝易，以忘親難〔五〕；忘親易，使親忘我難〔六〕；使親忘我易，兼忘天下難；兼忘天下易，使天下兼忘我難〔七〕。夫德遺堯舜而不爲也〔八〕，利澤施於萬世，天下莫知也〔九〕，豈直大息而言仁孝乎哉〔一〇〕！夫孝悌仁義，忠信貞廉，此皆自勉以役其德者也，不足多也〔一一〕。故曰，至貴，國爵并焉〔一二〕；至富，國財并焉〔一三〕；至願，名譽并焉〔一四〕。是以道不渝〔一五〕。」

〔一〕【注】必言之於忘仁忘孝之地，然後至耳①。【疏】至仁者，忘義忘仁，可貴可尚，豈得將愛敬近迹以語其心哉？固不足以言也。

〔二〕【注】凡名生於不及者，故過仁孝之名而涉乎無名之境，然後至焉。【疏】商蕩之問，近滯域中，莊生之答，遠超方外。故知親愛之旨，非過孝之談，封執名教，不及孝之言也。

〔三〕【注】冥山在乎北極，而南行以觀之；至仁在乎無親，而仁愛以言之；故郢雖見而愈遠冥山，仁孝雖彰而愈非至理也。【疏】郢地居南，冥山在北，故郭注云，冥山在乎北極，南行以觀之；至仁在乎無親，而仁愛以言之；故郢雖見而愈遠冥山，仁孝雖彰而愈非至道。此注甚明，不勞更解。【釋文】「郢」以井反，又以政反，楚都也，在江陵北。「冥山」司馬云：北海山名。○慶藩案史記蘇秦列傳索隱引司馬云：冥山在朔州北。與釋文異。「愈遠」于萬反。

〔四〕【疏】夫敬在形迹，愛率本心。心由天性，故難；迹關人情，故易也。【釋文】「孝易」以豉反。下皆同。

〔五〕【疏】夫愛孝雖難，猶滯域中，未若忘親，澹然無係。忘既勝愛，有優有劣，以此格量，難易明之矣。

〔六〕【疏】夫騰蝯斷腸，老牛舐犢，恩慈下流，物之恒性。故子忘親易，親忘子難。自非達道，孰能行之！

〔七〕【注】夫至仁者，百節皆適，則終日不自識也。聖人在上，非有爲也，恣之使各自得而已耳。

自得其爲，則衆務自適，羣生自足，天下安得不各自忘我哉！各自忘矣，主其安在乎？斯所謂兼忘也。【疏】夫兼忘天下者，棄萬乘如脱屣也；使天下兼忘我者，謂百姓日用而不知也。夫垂拱汾陽而游心姑射，揖讓之美，貴在虚忘，此兼忘天下者也。方前則難，比後便易，未若忘懷至道，息智自然，將造化而同功，與天地而合德者，故能恣萬物之性分，順百姓之所爲，大小咸得，飛沈不喪，利澤潛被，物皆自然，上如標枝，民如野鹿。當是時也，主其安在乎？此使天下兼忘我者也，可謂軒頊之前，淳古之君耳。其德不見，故天下忘之。斯則從劣向優，自粗入妙，遣之又遣，玄之又玄也。

〔八〕【注】遺堯舜，然後堯舜之德全耳；若係之在心，則非自得也。【疏】遺，忘棄也。言堯舜二君，盛德深遠，而又忘其德，任物不爲。斯解兼忘天下難。

〔九〕【注】泯然常適。【疏】有利益恩澤，惠潤羣生，萬世之後，其德不替，而至德潛被，日用不知。斯解使天下兼忘我難也。

〔一〇〕【注】失於江湖，乃思濡沫。【疏】大息，猶嗟歎也。夫盛德同於堯舜，尚能遺忘而不自顯，豈復太息言於仁孝，嗟歎於陳迹乎！【釋文】「濡沫」音末。

〔一一〕【疏】悌，順也。德者，真性也。以此上八事，皆矯性僞情，勉强勵力，捨己効人，勞役其性，故不足多也。【釋文】「孝弟」音悌。○盧文弨曰：舊本作孝悌，音弟。此因今本作悌而妄改也。若作悌字，則更無兩讀，又何用音？此如他卷道音導，亦有倒作導音道者，皆出後人所變亂，今正之。

〔一二〕【注】并，除棄之謂也。夫貴在於身，身猶忘之，況國爵乎！斯貴之至也。【疏】并者，除棄之謂也。夫貴爵祿者，本爲身也。身猶忘之，況爵祿乎！斯至貴者也。【釋文】「并焉」必領反，棄除也。注同。

〔一三〕【注】至富者，自足而已，故除天下之財者也。【疏】至富者，知足者也。知足之人，以不貪爲寶，縱令傾國資財，亦棄而不用。故老經云，知足者富，斯之謂也。

〔一四〕【注】所至願者適也，得適而仁孝之名都去矣。【疏】夫至願者，莫過適性也。既一毀譽，混榮辱，忘物我，泯是非，故令聞聲名，視之如涕唾也。

〔一五〕【注】去華取實故也。【疏】渝，變也，薄也。既忘富貴，又遺名譽，是以道德淳厚，不隨物變也。【釋文】「去華」起呂反。

〔校〕①世德堂本耳作矣。

北門成問於黃帝曰：「帝張咸池之樂於洞庭之野〔一〕，吾始聞之懼，復聞之怠，卒聞之而惑〔二〕；蕩蕩默默，乃不自得〔三〕。」

〔一〕【疏】姓北門，名成，黃帝臣也。欲明至樂之道，故寄此二人，更相發起也。咸池，樂名。張，施也。咸，和也。洞庭之野，天（地）〔池〕之間，非太湖之洞庭也。【釋文】「北門成」人姓名也。「洞庭」徒送反。

〔二〕【疏】怠，退息也。卒，終也。復，重也。惑，闇也。不悟至樂，初聞之時，懼然驚悚；再聞其聲，稍悟音旨，故懼心退息；最後聞之，知至樂與二儀合德，視之不見，聽之不聞，故心無分別，有同暗惑者也。【釋文】「之懼」如字。或音句，下同。一本作戄，音況縛反。案說文，懼是正字，戄是古文。○盧文弨曰：說文，愳，古文懼字；有愯字，與聳同，非懼字重文，並無戄字。不知陸氏所據。「復聞」扶又反。下注同。

〔三〕【注】不自得，坐忘之謂也。【疏】蕩蕩，平易之容。默默，無知之貌。第三聞之，體悟玄理，故蕩蕩而無偏，默默而無知，芒然坐忘，物我俱喪，乃不自得。

帝曰：「汝殆其然哉！吾奏之以人，徵①之以天，行之以禮義，建之以大清〔一〕。夫至樂者，先應之以人事，順之以天理，行之以五德，應之以自然，然後調理四時，太和萬物〔二〕。四時迭起，萬物循生；一盛一衰，文武倫經〔三〕；一清一濁，陰陽調和，流光其聲〔四〕；蟄蟲始作，吾驚之以雷霆〔五〕；其卒无尾，其始无首〔六〕；一死一生，一僨一起；所常无窮〔七〕，而一不可待。汝故懼也〔八〕。

〔一〕【注】由此觀之，知夫至樂者，非音聲之謂也；必先順乎天，應乎人，得於心而適於性，然後發之以聲，奏之以曲耳。故咸池之樂，必待黃帝之化而後成焉。【疏】殆，近也。奏，應也。徵，順也。禮義，五德也。太清，天道也。黃帝既允北門成第三聞樂，體悟玄道，忘知息慮，是以許其所解，故云汝近於自然也。【釋文】「徵之」如字。古本多作徵。「大清」音泰。

〔二〕【疏】雖復行於禮義之迹，而忘自然之本者也。此是第一奏也。

〔三〕【疏】循，順；倫，理；經，常也。言春夏秋冬更迭而起，一切物類順序而生；夏盛冬衰，春文秋武，生殺之理，天道之常，但常任之，斯至樂矣。【釋文】「迭起」大節反。一本作遞，大計反。「循生」似倫反。

〔四〕【注】自然律呂以滿天地之閒，但當順而不奪，則至樂全②。【疏】清，天也。濁，地也。陰升陽降，二氣調和，故施生萬物，和氣流布，三光照燭，此謂至樂，無聲之聲。○家世父曰：樂記，禮減而進，以進爲文；樂盈而反，以反爲文；故樂闋而後作衰者，闋之餘聲也。始奏以文，復亂以武，以文武紀其盛衰。倫經，猶言經綸。比和分合，所謂經綸也。

〔五〕【注】因其自作而用其所以動。【疏】仲春之月，蟄蟲始啓，自然之理，驚之雷霆，所謂動靜順時，因物或作，至樂具合斯道也。【釋文】「蟄蟲」沈執反，郭音執。爾雅云：静也。「霆」音廷，又音挺，徒佞反。電也。○家世父曰：雷霆之起，莫知其所自起，莫知其所自竟。其所自起，首也，生之端也；其所自竟，尾也，死之歸也。死生者，萬物之大常，與天爲無窮，而忽一至焉，則亦物之所不能待也。以喻樂之變化，動於自然。

〔六〕【注】運轉無極。【疏】尋求自然之理，無始無終；討論至樂之聲，無首無尾。故老經云，迎之不見其首，隨之不見其後也。

〔七〕【注】以變化爲常，則所常者無窮也。【疏】僨，仆也。夫盛衰生死，虛盈起僨，變化之道，理之常數。若以變化爲常，則所謂常者無窮也。【釋文】「一僨」方問反。司馬云：仆也。

〔八〕【注】初聞無窮之變，不能待之以一，故懼然悚聽也。【疏】至一之理，絕視絕聽，不可待之以聲色，故初聞懼然也。○俞樾曰：一不可待者，皆不可待也。大戴記衛將軍文子篇，則一諸侯之相也，盧注曰：一，皆也。荀子勸學篇，一可以爲法則，君子篇，一皆善也謂之聖，楊注曰：一，皆也。是一有皆義。郭注曰，不能待之以一，與語意未合。

〔校〕①趙諫議本徵作徽。②趙本全下有矣字。

吾又奏之以陰陽之和，燭之以日月之明〔一〕；其聲能短能長，能柔能剛；變化齊一，不主故常〔二〕；在谷滿谷，在阬滿阬〔三〕；塗郤守神〔四〕，以物爲量〔五〕。其聲揮綽〔六〕，其名高明〔七〕。是故鬼神守其幽〔八〕，日月星辰行其紀〔九〕。吾止之於有窮〔一〇〕，流之於无止〔一一〕。予欲慮之而不能知也，望之而不能見也，逐之而不能及也〔一二〕；儻然立於四虛之道〔一三〕，倚於槁梧而吟〔一四〕。目知窮乎所欲見，力屈乎所欲逐，吾既不及已夫①〔一五〕！形充空虛，乃至委蛇。汝委蛇，故怠〔一六〕。

〔一〕【注】所謂用天之道。【疏】言至樂之聲，將陰陽合其序；所通生物，與日月齊其明。此第二奏也。

〔二〕【注】齊一於變化，故不主故常。【疏】順羣生之修短，任萬物之柔剛，齊變化之一理，豈守故而執常！

〔三〕【注】至樂之道，無不周也。【疏】至樂之道，無所不偏，乃谷乃阬，悉皆盈滿。所謂道無不在，所在皆無也。【釋文】「在阬」苦庚反。爾雅云：虛也。

〔四〕【注】塞其兑也。【疏】塗，塞也。郤，孔也。閉心知之孔郤，守凝寂之精神。郭注云，塞其兑也。【釋文】「塗郤」去逆反，與隙義同。「其兑」徒外反。

〔五〕【注】大制不割。【疏】量，音亮。大小修短，隨物器量，終不制割而從己也。【釋文】「爲量」音亮。

〔六〕【注】所謂闡諧。【疏】揮，動也。綽，寬也。同雷霆之震動，其聲寬也。

〔七〕【注】名當其實，則高明也。【疏】高如上天，明如日月，聲既廣大，名亦高明。

〔八〕【注】不離其所。【疏】人物居其顯明，鬼神守其幽昧，各得其所而不相撓。故老經云，以道利天下，其鬼不神也。【釋文】「不離」力智反。

〔九〕【注】不失其度。【疏】三光朗耀，依分而行，綱紀上玄，必無差忒也。

〔一〇〕【注】常在極（止）〔上〕②住也。【疏】止，住也。窮，極也。雖復千變萬化，而常居玄極，不離妙本，動而常寂也。

〔一一〕【注】隨變而往也。【疏】流，動也。應感無方，隨時適變，未嘗執守，故寂而動也。

〔一二〕【注】故闇然恣使化去。【疏】夫至樂者，真道也。欲明道非心識，故謀慮而不能知；道非聲色，故瞻望而不能見；道非形質，故追逐而不能逮也。

〔一三〕【注】弘敞無偏之謂。【疏】儻然，無心貌也。四虛，謂四方空，大道也。言聖人無心，與至樂同體，立志弘敞，接物無偏，包容萬有，與虛空而合德。【釋文】「儻」敕黨反，一音敞。

〔一四〕【注】無所復爲也。【疏】弘敞虛容，忘知絶慮，故形同槁木，心若死灰，逍遥無爲，且吟且詠也。【釋文】「倚於」於綺反。「槁」古③老反。

〔一五〕【注】言物之知力各有所齊限。【疏】夫目知所見，蓋有涯限，所以稱窮；力〔所〕馳逐，亦有分齊，所以稱屈。至樂非心色等法，不可以限窮，故吾知盡其不及，故止而不逐也。心既有限，故知愛無名。此覆前予欲慮之等文也。【釋文】「目知」音智。「齊限」才細反。

〔一六〕【注】夫形充空虛，無身也，無身，故能委蛇。委蛇任性，而悚懼之情怠也。【疏】夫形充虛空，則與虛空而等量；委蛇任性，故順萬境而無心；所謂隳體黜聰，離形去智者也。只爲委蛇任性，故悚懼之情怠息。此解第二聞樂也。【釋文】「委」於危反。徐如字。「蛇」以支反。又作施，徐音絁。

〔校〕①趙諫議本夫作矣。②上字依世德堂本改。③世德堂本古作枯。

吾又奏之以无怠之聲〔一〕，調之以自然之命〔二〕，故若混逐叢生〔三〕，林樂而无形〔四〕；布揮而不曳〔五〕，幽昏而无聲〔六〕。動於无方〔七〕，居於窈冥〔八〕；或謂之死，或謂之生；或謂之實，或謂之榮；行流散徙，不主常聲〔九〕。世疑之，稽於聖人〔一〇〕。聖也者，達於情而遂於命也〔一一〕。天機不張而五官皆備，此之謂天樂〔一二〕，无言而心説〔一三〕。故有焱氏爲之頌曰：『聽之不聞其聲，視之不見其形，充滿天地，苞裹六極。』汝欲聽之而无接焉，而故惑也〔一四〕。

〔一〕【注】意既怠矣，乃復無怠，此其至也。【疏】再聞至樂，任性逶迤，悚懼之心，於焉怠息。雖復賢於初聞，猶自不及後聞，故奏無怠之聲。斯則以無遺怠，故郭注云，意既怠矣，乃復無怠，此其至者也。此是第三奏也。

〔二〕【注】命之所有者，非爲也，皆自然耳。【疏】調，和也。凡百蒼生，皆以自然爲其性命。所以奏此咸池之樂者，方欲調造化之心靈，和自然之性命也已。

〔三〕【注】混然無係，隨叢而生。【疏】混，同也。生，出也。同風物之動吹，隨叢林之出聲也。【釋文】「叢生」才公反。

〔四〕【注】至樂者。適而已。適在體中，故無別形。【疏】夫叢林地籟之聲，無心而成至樂，適於性命而已，豈復有形也！【釋文】「林樂」音洛，亦如字。

〔五〕【注】自布耳。【疏】揮動四時，布散萬物，各得其所，非由牽曳。【釋文】「布揮」音輝。廣雅云：振也。

〔六〕【注】所謂至樂。【疏】言至樂寂寥，超於視聽，故幽冥昏暗而無聲響矣。◎家世父曰：説文：叢木曰林。林樂者，相與羣樂之。五音繁會，不辨聲之所從出，故曰無形。揮者，振而揚之，若布之曳而愈長，而亦無有曳之者。林樂而無形，其聲聚也；布揮而不曳，其聲悠也；幽昏而無聲，其聲淡也。

〔七〕【注】夫動者豈有方而後動哉！【疏】夫至樂之本，雖復無聲，而應動隨時，實無方所，斯寂而動之也。

〔八〕【注】所謂寧極。【疏】雖復應物隨機，千變萬化，而深根寧極，恒處窈冥，斯動而寂也。

【釋文】「於窈」烏了反。

〔九〕【注】隨物變化。【疏】夫春生冬死，秋實夏榮，雲行雨散，水流風從，自然之理，日新其變，至樂之道，豈（常）主（常）①聲也！

〔一〇〕【注】明聖人應世非唱也。【疏】稽，留也。夫聖人者，譬幽谷之響，明鏡之象，對之不知其所以來，絶之不知其所以往，物來斯應，應而忘懷，豈預前作法而留心應世！故行留散徙，不主常聲，而世俗之人，妄生疑惑也。【釋文】「稽於」古兮反。

〔一一〕【注】故有情有命者，莫不資焉。【疏】所言聖者，更無他義也，通有物之情，順自然之命，故謂之聖。

〔一二〕【注】忘樂而樂足，非張而後備。【疏】天機，自然之樞機。五官，五藏也。言五藏各有主司，故謂之官。夫目視耳聽，手把腳行，布網轉丸，飛空走地，非由倣效，稟之造物，豈措意而後能爲！故五藏職司，素分備足，天樂之美，其在兹也。

〔一三〕【注】心説在適，不在言也。【疏】體此天和，非由措意，故心靈適悦而妙絶名言也。【釋文】「心説」音悦。注同。

〔一四〕【注】此乃無樂之樂，樂之至也。【疏】焱氏，神農也。美此至樂，爲之章頌。大音希聲，故聽之不聞；大象無形，〔故〕②視之不見；道無不在，故充滿天地二儀；大無不包，故囊括六極。六極，六合也。假欲留意聽之，亦不可以耳根承接，是故體兹至樂，理趣幽微，心無分別，事同愚惑也。【釋文】「焱氏」必遥反。本亦作炎。「苞裹」音包。本或作包。

〔校〕①常聲依正文改。②故字依上下文補。

樂也者，始於懼，懼故祟〔一〕；吾又次之以怠，怠故遁〔二〕；卒之於惑，惑故愚；愚故道，道可載而與之俱也〔三〕。」

〔一〕【注】懼然悚聽，故是祟耳，未大和也。【疏】以下重釋三奏三聽之意，結成至樂之道。初聞至樂，未悟大和，心生悚懼，不能放釋，是故禍祟之也。【釋文】「祟」雖遂反。

〔二〕【注】迹稍滅也。【疏】再聞之後，情意稍悟，故懼心怠退，其迹遁滅也。

〔三〕【注】以無知爲愚，愚乃至也。【疏】最後聞樂，靈府淳和，心無分別，有同闇惑，蕩蕩默默，類彼愚迷。不怠不懼，雅符真道，既而運載無心，與物俱至也。

孔子西遊於衛。顔淵問師金曰：「以夫子之行爲奚如〔一〕？」

〔一〕【疏】衛本昆吾之邑，又是康叔之封。自魯適衛，故曰西遊。師金，魯太師，名金也。奚，何也。言夫子行仁義之道以化衛侯，未知此術行用可否邪？【釋文】「師金」李云：師，魯太師也。金，其名也。「之行」下孟反。

師金曰：「惜乎，而夫子其窮哉〔一〕！」

〔一〕【疏】言仲尼叡哲明敏，才智可惜，守先王之聖迹，執堯舜之古道，所以頻遭辛苦，屢致困窮。

顔淵曰：「何也〔一〕？」

〔一〕【疏】問窮之所以也。

師金曰：「夫芻狗之未陳也，盛以篋衍，巾以文繡，尸祝齊戒以將之〔一〕。及其已陳也，行者踐其首脊，蘇者取而爨之而已；將復取而盛以篋衍，巾以文繡，遊居寢卧其下，彼不得夢，必且數眯焉〔二〕。今而夫子，亦取先王已陳芻狗，聚①弟子游居寢卧其下。故伐樹於宋，削迹於衛，窮於商周，是非其夢邪〔三〕？圍於陳蔡之間，七日不火食，死生相與鄰，是非其眯邪〔四〕？

〔一〕【疏】此下譬喻，凡有六條：第一芻狗，第二舟車，第三桔槔，第四樝梨，第五猿狙，第六妍醜。芻（狗），草也，謂結草爲狗以解除也。衍，笥也。尸祝，巫師也。將，送也。言芻狗未陳，盛以篋笥之器，覆以文繡之巾，致齊絜以表誠，展如在之將送，庶其福祉，貴之如是。【釋文】「芻狗」李云：結芻爲狗，巫祝用之。「盛」音成。下同。「篋」苦牒反。本或作筐。「衍」延善反，郭怡面反。李云：笥也，盛狗之物也。司馬云：合也。○慶藩案巾字，疑飾字之誤。太平御覽引淮南絹以綺繡作飾以綺繡。「齊戒」側皆反。本亦作齋。

〔二〕【注】廢棄之物，於時無用，則更致他妖也。【疏】踐，履也。首，頭也。脊，背也。取草曰蘇。爨，炊也。眯，魘也。言芻狗未陳，致斯肅敬。既祭之後，棄之路中，故行人履踐其頭脊，蘇者取供其炊爨。方將復取而貴之，盛於筐衍之中，覆於文繡之下，遨遊居處，寢卧其旁，假令不致惡夢，必當數數遭魘。故郭注云，廢棄之物，於時無用，則更致他妖也。【釋文】「蘇者」李云：蘇，草也，取草者得以炊也。案方言云：江淮南楚之間謂之蘇。史記云，樵蘇後爨，注云：蘇，取草也。「爨之」七丸反。「將復」扶又反。「必且」如字。徐子餘反。「數」音朔。「眯」李音米，又音美。字林云：物入眼爲病也。司馬云：厭也。音一琰反。

〔三〕【疏】此合芻狗之譬，並合孔子窮義也。先王，謂堯舜禹湯，先代之帝王也。憲章文武，祖述堯舜，而爲教迹，故集聚弟子，遨遊於仁義之域，卧寢於禮信之鄉。古法不可執留，事同已陳芻狗。伐樹於宋者，孔子曾遊於宋，與門人講説於大樹之下，司馬桓魋欲殺夫子，夫子去後，桓魋惡其坐處，因伐樹焉。削，剗也。夫子嘗遊於衛，衛人疾之，故剗削其迹，不見用也。商是殷地，周是東周，孔子歷聘，曾困於此。良由執於聖迹，故致斯弊。狼狽如是，豈非惡夢耶！○俞樾曰：上取字如字，下取字當讀爲聚。周易萃象傳聚以正也，釋文曰：聚，荀作取，漢書五行志，内取兹，師古曰：取，讀如禮記聚麀之聚。是聚取古通用。

〔四〕【注】此皆絶聖棄知之意耳，無所稍嫌也。夫先王典禮，所以適時用也。時過而不棄，即爲民妖，所以興矯效之端也。【疏】當時楚昭王聘夫子，夫子領徒宿於陳蔡之地。蔡人見徒衆極多，謂之爲賊，故興兵圍繞，經乎七日，糧食罄盡，無復炊爨，從者餓病，莫之能興，憂悲困苦，鄰乎死地。豈非遭於已陳芻狗而魘耶！

〔校〕①世德堂本聚作取。

夫水行莫如用舟，而陸行莫如用車。以舟之可行於水也而求推之於陸，則没世不行尋常。〔一〕古今非水陸與？周魯非舟車與？今蘄行周於魯，是猶推舟於陸也，〔二〕勞而无功，身必有殃。彼未知夫无方之傳，應物而不窮者也。〔三〕

〔一〕【疏】夫舟行於水，車行於陸，至於千里，未足爲難。若推舟於陸，求其運載，終没一世，不可數尺。【釋文】「推之」郭吐回反，又如字。下同。

〔二〕【疏】此合（諭）〔喻〕也。蘄，求也。（亦）今古代殊，豈異乎水陸！周魯地異，何異乎舟車！【釋文】「陸與」音餘。下同。「今蘄」音祈，求也。

〔三〕【注】時移世異，禮亦宜變，故因物而無所係焉，斯不勞而有功也。【疏】方，猶常也。傳，轉也。言夫子執先王之迹，行衰周之世，徒勞心力，卒不成功。故削迹伐樹，身遭殃禍也。夫聖人之智，接濟無方，千轉萬變，隨機應物。未知此道，故嬰斯禍也。【釋文】「无方之傳」直專反，下注同。司馬云：方，常也。○慶藩案傳讀若轉，言無方之轉動也。呂氏春秋必己篇，若夫萬物之情，人倫之傳，高注：傳，猶轉也。漢書劉向傳禹稷與咎繇傳相汲引，猶轉相汲引也。淮南主術篇生無乏用，死無轉尸，逸周書大聚篇作傳尸。襄二十五年左傳注，傳寫失之，釋文：傳，一本作轉。

且子獨不見夫桔槔者乎？引之則俯，舍之則仰。彼，人之所引，非引人也，故俯仰而不得罪於人。〔一〕故夫三皇五帝之禮義法度，不矜於同而矜於治〔二〕。故譬三皇五帝之禮義法度，其猶柤梨橘柚邪！其味相反而皆可於口〔三〕。

〔一〕【疏】桔槔，挈水木也。人牽引之則俯下，捨放之則仰上。俯仰上下，引捨以人，委順無心，故無罪。夫人能虛己，其義亦然也。【釋文】「桔」音結。「槔」音羔。○慶藩案文穎說烽火云，櫓上有桔槔，以薪置其中，有寇則然之，字從木。通俗文，機汲謂之擷捽，字從手。然則從木者櫓上之物，從手者汲水之物也。據莊子文義，當從通俗文爲正。

〔二〕【注】期於合時宜，應治體而已。【疏】矜，美也。夫三皇五帝，步驟殊時，禮樂威儀，不相沿襲，美在逗機，不治以定，不貴率今以同古。【釋文】「於治」直吏反，注同。

〔三〕【疏】夫柤梨橘柚，甘苦味殊，至於噉嚼而皆可於口。譬三皇五帝，澆淳異世，至於爲政，咸適機宜也。【釋文】「柤」側加反。「柚」由救反。

故禮義法度者，應時而變者也〔一〕。今取猨狙而衣以周公之服，彼必齕齧挽裂，盡去而後慊。觀古今之異，猶猨狙之異乎周公也。〔二〕故西施病心而矉其里，其里之醜人見之而美之，歸亦捧心而矉其里。其里之富人見之，堅閉門而不出，貧人見之，挈妻子而去走。〔三〕彼知矉美而不知矉之所以美〔四〕。惜乎，而夫子其窮哉〔五〕！」

〔一〕【注】彼以爲美而此或以爲惡，故當應時而變，然後皆適也。【疏】帝王之迹，蓋無常準，應時而變，不可執留，豈得膠柱刻船，居今行古也！

〔二〕【疏】慊，足也。周公聖人，譬淳古之世；狙猨狡獸，喻澆競之時。是以禮服雖華，猨狙不以爲美；聖迹乃貴，末代不以爲尊。故毁禮服，猨狙始慊其心；棄聖迹，蒼生方適其性。

【釋文】「猨狙」上音袁，下七餘反。「而衣」於既反。「齕」音紇。「挽」音晚。「盡去」起呂反。「慊」苦牒反，李云：足也。本亦作嗛，音同。

〔三〕【疏】西施，越之美女也，貌極妍麗，既病心痛，嚬眉苦之。而端正之人，體多宜便，因其嚬蹙，更益其美，是以閭里見之，彌加愛重。鄰里醜人，見而學之，不病强嚬，倍增其陋，故富者惡之而不出，貧人棄之而遠走。捨己效物，其義例然。削迹伐樹，皆學嚬之過也。【釋文】「而矉」徐扶真反，又扶人反。通俗文云：蹙額曰矉。「其里」絶句。「捧心」敷勇反，郭音奉。「挈」苦結反。

〔四〕【注】況夫禮義，當其時而用之，則西施也；時過而不棄，則醜人也①。【疏】所以，猶所由也。嚬之所以美者，出乎西施之好也。彼之醜人，但美嚬之麗雅，而不知由西施之姝好也。

〔五〕【疏】總會後文，結成其旨。窮之事迹，章中具載矣。

〔校〕①趙諫議本無況夫及二則字。

孔子行年五十有一而不聞道，乃南之沛見老聃〔一〕。

〔一〕【疏】仲尼雖領徒三千，號素王，而盛行五德，未聞大道，故從魯之沛，自北徂南而見老君，以詢玄極故也。【釋文】「之沛」音貝。司馬云：老子，陳國相人。相，今屬苦縣，與沛相近。

老聃曰：「子來乎？吾聞子，北方之賢者也，子亦得道乎？」孔子曰：「未得也。」〔一〕

〔一〕【疏】聞仲尼有當世賢能，未知頗得至道不？答言未得。自楚望魯，故曰北也。

老子曰：「子惡乎求之哉〔一〕？」

〔一〕【疏】問：「於何處尋求至道？」【釋文】「惡乎」音烏，下同。

曰：「吾求之於度數，五年而未得也〔一〕。」

〔一〕【疏】數，算術也。三年一閏，天道小成，五年再閏，天道大成，故言五年也。道非術數，故未得之也。

老子曰：「子又惡乎求之哉〔一〕？」

〔一〕【疏】更問：「求道用何方法？」

曰：「吾求之於陰陽，十有二年而未得〔二〕。」

〔二〕【注】此皆寄孔老以明絶學之義也。【疏】十二年，陰陽之一周也。而未得者，明以陰陽取道，而道非陰陽。故下文云，中國有人，非陰非陽。

老子曰：「然。使道而可獻，則人莫不獻之於其君；使道而可進，則人莫不進之於其親；使道而可以告人，則人莫不告其兄弟；使道而可以與人，則人莫不與其子孫。然而不可者，无佗也，〔一〕中无主而不止〔二〕，外无正而不行〔三〕。由中出者，不受於外，聖人不出〔四〕；由外入者，無主於中，聖人不隱〔五〕。名①，公器也〔六〕，不可多取〔七〕。仁義，先王之蘧廬也〔八〕，止可以一宿而不可久處，覯而多責〔九〕。

〔一〕【疏】夫至道深玄，妙絶言象，非無非有，不自不佗。是以不進獻於君親，豈得告於子弟！所以然者，無佗由也。故託孔老二聖以明玄中之玄也。

〔二〕【注】心中無受道之質，則雖聞道而過去也。【疏】若使中心無受道之主，假令聞於聖說，亦不能止住於胸懷，故知無佗也。

〔三〕【注】中無主，則外物亦無正己者（也）②，故未嘗通也。【疏】中既無受道之心，故外亦無能正於己者，故不可行也。○俞樾曰：正乃匹字之誤。禮記緇衣篇，唯君子能好其正，鄭注曰：正當爲匹，字之誤也，是其例矣。此云中無主而不止，外無匹而不行，與宣三年公羊傳自内出者無匹不行，自外至者無主不止，文義相似。自外至者，無主不止，故此言中無主而不止也。自内出者，無匹不行，故此言外無匹而不行也。因匹誤爲正，郭注遂以正己爲説，殊非其義。則陽篇，自外入者有主而不執，由中出者有正而不距，正亦當爲匹，誤與此同。

〔四〕【注】由中出者，聖人之道也，外有能受之者乃出耳。【疏】由，從也。從内出者，聖人垂迹顯教也。良由物能感聖，故聖人顯應，若使外物不能稟受，聖人亦終不出教。

〔五〕【注】由外入者，假學以成性者也。雖性可③學成，然要當内有其質，若無主於中，則無以藏聖道也。【疏】隱，藏也。由外入者，習學而成性也。由其外稟聖教，宜在心中，若使素無受入之心，則無藏於聖道。○家世父曰：由中出者，師其成心者也；由外入者，學一先生言，暖暖姝姝而私自説者也。師其成心，則外有所不能受，聖人不能出而强之使受也；學一先生之言而私自説，則中莫得所主，聖人不能隱於其心而爲之主也。

〔六〕【注】夫名者，天下之所共用。【疏】名，鳴也。公，平也。器，用也。名有二種：一是命物，二是毁譽。今之所言，是毁譽名也。【釋文】「名公器也」釋名云：名，鳴也。公，平也。器，用也。尹文子云：名有三科：一曰命物之名，方圓是也；二曰毁譽之名，善惡是也；三曰況謂之名，愛憎是也。今此是毁譽之名也。

〔七〕【注】矯飾過實，多取者也，多取而天下亂也。【疏】夫令譽善名，天下共用，必其多取，則矯飾過實而爭競斯起也。

〔八〕【注】猶傳舍也。【釋文】「蘧」音渠。司馬郭云：蘧廬，猶傳舍也。

〔九〕【注】夫仁義者，人之性也。人性有變，古今不同也。故游寄而過去則冥，若滯而係於一方則見。見則僞生，僞生而責多矣。【疏】蘧廬，逆旅傳舍也。覯，見也，亦久也。夫蘧廬客舍，不可久停；仁義禮智，用訖宜廢。客停久，疵釁生；聖迹留，過責起。【釋文】「覯」古豆反，見也，遇也。

〔校〕①闕誤引張君房本名下有者字。②也字依趙諫議本删。③世德堂本性可作由假。

古之至人，假道於仁，託宿於義〔一〕，以遊逍遥之虚①〔二〕，食於苟簡之田，立於不貸之圃〔三〕。逍遥，无爲也〔四〕；苟簡，易養也〔五〕；不貸，无出也〔六〕。古者謂是采真之遊〔七〕。

〔一〕【注】隨時而變，無常迹也。

〔二〕【疏】古之真人，和光降迹，逗機而行博愛，應物而用人羣，何異乎假借塗路，寄託宿止，暫時遊寓，蓋非真實。而動不傷寂，應不離真，故恒逍遥乎自得之場，彷徨乎無爲之境。【釋文】「之虚」音墟。本亦作墟。

〔三〕【疏】苟，且也。簡，略也。貸，施與也。知止知足，食於苟簡之田；不損己物，立於不貸之圃。而言田圃者，明是聖人養生之地。【釋文】「苟簡」王云：苟，且也。簡，略也。司馬本簡作閒，云：分別也。○慶藩案簡，司馬本作閒。案閒與簡同也。淮南要略篇故節財薄葬，閒服生焉，（閒服，簡服也。閒服，謂三月之服也。）文選〔潘安仁〕夏侯常侍誄注及路史後紀引淮南，並作簡服。「不貸」敕代反。司馬云：施與也。「之圃」音補。

〔四〕【注】有爲則非仁義。

〔五〕【注】且從其簡，故易養也。【疏】只爲逍遥累盡，故能無爲恬淡。苟簡，苟且簡素，自足而已，故易養也。【釋文】「易養」以豉反。注同。

〔六〕【注】不貸者，不損己以爲物也。【疏】不損我以益彼，故無所出。此三句覆釋前義也。【釋文】「以爲物」于僞反。

〔七〕【注】遊而任之，斯②真采也。（真）采〔真〕③則色不僞矣。【疏】古者聖人行苟簡等法，謂是神采真實而無假僞，逍遥任適而隨化遨遊也。

〔校〕①趙諫議本虚作墟。②世德堂本斯作則。③采真依世德堂本改。

以富爲是者，不能讓禄；以顯爲是者，不能讓名；親權者，不能與人柄〔一〕。操之則慄，舍之則悲〔二〕，而一無所鑒，以闚其所不休者，是天之戮民也〔三〕。怨恩取與諫教生殺，八者，正之器也〔四〕，唯循大變无所湮者爲能用之。故曰，正者，正也。其心以爲不然者，天門弗開矣。〔五〕

〔一〕【注】天下未有以所非自累者，而各没命於所是。所是而以没其命者，非立乎不貸之圃也。　【疏】夫是富非貧，貪於貨賄者，豈能讓人財禄！是顯非隱，滯於榮位者，何能與人名譽！親愛權勢，矜夸於物者，何能與人之柄！　柄，權也。唯厭穢風塵，羶臊榮利者，故能棄之如遺。

〔二〕【注】舍之悲者，操之不能不慄也。　【疏】操執權柄，恐失所以戰慄；舍去威力，哀去所以憂悲。　【釋文】「操之」七刀反。「舍之」音捨。注同。

〔三〕【注】言其知進而不知止，則①性命喪矣，所以爲戮。　【疏】是富好權之人，心靈愚暗，唯滯名利，一無鑒識，豈能窺見玄理而休心息智者乎！　如是之人，雖復楚戮未加，而情性以困，故是自然刑戮之民。　【釋文】「喪」息浪反。

〔四〕【疏】夫怨敵必殺，恩惠須償，分内自取，分外與佗，臣子諫上，君父教下，應青春以生長，順素秋以殺罰，此八者治正之器，不得不用之也。

〔五〕【注】守故不變，則失正矣。　【疏】循，順也。　湮，塞也。　唯當順於人理，隨於變化，達於物情而無滯塞者，故能用八事治之。　正變合於天理，故曰正者正也。　其心之不能如是者，天機之門擁而弗開。　天門，心也。　【釋文】「湮者」音因。李云：塞也，亦滯也。郭音煙，又烏節反。　司馬本作歅，疑也。　簡文作甀，云：隔也。「天門」一云：謂心也，一云：大道也。

〔校〕①趙諫議本無則字。

孔子見老聃而語仁義。老聃曰：「夫播穅眯目，則天地四方易位矣；蚊虻噆膚，則通昔不寐矣。〔一〕夫仁義憯然乃憒吾心，亂莫大焉〔二〕。吾子使天下无失其朴〔三〕，吾子亦放風而動，總德而立矣〔四〕，又奚傑①然若負建鼓而求亡子者邪〔五〕？夫鵠不日浴而白，烏不日黔而黑〔六〕。黑白之朴〔七〕，不足以爲辯〔八〕；名譽之觀，不足以爲廣〔九〕。泉涸，魚相與處於陸，相呴以溼，相濡以沫，不若相忘於江湖〔一〇〕！」

〔一〕【注】外物加之雖小，而傷性已大也。【疏】仲尼滯於聖迹，故發辭則語仁義。夫播穅眯目，目暗故不能辯東西；蚊虻噆膚，膚痛則徹宵不睡。是以外物雖微，爲害必巨。況夫仁非天理，義不率性，捨己効佗，喪其本性，其爲害也，豈眯目噆膚而已哉！噆，齧也。【釋文】「播」甫佐反，又被我反。「穅」音康。字亦作康。「蚊」音文。字亦作蟁。「虻」音盲，字亦作蝱。「噆」子盍反。郭子合反。司馬云：齧也。「通昔」昔，夜也。○慶藩案昔，猶夕；通昔，猶通宵也。呂氏春秋任地篇曰，孟夏之昔，殺三葉而穫大麥。（淮南天文篇以至於仲春之夕，乃收其藏而閉其寒，正作夕。）書大傳曰，月之朝，月之中，月之夕，鄭注曰：上旬爲朝，中旬爲中，下旬爲夕，字亦作昔。

〔二〕【注】尚之以加其性，故亂。【疏】仁義憯毒，甚於蚊虻，憒憒吾心，令人煩悶，擾亂物性，莫大於此。本亦作憒字者，不審。【釋文】「憯然」七感反。「乃憤」扶粉反。本又作憒，古內反。○慶藩案憤，釋文本又作憒，當從之。賁貴形相近，故從賁從貴之字常相混。潛夫論浮侈篇懷憂憒憒，後漢書王符傳作（憒憒）〔憤憤〕②，即其證也。

〔三〕【注】質全而仁義著。

〔四〕【注】風自動而依之，德自立而秉③之，斯易持易行之道也。【疏】放，縱任也。欲使蒼生喪其淳樸之性者，莫若絶仁棄義，則反冥我極也。仲尼亦宜放無爲之風教，隨機務而應物，總虛妄之至德，立不測之神功。亦有作放④，方往反。放，依也。【釋文】「亦放」方往反。「風而動」司馬云：放，依也。依無爲之風而動也。「易持易行」並以豉反。

〔五〕【注】言夫揭仁義以趨道德之鄉，其猶擊鼓而求逃者，無由得也。【疏】建，擊。傑然，用力貌。夫揭仁義以趨道德之鄉，何異乎打大鼓以求逃亡之子！故鼓聲大而亡子遠，仁義彰而道德廢也。【釋文】「傑然」郭居竭反，又居謁反，巨竭反。「夫揭」其列其謁二反。

〔六〕【注】自然各已足。【釋文】「鵠」本又作鶴，同。胡洛反。「日黔」巨淹反，徐其金反。司馬云：黑也。

〔七〕【注】俱自然耳，無所偏尚。【疏】浴，灑也。染緇曰黔。黔，黑也。辯者，別其勝負也。夫鵠白烏黑，稟之自然，豈須日日浴染，方得如是！以言物性，其義例然。黑白素樸，各足於分，所遇斯適，故不足於分，所以論勝負。亦言：辯，變也，黑白分定，不可變白爲黑也。

〔八〕【注】夫至足者忘名譽，忘名譽乃廣耳。【疏】修名立譽，招物觀視，〔如〕此（挾）〔狹〕劣，何足自多！唯忘遺名譽，方可稱大耳。【釋文】「之觀」古亂反。司馬本作讙。

〔九〕【注】言仁義之譽，皆生於不足。【釋文】「泉涸」胡洛反。「相呴」況付反，又況于反。「相濡」如主反，又如瑜反。「以沫」音末。

〔一〇〕【注】斯乃忘仁而仁者也。【疏】此總結前文，斥仁義之弊。夫泉源枯竭，魚傳沫以相濡；樸散淳離，行仁義以濟物。及其江湖浩蕩各足所以相忘；道德深玄，得性所以虛淡。既江湖比於道德，濡沫方於仁義，以此格量，故不同日而語矣。【釋文】「相忘」並如字。

〔校〕①闕誤引張君房本重傑字，趙諫議本同。②憒憒依後漢書改。③趙諫議本秉作乘。④放疑當作倣。

孔子見老聃歸，三日不談〔一〕。弟子問曰：「夫子見老聃，亦將何規哉〔二〕？」

〔一〕【疏】老子方外大聖，變化無常，不可測量，故無所談說也。【釋文】「不談」本亦作不言。

〔二〕【疏】不的姓名，直云弟子，當是升堂之類，共發此疑。既見老子，應有規誨，何所聞而三日不談說？

孔子曰：「吾乃今於是乎見龍！龍，合而成體，散而成章〔一〕，乘雲氣而養乎陰陽〔二〕。予口張而不能噌①，予又何規老聃哉〔三〕！」

〔一〕【注】謂老聃能變化。【疏】夫龍之德，變化不恒。以況至人隱顯無定，故本合而成妙體，妙體窈冥；迹散而起文章，文章焕爛。

〔二〕【注】言其因御無方，自然已足。【疏】言至人乘雲氣而無心，順陰陽而養物也。

〔三〕【疏】嚌，合也。心懼不定，口開不合，復何容暇聞規訓之言乎！【釋文】「嚌」許劫反，合也。

〔校〕①闕誤引江南古藏本嚌下有舌舉而不能訒六字。

子貢曰：「然則人①固有尸居而龍見，雷聲而淵默，發動如天地者乎②〔一〕？賜亦可得而觀乎？」遂以孔子聲見老聃〔二〕。

〔一〕【疏】言至人其處也若死尸之安居，其出也似龍神之變見，其語也如雷霆之振響，其默也類玄理之無聲，是以奮發機動，同二儀之生物者也。既而或處或出，或語或默，豈有出處語默之異而異之哉！然則至人必有出處默語不言之能，故仲尼見之，口開而不能合。【釋文】「龍見」賢遍反。

〔二〕【疏】賜，子貢名也。子貢欲（至）觀至人龍德之相，遂以孔子聲教而往見之。【釋文】「賜亦」本亦作賜也。

〔校〕①闕誤引江南古藏本人上有至字。②闕誤引張君房本乎作哉。

老聃方將倨堂而應，微曰：「予年運而往矣，子將何以戒我乎〔一〕？」

〔一〕【疏】倨，踞也。運，時也。老子自得從容，故踞堂敖誕，物感斯應，微發其言。「予年衰邁，何以教戒我乎？」【釋文】「倨堂」居慮反，踞也。

子貢曰：「夫三王①五帝之治天下②不同，其係聲名一也。而先生獨以爲非聖人，如何哉？〔一〕」

〔一〕【疏】澆淳漸異，步驟有殊，用力用兵，逆順斯異，故云不同，聲名令聞，相係一也。「先生乃排三王爲非聖，有何意旨，可得聞乎？」【釋文】「夫三王」本或作三皇，依注，作王是也。餘皆作三皇。

〔校〕①闕誤王作皇。②闕誤引江南古藏本天下下有也字。

老聃曰：「小子少進！子何以謂不同〔一〕？」

〔一〕【疏】「汝少進前，説不同所由。」

對曰：「堯授舜，舜授禹①，禹用力而湯用兵，文王順紂而不敢逆，武王逆紂而不肯順，故曰不同〔一〕。」

〔一〕【疏】堯舜二人，既是五帝之數，自夏禹以降，便是三王。堯讓舜，舜讓禹，禹治水而用力，湯伐桀而用兵，文王拘羑里而順商辛，武王渡孟津而逆殷紂，不同之狀，可略言焉。

〔校〕①敦煌本此六字作堯與而舜受。

老聃曰：「小子少進！余語汝三皇①五帝之治天下〔一〕。黄②帝之治天下，使民心一，民有其親死不哭而民不非也〔二〕。堯之治天下，使民心親，民有爲其親殺其殺③而民不非也〔三〕。舜之治天下，使民心競，民孕婦十月生子，子生五月而能言〔四〕，不至乎孩而始誰〔五〕，則人始有夭矣〔六〕。禹之治天下，使民心變，人有心而兵有順〔七〕，殺盜非殺〔八〕，人自爲種而天下耳〔九〕，是以天下大駭，儒墨皆起〔一〇〕。其作始有倫，而今乎婦女〔一一〕，何言哉〔一二〕！余語汝，三皇五帝之治天下，名曰治之，而亂莫甚焉〔一三〕。三皇之知，上悖日月之明，下睽山川之精，中墮四時之施〔一四〕。其知憯於蠣蠆之尾，鮮規之獸，莫得安其性命之情者，而猶自以爲聖人，不可恥乎，其无恥也〔一五〕？」

〔一〕【疏】三皇者，伏羲神農黃帝也。五帝，少昊顓頊高辛唐虞也。治天下之（治）〔狀〕，列在下文。

【釋文】「余語」魚據反。下同。

〔二〕【注】若非之，則强哭。【疏】三皇行道，人心淳一，不獨親其親，不獨子其子，故親死不哭而世俗不非。必也非之，則强哭者衆。【釋文】「則强」其丈反。

〔三〕【注】殺，降也。言親疏者降殺。【疏】五帝行德，不及三皇，使父子兄弟更相親愛，爲降殺之服以別親疏，既順人心，亦不非毁。【釋文】「爲其」于僞反。「殺其殺」並所戒反，降也。注同。○家世父曰：殺其殺者，意主於相親，定省之儀，拜跪之節，凡出於儀文之末者，皆可以從殺也。郭象云親疏有降殺，誤。

〔四〕【注】教之速也。【疏】舜是五帝之末，其俗漸澆，樸散淳離，民心浮競，遂使懷孕之婦，十月生子，五月能言。古者懷孕之婦，十四月而誕育，生子兩歲，方始能言。澆淳既革，故與古（之）乖異也。【釋文】「孕」以證反。

〔五〕【注】誰者，別人之意也。未孩已擇人，言其競教速成也。【疏】未解孩笑，已識是非，分別之心，自此而始矣。【釋文】「孩」亥才反。説文云：笑也。「別人」彼列反。下同。

〔六〕【注】不能同彼我，則心競於親疏，故不終其天年也。【疏】分別既甚，不終天年，夭折之始，起自虞舜。

〔七〕【注】此言兵有順，則天下已有不順故也。【疏】去道既遠，澆僞日興，遂使蠢爾之民，好爲禍變。廢無爲之迹，興有爲之心，賞善罰惡，以此爲化。而禹懷慈愛，猶解泣辜，兵刃所加，必順天道也。

〔八〕【注】盜自應死，殺之順也，故非殺。【疏】盜賊有罪，理合其誅，順乎素秋，雖殺非殺。此則兵有順義也。

〔九〕【注】不能大齊萬物而人人自別，斯人自爲種也。承百代之流而會乎當今之變，其弊至於斯者，非禹也，故曰天下耳。言聖知之迹非亂天下，而天下必有斯亂。【疏】夫澆浪既興，分別日甚，人人自爲種見，不能大齊萬物。此則解人有心也。聖智之迹，使其如是，非禹之過也，故曰天下耳矣。【釋文】「爲種」章勇反。注同。○家世父曰：人自爲種類以成乎天下，於是乎有善惡之分，是非之辨。兵者，逆人之性而制其死生者也。既有善惡之分，是非之辨，而兵之用繁矣。於是據之以爲順，而殺盜者謂之當然，因乎人心之變而兵以施焉，而人之心乃日變而不可窮矣。

〔一〇〕【注】此乃百代之弊。【疏】此總論三皇五帝之迹，驚天下蒼生，致使儒崇堯舜以飾非，墨遵禹道而自是。既而百家競起，九流爭（鶩）〔騖〕，後代之弊，實此之由也。【釋文】「大駭」胡楷反。

〔一一〕【注】今之以女爲婦而上下悖逆者，非作始之無理，但至理之弊，遂至於此。【疏】倫，理也。當莊子之世，六國競興，淫風大行，以女爲婦，乖禮悖德，莫甚於茲。故知聖迹始興，故有倫理，及其末也，例同斯弊也。○家世父曰：荀子樂論，亂世之徵，其服組，其容婦，楊倞注：婦，好貌。此（今）〔云〕而今乎婦女，言諸子之興，其言皆有倫要，而終相與爲諧好以悦人也。

〔一二〕【注】弊生於理，故無所復言。【疏】從理生教，遂至於此。世澆俗薄，何可稍言！論主發憤而傷歎也。【釋文】「復言」扶又反。

〔一三〕【注】必弊故也。【疏】夫三皇之治，實自無爲。無爲之迹，迹生於弊，故百代之後，亂莫甚焉。弊亂之狀，列在下文。

〔一四〕【疏】悖，逆也。睽，（乎）〔乖〕離也。墮，廢壞也。施，澤也。運無爲之智以立治方，後世執迹，遂成其弊。致星辰悖彗，日月爲之不明；山川乖離，岳瀆爲之崩竭；廢壞四時，寒暑爲之愆敍。【釋文】「之知」音智，下同。「上悖」補對反。「下睽」苦圭反，又音圭，乖也。「中墮」許規反。「之施」式豉反。

〔一五〕【疏】憯，毒也。蠇蠆，尾端有毒也。鮮規，小貌。言三皇之智，損害蒼生，其爲毒也，甚於（蠆）〔蠇〕蠆，是故細小蟲獸，能遭擾動，況乎黔首，如何得安！以斯爲聖，於理未可。毒害既多，深可羞媿也。【釋文】「憯於」七感反。「蠇」敕邁反，又音例。本亦作厲。郭音賴，又敕介反。「蠆」許謁反，或敕邁反。或云：依字，上當作蠆，下當作蠍。通俗文云：長尾爲蠆，短尾爲蠍。○王引之曰：釋文云，蠇，敕邁反，又音例，本亦作厲。郭音賴，又敕介反。蠆，許謁反，或敕邁反。或云，依字，上當作蠆，下當作蠍。案陸讀蠇爲蠆，讀蠆爲蠍，皆非也。蠇，音賴，又音例。陸云本亦作厲，即其證也。蠆，音敕邁反，蠍，音許謁反。蠇，蠆，皆蠍之異名也。廣雅曰：蠆，蝲，蠍也。（今本廣雅脱蝲字。一切經音義卷五引廣雅，蠆，蝲，蠍也。集韻引廣雅，蝲，蠆也。今據補。）蝲，音盧達反。蠆，蝲，皆毒螫傷人之名。蠆之言蛆。（蛆音哲。一切經音義卷十引字林曰：蛆，螫也。僖二十二年左傳正義引通俗文曰：蠍毒傷人曰蛆。）蝲之言瘌也。（瘌，音盧達反。郭璞注方言曰：瘌，辛螫也。字或作刺。左思魏都賦曰，蔡莽螫刺，昆蟲毒噬（也）是〔也〕。）廣雅釋詁云：毒，蛆，瘌，痛也，是其義矣。蝲與蠇，古同聲。莊子作蠇，廣雅作蝲，其實一字也。（史記秦本紀厲共公，始皇紀作刺龔公。刺之通作厲，猶蠆之通作蠣矣。）「鮮規之獸」李云：鮮規，明貌。一云：小蟲也。一云：小獸也。

〔校〕①世德堂本皇作王。②闕誤引江南古藏本黄上有昔字。③唐寫本其殺作其服。

子貢蹵蹵然立不安〔一〕。

〔一〕【注】子貢本謂老子獨絶三王，故欲同三王於五帝耳。今又見老子通毀五帝，上及三皇，則失其所以爲談矣。【疏】蹵蹵，驚悚貌也。子貢欲（救）〔效〕三王，同五帝；今見老子詞調高邈，排擯五帝，指斥三皇，心形驚悚，失其所謂，故蹵〔蹵〕然，形容雖立，心神不安。【釋文】「蹵蹵」子六反。

孔子謂老聃曰：「丘治詩書禮樂易春秋六經，自以爲久矣，孰知其故矣；以奸者七十二君，論先王之道而明周召之迹，一君无所鉤用。甚矣夫！人之難說也，道之難明邪？」

老子曰：「幸矣子之不遇治世之君也！夫六經，先王之陳迹也，豈其所以迹哉〔一〕！今子之所言，猶迹也。夫迹，履之所出，而迹豈履哉！〔二〕夫白鶂之相視，眸子不運而①風化；蟲，雄鳴於上風，雌應於下風而風化〔三〕；類自爲雌雄，故②風化〔四〕。性不可易，命不可變，時不可止，道不可壅〔五〕。苟得於道，无自而不可〔六〕；失焉者，无自而可〔七〕。」

〔一〕【注】所以迹者，真性也。夫任物之真性者，其迹則六經也。【釋文】「奸」音干。三蒼云：犯也。「鉤用」鉤，取也。「甚矣夫」音符，篇末同。「難説」始鋭反。「治世」直吏反。

〔二〕【注】況今之人事，則以自然爲履，六經爲迹。

〔三〕【注】鶂以眸子相視。蟲以鳴聲相應，俱不待合而便生子，故曰風化。【釋文】「白鶂」五歷反。三蒼云：鶬鶂也。司馬云：鳥子也。「之相視眸」茂侯反。「子不運而風化」司馬云：相待風氣而化生也。又云：相視而成陰陽。「蟲雄鳴於上風雌應於下風而化」一本作而風化③。司馬云：雄者，鼃類；雌者，鼈類。

〔四〕【注】夫同類之雌雄，各自有以相感。相感之異，不可勝極，苟得其類，其化不難，故乃有遥感而風化也。【釋文】「類自爲雌雄故風化」或説云：方之物類，猶如草木異種而同類也。山海經云：亶爰之山有獸焉，其狀如狸而有髮，其名曰師類；帶山有鳥，其狀如鳳，五采文，其名曰奇類，皆自牝牡也。「可勝」音升。

〔五〕【注】故至人皆順而通之。【釋文】「可壅」於勇反。

〔六〕【注】雖化者無方而皆可也。

〔七〕【注】所在皆不可也。

〔校〕①闕誤引張君房本而下有感字，下句而下同。②闕誤引張君房本故下有曰字。③今書而化作而風化。

孔子不出三月，復見曰：「丘得之矣。烏鵲孺，魚傅沫，細要者化〔一〕，有弟而兄啼〔二〕。久矣夫丘不與化爲人！不與化爲人，安能化人〔三〕！」

〔一〕【注】言物之自然，各有性也。【疏】鵲居巢內，交尾而表陰陽；魚在水中，傅沫而爲牝牡；蜂取桑蟲，祝爲己子。是知物性不同，稟之大道，物之自然，各有性也。【釋文】「復見」扶又反。下賢遍反，又如字。「烏鵲孺」如喻反。李云：孚乳而生也。「魚傅」音附，又音付。本亦作傳，直專反。「沫」音末。司馬云，傳沫者，以沫相育也。一云：傳口中沫，相與而生子也。「細要」一遥反。「者化」蜂之屬也。司馬云：取桑蟲祝使似己也。案即詩所謂螟蛉有子，果蠃負之是。○慶藩案列子釋文上引司馬云：穉蜂細要者，取桑蟲祝之，使似己之子也。視釋文所引爲詳。

〔二〕【注】言人之性舍長而〔視〕〔親〕①幼，故啼也。【疏】有弟而兄失愛，舍長憐幼，故啼。是知陳迹不可執留，但當順之，物我無累，〔郭云，〕言人性舍長視幼故啼也。【釋文】「舍」音捨。「長」張丈反。

〔三〕【注】夫與化爲人者，任其自化者也。若播六經以説則疏也。

〔校〕①親字依道藏本改。

老子曰：「可。丘得之矣！」

莊子集釋卷六上

外篇 刻意第十五〔一〕

〔一〕【釋文】以義名篇。

刻意尚行，離世異俗，高論怨誹，爲亢而已矣；此山谷之士，非世之人，枯槁赴淵者之所好也。〔一〕語仁義忠信，恭儉推讓，爲修而已矣；此平世之士，教誨之人，遊居學者之所好也。〔二〕語大功，立大名，禮君臣，正上下，爲治而已矣；此朝廷之士，尊主强國之人，致功并兼者之所好也。〔三〕就藪澤，處閒曠，釣魚閒處，无爲而已矣；此江海之士，避世之人，閒暇者之所好也。〔四〕吹呴呼吸，吐故納新，熊經鳥申，爲壽而已矣；此道①引之士，養形之人，彭祖壽考者之所好也。〔五〕

〔一〕【疏】刻，削也。意，志也。亢，窮也。言偏滯之人，未能會理，刻勵身心，高尚其行，離世異俗，卓爾不羣，清談五帝之風，高論三皇之教，怨有才而不遇，誹無道而荒淫，亢志林籟之中，削迹岩崖之下。斯乃隱處山谷之士，非毁時世之人。枯槁則鮑焦介推之流，赴淵則申狄下隨之類，蓋是一曲之士，何足以語至道哉！已，止也。其術止於此矣。【釋文】「刻意」司馬云：刻，削也，峻其意也。案謂削意令峻也。廣雅云：意，志也。「尚行」下孟反。「離世」力智反。「高論」力困反。「怨誹」非謂反，徐音非。李云：非世無道，怨己不遇也。「爲亢」苦浪反。李云：窮高曰亢。「枯槁」苦老反。「赴淵」司馬云：枯槁，若鮑焦介推；赴淵，若申徒狄。

〔二〕【疏】發辭吐氣，則語及仁義，用茲等法爲修身之本。此乃平時治世之士，施教誨物之人，斯乃子夏之在西河，宣尼之居洙泗，或遊行而議論，或安居而講説，蓋是學人之所好，良非道士之所先。【釋文】「所好」呼報反。下及注皆同。

〔三〕【疏】建海内之功績，立今古之鴻名，致君臣之盛禮，主上下之大義，寧安社稷，緝熙常道，既而尊君主而服遐荒，强本邦而兼并敵國，豈非朝廷之士，廊廟之臣乎！即皋陶伊尹吕望之徒是也。【釋文】「爲治」直吏反。下同。「此朝」直遥反。

〔四〕【疏】栖隱山藪，放曠皋澤，閒居而事綸釣，避世而處無爲，天子不得臣，諸侯不得友。斯乃從容閒暇之人，即巢父許由公閲休之類。【釋文】「藪」素口反。「處閒」音閑。下同。「夠魚」本亦作釣，同。彫叫反。○盧文弨曰：今本夠作釣。

〔五〕【注】此數子者，所好不同，恣其所好，各之其方，亦所以爲逍遥也。然此僅各自得，焉能靡所不樹哉！若夫使萬物各得其分而不自失者，故當付之無所執爲也。【疏】吹冷呼而吐故，呴暖吸而納新，如熊攀樹而自經，類鳥飛空而伸腳。斯皆導引神氣，以養形魂，延年之道，駐形之術。故彭祖八百歲，白石三千年，壽考之人，即此之類。以前數子，志尚不同，各滯一方，未爲通美。自不刻意而下，方會玄玄之妙致也。【釋文】「吹呴」況于反，字亦作煦。「呼吸」許及反。「吐故納新」李云：吐故氣，納新氣也。「熊經」如字，李古定反。司馬云：若熊之攀樹而引氣也。「鳥申」如字，郭音信。司馬云：若鳥之嚬呻也。「道引」音導。下同。李云：導氣令和，引體令柔。「此數」所主反。「僅」其靳反。「焉能」如虔反。

〔校〕①趙諫議本道作導，下同。

若夫不刻意而高，无仁義而修，无功名而治，无江海而閒，不道引而壽〔一〕，**无不忘也，无不有也**〔二〕，**澹然无極而衆美從之**〔三〕。**此天地之道，聖人之德也**〔四〕。

〔一〕【注】所謂自然。

〔二〕【注】忘，故能有，若有之，則不能救其忘矣。故有者，非有之而有也，忘而有之也。【疏】夫玄通合變之士，冥真契理之人，不刻意而其道彌高，無仁義而恒自修習，忘功名而天下大治，去江海而淡爾清閒，不導引而壽命無極者，故能唯物與我，無不盡忘，而萬物歸之，故無不有也。斯乃忘而有之，非有之而有也。○家世父曰：仁義者，人與人相接而見焉者也。愛焉之謂仁，因乎人而愛之，是固有人之見存也；宜焉之謂義，因乎人而宜之，是仍有己之見存也。無人己之見存，則仁義之名可以不立，而所修者乃真修也。○慶藩案忘乃亡之借字。

亡，猶已也。管子乘馬篇今日爲明日忘貨，史記孟嘗君傳所期勿忘其中，並與亡同。漢書武五子傳臣聞子胥於忠而忘其號，師古注：忘，亡也。淮南修務篇南榮疇恥聖道之獨亡於己，賈子勸學篇亡作忘，皆其例。

〔三〕【注】若厲己以爲之，則不能無極而衆惡生。【疏】心不滯於一方，迹冥符於五行，是以澹然虛曠而其道無窮，萬德之美皆從於己也。【釋文】「澹」大暫反，徐音談。「然」一本作澹而。

〔四〕【注】不爲萬物而萬物自生者，天地也；不爲百行而百行自成者，聖人也。【疏】天地無心於亭毒而萬物生，聖人無心於化育而百行成，是以天地以無生生而爲道，聖人以無爲爲而成德。故老經云，天地不仁，聖人不仁。【釋文】「百行」下孟反。下及篇末百行同。

故曰，夫恬惔寂漠虛无无爲，此天地之平而道德之質也〔一〕。故曰，聖人休休焉①則平易矣〔二〕，平易則恬惔矣〔三〕。平易恬惔，則憂患不能入，邪氣不能襲②〔四〕，故其德全而神不虧③〔五〕。

〔一〕【注】非夫寂漠無爲也，則危其平而喪其質也。【疏】恬惔寂漠，是凝湛之心；虛無無爲，是寂用之智；天地以此法爲平均之源，道德以此法爲質實之本也。【釋文】「恬惔」大暫反，徐音談。下皆同。「質也」質，正也。「而喪」息浪反。下同。

〔二〕【注】休乎恬惔寂漠，息乎虛無無爲，則雖歷乎阻險④之變，常平夷而無難。【疏】休心於恬惔之鄉，息智於虛無之境，則履艱難而簡易，涉危險而平夷也。【釋文】「人休」虛求反，息也。下及注同。「平易」以豉反。下及注皆同。○俞樾曰：休焉二字，傳寫誤倒。此本作故曰聖人休焉，休則平易矣。天道篇故帝王聖人休焉，休則虛，與此文法相似，可據訂正。「无難」乃旦反。下同。

〔三〕【注】患難生於有爲，有爲亦生於患難，故平易恬惔交相成也。【疏】豈唯休心恬惔故平易，抑乃平易而恬（淡）〔惔〕矣，是知平易恬惔交相成也。

〔四〕【注】泯然與正理俱往。【疏】心既恬惔，迹又平易，唯心與迹，一種無爲，故慇憂患累不能入其靈臺，邪氣妖氛不能襲其藏府。襲，猶入也，互其文也。【釋文】「邪氣」似嗟反。下同。

〔五〕【注】夫不平不惔者，豈唯傷其形哉？神德並喪於內也。【疏】夫恬惔無爲者，豈唯外形無毁，亦乃內德圓全。形德既安，則精神無損虧矣。

〔校〕①闕誤引張君房本休休焉作休焉休。②唐寫本入下襲下均有也字。③唐寫本虧下有矣字。④世德堂本作險阻。

故曰，聖人之生也天行〔一〕，其死也物化〔二〕；靜而與陰同德，動而與陽同波〔三〕；不爲福先，不爲禍始；感而後應〔四〕，迫而後動〔五〕，不得已而後起〔六〕。去知與故，循天之理〔七〕。故无天災〔八〕，无物累〔九〕，无人非〔一〇〕，无鬼責〔一一〕。其生若浮，其死若休〔一二〕。不思慮〔一三〕，不豫謀〔一四〕。光矣而不燿〔一五〕，信矣而不期〔一六〕。其寢不夢，其覺无憂〔一七〕。

其神純粹〔一八〕，其魂不罷〔一九〕。虛无恬惔，乃合天德〔二〇〕。

〔一〕【注】任自然而運動。

〔二〕【注】蛻然無所係。【疏】聖人體勞息之不二，達去來之爲一，故其生也如天道之運行，其死也類萬物之變化，任鑪冶之陶鑄，無纖介於胸中也。【釋文】「蛻然」音帨，又始鋭反。

〔三〕【注】動静無心而付之陰陽也。【疏】凝神静慮，與大陰同其盛德；應感而動，與陽氣同其波瀾；動静順時，無心者也。

〔四〕【注】無所唱也。【疏】夫善爲福先，惡爲禍始，既善惡雙遣，亦禍福兩忘。感而後應，豈爲先始者也！

〔五〕【注】會至乃動。【疏】迫，至也，逼也。動，應也。和而不唱，赴機而應。

〔六〕【注】任理而起，吾不得已也。【疏】已，止也。機感（通）〔逼〕①至，事不得止而後起應，非預謀。

〔七〕【注】天理自然，知故無爲乎其間。【疏】循，順也。內去心知，外忘事故，如混沌之無爲，順自然之妙理也。【釋文】「去知」起吕反。○慶藩案故，詐也。晉語多爲之故以變其志，韋注曰：謂多作計術以變易其志。吕覽論人篇去巧故，高注：巧故，僞詐也。淮南主術篇上多故則下多詐，高注：故，巧也。皆其例。管子心術篇去智與故，尹知章注：故，事也。失之。

〔八〕【注】災生於違天。【疏】合天，故無災也。

〔九〕【注】累生於逆物。【疏】順物，故無累也。

〔一〇〕【注】與人同者，衆必是焉。【疏】同人，故無非也。

〔一一〕【注】同於自得，故無責。

〔一二〕【注】汎然無所惜也。【疏】夫聖人動静無心，死生一貫，故其生也如浮漚之蹔起，變化俄然；其死也若疲勞休息，曾無繫戀也。

〔一三〕【注】付之天理。【疏】心若死灰，絶於緣念。

〔一四〕【注】理至而應。【疏】譬懸鏡高堂，物來斯照，終不預前謀度而待機務者也。

〔一五〕【注】用天下之自光，非吾燿也。【疏】智照之光，明逾日月，而韜光晦迹，故不炫燿於物也。

〔一六〕【注】用天下之自信，非吾期也。【疏】逗機赴感，如影隨形，信若四時，必無差忒，機來方應，不預期也。

〔一七〕【疏】契真，故凝寂而不夢；累盡，故常適而無憂也。【釋文】「其覺」古孝反。

〔一八〕【注】一無所欲。【疏】純粹者，不雜也。既無夢無憂，契真合道，故其心神純粹而無閒雜也。【釋文】「粹」雖遂反。

〔一九〕【注】有欲乃疲。【疏】恬惔無爲，心神閒逸，故其精魂應用，終不疲勞。【釋文】「不罷」音皮。

〔二〇〕【注】乃與天地合其②恬惔之德也。　【疏】歎此虛無，與天地合其德。

〔校〕①逼字依上句疏文改。上正文迫而後動，疏謂迫，至也，逼也。逼與通形近而誤。②世德堂本無其字。

故曰，悲樂者，德之邪〔一〕；喜怒者，道之過〔二〕；好惡者，德之失①〔三〕。故心不憂樂，德之至也〔四〕；一而不變，靜之至也〔五〕；无所於忤，虛之至也〔六〕；不與物交，惔之至也〔七〕；无所於逆，粹之至也〔八〕。故曰，形勞而不休則弊，精用而不已則勞，勞則竭〔九〕。

〔一〕【疏】違心則悲，順意則樂，不達違從，是德之邪妄。　【釋文】「悲樂」音洛。下同。

〔二〕【疏】稱心則喜，乖情則怒，喜怒不忘，是道之罪過。

〔三〕【疏】無好爲好，無惡爲惡，此之〔忘〕〔妄〕心，是德之愆咎也。　【釋文】「好惡」烏路反。

〔四〕【注】至德常適，故情無所槩。　【疏】不喜不怒，無憂無樂，恬惔虛夷，至德之人也。

〔五〕【注】靜而一者，不可變也。　【疏】抱真一之玄道，混囂塵而不變，自非至靜，孰能如斯！

〔六〕【注】其心豁然確盡，乃無纖介之違。　【疏】忤，逆也。大順羣生，無所乖逆，自非虛豁之極，其孰能然也！　【釋文】「於忤」五故反。「確」苦角反。「纖介」音界。

〔七〕【注】物自來耳，至惔者無交物之情。　【疏】守分情高，不交於物，無所須待，恬惔之至也。

〔八〕【注】若雜乎濁欲，則有所不順。　【疏】智照精明，至純無雜，故能混同萬物，大順蒼生。（至）

〔此〕論忤之與逆，厥理不殊，顯虛粹兩義，故再言耳。

〔九〕【注】物皆有當，不可失也。　【疏】夫形體精神，稟之有限，而役用無涯，必之死地。　故分外勞形，不知休息，則困弊斯生。　精神逐物而不知止，必當勞損，損則精氣枯竭矣。

〔校〕①唐寫本邪字過字失字下均有也字。

水之性，不雜則清，莫動則平；　鬱閉而不流，亦不能清；　天德之象也。〔一〕故曰，純粹而不雜〔二〕，靜一而不變〔三〕，惔而无爲〔四〕，動而以天行〔五〕，此養神之道也〔六〕。　夫有干越之劍者，柙而藏之，不敢①用也，寶之至也〔七〕。　精神四達並流，无所不極，上際於天，下蟠於地〔八〕，化育萬物，不可爲象〔九〕，其名爲同②帝〔一〇〕。

〔一〕【注】象天德者，無心而偕會也。　【疏】象者，法效也。　言水性清平，善鑑於物。　若混而雜之，擁鬱而閉塞之，則乖於常性，既不能漣漪流注，亦不能鑒照於物也。　唯當不動不閉，則清而且平，洞照無私，爲物準的者，天德之象也。　以況聖人心靈皎絜，鑑照無私，法象自然，與玄天合德，故老經云上善若水也。

〔二〕【注】無非至當之事也。　【疏】雖復和光同塵，而精神凝湛。　此覆釋前其神純粹也。

〔三〕【注】常在當上住。　【疏】縱使千變萬化，而心恒靜一。　此重釋一而不變。

〔四〕【注】與會俱而已矣。　【疏】假令混俗揚波，而無妨虛惔，與物交接，亦不廢無爲。　此釋前恬惔之至也。

〔五〕【注】若夫逐欲而動，人行也。　【疏】感物而動，應而無心，同於天道之運行，無心而生萬物。

〔六〕【疏】總結以前天行等法，是治身之術，養神之道也。

〔七〕【注】況敢輕用其神乎！　【疏】干，溪名也。越，山名也。干溪越山，俱出良劍也。又云：（于）〔干〕，吴也。言吴越二國，並出名劍，因以爲名也。夫有此干越之寶劍，柙中而藏之，自非敵國大事，不敢輕用。寶而重之，遂至於此，而況寶愛精神者乎！　【釋文】「干越之劍」司馬云：干，吴也。吴越出善劍也。李云：干溪越山出名劍。案吴有溪名干溪，越有山名若耶，並出善鐵，鑄爲名劍也。○慶藩案王念孫曰：干越，猶言吴越。漢書貨殖傳辟猶戎翟之與于越，不相入矣。于亦干之誤。干，越，皆國名，故言戎翟之與干越。顔師古以爲春秋之於越，又因于而誤於。當從司馬説爲是。（淮南原道篇干越生葛絺，高注曰：干，吴也。劉本改干爲于，云：于越一作於越，非。）「柙而」户甲反。

〔八〕【注】夫體天地之極應萬物之數以爲精神者，故若是矣。若是而有落天地之功者，任天行耳，非輕用也。　【疏】流，通也。夫愛養精神者，故能通達四方，並流無滯。既而下蟠薄於厚地，上際逮於玄天，四維上下，無所不極，動而常寂，非輕用之者也。　【釋文】「下蟠」音盤，郭音煩。

〔九〕【注】所育無方。　【疏】化導蒼生，含育萬物，隨機俯應，不守一方，故不可以形象而域之也。

〔一〇〕【注】同天帝之不爲。　【疏】帝，審也。總結以前，名爲審實之道也。亦言：同天帝之不爲也已。

〔校〕①郭注及成玄瑛本敢下均有輕字。②唐寫本無同字。

純素之道，唯神是守；守而勿失，與神爲一〔一〕；一之精通，合於天倫〔二〕。野語有之曰：「衆人重利，廉士重名，賢人尚志，聖人貴精〔三〕。」故素也者，謂其无所與雜也；純也者，謂其不虧其神也〔四〕。能體純素，謂之真人〔五〕。

〔一〕【注】常以純素守乎至寂而不蕩於外，則冥也。【疏】純精素質之道，唯在守神。守神而不喪，則精神凝静，既而形同枯木，心若死灰，物我兩忘，身神爲一也。

〔二〕【注】精者，物之真也。【疏】倫，理也。既與神爲一，則精智無礙，故冥乎自然之理。

〔三〕【注】與神爲一，非守神也；不遠其精，非貴精也；然其迹則貴守之①也。【疏】莊生欲格量人物志尚不同，故汎舉大綱，略爲四品，仍寄野逸之人，以明言無的當。且世俗衆多之人，咸重財利，則盗跖之徒是也；貞廉純素之士，皆重聲名，則伯夷介推是也；賢人君子，高尚志節，不屈於世，則許由子州支伯是也。唯體道聖人，無所偏滯，故能寶貴精神，不蕩於物，雖復應變隨時，而不喪其純素也。

〔四〕【注】苟以不虧爲純，則雖百行同舉，萬變參備，乃至純也；苟以不雜爲素，則雖龍章鳳姿，倩乎有非常之觀，乃至素也。若不能保其自然之質而雜乎外飾，則雖犬羊之鞹，庸得謂之純素哉！【疏】夫混迹世物之中而與物無雜者，至素者也；參變囂塵之内而其神不虧者，至純者也；豈復獨立於高山之頂，拱手於林籟之間而稱純素哉？蓋不然乎！此結釋前純素之道義也。【釋文】「倩乎」七練反。「之觀」古喚反。「鞹」苦郭反。

〔五〕【疏】體，悟解也。妙契純素之理，則所在皆真道也，故可謂之得真道之人也。

〔校〕①趙諫議本之作迹。

外篇　繕性第十六〔一〕

〔一〕【釋文】以義名篇。

繕性於俗，俗①學以求復其初〔一〕；滑欲於俗②，思以求致其明〔二〕；謂之蔽蒙之民〔三〕。

〔一〕【注】已治性於俗矣，而欲以俗學復性命之本，所以求者愈非其道也。【疏】繕，治也。性，生也。俗，習也。初，本也。言人稟性自然，各守生分，率而行之，自合於理。今乃習於僞法，治於真性，矜而矯之，已困弊矣。方更行仁義禮智儒俗之學，以求歸復本初之性，故俗彌得而性彌失，學愈近而道愈遠也。【釋文】「繕」善戰反。崔云：治也。或云：善也。「性」性，本也。

〔二〕【注】已亂其心於欲，而方復役思以求明，思之愈精，失之愈遠。【疏】滑，亂也。致，得也。欲，謂名利聲色等可貪之物也。言人所以心靈暗亂者，爲貪欲於塵俗故也。今還役用分別之心，思量求學，望得獲其明照之道者，必不可也。唯當以無學學，可以歸其本矣；以無思思，可以得其明矣。本亦有作滑欲於欲者也。【釋文】「滑」音骨，亂也。崔云：治也。◯俞樾曰：釋文，滑音骨，亂也。崔云，治也。此當從崔説爲長。上文繕性於俗學以求復其初，崔注繕亦訓治。蓋二句一義，繕也，滑也，皆治也，故曰求復其初，求致其明。若訓滑爲亂，則與求字之義不貫矣。滑得訓治者，滑，猶汩也。説文水部：汩，治水也。是其義也。玉篇手部曰：抇，亦搰字。然則滑之與汩，猶搰之與抇矣。「思以」李息吏反。注役思同。「方復」扶又反。下無復、雖復同。

〔三〕【注】若夫發蒙者，必離俗去欲而後幾焉。【疏】蔽，塞也。蒙，暗也。此則結前。以俗學歸本，以思慮求明，如斯之類，可謂蔽塞蒙暗之人。【釋文】「必離」力智反。下文同。「去欲」起呂反。

〔校〕①闕誤引張君房本下俗字作□。②闕誤引張君房本俗作欲。

古之治道者，以恬養知〔一〕；知①生而无以知爲也，謂之以知養恬〔二〕。知與恬交相養，而和理出其性〔三〕。夫德，和也；道，理也〔四〕。德无不容，仁也〔五〕；道无不理，義也〔六〕；義明而物親，忠②也〔七〕；中純實而反乎情，樂也〔八〕；信行容體而順乎文，禮也〔九〕。禮樂徧③行，則天下亂矣〔一〇〕。彼正而蒙己德，德則不冒，冒則物必失其性也〔一一〕。

〔一〕【注】恬静而後知不蕩，知不蕩而性不失也。【疏】恬，静也。古者聖人以道治身治國者，必以恬静之法養真實之知，使不蕩於外也。【釋文】「治道」如字，又直吏反。「養知」音智。下以意求之。

〔二〕【注】夫無以知爲而任其自知，則雖知周萬物而恬然自得也。【疏】率性而照，知生者也；無心而知，無以知爲也。任知而往，無用造爲，斯則無知而知，知而無知，非知之而知者也。故終日知而未嘗知，亦未嘗不知，終日爲而未嘗爲，亦未嘗不爲，仍以此真知養於恬静。若不如是，何以恬乎！

〔三〕【注】知而非爲，則無害於恬；恬而自爲，則無傷於知；斯可謂交相養矣。二者交相養，則和理之分，豈出佗哉！【疏】夫不能恬静，則何以生彼真知？不有真知，何能致兹恬静？是故恬由於知，所以能静；知資於静，所以獲真知。故知之與恬，交相養也。斯則中和之道，存乎寸心，自然之理，出乎天性，在我而已，豈關他哉！

〔四〕【注】和，故無不得；道，故無不理。【疏】德被於人，故以中和爲義；理通於物，故以大道爲名也。

〔五〕【注】無不容者，非爲仁也，而仁迹行焉。【疏】玄德深遠，無不包容，慈愛弘博，仁迹斯見。

〔六〕【注】無不理者，非爲義也，而義功著焉。【疏】夫道能通物，物各當理，理既宜矣，義功著焉。

〔七〕【注】若夫義明而不由忠，則物愈疏。【疏】義理明顯，情率於中，既不矜矯，故物來親附也。

〔八〕【注】仁義發中，而還任本懷，則志得矣，志得矣，其迹則樂也。【疏】既仁義由中，故志性純實，雖復涉於物境而恒歸於真情，所造和適，故謂之樂。【釋文】「樂也」音洛。注同。

〔九〕【注】信行容體而順乎自然之節文者，其迹則禮也。【疏】夫信行顯著，容儀軌物而不乖於節文者，其迹則禮也。【釋文】「信行」下孟反。注同。下以行、小行，注行者、行立皆放此。

〔一〇〕【注】以一體之所履，一志之所樂，行之天下，則一方得而萬方失也。【疏】夫不能虚心以應物而執迹以馭世者，則必滯於華藻之禮而溺於荒淫之樂也，是以芻狗再陳而天下亂矣。【釋文】「偏」音遍。○俞樾曰：郭注曰，以一體之所履，一志之所樂，行之天下，則一方得而萬方失也。是偏爲一偏之偏，故郭以一體一志説之。釋文作偏而音遍，非是。

〔一一〕【注】各正性命而自蒙己德，則不以此冒彼也。若以此冒彼，安得不失其性哉！【疏】蒙，暗也。冒，亂也。彼，謂履正道之聖人也。言人必己冒亂，則物我失其性矣。○家世父曰：德足以正物矣，而抑聽物之自然而蒙吾德焉，未嘗以德强天下而冒之也。强天下而冒之，則正者我也，非物之自正也，而物之失其性多矣。【釋文】「不冒」莫報反。崔云：覆也。

〔校〕①闕誤無知字，引張君房本云，知下重知字，通章知俱作智。②闕誤引張君房本忠作中。③闕誤作偏，引江南古藏本云偏作偏。

古之人，在混芒之中，與一世而得澹漠焉〔一〕。當是時也，陰陽和靜，鬼神不擾，

四時得①節，萬物不傷，羣生不夭，人雖有知，无所用之〔二〕，此之謂至一。當是時也，莫之爲而常自然〔三〕。

〔一〕【疏】謂三皇之前，玄古無名號之君也。其時淳風未散，故處在混沌芒昧之中而與時世爲一，冥然無迹，君臣上下不相往來，俱得恬澹寂漠無爲之道也。【釋文】「在混」胡本反。「芒」莫剛反。崔云：混混芒芒，未分時也。「澹」徒暫反。

〔二〕【注】任其自然而已。【疏】當是混沌之時，淳樸之世，舉世恬惔，體合無爲。遂使陰昇陽降，二氣和而静泰；鬼幽人顯，各守分而不擾。炎涼順序，四時得節，既無災眚，萬物不傷，羣生各盡天年，終無夭折。人雖有心知之術，無爲，故無用之也。【釋文】「不擾」而小反。

〔三〕【注】物皆自然，故至一也。【疏】均彼此於無爲，混是非於恬惔，物我不二，故謂之至一也。莫，無也。莫之爲而自爲，無爲也；不知所以然而然，自然也。故當是時也，人懷無爲之德，物含自然之道焉。○慶藩案自然，謂自成也。廣雅：然，成也。大戴禮武王踐阼篇毋曰胡殘，其禍將然，謂禍將成也。楚詞遠遊無滑而魂兮，彼將自然，言彼將自成也。郭云物皆自然，語未晰。

〔校〕①闕誤引張君房本得作應。

逮德下衰〔一〕，及燧人伏羲始爲天下，是故順而不一〔二〕。德又下衰，及神農黃帝始爲天下，是故安而不順〔三〕。德又下衰，及唐虞始爲天下，興治化之流，澆①淳散朴〔四〕，離道以善〔五〕，險德以行〔六〕，然後去性而從於心〔七〕。心與心識〔八〕知而不足以定天下〔九〕，然後附之以文，益之以博。文滅質，博溺心，〔一〇〕然後民始惑亂，无以反其性情而復其初〔一一〕。

〔一〕【注】夫德之所以下衰者，由聖人不繼世，則在上者不能無爲而羨無爲之迹，故致斯弊也。

〔二〕【注】世已失一，惑不可解，故釋而不推，順之而已。【疏】逮，及也。古者茹毛飲血，與麋鹿同羣。及至燧人始變生爲熟，伏羲則服牛乘馬，創立庖厨，畫八卦以制文字，放蜘蛛而造密網。既而智詐萌矣，嗜欲漸焉，澆淳樸之心，散無爲之道。德衰而始爲天下，此之謂乎！是順黎庶之心，而不能混同至一也。【釋文】「燧人」音遂。

〔三〕【注】安之於其所安而已。【疏】夫德化更衰，爲弊增甚。故神農有共工之伐，黄帝致蚩尤之戰，祅氣不息，兵革屢興。是以誅暴去殘，弔民問罪，苟且欲安於天下，未能大順於羣生者也。

〔四〕【注】聖人無心，任世之自成。成之淳薄，皆非聖也。聖能任世之自得耳，豈能使世得聖哉！故皇王之迹，與世俱遷，而聖人之道未始不全也。【疏】夫唐堯虞舜，居五帝之末，而興治行化，冠三王之始。是以設五典而綱紀五行，置百官而平章百姓，百姓因此而澆訛，五行自斯而荒殆。枝流分派，迄至於兹，豈非毁淳素以作澆訛，散樸質以爲華僞！【釋文】「興治」直吏反。「澡」古堯反。本亦作澆。「醇」本亦作淳，音純。

〔五〕【注】善者，過於適之稱，故有善而道不全。【疏】夫虛通之道，善惡兩忘。今乃捨己効人，矜名企善，善既乖於理，所以稱離也。【釋文】「之稱」尺證反。

〔六〕【注】行者，違性而行之，故行立而德不夷。【疏】險，危阻也。不能率性任真，晦其蹤迹，乃矯情立行以取聲名，實由外行聲名浮僞，故令内德危險，何清夷之有哉！○慶藩案離道以善，險德以行，郭注訓爲有善而道不全，行立而德不夷，望文生義，於理未順。善字疑是爲字之誤，言所爲非大道，所行非大德也。淮南俶真篇雜道以僞，（雜當爲離字之誤。僞，古爲字，爲亦行也。）儉德以行，（儉險，古字通。曾子本孝篇不興儉行以徼幸，漢慎令劉脩碑動乎儉中，儉並當作險。荀子富國篇俗儉而百姓不一，楊倞注：儉當爲險。）即本於此。

〔七〕【注】以心自役，則性去也。【疏】離虛通之道，捨淳和之德，然後去自然之性，從分別之心。

〔八〕【注】彼我之心，競爲先識，無復任性也。【疏】彼我之心，更相謀慮，是非臧否，競爲前識者也。【釋文】「心與心識」如字。衆本悉同。向本作職，云：彼我之心，競爲先職矣。郭注既與向同，則亦當作職也。

〔九〕【注】忘知任性，斯乃定也。【疏】夫心攀緣於有境，知分別於無崖，六合爲之煙塵，八荒爲之騰沸，四時所以愆序，三光所以彗（悖）〔孛〕。斯乃禍亂之源，何足以定天下也！○家世父曰：郭象云，彼我之心，競爲先識，無復任性也。諸本皆以心與心識爲句。向秀本作職，云，彼我之心，競爲先職矣。疑心與心，非彼我之有異心也，心自異也。本然者一心，然引之而動者又一心。引之而動，一念之覺而有識焉，冬則識寒，夏則識暖是也；因覺生意而有知焉，食則知求甘，衣則知求温是也。佛家以意識分兩境。知者，意之發也，故曰不識不知，順帝之則。識者，内心之炯；知者，外心之通也。知識並生而亂始繁矣，烏足以定天下哉！○俞樾曰：識知二字連文。詩曰，不識不知，是識知同義，故連言之曰識知也。心與心識知而不足以定天下，明必不識不知而後可言定也。諸家皆斷識字爲句，非是；向本作職，尤非。

〔一〇〕【注】文博者，心質之飾也。【疏】前（後）〔既〕使心運知，不足以定天下，故後依附文書以匡時，代增博學而濟世。不知質是文之本，文華則隱滅於素質；博是心之末，博學則没溺於心靈。唯當絶學而去文，方會無爲之美也。【釋文】「博溺」乃瀝反，郭奴學反。

〔一一〕【注】初，謂性命之本。【疏】文華既〔隱〕②滅於素質，博學又没溺於心靈，於是蠢民成亂始矣，欲反其恬惔之情性，復其自然之初本，其可得乎！噫，心知文博之過！

〔校〕①世德堂本溺作㲻。②隱字依上句疏文補。

由是觀之，世喪道矣，道喪世矣。世與道交相喪也，〔一〕道之人何由興乎世，世亦何由興乎道哉〔二〕！道无以興乎世，世无以興乎道，雖聖人不在山林之中，其德隱矣〔三〕。

〔一〕【注】夫道以不貴，故能存世。然世存則貴之，貴之，道斯喪矣。道不能使世不貴，而世亦不能不貴於道，故交相喪也。【疏】喪，廢也。由是事迹而觀察之，故知時世澆浮，廢棄無爲之道，亦由無爲之道，廢變淳和之世。是知世之與道交相喪之也。【釋文】「世喪」息浪反。下及注皆同。○慶藩案文選江文通雜體詩注引司馬云：世皆異端喪道，道不好世，故曰喪耳。釋文闕。

〔二〕【注】若不貴，乃交相興也。【疏】故懷道聖人，高蹈塵俗，未肯興弘以馭世，而澆僞之世，亦何能興感於聖道也！

〔三〕【注】今所以不隱，由其有情以興也。何由而興？由無貴也。【疏】澆季之時，不能用道，無爲之道，不復行世。假使體道聖人，降迹塵俗，混同羣生，無人知者，韜藏聖德，莫能見用，雖居朝市，何異山林矣！

隱，故不自隱〔一〕。古之所謂隱士者，非伏其身而弗見也，非閉其言而不出也，非藏其知而不發也，時命大謬也〔二〕。當時命而大行乎天下〔三〕，則反一无迹〔四〕；不當時命而大窮乎天下〔五〕，則深根寧極而待〔六〕；此存身之道也〔七〕。

〔一〕【注】若夫自隱而用物，則道世交相興矣，何隱之有哉！【疏】時逢昏亂，故聖道不行，豈是韜光自隱其德邪！

〔二〕【注】莫知反一以息迹而逐迹以求一，愈得迹，愈失一，斯大謬矣。雖復起身以明之，開言以出之，顯知以發之，何由而交興哉！祇所以交喪也。【疏】謬，僞妄也。非伏匿其身而不見，雖見而不亂羣；非閉其言而不出，雖出而不忤物；非藏其知而不發，雖發而不眩曜；但時逢謬妄，命遇迍邅，故隨世汚隆，全身遠害也。【釋文】「弗見」賢遍反。「祇所」音支。

〔三〕【注】此澹漠之時也。

〔四〕【注】反任物性而物性自一，故無迹。【疏】時逢有道，命屬清夷，則播德弘化，大行天下。既而人人反一，物物歸根，彼我冥符，故無朕迹。

〔五〕【注】此不能澹漠之時也。

〔六〕【注】雖有事之世，而聖人未始不澹漠也，故深根寧極而待其自爲耳，斯道之所以不喪也。【疏】時遭無道，命值荒淫，德化不行，則大窮天下。既而深固自然之本，保寧至極之性，安排而隨變化，處常而待終年，豈有窮通休戚於其間哉！

〔七〕【注】未有身存而世不興者也。【疏】在窮塞而常樂，處危險而安寧，任時世之行藏，可謂存身之道也。

古之行①身者，不以辯飾知〔一〕，不以知窮天下〔二〕，不以知窮德〔三〕，危然處其所而反其性已，又何爲②哉〔四〕！道固不小行〔五〕，德固不小識〔六〕。小識傷德，小行傷道〔七〕。故曰，正己而已矣。樂全之謂得志。〔八〕

〔一〕【注】任其真知而已。【疏】古人輕辯重訥，賤言貴行，是以古人之行任其身者，必不用浮華之言辯，飾分別之小智也。

〔二〕【注】此淡泊之情也。【疏】窮者，困累之謂也，不縱知毒害以困苦蒼生也。【釋文】「淡」大暫反。「泊」音薄。

〔三〕【注】守其自德而已。【疏】知止其分，不以無涯而累其自得也。

〔四〕【注】危然，獨正之貌。【疏】危，猶獨也。言獨居亂世之中，處危而所在安樂，動不傷寂，恒反自然之性，率性而動，復何爲之哉？言其無爲也。【釋文】「危然」如字。郭云：獨正貌。司馬本作恑，云：獨立貌。崔本作垝，音如累垝之垝。垝然，自持安固貌。

〔五〕【注】遊於坦途。【疏】大道廣蕩，無不範圍，小成隱道，固不小行矣。【釋文】「於坦」敕但反。

〔六〕【注】塊然大通。【疏】上德之人，智周萬物，豈留意是非而爲識鑒也！【釋文】「塊然」苦對反。

〔七〕【疏】小識小知，虧損深玄之盛德；小學小行，傷毁虛通之大道也。

〔八〕【注】自得其志，獨夷其心，而無哀樂之情，斯樂之全者也。【疏】夫已身履於正道，則所作皆虛通也。既而無順無逆，忘哀忘樂，所造皆適，斯樂（全）之〔全〕③者也。至樂全矣，然後志性得焉。【釋文】「樂全」音洛。注、下皆同。

〔校〕①世德堂本行作存。②闕誤引張君房本爲下有乎字。③樂之全者，依注文改。

古之所謂得志者，非軒冕之謂也，謂其无以益其樂而已矣〔一〕。今之所謂得志者，軒冕之謂也〔二〕。軒冕在身，非性命①也，物之儻來，寄者也〔三〕。寄之，其來不可圉，其去不可止〔四〕。故不爲軒冕肆志〔五〕，不爲窮約趨俗〔六〕，其樂彼與此同〔七〕，故无憂而已矣〔八〕。今寄去則不樂，由（之）〔是〕②觀之，雖樂，未嘗不荒也〔九〕。故曰，喪己於物，失性於俗者，謂之倒置之民〔一〇〕。

〔一〕【注】全其内而足。　【疏】益，加也。軒，車也。冕，冠也。古人淳樸，體道無爲，得志在乎恬夷，取樂非關軒冕。樂已足矣，豈待加之也！

〔二〕【疏】今世之人，澆浮者衆，貪美榮位，待此適心，是以戴冕乘軒，用爲得志也。

〔三〕【疏】儻者，意外忽來者耳。軒冕榮華，身外之物，物之儻來，非我性命，暫寄而已，豈可久長也！　【釋文】「儻來」吐黨反。崔本作黨，云：衆也。○慶藩案崔本儻作黨，黨，古儻字。黨者，或然之詞也。史記淮陰侯傳恐其黨不（敵）〔就〕③，漢書伍被傳黨可以徼幸，並與儻同。（淮南臣道）〔荀子天論〕④篇怪星之黨見，楊注訓黨爲頻，王念孫謂於古無據。惠定宇九經古義曰：黨見猶所見也。又訓黨爲所，則據公羊注義也，亦似未協。崔云，黨，衆也，尤非。

〔四〕【注】在外物耳，得失之非我也。　【疏】時屬儻來，泛然而取軒冕；命遭寄去，澹爾而捨榮華。既無心於扞禦，豈有情於留恡也！　【釋文】「可圉」魚呂反。本又作禦。

〔五〕【注】澹然自若，不覺寄之在身。　【釋文】「不爲」于僞反。下同。

〔六〕【注】曠然自得，不覺窮之在身。　【疏】肆，申也。趨，競也。古人體窮通之有命，達榮枯之非己，假使軒冕當塗，亦未足申其志氣，或儉約以窮窘，豈趨競於囂俗！

〔七〕【注】彼此，謂軒冕與窮約。　【疏】彼，軒冕也。此，窮約也。夫軒冕窮約，俱是儻來，既樂彼軒冕，亦須喜茲窮約，二俱是寄，所以相同也。

〔八〕【注】亦無欣歡之喜也。　【疏】軒冕不樂，窮約不苦，安排去化，所以無憂者也。

〔九〕【注】夫寄去則不樂者，寄來則荒矣，斯以外易内也。　【疏】今世之人，識見浮淺，是以物之寄也，欣然而喜，及去也，悒然不樂。豈知彼此事出儻來，而寄去寄來，常憂常喜，故知雖樂而心未始不荒亂也。

〔一〇〕【注】營外虧内，（甚）〔其置〕倒（置）⑤也。　【疏】夫寄去寄來，且憂且喜，以己徇物，非喪如何！軒冕窮約，事歸塵俗，若習俗之常，失於本性，違真背道，實此之由，其所安置，足爲顛倒也。　【釋文】「倒置之民」崔云：逆其性命而不順也。向云：以外易内，可謂倒置。

〔校〕①闕誤引張君房本命下有之有二字。②是字依世德堂本改。③就字依史記原文改。④荀子天論四字依劉文典補正本改。⑤其置倒三字依世德堂本改。